普通高等教育应用型教材·经济管理类信息化系列
辽宁省精品资源共享课程和在线开放课程配套教材

电子商务基础与应用

（微课版）

主　编　宋　扬　潘　峰　刘多林
副主编　孟凡丽　赵　敏　吕　苗
参　编　张鑫琦　谢进军　左秋月　范蒙蒙

北京理工大学出版社
BEIJING INSTITUTE OF TECHNOLOGY PRESS

内容简介

本书为编者结合电子商务发展的新特点、新趋势，吸收国内外相关教材的优秀成果，总结多年的电子商务课程教学及相关研究工作经验与成果编写而成。全书共分为四篇，即基础篇、技术篇、应用篇和发展篇。其中，基础篇包括电子商务概述、电子商务系统与商业模式；技术篇包括电子商务网络技术基础、电子商务安全技术、电子支付与网上银行、电子商务物流；应用篇包括电子商务模式、网络营销和电子商务数据分析；发展篇包括移动电子商务、跨境电子商务和社交电子商务。

本书是辽宁省精品资源共享课程和在线开放课程配套教材，穿插在线教学视频，内容全面、结构新颖、重点突出、理论与实践紧密结合，既可作为各高等院校电子商务、工商管理、市场营销、物流管理等专业的教材，也可作为电子商务领域管理人员的参考或培训用书，还可以作为大众了解电子商务基础知识的科普用书。

版权专有　侵权必究

图书在版编目（CIP）数据

电子商务基础与应用：微课版／宋扬，潘峰，刘多林主编．—北京：北京理工大学出版社，2021.4（2023.1 重印）

ISBN 978-7-5682-9758-5

Ⅰ. ①电… Ⅱ. ①宋… ②潘… ③刘… Ⅲ. ①电子商务 Ⅳ. ①F713.36

中国版本图书馆 CIP 数据核字（2021）第 068404 号

出版发行／北京理工大学出版社有限责任公司

社　　址／北京市海淀区中关村南大街 5 号

邮　　编／100081

电　　话／（010）68914775（总编室）

　　　　　（010）82562903（教材售后服务热线）

　　　　　（010）68948351（其他图书服务热线）

网　　址／http://www.bitpress.com.cn

经　　销／全国各地新华书店

印　　刷／三河市华骏印务包装有限公司

开　　本／787 毫米×1092 毫米　1/16

印　　张／18.5　　　　　　　　　　　　　　　　责任编辑／王晓莉

字　　数／428 千字　　　　　　　　　　　　　　文案编辑／王晓莉

版　　次／2021 年 4 月第 1 版　2023 年 1 月第 3 次印刷　责任校对／刘亚男

定　　价／49.80 元　　　　　　　　　　　　　　责任印制／李志强

图书出现印装质量问题，请拨打售后服务热线，本社负责调换

前 言

互联网改变了人们的生活、思维方式甚至行为习惯，基于互联网而生的电子商务是网络化的新型经济活动，在社会中发挥着越来越重要的作用。政策的引导扶持和互联网流量红利的到来，进一步促进了电子商务的发展。2005年，《国务院办公厅关于加快电子商务发展的若干意见》发布；2007年，国家发展改革委、国务院信息化工作办公室联合发布我国首部电子商务发展规划《电子商务发展"十一五"规划》，首次提出发展电子商务服务业的战略任务。与此同时，中国网民数量不断上升，从2007年的2.1亿人，攀升至2020年6月的9.4亿人。电子商务改变了居民的消费习惯，线上交易成为个人购物的新渠道。数据显示，2007年我国网络零售交易规模为561亿元，同年社会消费品零售总额则为89 210亿元；国家统计局发布的中国经济数据显示，2020年上半年全国网上零售额超过5万亿元。同时，移动电商用户规模逐步扩大，2019年超过7亿人。电子商务的蓬勃发展拉动了社会对电子商务专业人才的需求。

电子商务的定义是什么？其系统组成如何？涉及哪些技术？常见的电子商务模式有哪些？又有哪些发展趋势？本教材对这些问题进行了一一探讨。为了让读者全面深入地了解电子商务，本教材除了全面介绍电子商务的理论知识外，还通过大量的案例和实践训练培养读者的实践应用能力。

与目前市场上的同类教材相比，本教材具有以下特点。

（1）编排科学。本教材在编排形式上，采用专题和项目的形式，每个专题包括"学习目标""专题描述"和"推荐资源"三个板块。根据专题的内容，每个专题下包括若干项目，每个项目由案例导入，通过案例分析引出相关知识，结尾通过布置任务，完成对项目知识的巩固学习。通过这样的安排，力求做到由浅入深、理论联系实际，以使读者增强学习兴趣，更好地掌握有关电子商务的知识。

（2）知识实用。本教材不仅结合当前电子商务的现状及未来电子商务的发展趋势，介绍了电子商务的相关知识，而且通过实践任务的形式加深了读者对知识的理解。

（3）案例丰富。本教材每个专题下的项目都有导入案例，引导学生进入相关知识的学习，在知识讲解的过程中也穿插了对应的案例，这些案例具有较强的可读性和参考性，可以帮助读者快速理解与掌握电子商务的相关内容，提高读者对知识的理解和掌握程度。

（4）形式新颖。本教材采用二维码的形式链接微课视频，读者通过扫描二维码可随时随地学习相关知识，提高学习效率。

（5）高附加值。除了微课视频外，读者还可以登录中国大学MOOC网站进行学习，获取PPT、习题等资源。

本教材编写人员来自辽宁省精品资源共享课、沈阳理工大学在线开放课程"电子商务基础与应用"课程组，由宋扬、潘峰（沈阳大学）、刘多林担任主编，参与编写的还有孟凡丽、赵敏、吕苗、张鑫琦、谢进军、左秋月、范蒙蒙等人，宋扬、赵敏、张鑫琦负责全书的统稿工作。在本教材的编写过程中，我们借鉴了国内外部分电子商务专家和学者的教材及网上资料，特向这些资料的作者表示由衷的感谢。另外，本教材的编写和出版得到了沈阳理工大学教务处、经济管理学院、教育教学评估评价中心等部门和沈阳大学等单位的支持和帮助，在此表示感谢！

由于编者水平和经验有限，书中难免存在疏漏和错误之处，恳请读者批评指正。

编　者

2020年10月

目 录

基础篇

专题一　电子商务概述 ………………(3)
　学习目标 ……………………………(3)
　专题描述 ……………………………(3)
　项目一　电子商务的定义和内涵 …(4)
　　项目案例 …………………………(4)
　　案例分析 …………………………(4)
　　相关知识 …………………………(4)
　　任务 ………………………………(7)
　项目二　电子商务的功能与特点 …(7)
　　项目案例 …………………………(7)
　　案例分析 …………………………(8)
　　相关知识 …………………………(8)
　　任务 ………………………………(10)
　项目三　电子商务的分类 …………(10)
　　项目案例 …………………………(10)
　　案例分析 …………………………(11)
　　相关知识 …………………………(11)
　　任务 ………………………………(14)
　项目四　电子商务的产生与发展
　　　　　………………………………(15)
　　项目案例 …………………………(15)
　　案例分析 …………………………(15)
　　相关知识 …………………………(15)
　　任务 ………………………………(21)
　项目五　电子商务对社会经济和
　　　　　企业的影响 ………………(21)
　　项目案例 …………………………(21)
　　案例分析 …………………………(22)
　　相关知识 …………………………(22)
　　任务 ………………………………(25)
　推荐资源 ……………………………(25)

专题二　电子商务系统与商业模式 …(26)
　学习目标 ……………………………(26)
　专题描述 ……………………………(26)
　项目一　电子商务系统 ……………(27)
　　项目案例 …………………………(27)
　　案例分析 …………………………(27)
　　相关知识 …………………………(28)
　　任务 ………………………………(38)
　项目二　电子商务商业模式 ………(38)
　　项目案例 …………………………(38)
　　案例分析 …………………………(39)
　　相关知识 …………………………(39)
　　任务 ………………………………(43)
　推荐资源 ……………………………(43)

技术篇

专题三　电子商务网络技术基础 …… (47)
  学习目标 …………………………… (47)
  专题描述 …………………………… (47)
  项目一　计算机网络概述 ………… (47)
    项目案例 ………………………… (47)
    案例分析 ………………………… (48)
    相关知识 ………………………… (48)
    任务 ……………………………… (52)
  项目二　互联网（Internet）技术
    ………………………………… (52)
    项目案例 ………………………… (52)
    案例分析 ………………………… (52)
    相关知识 ………………………… (53)
    任务 ……………………………… (57)
  项目三　移动通信技术 …………… (58)
    项目案例 ………………………… (58)
    案例分析 ………………………… (58)
    相关知识 ………………………… (58)
    任务 ……………………………… (62)
  项目四　物联网技术 ……………… (62)
    项目案例 ………………………… (62)
    案例分析 ………………………… (64)
    相关知识 ………………………… (64)
    任务 ……………………………… (67)
  推荐资源 …………………………… (67)

专题四　电子商务安全技术 ………… (68)
  学习目标 …………………………… (68)
  专题描述 …………………………… (68)
  项目一　电子商务安全概述 ……… (69)
    项目案例 ………………………… (69)
    案例分析 ………………………… (69)
    相关知识 ………………………… (70)
    任务 ……………………………… (77)
  项目二　数据加密技术 …………… (77)
    项目案例 ………………………… (77)
    案例分析 ………………………… (77)
    相关知识 ………………………… (78)
    任务 ……………………………… (80)
  项目三　电子商务安全认证技术
    ………………………………… (80)
    项目案例 ………………………… (80)
    案例分析 ………………………… (82)
    相关知识 ………………………… (82)
    任务 ……………………………… (84)
  项目四　电子商务网络安全技术
    ………………………………… (85)
    项目案例 ………………………… (85)
    案例分析 ………………………… (85)
    相关知识 ………………………… (85)
    任务 ……………………………… (88)
  项目五　电子商务安全协议 ……… (88)
    项目案例 ………………………… (88)
    案例分析 ………………………… (89)
    相关知识 ………………………… (89)
    任务 ……………………………… (92)
  推荐资源 …………………………… (92)

专题五　电子支付与网上银行 …… (93)
  学习目标 …………………………… (93)
  专题描述 …………………………… (93)
  项目一　电子支付概述 …………… (93)
    项目案例 ………………………… (93)
    案例分析 ………………………… (94)
    相关知识 ………………………… (94)
    任务 ……………………………… (98)
  项目二　电子货币 ………………… (98)
    项目案例 ………………………… (98)
    案例分析 ………………………… (99)
    相关知识 ………………………… (99)
    任务 ……………………………… (104)
  项目三　第三方支付 ……………… (105)
    项目案例 ………………………… (105)

  案例分析 ……………… (105)
  相关知识 ……………… (105)
  任务 …………………… (110)
 项目四 移动支付 …………… (110)
  项目案例 ……………… (110)
  案例分析 ……………… (110)
  相关知识 ……………… (110)
  任务 …………………… (114)
 项目五 网上银行 …………… (114)
  项目案例 ……………… (114)
  案例分析 ……………… (114)
  相关知识 ……………… (115)
  任务 …………………… (117)
 推荐资源 ………………… (117)

专题六 电子商务物流 ……… (118)
 学习目标 ………………… (118)
 专题描述 ………………… (118)

 项目一 电子商务物流的定义
    及特点 ……………… (118)
  项目案例 ……………… (118)
  案例分析 ……………… (119)
  相关知识 ……………… (120)
  任务 …………………… (125)
 项目二 电子商务物流模式 …… (126)
  项目案例 ……………… (126)
  案例分析 ……………… (127)
  相关知识 ……………… (127)
  任务 …………………… (133)
 项目三 电子商务物流技术 …… (134)
  项目案例 ……………… (134)
  案例分析 ……………… (136)
  相关知识 ……………… (136)
  任务 …………………… (142)
 推荐资源 ………………… (142)

应用篇

专题七 电子商务模式 ………… (145)
 学习目标 ………………… (145)
 专题描述 ………………… (145)
 项目一 B2B 电子商务模式 …… (145)
  项目案例 ……………… (145)
  案例分析 ……………… (146)
  相关知识 ……………… (147)
  任务 …………………… (150)
 项目二 B2C 电子商务模式 …… (150)
  项目案例 ……………… (150)
  案例分析 ……………… (151)
  相关知识 ……………… (152)
  任务 …………………… (156)
 项目三 C2C 电子商务模式 …… (156)
  项目案例 ……………… (156)
  案例分析 ……………… (157)
  相关知识 ……………… (157)
  任务 …………………… (160)

 项目四 其他电子商务模式 …… (160)
  项目案例 ……………… (160)
  案例分析 ……………… (161)
  相关知识 ……………… (162)
  任务 …………………… (166)
 推荐资源 ………………… (166)

专题八 网络营销 ……………… (167)
 学习目标 ………………… (167)
 专题描述 ………………… (167)
 项目一 网络营销概述 ……… (167)
  项目案例 ……………… (167)
  案例分析 ……………… (168)
  相关知识 ……………… (168)
  任务 …………………… (174)
 项目二 传统网络营销方法 …… (175)
  项目案例 ……………… (175)
  案例分析 ……………… (175)
  相关知识 ……………… (175)

任务 …………………………（182）
　项目三　新媒体营销方法 ………（182）
　　　项目案例 ………………………（182）
　　　案例分析 ………………………（183）
　　　相关知识 ………………………（183）
　　　任务 …………………………（191）
　项目四　网络营销策划 …………（191）
　　　项目案例 ………………………（191）
　　　案例分析 ………………………（191）
　　　相关知识 ………………………（192）
　　　任务 …………………………（195）
　推荐资源 …………………………（195）

专题九　电子商务数据分析 ………（196）
　学习目标 …………………………（196）
　专题描述 …………………………（196）
　项目一　电子商务数据分析概述
　　　………………………………（197）

　　　项目案例 ………………………（197）
　　　案例分析 ………………………（197）
　　　相关知识 ………………………（197）
　　　任务 …………………………（204）
　项目二　电子商务数据分析
　　　　　指标体系 ………………（204）
　　　项目案例 ………………………（204）
　　　案例分析 ………………………（204）
　　　相关知识 ………………………（205）
　　　任务 …………………………（210）
　项目三　电子商务数据分析模型
　　　………………………………（211）
　　　项目案例 ………………………（211）
　　　案例分析 ………………………（212）
　　　相关知识 ………………………（212）
　　　任务 …………………………（216）
　推荐资源 …………………………（216）

发展篇

专题十　移动电子商务 ……………（219）
　学习目标 …………………………（219）
　专题描述 …………………………（219）
　项目一　移动电子商务概述 ……（219）
　　　项目案例 ………………………（219）
　　　案例分析 ………………………（220）
　　　相关知识 ………………………（220）
　　　任务 …………………………（224）
　项目二　移动电子商务基础技术
　　　………………………………（225）
　　　项目案例 ………………………（225）
　　　案例分析 ………………………（225）
　　　相关知识 ………………………（226）
　　　任务 …………………………（232）
　项目三　移动营销 ………………（232）
　　　项目案例 ………………………（232）
　　　案例分析 ………………………（233）
　　　相关知识 ………………………（233）

　　　任务 …………………………（240）
　推荐资源 …………………………（240）

专题十一　跨境电子商务 …………（241）
　学习目标 …………………………（241）
　专题描述 …………………………（241）
　项目一　跨境电子商务概述 ……（241）
　　　项目案例 ………………………（241）
　　　案例分析 ………………………（242）
　　　相关知识 ………………………（242）
　　　任务 …………………………（245）
　项目二　跨境电子商务的运作
　　　　　流程 ………………………（245）
　　　项目案例 ………………………（245）
　　　案例分析 ………………………（245）
　　　相关知识 ………………………（245）
　　　任务 …………………………（249）
　项目三　跨境电子商务的产生
　　　　　与发展 ……………………（249）

项目案例 …………………… (249)
　　案例分析 …………………… (249)
　　相关知识 …………………… (250)
　　任务 ………………………… (252)
　项目四　跨境电子商务分类 …… (252)
　　项目案例 …………………… (252)
　　案例分析 …………………… (253)
　　相关知识 …………………… (253)
　　任务 ………………………… (257)
　项目五　跨境电子商务物流 …… (258)
　　项目案例 …………………… (258)
　　案例分析 …………………… (258)
　　相关知识 …………………… (258)
　　任务 ………………………… (260)
　项目六　跨境电子商务支付 …… (260)
　　项目案例 …………………… (260)
　　案例分析 …………………… (260)
　　相关知识 …………………… (261)
　　任务 ………………………… (263)
　推荐资源 ……………………… (263)

专题十二　社交电子商务 ………… (264)
　学习目标 ……………………… (264)
　专题描述 ……………………… (264)

　项目一　社交电子商务概述 …… (264)
　　项目案例 …………………… (264)
　　案例分析 …………………… (266)
　　相关知识 …………………… (266)
　　任务 ………………………… (272)
　项目二　社交电子商务的发展 … (272)
　　项目案例 …………………… (272)
　　案例分析 …………………… (273)
　　相关知识 …………………… (273)
　　任务 ………………………… (275)
　项目三　社交电子商务模式 …… (276)
　　项目案例 …………………… (276)
　　案例分析 …………………… (276)
　　相关知识 …………………… (276)
　　任务 ………………………… (280)
　项目四　社交电子商务布局农村
　　　　　助农发展 …………… (280)
　　项目案例 …………………… (280)
　　案例分析 …………………… (280)
　　相关知识 …………………… (281)
　　任务 ………………………… (284)
　推荐资源 ……………………… (284)

参考文献 ……………………………………………………………………………… (285)

基 础 篇

专题一　电子商务概述
专题二　电子商务系统与商业模式

专题一

电子商务概述

学习目标

1. 掌握电子商务的定义和内涵。
2. 理解电子商务的特点与基本功能。
3. 能从不同角度对电子商务进行分类。
4. 了解电子商务的发展历程。
5. 理解电子商务对社会经济和企业的影响。

专题描述

本专题对电子商务进行概述性介绍,包括电子商务的定义和内涵、功能与特点等内容。关于电子商务的定义,暂时尚没有统一的说法。电子商务具有普遍存在性、全球可达性、即时性、交互性、信息丰富性、标准化、个性化、人性化、整合性、经济性、技术性等特点。电子商务的功能一般分为内容管理、协同处理和交易服务,即通常所说的3C。电子商务的形式多种多样,可以按照电子商务的交易主体、开展交易的地域范围及交易活动在网上完成的程度进行分类。电子商务产生和发展的重要条件主要有信息技术的发展、信用卡的普及应用、安全电子交易协议的制定、政府的支持与推动和市场竞争的催化。世界范围内电子商务的发展主要包括3个阶段:基于电子数据交换的电子商务阶段、基于互联网的电子商务阶段和移动电子商务阶段。我国电子商务发展经历了培育期、创新期和引领期。电子商务发展具有无界化、新兴地区发展迅猛等态势。电子商务从产生到今天的飞速发展对消费者、商务活动方式、政府行为以及企业运营与发展都产生了深远的影响,同时也会带来一些消极影响。

项目一　电子商务的定义和内涵

项目案例

赵大伯卖水果

赵大伯一家是承包果园的专业户。往年每到水果成熟的季节，赵大伯是又高兴、又着急。高兴的是历经一年的辛苦，硕果累累；着急的是由于地处偏僻，交通不便，信息不灵，如果水果卖不出去，烂了，就会白忙一年。可今年赵大伯一点都不急，因为在城里念大学的女儿学了电子商务，帮他买了一台计算机，并且教会了他如何上网发布信息。于是，赵大伯在水果成熟之前就通过惠农网及淘宝网发布了供货信息，各地的订货让赵大伯应接不暇。赵大伯早早就与水果商在网上签订了合同，精明的赵大伯甚至还要求对方先付了预付款。现在，赵大伯只需将满园硕果采摘下来，等待订货商前来运走就行了。赵大伯高兴极了，夸女儿学电子商务真有用。

案例分析

案例中，赵大伯利用惠农网和淘宝网进行水果销售，解决了过去水果丰收反而愁销售的问题，显示出了互联网和电子商务的重要作用。从案例中我们可以看出电子商务与互联网之间的关系。电子商务的前提是"电子"；核心是人；基础是对电子工具的使用；对象是电子商务的社会再生产环节（生产、分配、交换、消费）中发展变化最快、最活跃的分配和交换两个中间环节。

相关知识

人类进入 21 世纪，世界正在发生令人瞩目的深刻变革。随着互联网技术的成熟与经济的不断发展，电子商务作为一种全新的商务手段，日益蓬勃发展起来，逐渐成为当前商务活动中的主流形态。《中华人民共和国国民经济和社会发展第十二个五年规划纲要》中明确提出，要积极发展电子商务。信息消费规模、电子商务交易额、网络零售额作为信息经济的组成部分，被列入国家"十三五"信息化发展主要指标。加快发展电子商务将有利于调整我国经济在全球产业中的定位与布局，有利于我国进一步融入全球化进程，提升我国参与国际竞争的优势。在信息化引发的变革风潮中，电子商务已经成为后工业时代经济增长的强大推动力。

一、电子商务的定义

商务是以营利为目的的市场经济主体通过商品交换获取经济资源的各种经济行为的总称。关于电子商务，国际上尚无统一的定义，不同研究者、不同组织从各自的角度提出了各自对电子商务的认识，给出了许多不同的表述，下面列举几个比较有代表性和权威性的定义。

电子商务定义与内涵

（一）IT 企业对电子商务的定义

IT 企业是电子商务相关技术的直接提供者、最积极的推动者和参与者。IBM 公司认为，电子商务是在互联网的广泛联系与传统信息技术系统的丰富资源相结合的背景下应运而生的一种相互关联的动态商务活动。

电子商务＝信息技术＋Web＋业务（E-Business＝IT＋Web＋Business）。

惠普公司的 E-Service 解决方案认为，电子商务是指在从售前服务到售后支持的各个环节中实现电子化、自动化。

（二）有关组织对电子商务的定义

联合国经济合作与发展组织认为，电子商务是发生在开放网络上的包含企业与企业之间、企业与消费者之间的商业交易。

2003 年，中国电子商务协会发布的《中国电子商务发展分析报告》认为，电子商务是以电子形式进行的商务活动。它在供应商、消费者、政府机构和其他业务伙伴之间，通过电子方式实现非结构化和结构化的商务信息的共享，以管理和执行商业、行政、消费活动中的交易。

（三）政府部门对电子商务的定义

1997 年 7 月 1 日，美国政府在发布的《全球电子商务纲要》中比较笼统地指出，电子商务是通过互联网进行的各项商务活动，包括广告、交易、支付、服务等活动。

欧洲议会对电子商务的定义为：电子商务是通过数字方式进行的商务过程。它通过数字方式处理和传递数据，包括文本、声音和图像，涉及许多方面的活动，包括货物数字贸易和服务、在线数据传递、数字资金划拨、数字证券交易、数字货运单证、商业拍卖、合作设计和工程在线资料、公共产品获得等。

《中华人民共和国电子商务法》提出，电子商务是指通过互联网等信息网络销售商品或者提供服务的经营活动。

（四）专家、学者对电子商务的定义

美国学者瑞维·卡拉科塔和安德鲁·惠斯顿在专著《电子商务的前沿》中认为，电子商务从广义上讲是一种现代商业方法。这种方法通过改善产品和服务质量、提高服务传递速度，满足政府组织、厂商和消费者降低成本的需求。这一概念也用于通过计算机网络寻找信息以支持决策。

电子商务研究专家李琪教授在其专著《中国电子商务》一书中指出：客观上存在着两类或三类依据内在要素不同而对电子商务的定义。广义的电子商务是指电子工具在商务活动中的应用。电子工具包括初级的电报、电话，以及 NII（National Information Infrastructure，国家信息基础设施）、GII（Global Information Infrastructure，全球信息基础设施）和互联网等。现代商务活动是从商品（包括实物与非实物、商品与商品化的生产要素等）的需求活动到商品的合理、合法的消费除去典型的生产过程后的所有活动。狭义的电子商务是指在技术、经济高度发达的现代社会里，掌握信息技术和商务规则的人，系统化运用电子工具，高效率、低成本地从事以商品交换为中心的各种活动的全过程。

以上是政府、组织、企业及学者对于电子商务的定义，因为各自的出发点不同，因而侧重点也不同。如政府组织对于电子商务的定义侧重于电子商务的宏观方面、电子商务的行业含义以及它对经济社会的宏观影响；企业侧重于从企业经营管理的微观方面界定电子商务；而学者则侧重于从电子商务运用的技术，以及对政府、企业和消费者的影响等方面界定电子

商务。

　　这里需要提一下 EC（Electronic Commerce）和 EB（Electronic Business）这两个英语单词，许多中文资料上都把它们统一翻译为"电子商务"。一般来说，EC 以商品的买卖为中心，在以互联网为平台的商品交换出现之后，西方媒体上最先使用的就是这一词汇，又有人将其译为"电子贸易"。而 EB 是 IBM 公司在 1997 年率先推出的电子商务概念。IBM 认为，电子商务不仅包括在线的商品交换，而且应包括对客户的服务和商业伙伴之间的合作，甚至认为企业在其按照互联网标准构造的企业内部网（Intranet）和企业互联网（Extranet）上从事的业务都包括在 EB 之中。又有人将 EB 翻译为"电子业务"；有人认为 EB 包括了 EC，而 EC 是 EB 的精华所在。

　　事实上，EB 和 EC 是历史的产物。互联网发展迅速，新名词层出不穷，有时候的发展速度甚至快到连取一个恰当的名称都来不及。因此在许多英文资料中，许多作者并没有严格区分 EC 和 EB，有时候甚至混用。

　　本书综合以上各种观点，对电子商务的定义如下。

　　电子商务（Electronic Commerce）通常是指在互联网开放的网络环境下，交易各方通过网络进行各种商贸活动，实现消费者的网上购物、企业之间的网上交易和在线电子支付以及各种商务活动、交易活动、金融活动和相关的综合服务活动的一种新型的商业运营模式。

二、电子商务的内涵

（一）电子商务的前提

　　电子商务的前提是"电子"，这里的"电子"是指现代信息技术，包括计算机技术、数据库技术、计算机网络技术，特别是计算机网络技术中的互联网应用技术。电子商务与传统商务的区别在于，电子商务利用了现代电子工具进行商务活动，而传统商务则主要依赖手工系统来实现商务活动。

（二）电子商务的核心

　　电子商务的核心是人。首先，电子商务是一个社会系统。既然是社会系统，其核心必然是人。其次，商务系统实际上是由围绕商品贸易的各个方面、代表着各方面利益的人所组成的关系网。最后，在电子商务活动中，虽然充分强调工具的作用，但归根结底起关键作用的仍是人，因为工具的制造发明、工具的应用、效果的实现都是靠人来完成的。在电子商务时代，能够掌握电子商务理论与技术的人必然是掌握现代信息技术、现代商贸理论与实务的复合型人才。而一个国家、一个地区能否培养出大批这样的复合型人才就成为该国、该地区发展电子商务最关键的因素。

（三）电子商务的基础

　　电子商务的基础是电子工具的使用。高效率、低成本、高效益的电子商务，必须以成系列、成系统的电子工具为基础。从系列化讲，电子工具应该是从商品需求咨询、商品配送、商品订货、商品买卖、货款结算、商品售后服务等伴随商品生产、消费甚至再生产的全过程的电子工具，如 EDI（Electronic Data Interchange，电子数据交换）、POS（Point Of Sales，销售终端）、MIS（Management Information System，管理信息系统）、DSS（Decision Support System，决策支持系统）、电子货币、电子商品配送系统、售后服务系统等。随着互联网技术及信息技术的发展,一些新型的电子工具也在电子商务交易过程中广泛应用,其中包括虚拟现实技术、电子支付工具、无人机等。如果没有系列化、系统化的电子工具,电子商务也就无法进行。

(四) 电子商务的对象

电子商务的对象是社会再生产环节(生产、分配、交换、消费)中发展变化最快、最活跃的分配和交换两个中间环节。通过电子商务,可以大幅度地减少不必要的商品流动、物资流动、人员流动和货币流动,减少商品经济的盲目性,减少有限的物质资源、能源资源的消耗和浪费。以商品贸易为中心的商务活动可以有两种概括方法:第一,从商品的需求咨询到计划购买、订货、付款、结算、配送、售后服务等整个活动过程;第二,从社会再生产整个过程中除去典型的商品生产、商品在途运输和储存等过程之外的其他活动过程。

任 务

1. 名词解释

电子商务

2. 简答

(1) 如何理解电子商务的内涵?

(2) 如何理解电子商务的核心是人?

3. 实践训练

请登录京东商城、天猫商城、海尔商城等网站,了解电子商务的运作过程。

项目二 电子商务的功能与特点

项目案例

华为商城

华为创立于1987年,是全球领先的ICT(信息与通信)基础设施和智能终端提供商,致力于把数字世界带入每个人、每个家庭、每个组织,构建万物互联的智能世界:让无处不在的链接,成为人人平等的权利;为世界提供最强算力,让云计算无处不在,让智能无所不及;所有的行业和组织,因强大的数字平台而变得敏捷、高效、生机勃勃;通过AI重新定义体验,让消费者在家居、办公、出行等全场景获得极致的个性化体验。

华为商城是华为公司旗下的自营电子商务平台,以最终用户为主要对象,提供华为手机、无线上网设备、平板电脑、配件等系列终端产品和服务,是以营造用户的移动信息生活为服务宗旨的互联网商务平台。华为商城提供全系列华为产品,保证正品、服务可靠。从商品入库、验货、库存、配货、售后服务等环节全方位保证商品品质。采用顺丰为最主要的快递服务商,覆盖中国大陆地区(目前暂不为港、澳、台及海外地区提供配送服务)。华为商城凭借专业的管理团队、先进的业务管理模式、持续的资金投入,打造更好的E时代购物体验。

(资料来源:华为公司及华为商城官方网站)

案例分析

华为商城作为华为公司的电子商务网站，为最终用户提供华为全系列产品的销售、客户的管理、订单的管理等功能，同时为客户提供配套服务，架起了华为公司和最终用户之间的桥梁，不仅扩展了企业的销售渠道，而且为客户提供了更加贴心的服务，为我们展现了电子商务的功能和特点。

相关知识

电子商务在其发展过程当中，不断地与各个领域相互渗透和融合，逐步显现出自身特有的功能和特点。

一、电子商务的特点

电子商务通过营造一个虚拟市场环境，使贸易双方没有时空障碍，从而增加贸易机会，降低交易成本，改善服务质量，提高商务活动效率。相对于传统商务，电子商务显示出以下特点。

电子商务的特点和功能

1. 普遍存在性和全球可达性

互联网是普遍存在的。它的互联性决定了电子商务的跨国性，它的开放性决定了电子商务市场的全球性。电子商务是在无国界的、开放的、全球的范围内去寻找目标客户、供应商和合作伙伴，带来了在更大范围成交的可能性，因而能使企业卖得更多。同时，电子商务也提供了更具竞争性的价格和更优的质量，使客户有了更多的选择。而这种可比性，使市场竞争更加激烈。

2. 即时性

电子商务的即时性主要体现在三个方面：①即时信息——消费者可以在短时间内迅速获得所需信息；②即时购买——电子商务允许消费者在任何时间进行购物或处理事务；③即时配送——在数字化产品的情况下，电子商务可实现即时配送，非数字产品也可实现快捷配送。

3. 交互性

互联网可以展示商品目录，直接链接至资料库，提供有关商品信息的查询功能；可以和顾客互动，双向沟通。更重要的是消费者是交易活动的主体之一，可以主动地向企业提出个性化的需求。

4. 信息丰富性

通过电子商务平台，可以借助各种媒体形式如文本、音频、视频、图片、动画等充分展示商品、服务信息。

5. 标准化

要使信息能在全球范围内共享，必须遵循统一的标准，如传输控制协议（TCP）、国际互联协议（IP）、超文本标记语言（HTML）、可扩展标记语言（XML）等。

6. 个性化定制服务

电子商务的交互性及即时性，能够根据个人偏好实现个性化定制服务。

7. 人性化

电子商务可以是一对一的、消费者主导的、非强迫性的、循序渐进式的一种人性化的交易模式（即所谓的"拉"式），避免企业"填鸭式"营销沟通的干扰（即所谓的"推"式），并通过信息提供与交互式沟通，与消费者建立长期良好的关系。

8. 整合性

电子商务的整合性体现在资源整合和过程整合两个方面。一方面，在电子商务过程中，可对多种资源、多种营销手段和营销方法、有形资产和无形资产的交叉运作和交叉延伸进行整合。另一方面，互联网同时兼具渠道、促销、电子交易、互动、顾客服务及市场信息分析等多种功能。企业借助互联网，可将电子商务活动的整个过程融为一个整体，提高经营效率。

9. 经济性

通过网络进行信息交换，代替以前的实物交换，一方面，可以减少印刷与邮递成本，可以无店面销售，免交租金，节约水电与人工成本；另一方面，可以减少由于多次往返交换带来的损耗。

10. 技术性

电子商务是建立在以高技术作为支撑的互联网络的基础上的。企业实施电子商务必须有一定的技术投入和技术支持，改变传统的组织形态，提升信息管理部门的功能，引进懂管理、懂商务与计算机技术的复合型人才，才能使企业具备竞争优势。

二、电子商务的功能

电子商务作为随着互联网发展而成长起来的新型商业模式，可提供网上交易和管理等全过程的服务。电子商务强大的功能体现在商务活动的各个方面。一般来说，电子商务大致分为三个层次，即信息、管理和交易。所有的商务活动都可以归为这三类中的一类、两类或全部。如商品订货属于交易类，广告宣传属于信息类，商品进、销、存属于管理类。按照不同的功能目标，与商务信息、管理和交易相对应，电子商务的系统功能一般分为内容管理（Content Management）、交易服务（Commerce Service）和协同处理（Collaboration Processing），即通常所说的3C。这三大功能之间既相互有别，又彼此交叉，形成了一个有机的整体，如图1-1所示。

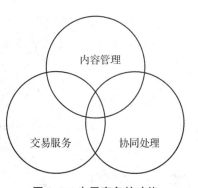

图1-1 电子商务的功能

1. 内容管理

电子商务系统的内容管理体现在管理网络上发布的各种信息，通过充分利用这些信息来增强企业或商品的品牌价值，扩大其影响力，具体内容有以下四个方面。

（1）对企业信息进行分类管理，并对关键数据进行保存，如客户数据、财务数据等。

（2）支持企业内部信息共享，如公司政策、制度及招聘通知等。

（3）提供互联网上的信息发布，定期或不定期地更新网站主页，提供客户在线服务。

（4）提供企业产品或服务的相关信息，如供货流程和售后服务等。

2. 交易服务

电子商务系统的交易服务是指完成网上交易功能，并提供交易前、中、后三个阶段所需的各种服务，具体内容有以下三个方面。

（1）提供可供交易产品或服务的目录。

（2）订单处理，包括订货、签署合同和网上支付等。

（3）提供售后服务。

3. 协同处理

电子商务系统的协同处理支持群体员工协同工作，通过对商业流程的自动处理，达到减少成本和缩短产品开发周期的目的，具体内容有以下四个方面。

（1）通信系统，包括电子邮件和信息系统。

（2）内部资源管理，包括资金、设备、材料和人力资源等。

（3）连接企业内部网和外部网。除将企业内部各单元紧密相连外，还实现与供货商、制造商及合作伙伴的信息共享。

（4）办公自动化，包括合同审定和签署等。

任 务

1. 名词解释

电子商务内容管理　"推"式营销　"拉"式营销　电子商务的整合性

2. 简答

（1）如何理解电子商务的特点？

（2）电子商务有哪些功能？

（3）电子商务与传统商务相比，具有哪些优势？

3. 实践训练

请登录任意一个电子商务网站，结合理论知识谈谈其具有的功能。

项目三　电子商务的分类

项目案例

京东商城

京东集团于 2004 年正式涉足电商领域，2019 年，京东集团市场交易额超过 2 万亿元。2020 年 8 月，京东集团第五次入榜《财富》全球 500 强，位列第 102 位，位居中国零售及互联网行业第一、全球互联网行业第三。

京东零售集团坚持"以信赖为基础、以客户为中心的价值创造"的经营理念，持续创新，不断为用户和合作伙伴创造价值，致力于在不同的消费场景和连接终端上，通过强大的供应链、数据、技术以及营销能力，在正确的时间、正确的地点为客户提供最适合他们的产

品和服务。

过去十六年，京东零售通过打造全球最佳客户体验和行业最优效率，赢得了客户的信赖，已完成全品类覆盖，是中国领先的电脑数码、手机、家电、消费品、生鲜等零售商。京东是中国最大的电脑数码产品零售平台，致力于为用户打造极致购物体验。2018年下半年，京东开始在全国二至六线城市开设京东电脑数码专卖店。作为国内领先的手机产品及手机周边业务线上零售平台，京东手机与品牌商、运营商保持了长期紧密的合作，共同推动了5G生态发展，为消费者打造一站式购机服务体验。中国电子信息产业发展研究院发布的报告显示，2020年一季度，京东以国内家电线上线下全渠道29.1%的份额，继续保持全渠道第一的家电零售平台地位。

京东超市是中国线上线下领先的超市，目前已经成为众多知名国际快消品牌的全渠道最大零售商。截至2019年4月，京东超市累计下单量突破60亿单。京东超市打造"物竞天择"项目拓宽全渠道业务，已经成功在全国多个城市、区域建立起了完善的全品类即时消费的零售生态。截至2020年5月，"物竞天择"共引入线下门店5万个，覆盖200个城市，超160个城市实现1小时送达，成功打造2万个一小时生活圈。另外，全品类发展的京东生鲜已成为中国线上最大的生鲜零售平台，可为消费者提供超过60个国家和地区的生鲜产品，并通过7FRESH七鲜超市、七鲜生活及友家铺子、区区购等业态，线上线下相结合，为消费者创造最佳体验。

（案例来源：根据京东商城官方网站资料整理）

案例分析

京东商城从其涉足电子商务领域开始，经过十几年的发展已经站稳中国网络零售市场三巨头的位置。2012—2019年，京东商城市场份额处于20%~30%，呈现平稳增长。京东商城是网络零售平台，通过自营和为入驻企业提供平台，向最终消费者提供产品和服务，属于企业对消费者（B2C）类型的电子商务。因其提供的产品类型丰富、有质量保证、服务优质，因而得到了中国广大消费者的认可。

企业对消费者的电子商务只是电子商务诸多类型中的一种，电子商务的类型还有很多种，如B2B、B2G、C2C等，将在本项目中进行介绍。

相关知识

电子商务的形式多种多样，可以按照电子商务的交易主体、交易的地域范围及交易活动在网上完成的程度进行分类。

一、按照电子商务的交易主体分类

电子商务通常在三类主体之间进行，即企业（Business）、政府部门

电子商务的分类

（Government）和个人消费者（Consumer）。按信息在主体之间的流向，电子商务可以分为以下几种类型。

（一）企业与企业之间的电子商务

企业与企业之间的电子商务（Business to Business，B2B）是一种企业与企业之间通过互联网开展商务活动的电子商务模式，其通过网络交换信息。B2B是目前应用最广泛的一种电子商务类型。企业可以是生产企业（如海尔、戴尔等），其与上游原材料和零配件供应商，与下游经销商、物流运输商、产品服务商之间，利用各种网络商务平台开展电子商务活动。在这里，企业也可以是商家，如某商家通过阿里巴巴平台采购宝洁公司的商品等。B2B类型的典型代表有阿里巴巴、中国制造网、慧聪网和敦煌网等。

（二）企业与个人消费者之间的电子商务

企业与个人消费者之间的电子商务（Business to Consumer，B2C），是一种企业与个人消费者之间进行商品或服务交易的电子商务模式。这类电子商务实际上是在线零售。目前，互联网上已遍布各种类型的在线零售企业。这类企业自建网站或者利用电商中介平台，出售商品或者服务，几乎包括了所有的消费品及各类网络服务，如远程教育、在线医疗等。近年来，B2C得到了快速发展，典型代表有天猫商城、京东商城、唯品会和苏宁易购等。

（三）个人消费者与企业之间的电子商务

个人消费者与企业之间的电子商务（Consumer to Business，C2B）是一种先由消费者提出需求，后由生产企业或商贸企业按需求组织生产和货源的电子商务模式。通常情况为消费者根据自身需求定制产品、提出能接受的价格，或主动参与产品设计、生产和定价，提出个性化需求，由生产企业进行定制化生产。C2B又可细分为以下两种类型：

1. 消费者群体主导的C2B

消费者群体主导的C2B，即通过聚合客户的需求，组织商家批量生产或组织货源，让利于消费者。团购就属于消费者群体主导的C2B的一种模式。团购是将零散的消费者及其购买需求聚合起来，形成较大批量的购买订单，从而得到厂商的批发价或较低的折扣价，商家也可以从大批量的订单中享受到薄利多销的好处，这对消费者与商家而言是双赢的。团购，也叫C2T（Consumer to Team）模式。

2. 消费者个体参与定制的C2B（深度定制）

在这种方式下，消费者能参与定制的全流程，企业可以完全按照消费者的个性化需求来定制产品。目前，应用这种方式最成熟的行业当属服装类、鞋类、家具类行业。以定制家具为例，每位消费者都可以根据户型、尺寸、风格和功能完成个性化定制，从而最大限度地利用空间，满足其个性化的核心需求。因此，这类C2B模式在成品家具生产中占领了相当大的市场份额。因此，我们可以把C2B看成B2C的反向过程，也可以把C2B看成B2C的有效补充。

（四）个人消费者与个人消费者之间的电子商务

个人消费者与个人消费者之间的电子商务（Consumer to Consumer，C2C）是一种不同的个人消费者之间通过网络商务平台实现交易的电子商务模式。该模式不仅能够让消费者出售所持有的闲置物品，而且能够促使个人消费者在网络商务平台上开网店创业，如消费者通过淘宝、闲鱼等网站销售商品。

（五）企业与政府之间的电子商务

企业与政府之间的电子商务（Business to Government，B2G）涵盖了政府与企业间的各项事务，包括政府采购、税收、商检、管理条例发布，以及法规和政策颁布等。B2G 可以使企业和政府之间通过互联网方便、快捷地进行信息交换。一方面，政府作为消费者，可以通过互联网发布采购清单，公开、透明、高效、廉洁地完成所需物品的采购；另一方面，政府对企业实施的宏观调控、监督管理等通过网络以电子商务的方式更能充分、及时地发挥作用。例如，中央政府采购网就属于该模式。

（六）个人消费者与政府之间的电子商务

个人消费者与政府之间的电子商务（Consumer to Government，C2G）涵盖个人与政府之间的若干事务，如个人公积金的缴纳、个人养老金的领取和个人向政府纳税等。C2G 网站是政府工作透明化的重要窗口，也是公民了解政府发布的各项信息和政策的重要渠道。例如，全国大学生就业公共服务立体化平台和太原市住房公积金管理中心等就属于 C2G 模式。

（七）B2B2C 电子商务模式

B2B2C（Business to Business to Consumer）电子商务模式包括两种形式：第一种形式是生产厂商对商家，商家对消费者的交易链条，如出版社将图书出版后，直接将出版的图书交给销售商，销售商在网上销售，消费者可以在网上购买这一商品；第二种形式是生产厂商同时面对供应商和消费者，如海尔通过海尔招标网采购原材料（B2B）、通过海尔商城销售海尔系列产品（B2C）。

二、按照开展交易的地域范围分类

按照电子商务交易开展的地域范围来分类，电子商务可分为三类。

（一）本地电子商务

本地电子商务通常是指在本地区范围内开展的电子商务活动，具有涉及的区域范围小、货物配送速度快、成本低等特点。它通过互联网、内联网或专用网络将用于商务活动的系统连接在一起，很好地解决了支付、配送和售后服务等问题。本地电子商务一般包括参加交易各方的电子商务、银行以及金融机构、保险公司、商品检验、税务管理、货物运输、本地区电子数据交换中心等信息系统。本地电子商务系统是开展全国和全球电子商务的基础系统，因此，建立和完善本地电子商务信息系统是最终实现全球电子商务的一种途径。

（二）国内电子商务

国内电子商务是指在本国范围内进行的网上电子交易活动，其交易的地域范围较大，对软硬件和技术要求较高，要求在全国范围内实现商业电子化、自动化，实现金融电子化，要求交易各方具备一定的电子商务能力、经营能力、技术能力和管理能力等。

（三）全球电子商务

全球电子商务是指在全世界范围内进行的电子商务，是范围最广的电子商务活动。与一一般的电子商务相比,全球电子商务的交易行为涉及的主体更加广泛,包括政府的行政管理部门、贸易伙伴和相关的结算、运输、商检等商业部门。全球电子商务可以包括企业对企业、企业对行政机构和企业对消费者的电子商务活动,也就是现在所说的跨境电子商务。总的来说,全球电子商务的业务内容繁杂,数据来往频繁,其相关的协调工作和法律惯例规范都是全球性的,要求具有严格、准确、安全和可靠的电子商务系统,并制定全球统一的电子商务标准和电子商务贸易协议。

三、按交易活动在网上完成的程度分类

根据电子商务的交易过程是否可以在网络上完整地进行,电子商务可以划分为完全电子商务和不完全电子商务两种类型。

(一)完全电子商务

完全电子商务是指产品或服务的整个交易过程都可以通过电子商务方式实现,也就是说,交易过程中的信息流、资金流、商流、物流都能够在互联网上完成。一些数字化的无形产品和服务,如软件、音乐、远程教育等,供需双方直接在网络上完成订货或申请服务、网上支付与结算、服务或产品所有权的转移,而无须借助其他手段。因其交易对象的特殊性,完全电子商务仅限于无形产品和网上信息服务,不能涵盖所有商品和服务。

(二)不完全电子商务

不完全电子商务是指无法完全依靠电子商务方式实现和完成整个交易过程,而需要依靠一些外部要素(如有形商品的交付过程仍然要采用传统的运输方式)来完成的交易。当产品、销售过程和代理人三个维度中的某一项未能被数字化时,则称为不完全电子商务,如通过网上购买图书等实物,需要以快递等运送形式交货,因而使这一过程处于不完全电子商务状态。一些物质和非数字化的商品无法在网络上供货,尚需借助其他一些外部辅助系统(如运输系统、邮政系统等)完成货物的运输与递送。专门的物流配送中心是这类电子商务的补充,重要目的是完成它所欠缺的货物交付职能,使其具有接近于完全电子商务的形态和功能。

任务

1. 名词解释

B2B　B2C　C2C　C2B　不完全电子商务　完全电子商务　深度定制

2. 简答

(1)请简述完全电子商务和不完全电子商务的区别。

(2)C2B电子商务有哪些类型?各有何特点?

3. 实践训练

请分别登录阿里巴巴、慧聪网、京东商城、天猫商城、唯品会、华为商城和淘宝网,了解不同类型电子商务的特点。

项目四　电子商务的产生与发展

项目案例

亚马逊——电子商务成功典范的发展历程

1995年，美国亚马逊网上书店（下文简称"亚马逊"）成立，在短短10年间便迅速成长为全球500强企业，不但开创了图书销售模式的历史新纪元，也带动了全球电子商务的发展。如今，亚马逊（www.Amazon.com）是美国最大的在线销售书籍、CD、电子产品、玩具等的电子商务网站，是目前国际上最著名的网站之一。

亚马逊的创办人杰夫·贝索斯（Jeffrey Bezos）还是萧氏企业（D. E. Shaw & Co.）的一名经理人时，有一天上网浏览，发现了网络使用人数每个月以2 300%的速度增长，吃惊之余，他花了两个月的时间研究了网络销售业的潜力与远景，于是他决定辞掉工作，到西部创立网络零售业。贝索斯拟出了20种认为适合于在网上销售的商品，经过认真分析，最后选择了图书作为网络销售的突破口，在西雅图创办了亚马逊网上书店。

1995年8月，亚马逊网上书店卖出了第一本书。3年以后，亚马逊网上书店被《福布斯》杂志称为世界上最大的网上书店。4年后，这家公司拥有了1 310万名顾客，书目数据库中含有300万种图书，超过世界上任何一家书店，成为网上零售先锋。在短短的几年间，亚马逊网上书店以惊人的成长速度创造了一个网络神话。1999年的销售额就达30亿美元，同年，亚马逊书店创办人贝索斯当选美国《时代》周刊本年度风云人物。亚马逊网上书店经过25年的发展，其经营版图已经遍布世界各大洲，对世界电子商务的发展具有里程碑的作用，掀起了全球网上购物的浪潮。

案例分析

亚马逊网上书店是随着互联网的飞速发展而产生并发展，其创始人杰夫·贝索斯看到了当时美国互联网用户快速增长带来的发展契机，建立了亚马逊网上书店。随着美国互联网技术的发展和互联网用户的不断增长，亚马逊网上书店利用互联网取得了竞争优势，得到了神话般的发展，而且业务不断扩大，经营版图从美国扩张到世界各大洲，开创了B2C电子商务的新纪元。该案例告诉我们电子商务的产生和发展是需要一定条件的，其发展也是和互联网的发展息息相关的。

相关知识

一、电子商务产生和发展的条件

20世纪60年代后，计算机和网络技术飞速发展，构建了电子商务赖以生存的环境，并预示了未来商务活动的一种发展方向——电子商务。电子商务产生和发展的重要条件主要有以下五个。

电子商务的产生和发展

(一)信息技术的发展

信息技术的发展是电子商务产生的物质基础。计算机的广泛应用,为电子商务的发展提供了物质基础。同时,计算机网络的成熟和普及,全球上网用户迅猛增长,快捷、安全、低成本的特点为电子商务的发展提供了应用条件。

(二)信用卡的普及应用

信用卡以其方便、快捷、安全等优点而成为人们消费支付的重要手段,并由此形成了完善的全球性信用卡计算机网络支付与结算系统,使"一卡在手、走遍全球"成为可能,同时也为电子商务中的网上支付提供了重要的手段。

(三)安全电子交易协议的制定

1997年5月31日,由美国VISA和Master Card国际组织等联合制订的SET(Secure Electronic Transaction)即安全电子交易协议出台,得到了大多数厂商的认可和支持,为开发网络上的电子商务提供了一个关键的安全环境。

(四)政府的支持与推动

1997年欧盟发布欧洲电子商务协议,美国随后发布全球电子商务纲要,电子商务从此受到世界各国政府的重视,许多国家的政府开始尝试网上采购,有些国家政府甚至以法律的形式规定政府的采购必须有70%在网上完成。这为电子商务的发展提供了有力的支持。

(五)市场竞争的催化

世界市场的激烈竞争也大大促进了电子商务的发展。20世纪六七十年代以后,价格因素在竞争中所占的比重减少,而非价格因素上升,例如,小批量、多品种、定制式生产成为销售商和消费者新的需求,这就要求商业文件的传递和处理速度大大加快,以适应瞬息万变的市场变化。因此,可以说市场竞争是电子商务产生和发展的催化剂。

综上,信息技术的进步和商务的发展使社会网络化、经济数字化、竞争全球化、贸易自由化成为必然,现代电子商务产生了。图1-2为电子商务产生和发展的条件。

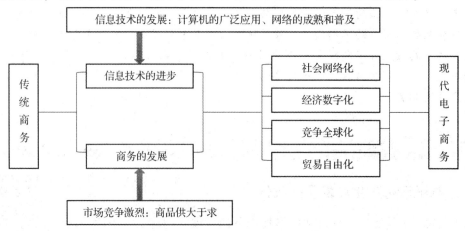

图1-2 电子商务产生和发展的条件

二、电子商务的发展历程

(一) 世界电子商务的发展历程

电子商务并非新兴之物,早在1839年,当电报刚出现的时候,人们就开始了对运用电子手段进行商务活动的讨论。当贸易开始以莫尔斯码点和线的形式在电线中传输的时候,就标志着运用电子手段进行商务活动进入新纪元。电子商务是在与计算机技术、网络通信技术的互动中产生和不断完善的,尤其是随着互联网的发展而发展。

真正意义上的电子商务最早产生于20世纪60年代,发展于90年代,主要是基于信息技术的发展、信用卡的普及应用、政府的支持与推动和全球经济一体化的趋势。总的来说,世界范围内电子商务的发展主要包括3个阶段,即基于电子数据交换的电子商务阶段、基于互联网的电子商务阶段和移动电子商务阶段。

1. 基于电子数据交换的电子商务阶段(20世纪60年代至90年代)

从技术的角度来看,人类利用电子通信的方式进行贸易活动已有几十年的历史了。早在20世纪60年代,人们就开始了用电报报文发送商务文件的工作;70年代,人们又普遍采用方便、快捷的传真机来替代电报,但是由于传真文件是通过纸面打印来传递和管理信息的,不能将信息直接转入信息系统中,因此人们开始采用电子数据交换(Electronic Data Interchange, EDI)作为企业间电子商务的应用技术,这就是电子商务的雏形。

电子数据交换是将业务文件按一个公认的标准从一台计算机传输到另一台计算机上的电子传输方法。由于电子数据交换大大减少了纸张票据,因此,人们形象地称之为"无纸贸易"或"无纸交易"。但由于交易的安全以及早期网络技术的局限性,电子数据交换技术都建立在单一的专用网络上,这类网络被称为增值网(Value Added Network, VAN)。增值网的使用极为昂贵,对技术、设备和人员都有较高的要求,因此只有某些发达国家和地区的大型企业才会使用,其应用范围和普及程度并不高。

2. 基于互联网的电子商务阶段(20世纪90年代至今)

使用VAN的费用很高,仅大型企业才会使用,限制了基于电子数据交换的电子商务应用范围的扩大。20世纪90年代中期后,互联网迅速走向普及化,逐步从大学、科研机构走向企业和百姓家庭,其功能也已从信息共享演变为一种大众化的信息传播工具。从1991年起,一直排斥在互联网之外的商业贸易活动正式进入这个王国,使电子商务成为互联网应用的最大热点。

互联网的爆炸性发展,促进了信息技术更加广泛的应用,由此引起剧烈的全球性竞争。这就要求企业具有比竞争对手更大的灵活性来响应业务需求的变化、提高投资回报率、加速新产品上市、最佳的价格、及时交付商品和提供较好的售后服务。基于互联网的电子商务具有费用低廉、覆盖面广、功能更全面和使用更灵活等优势,因此对企业具有非常大的吸引力。电子商务的应用已经成为企业在商场上克敌制胜的关键技术,越来越多的企业开始关注电子商务,企业传统的商务活动进入了新的电子商务时代。基于互联网的电子商务已经被公认为现代商业的发展方向,市场发展潜力巨大,具有诱人的发展前景。

3. 移动电子商务阶段(21世纪初期至今)

随着宽带无线接入技术和移动终端技术的飞速发展,人们迫切希望能够随时随地乃至在移动过程中都能方便地从互联网上获取信息和服务,移动互联网应运而生并迅猛发展。移动电子商务是移动互联网服务和电子商务融合的产物,人们的消费理念和商家的传统理念都在不断转变,移动电子商务已经成为一种新型的商务模式。3G网络的出现,让手机上网成为一种主要的上网方式,现在4G网络也得到了普及。在3G、4G时代,智能手机、平板电脑的普及使移动电子商务的发展极为迅速,改变了很多基于互联网电子商务的"规则"。随着5G网络的投入建设,移动电子商务可能会有更深层次的变化。

(二)中国电子商务的发展历程

1. 培育期(1999—2005年)

这个时期的特征是后适者生存,没有固定的发展模式,各种创新层出不穷。早期的电子商务以网站为基础,比如中国黄页、网易、新浪、8848、淘宝、易趣等。这个时期的商业探索是中国黄页与携程网的建立,政府探索是在线广交会的开幕与中国商品交易市场的建立。1999年出现了中国第一个B2C电子商务网站——8848网站,淘宝网于2003年成立。在培育期,这些电子商务网站有的因为没有相应的基础设施的支撑,退出了历史舞台;有的则因为符合中国消费者的习惯而发展起来。

2. 创新期(2005—2015年)

这个时期的特征是胜者为王,互联网人口红利充分释放,电子商务生态系统日渐形成。从2005年到2015年,中国网民规模快速增长,我国电子商务的竞争在深度、广度和强度上持续升级,电商领域的资本、技术迎来全面创新。随着在线支付技术与物流信息技术的普及,出现了电商服务业,电商交易服务、在线支付、物流等支撑服务业与衍生服务业构成了日益完善的电子商务生态系统。电子商务模式不断丰富,渗透领域不断增多,B2C、B2B、团购网站层出不穷。B2C模式包括天猫、京东等互联网企业,也包括小米、海尔等传统企业的线上业务。B2B模式包括阿里巴巴、慧聪网、找钢网、红领集团等。团购模式竞争激烈,包括美团网、糯米网、拉手网、58同城等。

3. 引领期(2015年以后)

这一时期的特征是后来者居上,内容与社交成为主导,向农业、工业不断渗透,国际影响日益增强。首先是内容电商成为流量与转化的新模式。内容电商包括内容推送转型电商,如抖音、快手等;综合内容电商平台,如蘑菇街、小红书等;还有传统电商模仿内容,如淘宝二楼、京晚八点等。其次是社交电商站上风口,行业规模迅速增长。传统电商流量红利殆尽,社交电商借助社交网络实现低成本引流,行业爆发式增长。移动互联网时代,以微信为代表的社交APP全面普及,成为移动端最主要的流量入口。2018年,中国社交电商行业规模达6 268.5亿元,环比增长255.8%,成为网络购物市场的一匹黑马。2015—2018年,社交电商占中国网络购物市场的比例从0.1%增加到了7.8%。最后是国际影响力日益增强。我国电子商务的全球化步伐也日益紧密,在拓宽国际市场、海外并购等方面发力,也为跨境电子商务的健康发展营造切实有效的政策和商业环境。同时,我国积极尝试跨境贸易综合试验区、自贸区、保税仓等跨境电商新模式的新服务体系建设。2018年2月,中国海关牵头制定《跨境电商标准框架》,也是具有引领性的政策保障探索。

但是,随着互联网人口红利走入尾声,电子商务引领期出现了现有的商业模式面临挑战等潜在问题。随着流量成本暴涨,2014年开始,线上获客成本高于线下,线上渠道不再具备明显优势。从 2015 年开始，电商企业纷纷布局线下，如京东的京东便利店、7FRESH、京东到家等，阿里的盒马、天猫小店、智慧门店等。

三、电子商务发展热点和趋势

（一）电子商务发展热点

1. 跨境电商成为外贸发展主要驱动力

全球跨境电子商务蓬勃发展。从区域上看，北美的跨境电商市场处在高速发展阶段。2015 年，全球 B2C 跨境电子商务总额为 1 890 亿美元，约有 3.8 亿消费者在海外网站购物。从全世界范围来看，欧洲是全球最大的跨境电子商务市场，超一半在线零售商开设跨境服务；美国是最受欢迎的跨境市场。eBay 和亚马逊等电商巨头在全球布局海外网站；阿里通过收购海外平台进军当地市场。

电子商务发展热点和趋势

2. 移动电子商务继续高歌猛进

智能手机用户数量在全球各国呈爆发式增长，消费者能够随时访问共享信息并进行移动购物。世界进入移动电子商务时代，2017 年，全球五大移动电商市场分别是中国、美国、英国、日本、德国。截至 2020 年 6 月，中国手机上网用户占整体网民规模的 99.2%，手机网络购物用户规模达 7.47 亿，占手机网民的 80.1%。

在移动电子商务发展过程中，首先是电商企业发力移动 APP 建设。全球范围内高达 54% 的移动交易通过移动 APP 完成。2021 年，全球消费和花费在购物 APP 上的时间将达 3.5 万亿小时，亚太地区是主要增长区域。其次，垂直细分领域表现亮眼。市场格局基本稳定，头部企业占有绝对优势，跨境、美妆、生鲜等小而美的垂直领域依靠移动电商红利发展了一批新兴平台。最后，从粗放式增长到精细化运营。以 Facebook、Twitter 等社交平台为依托，融合社交、内容和直播等功能，通过"粉丝"经济模式传播分享获取用户。

3. 共享经济动力强劲，成为新的经济发展范式

共享经济的典型代表公司都在美国，分别是打车应用 Uber 和民宿租赁 Airbnb。Uber 的估值高达 680 亿美元，是共享经济的领导者，也是全球最大的"独角兽"公司。

4. 网购大促掀起全民狂欢

面对疲软的经济形势和严峻的业内形势，年度网购大促成为各国振奋零售市场的强心剂。目前，全球最著名的两个电商促销节日分别是美国以"网购星期一"和"黑色星期五"为代表的圣诞购物季，以及中国的"双十一"购物节。"双十一"是中国最大的网络促销节，单日交易额位居全球之首。从 2009 年淘宝首届"双十一"购物节的 5 000 万元交易额开始，到 2020 年全网交易额接近 8 600 亿元，充分说明了此类购物节对消费市场的带动作用。

5. 服务电商成为争夺焦点

生活服务领域的电商成为大势所趋，在线旅游、网络约车、网上订餐、数字内容、上门服务等服务类的电子商务呈快速发展势头，是创业创新的热点，服务 O2O 电商巨头正在形成。不同行业的典型电子商务服务商如表 1-1 所示。

表1-1 不同行业的典型电子商务服务商

细分行业	餐饮	票务	美容业	旅游	民宿短租	家装
代表企业	美团网、饿了么	Ticketmaster、12306	StyleSeat、河狸家	携程、Tripadvisor	Airbnb、小猪	土巴兔、Houzz
细分行业	医药医疗	租车打车	家政服务	亲子母婴	在线教育	健身服务
代表企业	ZocDoc、好药师	滴滴出行	58同城、Care.com	BabyCenter、Babytree	Udemy、作业帮	ClassPass、Runkeeper

（二）电子商务发展趋势

1. 全球电子商务发展增长趋势进入转折期

全球电子商务市场的增长速度自2016年后出现下滑趋势。增长放缓的情况同时出现在美国等发达国家和中国等新兴国家中。全球电子商务的发展正在进入转折期，增速趋缓的主要原因是电子商务发展的环境出现了新的变化，产业增长空间和潜力受到限制，电子商务领域的发展将从粗放式的增长进入精细化和集约式增长阶段。2012—2018年全球网络零售市场交易规模及增长率如图1-3所示。

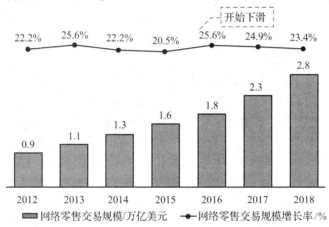

图1-3 2012—2018年全球网络零售市场交易规模及增长率

（资料来源：中国国际电子商务中心研究院）

2. 电子商务无界化态势明显

依托于互联网技术发展起来的电子商务，从诞生之初就自带"无边界"的"基因"。随着电子商务交易规模、服务受众和覆盖范围的日趋庞大，传统的企业边界、产业边界、地域界限甚至线上和线下的界限正在被逐渐颠覆。第一是无边界企业的兴起。企业在业务范畴上不断尝试"跨界"，比如阿里巴巴在金融、物流、健康、云计算等多领域布局。第二是产业边界的模糊化。比如，沃尔玛通过收购Jet、ShoeBuy和Moosejaw等电商平台，互利共赢，发展线上业务；家乐福、永辉、H&M等企业则选择自建平台打通线上渠道，保持品牌统一，掌控核心竞争力。第三是线上与线下的融合，如沃尔玛、梅西等传统百货公司提供线上订货线下取货服务，实现虚拟与现实购物环境的转换，渠道之间的界限越来越模糊。

3. 新兴地区将引领全球电子商务的发展

以亚太、中东欧、拉丁美洲、中东和非洲地区为主的新兴电子商务市场开始跃进。2016

年，以上新兴地区占全球 B2C 市场中的比重超过北美和西欧等发达地区，全球电子商务的重心正在转向新兴市场。中国国际电子商务中心研究院的统计数据显示，2016 年和 2017 年，包括亚太、中东欧、中东和非洲的新兴地区网络零售市场交易规模占全球总规模的比重分别为 50.95% 和 53.39%，超过了北美和西欧等发达地区。

4. 技术应用、数据革命赋能电商发展新动力

当前，产业发展环境产生了巨大的变化，新一代消费者消费偏好发生了改变，更加注重高质量的体验、内心的满足感和服务的便利性，这些需要应用新兴技术形成新的消费基础、数据驱动形成个性化的创新与服务体系、O2O 发展形成的无缝产业生态系统进行汇聚与融合。

5. 电子商务使世界更加平等

电子商务可以使最小的商家以低成本的方式进入全球市场并迅速站稳脚跟。过去，只有大公司拥有足够的渠道、资本、规模来充分降低成本，参与全球竞争，而电子商务改变了这种模式。电商平台为中小企业提供了更多的与大型企业公平竞争的机会，跨境电商模式改变了传统贸易方式。

中小企业通过跨境电商进行国际贸易，进一步开拓国际市场，增加市场份额。以智利为例，新商家在 eBay 上的销售量占整个智利电商出口的 30%，而线下的新商家出口额只占智利出口额的 1%。

电子商务提供了更多的资源，80% 的新出口商在线上销售开始一年后依旧可以在激烈的竞争中存活下来，这个比例远高于线下出口商。

同时，电子商务提供了更多的机会。亚马逊全球开店计划，帮助许多国家的商家在亚马逊上以卖家身份注册买卖，中国的企业可通过亚马逊中国在北美、欧洲、日本等地开展业务。阿里巴巴则推出 e-WTP，以帮助中小企业进入全球市场，参与全球经济，同时创造了大量就业岗位。

任务

1. 简答

（1）请简述电子商务产生和发展的条件。

（2）请简述世界电子商务的发展历程。

（3）目前电子商务发展的热点有哪些？

2. 实践训练

请登录相关网站，搜集资料和数据，撰写一篇关于我国电子商务发展现状的调查报告。

项目五　电子商务对社会经济和企业的影响

项目案例

电商精准扶贫，助力产业升级

电商扶贫等新业态增强了农村贫困地区内生发展活力和动力，有效促进了农民增收，为推进农村现代化注入了新动能，明显改善了农村贫困地区电商基础短板，搭建起农村创新创业的

大舞台,初步形成全社会参与的大扶贫格局,加快了农村消费市场转型升级,有力促进了农产品出村和工业品下乡。商务大数据监测显示,2018年1—12月,全国农村实现网络零售额13 679.4亿元,同比增长30.4%;全国农产品网络零售额约2 305亿元,同比增长33.8%。2018年1—12月,全国832个国家级贫困县实现网络销售额697.9亿元,同比增长36.4%。

在2019年中国电子商务大会电商扶贫论坛上,商务部市场建设司副司长胡剑萍表示,商务部会同财政部、国务院扶贫开发领导小组办公室等部门,以电子商务进农村综合示范和中国电商扶贫联盟等工作为主要抓手,深入实施电商扶贫,地方、企业和社会各界踊跃参与、积极探索,取得显著成效。截至目前,电子商务进农村综合示范已支持贫困县建设电商公共服务中心和物流配送中心近1 000个,乡村电商服务站点6万多个,初步建立起"两中心一站点"的农村电商公共服务体系;电子商务进农村综合示范已服务贫困人口1 000多万人次,带动300多万贫困人口实现增收。

北京市商务局某二级巡视员丁剑华表示,为助力北京市受援地区打赢脱贫攻坚战,北京市商务局制定了扶贫协作三年行动计划,与市扶贫支援办联合出台了推进扶贫协作地区特色产品进京销售的指导意见,充分发挥北京电商渠道优势与扶贫地区特色农产品的品质优势,积极动员京东、苏宁易购、中粮我买网、每日优鲜等电商企业开展电商精准帮扶。

会上,中国电商扶贫联盟主席李晓林表示,让电商成为农业产业化的新引擎、农产品流通的新平台、农民增收致富的新动力和农村现代化的新渠道。中国国际电子商务中心特邀专家魏延安发表了电商精准扶贫路径创新与实践探索的主题演讲。据了解,商务部指导成立的中国电商扶贫联盟,共在24家电商平台上线产品3 000多款,覆盖140多个贫困县的230余家企业,为农村电子商务拓展出新一轮的创新增长空间。

与会企业嘉宾围绕电商助力脱贫攻坚、扶贫路径创新与实践探索、扶贫新模式、数字乡村流通升级、兴农扶贫之路等角度分享了各自在电商扶贫领域的实践探索,全景展现了电商扶贫的新模式、新渠道、新成效。

(案例来源:搜狐网,"牛华网"搜狐号,有改动)

案例分析

电子商务是基于信息技术和互联网的现代流通方式,改变了生产方式和生活方式。农村电子商务作为一种新兴的商业模式,已经渗透到农村产业链全过程,改变了我国农村经济发展方式和农民生产生活方式,对解决"三农"问题具有重大意义,对推动县域经济发展、实现农村贫困地区脱贫致富发挥了重要作用。具体而言,农村电子商务是扩大农村就业、增加农民收入、着力解决"三农"问题的有效举措。

相关知识

一、电子商务对消费者的影响

电子商务对消费者的影响是多方面的,主要表现在以下两个方面。

(一)信息获取方式和购物方式的改变

在网络时代,人们可以从互联网上获取所需的信息。互联网可以比其他

电子商务的影响

方式更快、更直观、更有效地将信息或思想传播开来。电子商务的推广，已经使网络购物成为现实。网络购物的最大特征是消费者具有主导性，购物意愿掌握在消费者手中；同时，消费者能以一种轻松自由的自我服务方式来完成交易。消费者的主动权可以在网上购物中充分体现出来。

（二）教育方式和娱乐方式的改变

首先，电子商务带来了教育方式的改变。随着互联网的广泛应用和电子商务的推广，网络学校应运而生。网上教育是一种成本低、效果好、覆盖面广、便于普及高质量教育的新型教育方式。

其次，互联网的出现使人们足不出户就可观看电视、电影，听音乐，在网络上找到志趣相投的朋友。在网络上，人们还可以做现实生活中无法做的事情，如可以"种花"、"植树"、直播等，这些都是网络为人们提供的新的娱乐、休闲方式。可以预见，互联网娱乐、休闲对人们会有越来越大的吸引力，这种新的娱乐、休闲方式将是电子商务的重要发展方向。

二、电子商务对商务活动方式和政府行为的影响

电子商务对商务活动方式和政府行为的影响主要表现在以下三个方面。

（一）电子商务改变了商务活动方式

传统的商务活动最典型的情景是"推销员满天飞""采购员遍地跑""说破了嘴、跑断了腿"，消费者在商场中筋疲力尽地寻找自己需要的商品。现在，人们可以进入网上商城浏览、采购各类商品，还能得到在线服务；商家可以在网上与客户联系，利用网络进行货款结算；政府还可以方便地在网上进行电子招标和采购等。

（二）电子商务正带来一个全新的金融业

在线电子支付是电子商务的关键环节，也是电子商务得以顺利发展的基础条件。随着电子交易环节技术的突破，网上银行、银行电子支付系统及互联网金融等服务正在将传统的金融业带入一个全新的领域。

（三）电子商务正在转变政府的行为

政府承担着大量的社会、经济、文化的管理和服务功能，作为"看得见的手"，在调节市场经济运行、防止市场失灵方面有着很大的作用。电子商务对政府管理行为提出了新的要求，电子政府（或称网上政府）将随着电子商务的发展而成为一个重要的社会角色。

除了上述影响，电子商务还会对企业的组织结构、经营管理，社会的劳动就业及法律制度等产生巨大的影响。总而言之，电子商务产生了一场史无前例的革命，其对社会经济的影响会远远超过商务本身，电子商务会将人类真正带入信息社会。

三、电子商务对传统企业的影响

传统企业在电子商务时代来临后，生产和经营方式发生了巨大变革，主要体现在以下四方面。

（一）电子商务对企业采购的影响

第一，电子商务模式能通过互联网快捷地在众多的供应商中找到适合的合作伙伴，及时了解供应商的产品信息，如价格、交货期、库存等，并可以获得较低的价格。

第二，通过电子商务，企业可以加强与主要供应商之间的协作关系，形成一体化的信息传递和信息处理体系，从而降低采购费用，采购人员也可以把更多的精力和时间放在价格谈判及改善与供货商的关系上。

(二) 电子商务对企业生产加工过程的影响

第一，传统经营模式下的生产方式是大批量、规格化、流程固定的流水线生产，电子商务出现后，个性化定制、个性化生产会逐渐成为重要的方式。

第二，缩短了生产与研发的周期。

第三，减少了企业库存，提高了库存管理水平。

(三) 电子商务对企业销售的影响

第一，电子商务可以降低企业的交易成本。

第二，电子商务突破了时间与空间的限制。

第三，传统经营模式通过各种媒体做广告，是一种销售方处于主导地位的强势营销；而电子商务环境下的网络营销是一种对客户的软营销。

第四，电子商务可以减轻对实物基础设施的依赖。传统企业一般需要实物基础设施的支撑，如仓库、店铺、办公楼、商品展示厅等，而网络的虚拟性可以减弱企业对这些实物基础设施的依赖。

第五，全方位展示产品，促使顾客理性购买。

(四) 电子商务对企业客户服务的影响

第一，电子商务使企业与客户之间产生一种互动的关系，可极大地改善客户服务质量。

第二，电子商务可以加强企业与用户间的关系，加深了解，改善售后服务。

第三，电子商务促使企业引入更先进的客户关系管理系统，提升客户服务水平。

四、电子商务的消极影响

(一) 电子商务对消费者的消极影响

1. 损害身体健康

社会化电子商务的发展，使人们越来越沉迷于网购和享受网购的便捷性，而不愿意走出家门，这导致人们运动量急剧减少；加上不合理地安排上网时间，受计算机的长期辐射，人们的身体状况日益变差。长期上网容易引起很多疾病，精神上常表现为情绪低落，身体上常见的为颈椎病、腰椎病等。

2. 增加购物时间成本

当比较电子商务和实体店购物时，人们总会意识到网购的方便快捷，但是只从交通时间上进行比较是极其片面的。在传统购物中，人们进行消费的一个主要特点是眼见为实，交易很安全，很少有退换货的发生，加之导购员的推荐，容易促成交易。但是网络上展示的商品图片大多数是经过修饰的，质量、款式等得不到保障，消费者信任度低，为了获得最大效用，消费者会尽可能多地比较各个商品的信息，这就增加了购物的时间成本。当买到不合适或有缺陷的商品时，退换货需要很长的时间，不仅增加了商品的时间成本，也可能增加商品的总成本。

3. 安全问题

在电子商务发展的同时，网络系统的连接能力也在不断地提高。但在连接能力、信息流通能力提高的同时，基于网络连接的安全问题也日益突出，如电子商务网络的物理安全、电子支付的资金安全和消费者的信息安全等。

（二）对经济发展的消极影响

1. 商家的诚信度问题

电子商务中，商家的诚信度问题是电子商务发展的最大障碍之一。电子商务中普遍存在商家不重视后台建设、一些网站过度炒作等问题。

2. 过度恶性竞争

资本循环的目的是使资本增值，价格战带来的后果是亏本营销。许多公司的营销成本已经远超销售额。

3. 发展过于盲目

似乎凑几个人、筹点资金，一个网站就建立起来了，想方设法拉上几个企业在网上销售商品，贴上电子商务的标签，就堂而皇之地成了电子商务企业。一时间，国内网站如雨后春笋迅速发展起来，但仔细看来，许多网站之间并没有太明显的区别。一些企业为了提高知名度制造轰动效应，以求将来上市，不踏踏实实在商务上下功夫，而是利用各种媒介炒作。

任 务

1. 简答

（1）请简述电子商务对企业的影响。

（2）请简述电子商务对消费者的影响。

（3）请简述电子商务对政府的影响。

2. 实践训练

请利用调查问卷的形式，调查电子商务在精准扶贫方面的作用与成效，并撰写调查报告。

推荐资源

1. 淘宝网
2. 天猫商城官网
3. 京东商城官网
4. 唯品会官网
5. 海尔商城官网
6. 阿里巴巴官网
7. 慧聪网
8. 招商银行网上银行
9. 智联招聘官网
10. 中国互联网络信息中心官网
11. 艾瑞网
12. 网经社官网
13. 亿邦动力网

专题二

电子商务系统与商业模式

学习目标

1. 掌握电子商务系统的组成。
2. 掌握电子商务系统的应用框架。
3. 掌握电子商务商业模式的内涵和要素。
4. 了解电子商务商业模式的特征。

专题描述

本专题主要对电子商务系统和商业模式的相关知识进行介绍。首先,电子商务的运作需要电子商务系统的支撑,电子商务系统的定义有狭义和广义之分。电子商务系统的结构可以从逻辑及物理构成两个方面来理解。从物理结构上看,电子商务系统的应用框架可分为四个层次、两个支柱和应用。自下而上的四个层次分别是网络层、多媒体信息发布层、报文和信息传播层、贸易服务层;两个支柱是政策、法律、法规与各种技术标准和安全网络协议。从逻辑上来看,电子商务系统的组成可以包括基础电子商务系统和电子商务系统环境两大部分,其中基础电子商务系统包括Internet信息系统、交易主体(企业、组织和消费者)、电子商务服务商、实物配送和网上支付;电子商务系统环境包括经济环境、社会环境、法律环境和技术环境。其次,电子商务商业模式是企业运作电子商务、创造价值的具体表现形式,它直接、具体地体现了电子商务企业的生存状态和生存规律,包括价值主张、盈利模式、市场机会、竞争环境、竞争优势、营销战略、组织发展计划和管理团队八个要素。电子商务模式具有系统性、差异性、动态性、共赢性等特征。

项目一　电子商务系统

项目案例

8848网上商城的兴衰

1999年5月18日，王峻涛正式成立8848网上商城，是早期的中国电子商务企业，自1999年1月从4个人、约16万人民币起步，迅速发展成为中国电子商务的标志性企业。1999年11月，英特尔公司总裁贝瑞特（Graig Barrett）访华，称8848网上商城是"中国电子商务领头羊"；2000年1月，8848网上商城被中国互联网大赛评为中国优秀网站工业与商业类第一名；2000年2月，美国《时代》周刊称8848网上商城是"中国最热门的电子商务站点"；2000年7月，8848网上商城被《福布斯》杂志列入中国前十大网站。2001年，中国互联网络信息中心（China Internet Network Information Center，CNNIC）的调查显示，8848网上商城是中国工业和商业类网站被用户访问最多的网站。至2001年，8848网上商城先后融资约6 000万美元。

8848网上商城是在克服中国电子商务发展初期的重重困难中发展起来的，创造性地推进了中国电子商务的进程：它是中国第一家全面适应中国数十种在线结算方式的电子商务平台；首家在中国超过50个城市实施货到付款的电子商务平台；率先自行开发、完善、使用了一整套适合中国电子商务环境的技术平台；率先开发、采用了完整的物流管理、商务管理、客户关系管理一体化信息平台；率先成功地实施了异地第三方物流管理系统；率先于2000年4月开通并成功运营了中国第一套开放式网上商城系统；其个性化的网上营销实施方案成为中国网上营销的代表性成功案例。

但8848网上商城在运行了几年之后还是走向了失败，分析其失败的原因，首先有内部的原因，比如未能准确定位自己的商业模式，为了上市放弃B2C而转做B2B；缺乏优秀团队及缺乏对公司的有效管理。但是笔者认为其失败更主要的原因来自外部，即当时国内整体电子商务环境的不完善，一是当时中国网民只有400万人，决定了电子商务商业机会有限；二是物流配送体系不够发达，存在着配送的难题，在8848网上商城上的一次网络购物动辄半个月才收到货，严重影响用户体验；三是网上支付问题，用户无法安全、便捷地支付，这是最大的难题。

内忧外患导致8848网上商城网站的衰落，但是这个网上商城在中国电子商务发展史上是具有里程碑作用的，也为后面其他电子商务网站的发展提供了借鉴和参考。

案例分析

8848网上商城是在克服中国电子商务发展初期的重重困难中发展起来的，创造性地推进了中国电子商务的进程。但是它如同一颗流星，刚刚升起就陨落了。究其原因，客观上是因为当时中国互联网发展还不成熟，电子商务的条件没有形成。具体包括三个方面：一是当时中国网民只有400万人，决定了电子商务商业机会有限；二是物流和配送的难题；三是网上支付难题，以及远距离购买的信任危机。

一、电子商务系统的定义

广义上的电子商务系统是指支持电子商务活动的电子技术手段的集合。狭义上是指在互联网和其他网络的基础上，以实现企业电子商务活动为目标，满足企业生产、销售、服务、管理等需要，支持企业的对外业务协作，从运作、管理和决策等层次全面提高企业信息化水平，为企业提供商业智能的计算机系统。

电子商务系统定义和应用框架

在一个商务系统的流通体系中，一般包含四个部分，电子商务系统也不例外，如图 2-1 所示。

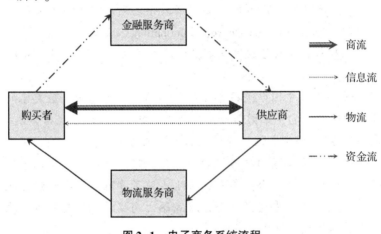

图 2-1 电子商务系统流程

信息流

主要包括商品信息的提供、促销行销、技术支持、售后服务等内容，也包括诸如询价单、报价单、付款通知单、转账通知单等商业贸易单证，还包括交易方的支付能力、支付信誉等。

商流

主要指商品在购、销之间进行交易和商品所有权转移的运动过程，具体指商品交易的一系列活动。

资金流

主要指货币的转移过程，包括付款、转账等过程。

物流

主要指物质实体（商品或服务）的流动过程，具体指运输、储存、配送、装卸、保管、物流信息管理等。对于大多数的商品和服务而言，物流仍然要通过物理方式实现。

二、电子商务系统的应用框架

电子商务并不仅仅是创建一个门户网站，其涵盖的内容还有很多。目前，电子商务已有很多方面的应用，如网上购物、网上证券交易、网上招聘、网上拍卖等，这些应用都需要相关技术的支持。这里的"技术"是广义的技术，不仅指构建一个电子商务系统所需要的信息技术，还包括电子商务系统高效、安全运行所需要的政策、法律、法规的支持。所以，电子商务系统的应用框架不仅包括实现电子商务系统"硬"技术的保证，还包括相应的政策、法规、标准等"软"技术的保证。电子商务系统的应用框架可分为四个层次、两个支柱和应用，如图 2-2 所示。自下而上的四个层次分别是网络层、多媒体信息发布层、报文和信息传播层、贸易服务层，四个层次之上是电子商务的应用；两个支柱分别是政策、法律、法规与各种技术标准和安全网络协议。由此可以看出，电子商务的各种应用都是以四个层次和两个支柱为条件的。

支柱	应用	支柱
政策 法律 法规	电子商务应用 供应链管理、视频点播、网上银行、网络广告、网上娱乐等	各种技术标准和安全网络协议
	层次	
	贸易服务层 安全性认证、咨询服务、市场调研、目录服务、电子支付	
	报文和信息传播层 EDI、E-mail、HTTP、HTTPS、XML	
	多媒体信息发布层 HTML、Java、WWW、JSP、ASP	
	网络层 电信、有线电视、无线设备、互联网	

图 2-2　电子商务的应用框架

（一）网络层

网络层是实现电子商务最底层的硬件基础设施，包括远程通信网、有线电视网、无线通信网和互联网等。远程通信网包括电话和电报；有线电视网是指有线电视网络；无线通信网包括移动通信和卫星网；互联网则是指计算机网络。这些不同的网络提供了电子商务信息传输的线路，但现在大多数的电子商务应用还是基于互联网。

提供计算机网络服务的是互联网接入服务提供商（Internet Access Provider，IAP）和内容服务提供商（Internet Content Provider，ICP），它们通称为网络服务供应商。美国著名的服务提供商有 American Online 等，我国则有电信、网通、移动等。大的网络设备供应商有美国的 Cisco、3Com 等公司，我国有华为、中兴等公司。

（二）多媒体信息发布层

有了网络层只是使得通过网络传递信息成为可能，究竟网上传输什么样的内容、以什么样的方式传输，不同的用户有不同的要求。目前，网上最流行的发布信息的方式是以 HTML（超文本标记语言）和基于 Java 平台的 JSP、基于 NET 平台的 ASP 的形式将信息发布在万维网上。互联网使地域变得不再那么重要，用户只要学会如何使用 Web 浏览器，就能很好地访问和使用网络上的电子商务工具。互联网带来了相对公平的商业竞争机会，使得初期像亚马逊（Amazon）这样的网上书店，也完全有能力在网络上发布产品目录和存货清单，从而吸引了网络上数目极为可观的顾客。在非网络的环境中，这几乎是不可能的，因为只有大书店才有能力向这么多的潜在用户提供信息。同样，网络也使企业能够为其合作伙伴、供应商和消费者提供更好、更丰富的信息。HTML 使消费者和采购人员能够得到最适当、最精练的信息。比如，一个复杂的网络服务器可以向一个特定的查询者提供符合其个人习惯的目录，一个网络站点所能完成的功能比任何用户登记卡所能做到的更好、更持久。它能够捕捉和分析用户行为、完成未来规划、掌握动态的个人市场营销情况。网络上传播的内容包括文本、图片、声音、图像等，但网络本身并不知道传递的是声音还是文字，它把它们一视同仁地看作 0、1 字符串，对于这些字符串的解释、格式编码以及还原是由一些用于消息传播的硬件和软件共同实现的，它们位于网络设施的上一层。

（三）报文和信息传播层

消息传播工具提供了两种交流方式：一种是非格式化的数据交流，比如用传真和电子邮件传递的消息，它主要是面向人的；另一种是格式化的数据交流，像前面提到的 EDI 就是典型代表，它的传递和处理过程可以是自动化的，不需要人的干涉，也就是面向机器的，订单、发票、装运单都比较适合格式化的数据交流。HTTP 是互联网上通用的信息传播工具，它以统一的显示方式，在多种环境下显示非格式化的多媒体信息。目前，互联网用户大多是通过 HTTP 和 URL 找到所需要的信息，而这些用超文本链接语言展示的信息还能够容易地链接到其他所需要的信息上去。为了增加传输的安全性，采用 HTTPS 技术可以增强通信的安全性。此外，非格式化的文本、图片等信息转化成 PDF 格式后，可以实现与平台无关，即文件打开后在不同的操作系统下都是一样的。对于格式化数据的传输，运用可扩展的标记语言 XML 技术定义 XML 文件来传输，也可以实现跨平台特性。

（四）贸易服务层

贸易服务层是为了方便网上交易所提供的通用的业务服务，是所有的企业或个人做贸易时都会用到的服务，所以我们将它们称为基础设施，主要包括安全认证、电子支付、目录服务等。将商品和价格信息妥善组织，可以方便地增加、删除、修改、更新和查询产品的这些信息，这是商品目录和价目表应该提供的服务。任何一个贸易服务都包括三个基础部分：电子销售偿付系统、供货体系服务和客户关系解决方案。比如，当我们在进行一笔网上交易时，购买者发出一笔电子付款（以电子信用卡、电子支票或电子现金的形式），并随之发出一个付款通知给卖方，当卖方通过中介机构对这笔付款进行认证并最终接收，同时发出货物时，确认买方收到货之后，这笔交易才算完成。为了保证网上支付是安全的，就必须保证交易是保密的、真实的、完整的和不可否认的，目前的做法是用交易各方的电子证书（即电子身份证明）来提供端到端的安全保障，与该过程有关的服务主要是围绕如何提供一个安全的电子销售偿付系统。此外，市场调研、咨询服务、商品购买指南等都是客户关系解决方案的一部分。

（五）电子商务应用

前面四层是企业开展电子商务所必须具备的一般条件，在这个基础上，企业就可以开始逐步建设实际的电子商务应用。企业可根据自己需要通过电子商务开展的具体业务，建设对应的电子商务应用。比如，企业间的货物采购可以通过供应链管理系统进行，也可以建立电子市场和电子广告以及拍卖系统；金融企业可以通过网上银行为客户提供个性化服务；娱乐服务性企业则可以提供视频点播；信息服务企业则可以通过电子商务平台提供有偿信息服务等。

（六）政策、法律、法规与各种技术标准和安全协议

整个电子商务应用框架有两个支柱：社会人文性的政策、法律、法规及自然科技性的各种技术标准和安全网络协议。

政策、法律、法规是第一个支柱。国际上，人们对电子商务领域的立法工作十分重视。美国政府在《全球电子商务的政策框架》中对法律方面做了专门的论述；俄罗斯、德国、英国等国家也先后颁布了多项相关法规；1996年，联合国国际贸易法委员会通过了《电子商务示范法》。

在我国，电商立法是近年来电商从业者和消费者关注的问题，针对网络交易、信息保护、物流快递、平台竞争、跨境电商等一系列的电商行业相关法律、法规、政策也陆续出台，为电子商务行业的健康发展保驾护航。其中包括：《关于完善跨境电子商务零售进口税收政策的通知》《中华人民共和国电子商务法》《网络餐饮服务食品安全监督管理办法》《快递暂行条例》《网络预约出租车汽车监管信息交互平台运行管理办法》。这些法规在一定条件下均影响了电子商务生态体系，为广大电商从业者和消费者树立法律意识起到了重要的作用。

另外，建立电子商务法律与法规，要考虑各国不同的体制和国情，如经营管理政策、道德观念和规范，因而需要加强国际合作与交流工作。

各种技术标准和安全网络协议是第二个支柱。技术标准定义了用户接口、传输协议、信息发布标准等技术细节。就整个网络环境来说，标准对于保证系统兼容性和通用性是十分重要的。正如有的国家（地区）是左行制，有的国家（地区）是右行制，会给交通运输带来一些不便；又比如不同国家（地区）110伏和220伏的电器标准会给电器使用者带来麻烦，我们今天在电子商务中也遇到了类似的问题。目前，许多厂商、机构都意识到标准的重要性，正致力于联合起来开发统一标准，类似Visa、MasterCard这样的国际组织已经同业界合作制定出用于电子商务安全支付的SET协议；还有用来设计各种可扩展标记语言的XML标准。这些标准一方面加速了电子商务的发展，但是另一方面，标准的制定过程也反映出某些利益集团的利益，发达国家（地区）和先行企业总是通过对标准制定的话语权进行控制，以获取超额利润。由于当前国际（地区间）竞争的格局逐渐升级为标准之间的竞争，因此，我国政府和产业界都应该积极参与全球有关标准的制定过程，并对标准的内容发出自己的声音，这样才能够保证我国的电子商务不会受制于人。

三、电子商务系统的组成

市场交易是由参与交易双方在平等、自由、互利的基础上进行的基于价值的交换。网上交易同样遵循这些原则。作为交易中两个有机组成部分，一是交易双方信息沟通，二是双方进行等价交换。在网上交易，信息沟通是通过数字化的信息沟通渠道实现的，一个首要条件是交易双方必须拥有相应的信息技术工具，才有可能利用基于信息技术的沟通渠道进行沟通。同时要保证能通过互联网进行交易，必要求企业、组织和消费者连接到互联网，否

电子商务系统的组成

则无法利用互联网进行交易。在网上进行交易，交易双方在空间上是分离的，为保证交易双方进行等价交换，必须提供相应货物配送手段和支付结算手段。货物配送仍然依赖传统物流渠道，支付结算既可以利用传统手段，也可以利用先进的网上支付手段。此外，为保证企业、组织和消费者能够利用数字化沟通渠道，保证交易顺利进行的配送和支付，需要由专门提供这方面服务的中间商参与，即电子商务服务商。

一个完整的电子商务系统的组成如图 2-3 所示，它在互联网信息系统的基础上，由参与交易的主体的信息化企业、信息化组织和使用互联网的消费者主体、提供实物配送服务和支付服务的机构，以及提供网上商务服务的电子商务服务商组成，主要包括基础电子商务系统和电子商务系统环境两个部分。

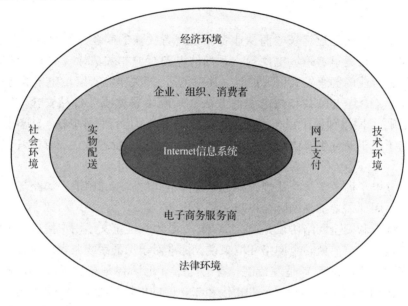

图 2-3　电子商务系统组成

（一）基础电子商务系统

1. Internet 信息系统

电子商务系统的基础是 Internet 信息系统，它是进行交易的平台，交易中所涉及的信息流、物流和货币流都与信息系统紧密相关。Internet 信息系统是指企业、组织和电子商务服务商在 Internet 网络的基础上开发设计的信息系统，它可以成为企业、组织和个人消费者之间跨越时空进行信息交换的平台。在信息系统的安全和控制措施保证下，通过基于 Internet 的支付系统进行网上支付，通过基于 Internet 物流信息系统控制物流的顺利进行，最终保证企业、组织和个人消费者之间网上交易的实现。因此，Internet 信息系统的主要作用是提供一个开放的、安全的和可控制的信息交换平台，它是电子商务系统的核心和基石。

2. 企业、组织与消费者

企业、组织与消费者是网上市场交易的主体，他们是进行网上交易的基础。由于互联网本身的特点及加入互联网的网民的快速增长趋势，网络成为非常具有吸引力的新兴市场。一般说来，组织与消费者上网比较简单，因为他们主要是使用电子商务服务商提供的互联网服务来参与交易。企业上网则是非常重要的。这是因为,一方面企业作为市场交易一方,只有上网才可能参与网上交易;另一方面,企业作为交易主体,必须为其他参与交易方提供服务和支持,如提供产品信息查询服务、商品配送服务、支付结算服务。因此,企业上网开展网上交易,必须进行系统规划,建设好自己的电子商务系统。

企业电子商务系统是由基于企业内部网(Intranet)的企业管理信息系统、电子商务站点和企业经营管理组织人员组成的,如图2-4所示。

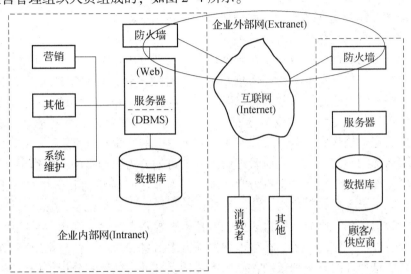

图2-4 企业电子商务系统的组成

(1) 企业内部网络系统。

当今时代是信息时代,而跨越时空的信息交流传播是需要通过一定的媒介来实现的,计算机网络恰好充当了信息时代的"公路"。计算机网络是通过一定的媒体如电线、光缆等将单个计算机按照一定的拓扑结构连接起来的,在网络管理软件的统一协调管理下,实现资源共享的网络系统。

根据网络覆盖范围,一般可分为局域网(Local Area Network, LAN)和广域网(Wide Area Network, WAN)。由于不同计算机硬件不一样,为方便联网和信息共享,需要将互联网的联网技术应用到LAN中组建企业内部网,它的组网方式与互联网一样,但使用范围局限在企业内部。为方便企业同业务紧密的合作伙伴进行信息资源共享,为保证交易安全,在互联网上通过防火墙(Fire Wall)来控制不相关的人员和非法人员进入企业网络系统,只有那些经过授权的成员才可以进入网络,一般将这种网络称为企业外部网(Extranet)。如果企业的信息可以对外界进行公开,那么企业可以直接连接到互联网上,实现信息资源最大限度的开放和共享。

企业在组建电子商务系统时,应该考虑企业的经营对象是谁、如何采用不同的策略通过网络与这些客户进行联系。一般说来,可以将客户分为三个层次并采取相应的对策:对于特别重要的战略合作伙伴,企业允许他们进入企业的内部网系统直接访问有关信息;对于与企业业务相关的合作企业,企业同他们共同建设外部网,实现企业之间的信息共享;普通的大众市场客户,则可以直接连接到互联网。电子商务网络系统包括互联网、内部网和外部网。互联网是电子商务的基础,是商务、业务信息传送的载体;内部网是企业内部商务活动的场所；外部网是企业与企业，以及企业与政府开展商务活动的纽带。

（2）企业管理信息系统。

企业管理信息系统是功能完整的电子商务系统的重要组成部分，它的基础是企业内部信息化，即企业建设有内部管理信息系统。企业管理信息系统是一些相关部分的有机整体，在组织中发挥收集、处理、存储和传送信息，以及支持组织进行决策和控制的作用。企业管理信息系统最基本的系统软件是数据库管理系统 DBMS（Database Management System），它负责收集、整理和存储与企业经营相关的一切数据资料。

从不同角度，可以对信息系统进行不同的分类。

根据组织的不同功能，可以将企业管理信息系统划分为营销、制造、财务、会计和人力资源信息系统等。要使各职能部门的信息系统能够有效运转，必须实现各职能部门信息化。例如，要使网络营销信息系统有效运转，营销部门的信息化是最基础的要求。一般为营销部门服务的营销管理信息系统主要功能包括：客户管理、订货管理、库存管理、往来账款管理、产品信息管理、销售人员管理，以及市场有关信息的收集与处理。

根据组织内部的不同层次，企业管理信息系统可划分为四种类型：操作层、知识层、管理层、战略层。操作层管理系统支持日常管理人员对基本经营活动和交易进行跟踪和记录，如销售、现金、工资、原材料进出、劳动等数据的记录，主要是记录日常交易活动、解决日常规范问题，如销售系统中今天销售多少、库存多少等基本问题。知识层系统用来支持知识和数据工作人员进行工作，帮助公司整理和提炼有用信息和知识。信息系统可以减少对纸张的依赖，提高信息处理的效率和效用，如销售统计人员进行统计和分析销售情况，供上级进行管理和决策使用，解决的主要是结构化问题。管理层系统设计用来为中层经理的监督、控制、决策以及管理活动提供服务，提供的是中期报告而不是即时报告，主要用来处理业务进行如何、存在什么缺陷等半结构化问题。战略层主要关注外部环境和企业内部制订和规划的长期发展方向，关心现有组织能力能否适应外部环境变化，以及企业的长期发展和行业发展趋势问题，这些通常是非结构化问题。

（3）电子商务站点。

电子商务站点是指在企业互联网上建设的具有销售功能的，能连接到互联网上的 WWW 站点。电子商务站点起着承上启下的作用，它一方面可以直接连接到互联网，企业的顾客或者供应商可以直接通过网站了解企业信息，并直接通过网站与企业进行交易；另一方面，它将市场信息同企业内部管理信息系统连接在一起，将市场需求信息传送到企业管理信息系统，然后，企业根据市场的变化组织经营管理活动，将企业有关经营管理信息在网站上进行公布，使企业业务相关者和消费者通过网络直接了解企业经营管理情况。

企业电子商务系统是由上述三个部分组成的，企业内部网络系统是信息传输的媒介，企业管理信息系统是信息加工、处理的工具，电子商务站点是企业拓宽网上市场的窗口。因此，企业的信息化和上网是一个复杂的系统工程，它直接影响着整个电子商务的发展。

3. 电子商务服务商

互联网作为一个蕴藏巨大商机的平台，需要有一大批专业化分工者进行相互协作，为企业、组织与消费者在互联网上进行交易提供支持。电子商务服务商便起着这种作用。电子商务服务商主要可以分为两大类：电子商务系统服务商和电子商务中介服务商。前者主要包括提供基础设施和各类网络应用的企业，如网络接入服务提供商和网络内容服务提供商等，是发展电子商务的基础；后者是指为消费者、企业和政府提供电子商务服务的企业，是电子商务商业应用的主要方面。

(1) 电子商务系统服务商。

电子商务系统服务商是为电子商务系统提供系统支持服务的。根据技术与应用层次的不同，可以分为如下几类。

1) 接入服务提供商（IAP），为用户提供互联网接入服务，通过租用或自建通信网接入互联网主干网。用户可以利用调制解调器（Modem）通过电话线路接入，也可以通过 DDN（Digital Data Network）专线、X.25 数据通信线路、同轴电缆等通过接入服务商接入互联网。IAP 为用户建立账号，给用户访问互联网的通信权限，并为用户提供电子化交易市场。

接入服务商分为两个层次：低层是物理网络的提供商，业务是维护路由、检测通信质量、保持通信信道畅通，并在此基础上计算流量，进行计费工作，如中国电信；上层是网络接口提供商，业务是保证接入部分的畅通和保证通信质量、用户账户的维护、统计流量和计费，比如网通等。

2) 网络服务提供商（ISP），主要为企业建立电子商务系统提供全面支持，一般企业、组织与消费者上网时只通过 ISP 接入互联网，由 ISP 向 IAP 租借线路。ISP 可以为企业提供 Web 服务器的维护工作，或是在自己的服务器上建立并维护委托企业的主页。如东方网景提供的服务范围包括：拨号接入、国内外域名注册、虚拟主机、专线接入等电子商务业务，以及互联网产品销售、全方位技术培训、专业咨询以及建设内容丰富的中文网站等。

3) 内容服务提供商（Internet Content Provider，ICP），主要为企业提供信息内容服务，如财经信息、搜索引擎，这类服务一般都是免费的，他们主要通过其他方式如发布网络广告获取收入。

ICP 按推广服务的对象和提供的信息内容可分为四类：①网络媒体运营商，为网民提供服务、免费信息，比如新浪、搜狐等；②数据库运营商，提供专业信息搜索的专业服务，比如万方数据、中国期刊网等；③信息咨询商，为企业提供战略规划和决策咨询服务，它有庞大的信息量、较强的数据挖掘能力；④信息发布代理商，为交易主体提供方便的双向信息发布环境，扩大交易主体的选择范围，加快交易双方交流的速度，如阿里巴巴、中国农副产品交易市场网等。

4) 应用服务系统提供商（Application Service Provider，ASP），是指通过互联网为商业、个人提供配置、租赁和管理应用解决方案服务的专业化服务公司。比如，IBM 公司为企业提供电子商务系统解决方案，中国万网提供应用程序的租赁服务。ASP 的优势在于，可以节约企业信息化建设时间、缓解部分企业人才短缺的问题、节约企业成本、为企业提供最佳技术解决方案。

(2) 电子商务中介服务商。

电子商务中介服务商是直接为买卖双方的交易提供电子商务服务的，按照其服务的对象的不同，可以分类三种类型。

1) 提供 B2C 型交易服务的电子商务服务商。典型的是网上商厦，可以出租空间给一些网上零售商，但网上商厦负责客户管理、支付管理和物流管理等后勤服务，如天猫、京东商城等。

2) 提供 B2B 型交易服务的电子商务服务商。典型的是 B2B 型交易市场，它通过收集和整理企业的供求信息，为供求双方提供一个开放的、自由的交易平台，如阿里巴巴，通过建立网上供求信息网为全球商人提供供求信息发布和管理工作。

3）提供 C2C 型交易服务的电子商务服务商。这种类型的电子商务服务商为消费者之间的交易提供交易平台，并提供支付、信息发布等相关服务，比如淘宝网、腾讯拍拍、58 同城、赶集网等网站。

4. 实物配送

进行网上交易时，如果用户与消费者通过互联网订货、付款后，不能及时送货上门，便不能满足消费者的需求。因此，一个完整的电子商务系统，如果没有高效的实物配送物流系统支撑，是难以使交易顺利进行的。

5. 网上支付

支付结算是网上交易完整实现很重要的一环，关系到购买者是否讲信用、能否按时支付，卖者能否按时回收资金、促进企业经营良性循环的问题。一个完整的网上交易，它的支付应是在网上进行的。但由于目前电子虚拟市场尚处在演变过程中，网上交易还处于初级阶段，诸多问题尚未解决，如信用问题及网上安全问题，导致许多电子虚拟市场交易并不是完全在网上完成的，只是在网上通过了解信息撮合交易，然后利用传统手段进行支付结算。在传统的交易中，个人购物时的支付手段主要是现金，即一手交钱一手交货，双方在交易过程中可以面对面地进行沟通和完成交易。网上交易是在网上完成的，交易时交货和付款在空间和时间上是分割的，消费者购买时一般必须先付款后送货，可以采用传统支付方式，也可以采用网上支付方式。

上述五个方面构成了电子虚拟市场交易系统的基础，它们是有机结合在一起的，缺少任何一个部分都可能影响网上交易的顺利进行。Internet 信息系统保证了电子虚拟市场交易系统中信息流的畅通，它是电子虚拟市场交易顺利进行的核心。企业、组织与消费者是网上市场交易的主体，实现其信息化和上网是网上交易顺利进行的前提，缺乏这些主体，电子商务就失去了存在意义，也就谈不上网上交易。电子商务服务商是网上交易顺利进行的手段，它可以推动企业、组织和消费者上网和更加方便地利用互联网进行网上交易。实物配送和网上支付是网上交易顺利进行的保障，缺乏完善的实物配送及网上支付系统，将阻碍网上交易的完成。

（二）电子商务系统环境

1. 经济环境

经济环境是影响电子商务发展的基本环境。电子商务发展的经济环境主要是在指以计算机和网络为基础的支撑平台上开展商务活动的各种客观经济条件和因素，包括企业信息化环境、金融信息化环境和现代物流环境等方面。

（1）企业信息化环境。企业信息化是指企业在生产、经营、管理和决策的过程中，不断开发和广泛运用信息和网络科学技术，使企业经济效益和竞争能力不断提高的过程，是企业开展电子商务的前提条件。企业信息化的内容包括产品设计信息化、资源管理信息化、决策信息化和信息化的人力资源培养等诸多方面。企业能否利用电子商务带来很好的经济效益和社会效益，依赖于企业信息化水平的高低。

（2）金融信息化环境。作为电子商务"三流"之一的资金流，金融信息化应用程度是发展电子商务的关键。金融信息化是指金融机构在其为客户提供金融服务和进行经营管理的过程中,通过对信息资源的深入开发和广泛运用,使金融服务更加及时、便捷、安全、准确、多功能和全球化。一个良好的金融信息化环境除了要提供更好的各类增值服务以外,还必须保障网上银行的运营安全、金融信息传输安全以及个人隐私安全等。

(3) 现代物流环境。产品和服务的传递送达是商务活动的重要环节,电子商务的顺利发展离不开一个高效、便捷的现代物流体系。一个良好的现代物流体系和环境就是充分利用铁路、民航、邮政、仓储、商业网点等现有物流资源和网络信息技术环境,完善物流基础设施建设;广泛采用先进的物流技术与装备,优化业务流程,提升物流业信息化水平,提高现代物流基础设施与装备的使用效率和经济效益,特别是发挥电子商务与现代物流的整合优势,大力发展第三方物流配送体系,有效地支撑电子商务的广泛应用。

2. 社会环境

电子商务发展还面临着企业、组织与消费者是否愿意上网的问题,包括网络消费者市场的发展及其购买行为、网上产业市场的发展及其购买行为和网上一般组织机构的市场发展及其购买行为等。

消费者市场又称最终消费者市场、消费品市场或生活资料市场,是指个人或家庭为满足生活需求而购买或租用商品的市场。它是市场体系的基础,是起决定作用的市场。网上消费者市场是由网上消费者聚集而形成的市场。截至2020年6月,中国网民规模达9.40亿,互联网普及率达67.0%。网络的发展改变了人们的消费观念和消费习惯,网上消费者的一些购买行为也正在发生变化。

市场营销对象不仅包括广大消费者,也包括各类组织机构。这些组织机构构成了原材料、零部件、机器设备、供给品和企业服务的庞大市场,产业市场就是其中最主要的市场之一。产业市场又称工业品市场或生产资料市场,是指为满足工业企业生产产品的需求而提供劳务和产品的市场。它具有购买者数量较少、规模较大、生产者市场的需求波动性较大、生产者市场的需求一般都缺乏弹性等特点。它对国民经济的发展具有重要的作用。组成产业市场的主要行业是农业、林业、渔业、采矿业、制造业、建筑业、运输业、通信业、公共事业、金融业、服务业。网上产业市场主要是指电子商务中的B2B市场。

网上一般组织机构市场主要是指各类上网的组织机构形成的对企业的产品和服务需求的总和,这是一个庞大的市场。在电子商务中,中间商的渠道优势将不复存在,因此,网上组织机构市场主要是企业市场和政府市场两种类型,其营销对象主要是那些通过网络进行购买的企事业单位和政府部门。与网上消费者市场相似的是,两者都有人为满足某种需要而充当购买者角色并制定购买决策等。但前者在市场结构与需求、购买单位性质、决策类型与决策过程等方面与消费者市场有着明显的差异,因此,网上组织机构用户与网上个人用户的特征也有所不同。在一般组织机构市场上,特别是政府采购市场上,公开竞争是政府采购制度的核心。公开、公平、公正、自由竞争,不但能够降低采购成本,而且能够加强监督,对于调控市场和反腐倡廉都有着重要的意义。电子商务可以实行集中采购,从而降低采购成本、缩短采购周期、提高采购质量、透明采购流程。

3. 法律环境

电子商务的健康发展需要一系列的法律法规做保障。法律问题是电子商务中的前沿问题。

一方面,电子商务所具有的无界性、虚拟性等特点使传统的民事权利在网络上具有了新的特点,在电子商务活动中出现了不能得到法律有效保障的"灰色地带",这就要求建立新的电子商务法律机制来保护公民在网络上的合法权益不受侵犯;另一方面,高速的技术进步,使电子商务的发展速度远远超过了国家法律适时调整的能力,给立法部门和司法部门提出了新的挑战,加速政策法规的改革成为政府在数字化时代的艰巨任务。电子商务的法律环境包括电子商务交易方面的法规、电子商务安全方面的法规、电子商务知识产权方面的法规以及电子商务的司法管辖权等。目前,中国有关电子商务方面的法律法规包括《中华人民共和国电子签名法》(简称《电子签名法》)、《支付清算组织管理办法》、《中华人民共和国电子商务法》、《电子认证服务密码管理办法》、《网络商品交易及有关服务行为管理暂行办法》等。

4. 技术环境

技术环境包括对电子商务系统影响重大的加密技术、认证技术,以及技术标准的设定。

(1)加密技术。加密就是用基于数学算法的程序和保密的密钥对信息进行编码,生成难以理解的字符串,以尽量防止信息被偷看和被篡改情况的发生。

(2)认证技术。认证技术用来确保信息的真实性,即信息确实是属于信息的发送者,而不是别人冒充他的名义发出的。

(3)技术标准。技术标准的设定是信息发布、传递的基础,是网络上信息一致性的保证。如果没有统一的技术标准,就像不同的国家使用不同的电压传输电流,用不同的制式传输视频信号,限制了许多产品在世界范围的使用。EDI标准的建立就是电子商务技术标准的一个例子。

1. 名词解释

电子商务系统 基础电子商务系统 电子商务服务商 电子商务系统服务商 电子商务中介服务商 ICP ISP IAP ASP

2. 简答

(1)电子商务系统的应用框架包括哪几部分?

(2)电子商务系统的组成包括哪几部分?每部分具体内容有哪些?

(3)基础电子商务系统各组成部分的关系如何?

3. 实践训练

请登录电子商务服务商网站,了解服务商提供的服务功能。

项目二 电子商务商业模式

项目案例

"滴滴出行"商业模式画布

"滴滴出行"(简称"滴滴")是全球领先的一站式移动出行平台,为用户提供出租车、快车、专车、豪华车、公交、小巴、代驾、企业级、共享单车、共享电单车、共享汽车、外卖等全面的出行和运输服务。

"滴滴出行"主要用户为乘客和司机。乘客使用"滴滴出行"的原因是打车难，使用"滴滴出行"比出租车更加便宜，缩短等待的时间，还能使用支付宝、微信等无现金方式支付。同时，"滴滴"加强了乘客的隐私安全保护，可以实时看到到达时间、预计收费和地图跟踪，保障了乘客乘车安全。而司机使用"滴滴出行"主要是为了挣钱，同时，工作自由，被他人尊重。

"滴滴出行"的价值主张是结合乘客和司机的痛点，给予双方解决办法，让出行更美好。"滴滴出行"的渠道通路主要为第三方支付平台、微信、手机应用平台等，产品的形态为APP和小程序。"滴滴出行"产品除了提供功能服务以外，也要提供产品的售后服务。这需要强大的销售和运营团队去维护客户关系，带给客户好的体验，才有可能提升客户的续费率或者带来新的定制化项目。利用社交媒体给予用户专业的企业服务，如客服、售后评价等，还可提供用户自助服务，如订单评价及用户反馈功能等。

"滴滴出行"拥有技术平台，有派单分发管理技术、定位技术等大数据技术的支持，还拥有大财团的投资，如阿里巴巴、腾讯等。同时，对于"滴滴"来说，除了自身的流量、大数据、运营和渠道网络等资源，一个个用勤劳双手创造物质与精神财富的司机师傅，更用他们的片片暖心铸就了"滴滴出行"最强的核心资源。除了内部资源以外，"滴滴"还有大量的外部第三方辅助资源，如支付宝、微信提供的无现金支付业务，以及腾讯地图提供的定位导航功能，还有与其他打车平台和汽车厂商的商务合作。"滴滴出行"的商业目标，是构建移动出行平台及平台运营和推广产品开发和管理。为了达到目标，"滴滴出行"的关键业务分为乘客端和司机端，涵盖了快车、拼车、专车、出租车、顺风车、公交车、豪华车、代驾服务以及市场营销、客户获取、客服等。

（资料来源：网经社，2020-8-31）

案例分析

"滴滴出行"的商业模式，可以从用户细分、价值主张、盈利模式等方面进行描述。它的出现解决了乘客和司机两大用户的痛点。其客户关系不但包括与乘客、司机的关系，还包括与企业的关系。"滴滴出行"以构建移动出行平台为关键业务，以通过大数据及大量司机获得的市场份额为核心资源；通过第三方支付平台来链接，提供便捷的约车业务，以实现"让出行更美好"的价值主张。通过与支付宝、微信等合作伙伴的合作，一方面增加了以佣金、会员抽成、广告为主的收入来源；另一方面可以借助现有的技术，以此降低成本，获取经济效益。

相关知识

一、电子商务商业模式内涵

管理学大师彼得·德鲁克说过："当今企业之间的竞争不是产品之间的竞争，而是商业模式之间的竞争。"在经济日益信息化和全球化的今天，商业模式的重要作用已经得到社会各界的高度重视。有一个好的商业模式，企

电子商务商业模式

业就成功了一半。

迈克尔·拉帕认为:"商业模式就其最基本的意义而言,是指做生意的方法,是一个公司赖以生存的模式,一种能够为企业带来收益的模式。"他认为,商业模式规定了公司在价值链中的位置,并指导其如何赚钱。

商业模式到底是什么?其基本定义是:企业赢得客户,实现利润的基本商业逻辑。学术定义为"商业模式是一种包含了一系列要素及其关系的概念性工具,用以阐明某个特定实体的商业逻辑。它描述了公司所能为客户提供的价值以及公司的内部结构、合作伙伴网络和关系资本等用以实现(创造、营销和交付)这一价值并产生可持续、可盈利收入的要素。"

Osterwalder,Pigneur和Tucci从战略视角来解释商业模式,认为商业模式是一个理论工具,它包含大量的商业元素及它们之间的关系,并且能够描述特定公司的商业模式。

网络经济环境下的电子商务商业模式是指利用和发挥互联网和WWW的优势为目标来获得利润的商业模式。电子商务商业模式是企业运作电子商务、创造价值的具体表现形式,它直接、具体地体现了电子商务企业的生存状态和生存规律。

二、电子商务商业模式的要素

电子商务商业模式的要素如表2-1所示。

表2-1　电子商务商业模式的要素

要素	关键问题
价值主张	消费者为什么买你的东西
盈利模式	如何赚钱
市场机会	目标市场、市场容量
竞争环境	竞争对手、市场环境
竞争优势	进入目标市场的特点和优势
营销战略	对产品和服务的销售计划、渠道
组织发展计划	组织结构
管理团队	各类员工和领导

(一)价值主张

价值主张指基于技术的产品为用户创造的价值,其核心问题是目标客户。企业所创的价值中,最为重要的是客户价值,客户是企业处于不败之地的根本,企业必须能够有效地识别、分析并解决客户的需求问题。然而,因为企业经营范围不同、客户市场类型多样,企业需要依据自己的情况确定自己的客户市场,解答企业自身"给谁提供"与"提供什么"的问题。

(二)盈利模式

盈利模式是企业如何从客户手中获得收入、产生利润,以及获得高额的投资回报的策略与技术。例如,广告盈利模式是为广告主提供广告宣传的场所,并向广告客户收取一定的费用;交易费用盈利模式是企业收取授权或进行交易的费用,如天猫的很大一部分销售盈利来自入驻天猫平台的商家或企业;订阅盈利模式是网站向用户提供信息和服务,并且向用户收取访问其所提供内容的费用，例如《消费者报告》（*Consumer Report Online*）就仅向订阅者提供信息，订阅者每个月支付访阅费。从订阅盈利模式的经验看，成功来自消费者更相信其网上提供的信息，在其他地方不容易获得；在会员制盈利模式中，网站向会员推荐业务，收取推荐费，或者通过会员达成交易，从成交额中提取一定比例的收入。

（三）市场机会

市场机会指企业所预期的市场，以及企业在该市场中有可能获得的潜在财务收入的机会。

（四）竞争环境

竞争环境是指在同一个市场空间中经营、销售同类或相似产品的企业所处的环境。影响企业竞争环境的因素有活跃的竞争对手数量、企业规模、竞争对手所占的市场份额、企业的盈利情况、定价情况等。

企业直接竞争对手是指那些在同一细分市场上销售同类产品或提供类似服务的企业；企业间接竞争对手指处于不同的行业但仍然产生竞争的企业。在任何一个细分市场中，若存在着大量的竞争对手，则意味着该市场利润大，也表明门槛低、商家多。总之，企业要培养自己的竞争力才能在市场中立足。

（五）竞争优势

当企业能够比它的竞争对手生产出更好的产品或是向市场推出更低价格的产品时，该企业就获得了竞争优势。竞争优势的特点主要体现在其他竞争对手难以模仿或者模仿成本高。

（六）营销战略

营销战略是由如何进入一个新市场、吸引新客户的具体举措构成的营销计划。将企业的产品和服务推销给潜在消费者就是营销。一个好的营销计划是企业获得成功的开始。无论企业本身有多好，制定和执行营销战略对企业来说都是至关重要的。

（七）组织发展计划

组织发展计划是描述企业如何组织所要完成的工作。每个企业都要有一个组织来有效地实现它们的商业计划和战略。

（八）管理团队

管理团队是企业中负责各类业务模式运作的员工团体。企业的每个业务模式都需要有专门为之负责的运作团队。一支强有力的管理队伍能让业务模式迅速地获得投资者的信任，正确地捕捉市场信息，并从商业计划的实施中积累经验。好的管理者要具备系统的知识和技能及驾驭团队的能力，它是企业取得竞争优势的源泉。

三、电子商务商业模式特征

（一）系统性

商业模式是由一系列要素组合而成的有机整体，各要素间紧密联系。这些要素之间是否协调运行会影响整个商业模式的成败。在分析商业模式时，也必须从整体上去把握。

以小米为例，当谈到小米公司的商业模式时，大家会想到小米的"饥饿营销"。其实，在商业模式的构成要素方面，小米与同行其他手机厂商相比有其自身的优势。

首先，小米手机给用户的感觉是性价比高、价格低、配置高，主要迎合了市场空间较大的消费者群体。除了与三大运营商合作的定制机之外，小米还采用自己官网直销的模式。在整个销售过程中，小米公司建立了庞大的客户管理系统，并对其网络客户关系进行维护，根据用户反馈不断改进、完善，从而获得快速发展的基础。

其次，小米手机拥有强大的研发核心团队（原谷歌、摩托罗拉、金山、微软等著名公司的技术骨干）。通过小米论坛、微博、小米同城会（网络社区）等低成本、快捷途径，将"粉丝"和用户的产品需求信息直接融入其研发之中。同时，小米公司走精品手机路线，款式不会更新很快，但软件的功能更新速度快，并根据用户的意见不断创新。

最后，为实现手机的高配置，小米公司选择全球顶尖公司的产品（如高通公司的芯片、LG公司的电池、夏普公司的液晶屏、三星公司的内存卡等）作为配件。其强大的手机市场需求也增加了自身的谈判能力，能够获取低价采购。小米公司把握具有高附加值的研发、品牌运营环节，将附加值相对低的生产直接外包，从而赢得了较大份额的国内手机市场。由此可见，"饥饿营销"只是小米公司吸引"粉丝"与潜在购买者的一个手段，是商业模式中的一部分，而其他环节的紧密结合才最终促成了小米公司的成功，这是商业模式各要素紧密结合的结果。

（二）差异性

要想在同行业竞争者中脱颖而出，企业必须拥有自身的竞争优势。而这种竞争优势能够体现在企业的商业模式中，我们可以称之为"难以被模仿、难以被复制"。当今，产业格局竞争加剧，即便是拥有先见之明的企业能够迅速发现并占据一块新的市场，随后不久，也很容易陷入红海竞争的困境。所以，拥有一个好的商业模式就显得十分必要。

好的商业模式主要依托企业部分要素的独特性优势，通过借助这些优势，企业能够阻碍对手实现短时间模仿。商业模式拥有一定的可持续性，可以在一定的时间内保持相对稳定。如小米公司，其他企业可以模仿小米公司的网络直销、网络预订、原料采购、不断试错机制、生产外包等，却很难模仿小米公司的研发团队、企业文化、品牌等因素。因此，商业模式在本质上有差异性的特性。

（三）动态性

企业的外部环境变化迅速，客户的需求和竞争者也不断变化。对每个企业而言，拥有快速响应市场的能力就意味着把握了市场的先机。而这种快速响应市场的能力就是企业商业模式的动态性，是通过商业模式的创新来实现的。为了保持一定的竞争优势，商业模式各构成要素的内容、结构或关系不是一成不变的。因此，商业模式的构成要素需要在动态的协调中变化。

（四）共赢性

客户、企业与合作者是共赢的关系。任何一方的价值需求得不到满足，商业模式都难以成功。首先，商业模式的核心围绕客户价值而展开。客户得到产品或服务的价值，并对企业给予相应的回报后，企业才可以拥有后续生存的动力。换句话说，客户需求是企业生存的根基。无论采取何种手段、借助何种路径，企业必须时时刻刻地围绕客户的需求，进而保证所提供的价值是客户所需要的。其次，企业创造的价值离不开合作伙伴的支持。企业得到回报后，只有通过让渡部分有吸引力的利益给合作企业，稳定的伙伴关系才更容易建立。最后，商业模式离不开各方的参与。只有各方的价值同时得到满足，整个系统才可能有序地进行下去。

任 务

1. 名词解释

商业模式　电子商务商业模式

2. 简答

(1) 电子商务商业模式包括哪些要素？

(2) 电子商务商业模式具有哪些特征？

(3) 举例说明电子商务商业模式的系统性特征。

3. 实践训练

请选择某个电子商务网站，从构成要素角度分析其商业模式。

推荐资源

1. 唯品会官网
2. 阿里巴巴官网
3. 天猫官网
4. 淘宝网
5. 赶集网
6. 京东商城官网
7. 滴滴出行官网
8. 敦煌网

技 术 篇

专题三　电子商务网络技术基础
专题四　电子商务安全技术
专题五　电子支付与网上银行
专题六　电子商务物流

专题三

电子商务网络技术基础

学习目标

1. 掌握计算机网络的基本概念及类型。
2. 掌握互联网基本协议及IP地址和域名相关知识。
3. 掌握移动通信技术的基本概念及发展过程。
4. 了解物联网的基本概念及技术架构。

专题描述

本专题首先介绍了计算机网络的概念、内涵,以及发展历程,并从不同角度阐述了计算机网络的分类及应用。其次对互联网技术进行了详细的讲解,包括IP地址的分类、IP地址的组成等。同时,对域名等相关知识进行讲解,介绍了IP地址和域名之间的关系。再次,本专题对目前电子商务相关的移动通信技术的概念和相关技术进行深入讲解,并详细介绍其特点,不仅从1G网络到5G网络进行阐述,而且介绍了其应用的相关领域。最后,本专题介绍了物联网技术的概念和技术架构,包括传感器技术和无线射频技术的应用。通过本专题的学习,能够掌握电子商务网络技术的相关概念和特点,并了解新技术的应用,这对于从技术角度掌握电子商务相关知识至关重要。

项目一 计算机网络概述

项目案例

阿里巴巴如何从一家电子商务公司变成技术领先的公司

2016年年底,阿里巴巴iDST首席科学家和副院长金榕在接受《李翔商业内参》采访时曾提到,亚马逊是一个令人印象深刻的公司,它从一个电商公司变成了一个技术公司,某些方面甚至比谷歌更有竞争力。亚马逊的技术人才没有谷歌那么多,但是它能把东西做得很有影响力,它的技术和业务融合非常好。它是在做一件产品而不是简简单单地做技术。产品就要关系到用户体验,不是简简单单说搜索的准确度高。但凡想要技术有大的影响力,你永远都绕不开这个命题:怎样在一个商业的环境下影响用户全方位的体验?

众所周知,阿里巴巴是从 B2B 电子商务起家,然后切入 C2C 和 B2C,做起了淘宝和天猫。除了在电子商务上的布局之外,阿里巴巴集团后期还拆分出了蚂蚁金服这家科技金融公司,同时也是最早布局云计算的中国互联网巨头之一。正如阿里巴巴集团副总裁所说:"所有中国公司都面临这个过程,如果有业务前瞻性,你往往会进入一个无人区,没有一个人定义过这件事。这时就迫使你要从应用型转向研究型。因为在你把现有技术的可能性都挤干之后,必须考虑新的技术的可能性,阿里现在就面临一个比较关键的一个转型期。"目前,阿里巴巴已经是一个技术驱动、技术和商业完美结合的公司。公司创始人马云曾宣布:"要建立阿里巴巴的'NASA',基于面向机器学习、芯片、操作系统、生物识别等核心技术,我们将组建崭新的团队,建立新的机制和方法,并全力以赴。"

随着阿里巴巴公司的发展壮大,其对电子商务内涵的理解也更深刻,也在实践中完成从商务公司到技术公司的转变。与此同时,新电子商务网络技术的应用,也带来了企业成本的下降和利益上的突增。目前,很多电子商务公司要么组建自己的技术团队,要么与外围的技术公司合作,完成快速转型以应对激烈的行业竞争。例如购物时提供 VR(虚拟与现实)技术帮助客户选择商品,利用大数据技术帮企业分析客户需求,物流配送使用射频技术进行分拣商品。事实证明,只有采用新技术开展电子商务,才能使企业立于不败之地。

一、计算机网络的定义

计算机网络(Computer Network)由计算机和通信网两部分组成,是计算机技术与现代通信技术相结合的产物。可以从广义的观点、资源共享的观点,以及用户透明的观点来理解计算机网络的概念。广义的观点从通信角度出发,将计算机网络理解为以实现远程通信为目的,一些互联的、独立自治的计算机的集合。从资源共享角度来看,计算机网络是把地理位置上分散的,以能够相互共享资源的方式连接起来,并且各自具有独立功能的计算机系统的集合。最后,如果从用户角度来看,计算机网络是一组相互连接在一起的计算机系统的集合,使得整个网络像一个大的计算机系统一样,因此它对用户是透明的。

计算机网络

计算机网络是利用通信设备和线路将分布在不同地理位置上的具有独立功能的计算机、终端及其附属设备连接起来,以功能完善的网络软件(即网络通信协议、信息交换方式、网络操作系统等)实现网络中资源共享和信息传递的系统。

从上述对计算机网络的定义中可以看出,计算机网络应具有三个要素。

1. 资源服务

两台或两台以上的计算机相互连接起来构成网络,以达到资源共享的目的,这就对网络提出了一个服务的问题,即有一方请求服务和另一方提供服务。

2. 通信

两台或两台以上的计算机连接起来,相互通信交换信息,需要有一条通道。有线通信的每条通道的连接是物理的,由硬件实现,包括相应的传输介质和通信系统。无线通信通过数字化的逻辑信道实现。

3. 协议

计算机之间交换信息,彼此就需要有某些约定和规则,这就是协议。每个厂商生产的计算机网络产品都有自己的许多协议,这些协议形成标准才能使不同厂商、不同型号的网络产品互通互联。

二、计算机网络发展历程

计算机网络的形成与发展经历了以下四个阶段。

第一阶段:从 20 世纪 50 年代开始,人们将相互独立的计算机技术与通信技术结合起来,形成了初级的计算机网络模型。此阶段网络主要是形成以单台计算机为中心的远程联机系统,该网络严格说来仍然是多用户系统的变种,因此主机承担着通信兼具数据处理的任务,进而使得主机负荷较重,而且通信线路的利用率低,网络的可靠性也低。

第二阶段:在计算机通信网络的基础上,实现了网络体系结构与协议完整的计算机网络。此阶段网络应用的主要目的不仅是提供网络通信、保障网络连通,而且提供网络数据共享和网络硬件设备共享。这个阶段的里程碑是美国国防部的 ARPANET 网络。目前,人们通常认为它就是网络的起源,同时也是互联网(Internet)的起源。ARPANET 兴起后,计算机网络发展迅猛,各大计算机公司相继推出自己的网络体系结构及实现这些结构的软硬件产品。然而由于没有统一的标准,不同厂商的网络产品彼此之间相互独立,体系结构差异较大,不利于互联。此时,人们迫切需要一种开放性的标准化实用网络环境。

第三阶段:计算机解决了计算机联网与互联网标准化的问题,提出了符合计算机网络国际标准的开放系统互联参考模型,从而极大地促进了计算机网络技术的发展,对网络体系的形成起到了重要作用。此阶段网络应用已经发展到为企业提供信息共享服务的信息服务时代,具有代表性的系统是 1985 年美国国家科学基金会的 NSFnet。

第四阶段:计算机网络向网络化、综合化、高速化、智能化和计算机协同能力等方向发展,并且迅速得到普及,实现了全球化的广泛应用,其代表是 Internet。

通过上述计算机网络的发展历程可以看出,计算机网络随着其发展具有以下六大功能。

(1)数据通信功能。该功能为计算机网络的基本功能,是计算机网络产生的主要原动力。

(2)资源共享功能。主要基于计算机网络,可实现数据、文本、图形、声音及视频等多元化格式的信息在不同计算机间进行传递,继而实现数据资源的共享,以及软硬件资源的共享。

(3)提高系统的可靠性和可用性。当网络中某台计算机发生故障时,可由别的路径传输信息或转到别的系统中代为处理,以保证用户的正常操作。

(4)均衡负载,相互协作。例如,当某台计算机系统工作负荷较重时,可通过网络将此任务传递给空闲的计算机去处理,通过协同操作和并行处理等方式来均衡负载,从而提高完成任务的效率。

（5）进行数据信息的集中和综合处理，如通过网络实现飞机票、火车票的预订，正是得益于网络所提供的信息集中和综合处理功能。

（6）能够进行分布式处理，例如对于某些综合型的大型问题，则可将任务分散到网络中不同的计算机上进行分布式处理，如气象信息处理系统，可以调用各个地域范围内的计算机协同工作，对所获得的卫星气象数据进行快速、及时处理，以得到准确的气象信息。

三、计算机网络的类型

（一）按传输介质分类

传输介质是网络中发送方和接收方之间的物理通路，分为有线网络和无线网络。其中，有线网络包括双绞线、同轴电缆、光缆；无线网络包括无线电波、微波、卫星微波、红外线、激光等。

1. 有线网络

有线网络是采用同轴电缆和双绞线来进行连接的计算机网络。同轴电缆网是常见的一种联网方式，它比较经济，安装较为便利，传输率和抗干扰能力一般，传输距离较短。双绞线网是目前最常见的联网方式，它价格便宜，安装方便，但易受干扰，传输率较低，传输距离比同轴电缆要短。

光纤网采用光导纤维作传输介质。光纤传输距离长，传输率高，抗干扰性强，不会受到电子监听设备的监听，是高安全性网络的理想选择；不过其价格较高，且需要高水平的安装技术。

2. 无线网络

无线网络采用空气作传输介质，用电磁波作为载体来传输数据，由于联网方式灵活方便，是一种很有前途的联网方式。目前，无线网联网费用逐渐降低，4G网络已经非常普遍，且正在向5G网络发展。

（二）按地理覆盖范围分类

1. 局域网（Local Area Network，LAN）

局域网用于构建一个单位的内部网络，往往将一栋大楼、一个实验室或一个校园等有限范围内的计算机、外部设备等通过通信设备和线路连接起来，覆盖范围较小，通常为几十米到几千米，以共享网络资源和协同式网络应用为主要目的。局域网通常采用同轴电缆、双绞线、光纤，以及无线通信信道作为传输介质。

2. 城域网（Metropolis Area Network，MAN）

城域网覆盖范围比局域网更大，主要用于连接一个城市内部的计算机、局域网等，可以看作众多局域网的互联，往往能够满足几十千米范围内的大量企业、机关、公司的多个局域网互联的需求，主要采用光纤和微波作为传输介质。

3. 广域网（Wide Area Network，WAN）

广域网的覆盖范围很大，是一种跨越城市、国家的网络，可以把众多的城域网、局域网连接起来，解决远程通信的问题，实现更大范围内的资源共享。广域网主要采用高速光纤作为传输介质，其用于通信的传输装置和传输介质通常由电信部门提供。

（三）按服务方式分类

1. 客户机/服务器网络

现在大多数局域网采取客户机/服务器（Client/Server，C/S）模式，它是由一台或多台单独的、高性能和大容量的大、中、小型计算机作为中心服务器，另外与多台客户机以一种拓扑结构相连，如图3-1所示。

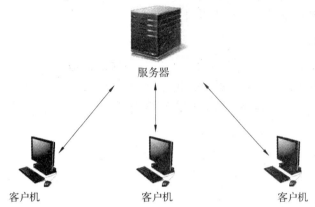

图3-1　客户机/服务器网络结构

服务器是指专门提供服务的高性能计算机或专用设备，客户机是用户计算机。客户机/服务器网络是客户机向服务器发出请求并获得服务的一种网络形式，多台客户机可以共享服务器提供的各种资源，这是最常用、最重要的一种网络类型。

工作站和终端的主要区别是：终端只包括显示器和键盘，无数据处理和存储能力；而工作站本身就是一台独立的计算机，它具有数据存储和处理的能力。

2. 对等网

在对等网络模式中，没有设置专门为客户机访问的文件服务器，连在网上的计算机既是客户机又是服务器，如图3-2所示。网上的每一台计算机以相同的地位访问其他计算机，共享彼此的信息资源和硬件资源，组网的计算机一般类型相同。这种网络方式灵活方便，但是较难实现集中管理与监控，安全性也低，较适合于部门内部协同工作的小型网络。在一个不超过20台计算机的小公司和小机关可采取此种方式，但速度较慢，保密性差，维护困难。

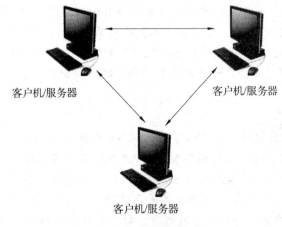

图3-2　对等网络结构

（四）按传输方式分类

1. 点对点传输网络

点对点网络与广播式网络相关，由许多互相连接的结点构成，在每对机器之间都有一条专用的通信信道，因此不存在信道共享与复用的情况。当一台计算机发送数据分组后，它会根据目的地址，经过一系列中间设备的转发，直至达到目的结点，这种传输技术称为点对点传输技术，采用这种技术的网络称为点对点网络。

2. 广播式传输网络

广播式传输网络是指在网络中只有一个单一的通信信道，由这个网络中所有的主机共享，即多台计算机连接到一条通信线路上的不同分支点上，任意一个结点所发出的报文又被其他所有结点接收，局域网基本上都是广播式网络。

任务

1. 名词解释

计算机网络　点对点

2. 简答

（1）计算机网络的分类标准有哪些？

（2）计算机网络的三要素包括哪些？

3. 实践训练

到某单位的微机室，了解计算机网络构成，并掌握局域网、广域网的特点和异同。

项目二　互联网（Internet）技术

项目案例

京东商城域名

京东作为国内电商界的元老，其早期域名为 www.360buy.com，不易记忆。因此公司决定申请一个既能代表本公司形象，又达到耳熟能详目的的域名，很快公司就选择了 jd.com 这个域名。2013 年 3 月 30 日晚，京东域名正式更换为 jd.com，其中的"jd"是京东汉语拼音的首字母组合。从此，用户不用再特意记忆京东的域名，也无须先搜索再点击，只要在浏览器输入 jd.com，即可方便快捷地访问京东，实现轻松购物。

案例分析

众所周知，网站的域名是互联网的窗口，一个好的域名更是一个网站成功的关键。但是很难想象京东当初会花 3 000 万元购买 jd.com 这个域名。不仅仅是京东，360 公司当时以 1 700 万美元的价格购买 360.com，小米公司用 2 243 万美元收购 mi.com，窝窝团用 1 500 万美元收购 55.com 域名，唯品会用 1 200 万美元收购 vip.com，新浪微博用 800 万美元收购 weibo.com 等。可见，在网上申请一个好域名，对于企业业务拓展以及网站设计起到举足轻重的作用。好的域名将直接有利于企业的品牌传播、市场份额占有、销售收入增加等。

一、互联网概述

（一）互联网的含义

互联网（Internet），又名国际互联网，通常是指全球最大的、开放的、基于TCP/IP协议的、由众多网络相互连接而成的计算机网络。因此，互联网也可以说是网络之间的网，是全球计算机网络的互联系统。对于互联网，可以从网络互联、网络通信、网络资源、网络管理、信息服务等不同的角度来认识它。

互联网（Internet）技术

从网络互联的角度看，互联网可以说是成千上万个具有特殊功能的专用计算机通过各种通信线路，把分散在各地的网络在物理上连接起来。

从网络通信的角度看，互联网是一个用TCP/IP协议把各个国家、各个部门、各种机构的内部网络连接起来而形成的数据通信网。

从提供信息资源的角度看，互联网是将各个国家、各个部门、各个领域的不同信息资源连为一个整体的超级信息资源网。凡是接入互联网的用户，都可以通过各种信息查询工具访问所有的信息资源，查询各种信息库、数据库，获取所需的各种信息资料。

从网络管理的角度看，互联网是一个不受任何政府或某一管理机构管理和约束的，而是由用户互相协作的组织和集合体。从某种角度上讲，互联网处于无政府状态之中，每一个接入互联网的用户都是自愿承担网络的管理和控制，自愿遵守网络道德标准，并且共同遵守TCP/IP协议的一些规定。

从信息服务的提供上看，现代互联网是能够提供广泛、多层次的，从文本信息到声音图像信息的综合网络。它为现代社会的信息交流提供了全新的空间和途径。

（二）互联网的特点

互联网之所以发展如此迅速，被称为20世纪末最伟大的发明，是因为互联网从一开始就具有的开放、自由、平等、合作和免费的特性。也正是这些特性，使得互联网被誉为21世纪的商业"聚宝盆"。

1. 开放性

互联网是开放的，可以自由连接，而且没有时间和空间的限制，没有地理上的距离概念，任何人，只要遵循规定的网络协议随时随地可加入。同时，在互联网上，任何人都可以享受创作的自由，所有的信息流动都不受限制。

2. 共享性

网络用户在网络上可以随意调阅别人的网页或拜访电子公告牌，从中寻找自己需要的信息和资料。有的网页连接共享型数据库，可供查询的资料更多。而内容提供者本意就是希望网络用户能够随时取阅他最新的研究成果、新产品介绍、使用说明或者是他的一些小经验，希望网络用户能认同他的看法、分享他的快乐。

3. 平等性

互联网上是不分等级的。在互联网内,网络用户是怎样的人仅仅取决于他通过键盘操作而表现出来的自己,没有人关心他是老是少、长得如何,是学生、商界管理人士还是建筑工人。

4. 低廉性

互联网是从学术信息交流开始的,人们已经习惯于免费使用。进入商业化之后,网络服务供应商一般采用低价策略占领市场,使用户支付的通信费和网络使用费等大为降低,增加网络的吸引力。

5. 交互性

网络的交互性是通过两个方面实现的。其一是通过网页实现实时的人机对话,这是通过在程序中预先设定访问路线来实现超文本链接,设计者把与用户可能关心的问题有关的内容按一定的逻辑顺序编制好,用户选择特定的图文标志后可以瞬间跳跃到感兴趣的内容或别的网页上,得到需要了解的内容。其二是通过电子公告牌或电子邮件实现异步的人机对话。

6. 合作性

互联网是一个没有中心的自主式的开放组织。互联网上的发展强调的是资源共享和双赢的模式。

7. 虚拟性

互联网一个重要的特点是它通过对信息的数字化处理,通过信息的流动来代替传统的实物流动,使得互联网通过虚拟技术具有许多现实中才具有的功能。

8. 个性化

互联网作为一个新的沟通虚拟社区,可以鲜明地突出个人的特色,只有有特色的信息和服务才可能在互联网上不被信息的海洋淹没,互联网引导的是个性化的时代。

9. 全球性

互联网从一开始商业化运作就表现出无国界性,信息流动是自由的、无限制的。因此,互联网一诞生就是全球性的产物。当然,全球化并不排除本地化,如互联网上的主流语言是英语,但对于中国人而言,习惯的还是汉语。

二、IP 地址和域名

为了实现互联网上不同计算机之间的通信,除使用相同的通信协议 TCP/IP 协议之外,每台计算机都必须有一个不与其他计算机重复的地址,它相当于通信时每个计算机的名字。互联网地址包括 IP 地址和域名地址。

(一) IP 地址

互联网上的每一台计算机都会分配一个唯一的地址,即 IP 地址,它类似上网的全球通用户都有一个唯一的电话号码一样。

IP 地址是以二进制数字形式出现的,共有 32 个位,但这个形式非常不适合人阅读和记忆。因此,互联网管理委员会决定采用一种点分十进制表示法表示 IP 地址。

IP 地址是一种层次结构地址，适用于众多网络的互联，特别是互联网。每个网络的主机和路由器都有一个 IP 地址，所有的 IP 地址都是 32 位，每 8 位分成一段，共 4 段，每段由 8 位组成，转换成十进制后就成为一个介于 0~255 的数字。例如，10001100.10111010.01010001.00000001 转换成十进制表示后即为 140.186.81.1。

根据网络的大小，IP 地址又分成了 A、B、C、D、E 不同的等级。由 IP 地址的第一组数值即可知道该 IP 地址属于哪个等级：0~127 是 A 类网络，128~191 是 B 类网络，192~233 是 C 类网络，224~239 是 D 类网络，240~255 是 E 类网络。C 类网络一般用于单位内部。

另外，IP 地址的分配可以分为静态 IP 地址与动态 IP 地址。对于互联网上网站的配置，一般采用静态 IP 地址，互联网上的主机，其 IP 地址是不变的，可以永久地分配给它使用。而对于一般的拨号用户，ISP 采用了一种动态分配 IP 地址的方法。假设一个 ISP 有 1 000 个用户，如果采用静态 IP 地址的分配方式就需要申请 1 000 个 IP 地址来满足用户的上网需要。但是 1 000 个用户同时上网的概率非常小，因此采取动态的分配方式，当某个用户想上网时，就分配一个 IP 地址给他使用，当他下网时，再收回这个 IP 地址。

（二）域名

由于 IP 地址是数字型的，表达方式比较抽象，不容易记忆，也没有什么直接意义，因此又发明了另一套字符型的地址方案，即所谓的域名地址。

1. 域名的表示方法

域名地址用字符来表示，域名分为若干部分，每部分由至少两个字母或数字组成，各部分之间用圆点分隔开，最右边的是一级域名，往左分别是二级域名、三级域名。

域名的级数不超 5 个，级别低的写在左边，级别高的写在右边。整个域名不能超过 255 个字符。下面介绍域名各组成部分的含义，以 www.swufe.edu.cn 为例。

（1）cn 代表中国。

（2）edu 是中国域 cn 的下一级域名，代表教育机构，由 cn 管理。

（3）swufe 是西南财经大学的域名，它是 edu 的下一级域名，由 edu 管理。

2. 域名的级别

（1）一级域名。

一级域名又叫顶级域名。

DNS（Domain Name System，域名系统）将整个互联网划分为多个顶级域，并为每个顶级域规定了通用的顶级域名，所有的顶级域名都是由互联网网络信息中心（Internet Network Information Center）控制的。

一级域名可以分为两类：一类表示国家或行政区，如表 3-1 所示；另一类表示机构类别，如表 3-2 所示。

表 3-1　一级域名按国家或行政区分类（部分）

域名	国家或行政区	域名	国家或行政区	域名	国家或行政区
.uk	英国	.au	澳大利亚	.us	美国
.ca	加拿大	.ch	瑞士	.in	印度
.cn	中国大陆	.hk	中国香港	.fr	法国

续表

域名	国家或行政区	域名	国家或行政区	域名	国家或行政区
.de	德国	.sg	新加坡	.jp	日本
.it	意大利	.tw	中国台湾	.ru	俄罗斯
.mx	墨西哥	.mo	中国澳门	.ws	萨摩亚
.tv	图瓦卢	.cc	科科斯群岛	.bz	伯利兹

表3-2 一级域名按机构类别分类

域名	机构类别	域名	机构类别
.com	工业、商业、金融等企业	.biz	商务性质类型
.edu	教育机构	.int	国际组织
.gov	政府组织	.org	非营利性组织
.mil	军事部门	.info	信息相关机构
.net	网络相关机构	.name	个人网站
.coop	合作组织	.aero	航空运输
.pro	医生、律师、会计专用	.museum	博物馆

（2）二级域名。

二级域名是指顶级域名之下的域名。在国际顶级域名下，它是指域名注册人的网上名称，例如ibm、yahoo、microsoft等；在国家顶级域名下，它是表示注册企业类别的符号，例如com、edu、gov、net等。

3. 域名的选择

（1）选择与单位名称的中英文缩写、企业广告语中的英文内容、企业产品注册商标、企业网上定位相符的名称（不能超过20个字符），如www.haier.com。

（2）简单易记，容易上口，如www.dangdang.com。

（3）注意拼写和拼音技巧，巧用字母、数字的谐音来构造一些独特的域名，如前程无忧人才招聘网的域名www.51job.com。

4. 域名解析

互联网的域名系统（DNS）是一个分布式的关于主机信息的数据库，它为互联网上主机命名的结构制定了一个标准。域名系统提供了在互联网中识别、管理和映射域名的方法，其功能为：映射主机名到IP地址，以便计算机处理；提供在互联网上任何地方进行远程查询的手段；实现域名信息的分布式管理。

域名注册成功后，需要进行域名解析才能让用户使用。域名解析是将域名映射成Web服务器的IP地址的转换过程。而人们为了方便，通常使用域名地址相互联系，可见域名与IP地址之间存在一种对应关系，在互联网中采用域名系统将域名地址解析为IP地址。

为了将域名和对应的IP地址映射一致，必须建立相应的域名服务器，由它们负责注册该域名内的所有主机，即建立本域中的主机名与IP地址的对应表，当该服务器收到域名请求时，将域名解析为对应的IP地址，将不属于本域的域名转发给上级域名服务器去查找对应的 IP 地址。

在互联网中，域名与 IP 地址的关系并非一一对应，注册了域名的主机一般都有一个固定的 IP 地址，但不是每一个 IP 地址都对应一个域名。

DNS 是一个分布式的域名服务系统，分为根服务器和各级域名服务器。根服务器负责找到相应的顶级域名服务器，各级域名服务器负责找到其下一级域名服务器。

下面通过 www.yahoo.com 被解析成 IP 地址的全过程来分析 DNS 的工作原理，如图 3-3 所示。

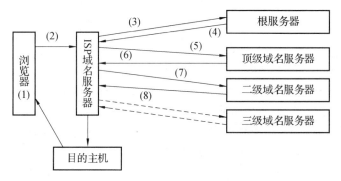

图 3-3　域名解析工作原理示意

（1）用户在浏览器中输入 www.yahoo.com。

（2）浏览器将 www.yahoo.com 的解析请求传给 ISP 的域名服务器。

（3）ISP 的域名服务器向根服务器发送请求".com 由谁来解析？"。

（4）根服务器将顶级域名服务器的 IP 地址（如.com）返回给 ISP 的域名服务器。

（5）ISP 的域名服务器再向.com 顶级域名服务器发送请求"yahoo.com 由谁来解析？"。

（6）.com 顶级域名服务器将 yahoo.com 域名服务器的 IP 地址返回给 ISP 的域名服务器。

（7）ISP 的域名服务器向 yahhoo.com 域名服务器发送请求"www.yahoo.com 的 IP 地址是什么？"。

（8）yahoo.com 域名服务器向 ISP 的域名服务器传回 www.yahoo.com 的 IP 地址，完成域名解析。

任 务

1. 名词解释

IP 地址　域名

2. 简答

（1）域名服务器的作用是什么？

（2）简述 IP 地址的分类及组成。

（3）域名的完整格式是怎样的？

3. 实践训练

将若干台计算机通过集线器及网线连接在一起，设置不同的 IP 地址，看相互间是否处于同一个网段，能否相互访问。

项目三　移动通信技术

项目案例

苏宁的O2O转型

2014年，苏宁公司实现O2O（线上到线下）战略转型以来，挑战不断。同年1月底，苏宁获得第二批虚拟运营商牌照，随后进度较快。3月，针对移动转售业务，苏宁发布"苏宁互联"独立品牌。同样是3月，苏宁在微博公布了邀请网友设计的18种套餐方案，并邀请用户投票，资费从1.8元至208元不等，比基础运营商略微便宜，但复杂程度超乎想象，而用户选择的余地接近50种。据了解，苏宁互联各项系统已具备上线功能，产品设计也已经完整，在做好运营测试后，将对消费者开放。体验服务方面，提供O2O融合式体验服务：全面打通线上线下，建设PC、手机、实体营业厅，让消费者享受到线上便利性的同时，也享受遍布全国1 600多家门店的咨询、售后等服务。

案例分析

苏宁互联为苏宁提供了一个重要的移动互联网入口，从长远来看，苏宁互联将依托上下游资源、运营商合作优势、互联网布局战略，而苏宁在虚拟运营方面将重点从产品、增值、专业、体验四大维度打造苏宁特色服务产品。同时，作为虚拟运营商，苏宁互联和三大基础运营商之间是鱼和水的关系。在移动4G时代，一方面，虚拟运营商号码的分配由三大运营商管控；另一方面，运营商未来在客户层、品牌层、业务层的转售却要依靠虚拟运营商完成。当时，流量变现能力直接影响着三大基础运营商在4G时代的话语权，而流量变现正是虚拟运营商的特长。因此，虚拟运营商跟传统运营商并非竞争关系，而是市场发展下优势资源的结合。

相关知识

随着现代通信技术的不断发展和电子商务实践的不断深入，以移动通信技术为基石的移动电子商务市场正在形成并展现出广阔的前景。移动通信应用因具有快捷方便、无所不在的特点，已在全世界范围内兴起，并成为电子商务的主流发展模式之一。

一、移动通信的定义及特点

（一）移动通信的定义

移动通信是指通信双方至少有一方在移动中（或者临时停留在某一非预定的位置上）进行信息传输与交换，这包括移动体（车辆、船舶、飞机或行人）和移动体之间的通信、移动体和固定点（固定无线电台或有线用户）之间的通信。

移动通信技术

在过去的20年中，世界通信技术发生了巨大的变化，移动通信特别是蜂窝小区的迅速发展，使用户彻底摆脱了终端设备的束缚，实现完整的个人移动性、可靠的传输手段和接续方式。进入 21 世纪，移动通信将逐渐演变成社会发展和进步必不可少的工具。

（二）移动通信技术的主要特点

1. 移动性

移动通信就是要保持物体在移动状态中的通信，因而它必须是无线通信，或无线通信与有线通信的结合。

2. 电波传播条件复杂

因移动体可能在各种环境中运动，电磁波在传播时会产生反射、折射、绕射、多普勒效应等现象，使电波在传播过程中随机快速变化，另外产生多径干扰，造成电波传播的幅度衰落和时延扩展等效应。

3. 噪声和干扰严重

噪声包括在城市环境中的汽车火花噪声、各种工业噪声；干扰包括移动用户之间的互调干扰、邻道干扰、同频干扰等。

4. 系统和网络结构复杂

移动通信是一个多用户通信系统和网络，必须使用户之间互不干扰，能协调一致地工作。移动通信系统还应与市话网、卫星通信网、数据网等互联，整个网络结构很复杂。此外，在用户注册和登记、鉴权和计费、安全和保密管理上也比较复杂。

5. 要求频带利用率高、设备性能好

针对以上移动通信技术特点，目前主要采用数字化技术解决，一个是采用空分复用技术提高用户数量，另外采用 TDMA、CDMA 等新的调制方式，使通信的频谱利用率大大提高，并能提供多种业务服务，提高通信系统的通用性，提高抗噪声、抗干扰和抗多径衰落的能力，最后实现更有效、灵活的网络管理和安全控制。

二、移动通信技术的发展

随着信息技术的发展和用户需求的日渐增多，移动通信技术已成为当代通信领域发展潜力最大、市场前景最广的研究热点。目前，移动通信技术已经历了五代的发展。

（一）第一代移动通信

1986 年，第一代移动通信系统在美国芝加哥诞生，采用模拟信号传输。最能代表 1G 时代特征的是美国摩托罗拉公司在 20 世纪 90 年代推出并风靡全球的大哥大，即移动手提式电话。各个国家的 1G 通信标准不一致，使得第一代移动通信并不能全球漫游，这大大阻碍了 1G 的发展。同时，由于 1G 采用模拟信号传输，所以其容量非常有限，一般只能传输语音信号，且存在语音品质低、信号不稳定、涵盖范围不够全面、安全性差和易受干扰等问题。

（二）第二代移动通信

第二代移动通信系统起源于 20 世纪 90 年代初期。1994 年，前中国邮电部部长用诺基亚 2110 拨通了中国移动通信史上第一个全球移动通信系统 GSM 电话，中国开始进入 2G 时代。和 1G 不同的是，2G 采用数字调制技术，因此第二代移动通信系统的容量不断增加。2G 时代手机实现了上网，虽然数据传输速度很慢，但实现了文字信息的传输。由于具有保密性强、频谱利用率高、标准化程度高并能提供丰富业务等特点，2G 移动通信得到了空前的发展。但随着用户规模和网络规模的不断扩大，频率资源已接近枯竭，数据通信速率太低，无法在真正意义上满足移动多媒体业务的需求，因此，后期又产生了 2.5 代移动通信技术，即 GPRS 技术。

（三）第三代移动通信

2G 时代，手机只能打电话和发送简单的文字信息，虽然这已经大大提升了效率，但是日益增长的图片和视频传输的需要，使人们对数据传输速度的要求日趋高涨，2G 时代的网速显然不能满足这一需求。于是，高速数据传输的蜂窝移动通信技术——3G 应运而生。相比 2G，3G 依然采用数字数据传输，但由于采用更宽的频带，传输的稳定性也大大提高了。3G 技术最基本的特征是智能信号处理，它支持语音和多媒体数据通信，可以提供前两代产品不能提供的各种宽带信息业务。此外，速度的大幅提升和稳定性的提高，使大数据的传送更为普遍，移动通信也有更多样化的应用，因此，3G 被视为开启移动通信新纪元的关键技术。3G 通信网络三大主流技术如图 3-4 所示。

图 3-4　3G 通信网络三大主流技术

1. **码分多址技术**

码分多址技术（CDMA 2000）是在 IS-95 基础上的进一步发展，核心网络在 ANSI-41 网络的基础上增加了支持分组交换的部分。

2. **宽带码分多址技术**

宽带码分多址技术（WCDMA）是利用 CDMA 的宽带扩频形成的通用移动通信系统的空中接口技术。

3. **时分同步码分多址技术**

时分同步码分多址技术（TD-SCDMA）是指同时利用时分多址技术和码分多址技术的多址技术，是我国第一个具有完全自主知识产权的国际通信标准。

（四）第四代移动通信

2013 年 12 月，中华人民共和国工业和信息化部（简称"工信部"）在其官网上宣布向中国移动、中国电信、中国联通颁发第四代数字蜂窝移动通信业务经营许可，也就是 4G 牌照。至此，互联网进入了一个新的时代。4G 是在 3G 基础上发展起来的，采用了更加先进的通信协议。对于用户而言，2G、3G、4G 网络最大的区别在于传输速度不同，4G 网络作为最新一代的通信技术，在传输速度上有着非常大的提升，理论上网速度是 3G 的 50 倍，实际体验也达到 10 倍左右。如今，4G 已经像"水电"一样成为人们生活中不可缺少的基本资源。由此，4G 使人类进入了移动互联网的时代。

4G 移动系统网络结构可分为三层：物理网络层、中间环境层、应用网络层。物理网络层提供接入和路由选择功能，它们由无线和核心网的结合格式完成。中间环境层的功能有 QoS 映射、地址变换和完全性管理等。物理网络层与中间环境层及其应用环境之间的接口是开放的，它使发展和提供新的应用及服务变得更为容易，提供无缝高数据传输率的无线服务，并运行于多个频带。这一服务能自适应多个无线标准及多模终端能力，跨越多个运营者和服务，提供大范围服务。第四代移动通信系统的关键技术包括：信道传输；抗干扰性强的高速接入技术、调制和信息传输技术；高性能、小型化和低成本的自适应阵列智能天线；大容量、低成本的无线接口和光接口；系统管理资源；软件无线电、网络结构协议等。第四代移动通信系统主要是以正交频分复用（Orthogonal Frequency Division Multiplexing，OFDM）为技术核心。OFDM 技术的特点是网络结构高度可扩展，具有良好的抗噪声性能和抗多信道干扰能力，可以提供无线数据技术质量更高（速率高、时延小）的服务和更好的性价比，能为 4G 无线网提供更好的方案。例如，无线区域环路（WLL）、数字音讯广播（DAB）等，预计都采用 OFDM 技术。4G 移动通信对加速增长的广带无线连接的要求提供技术上的回应，对跨越公众的和专用的、室内和室外的多种无线系统和网络保证提供无缝的服务。通过对最适合的可用网络提供用户所需求的最佳服务，能应付基于因特网通信所期望的增长，增添新的频段，使频谱资源大扩展，提供不同类型的通信接口，运用以路由技术为主的网络架构，以傅立叶变换来发展硬件架构实现第四代网络架构。移动通信会向数据化、高速化、宽带化、频段更高化方向发展，移动数据、移动 IP 预计会成为未来移动网的主流业务。

（五）第五代移动通信

随着移动通信系统带宽和能力的增加，移动网络的速率也飞速提升，从 2G 时代发展到 4G 时代，足足增长了 10 万倍。历代移动通信的发展，都以典型的技术特征为代表，同时诞生出新的业务和应用场景。而 5G 将不同于传统的几代移动通信，不再由某项业务能力或者某个典型技术特征所定义，它不仅具有高速率、低时延、海量设备连接以及低功耗的特点，而且是一个多业务、多技术融合的网络，更是面向业务应用和用户体验的智能网络，最终打造以用户为中心的信息生态系统。

5G 将渗透到未来社会的各个领域，将使信息突破时空限制，提供极佳的交互体验，为用户带来身临其境的信息盛宴，如虚拟现实；5G 将拉近万物的距离，通过无缝融合的方式，便捷地实现人与万物的智能互联。5G 将为用户提供光纤般的接入速率，"零"时延的使用体验，千亿设备的连接能力，超高流量密度、超高连接数密度和超高移动性等多场景的一致服务，同时将为网络带来超百倍的能效提升和超百倍的比特成本降低，最终实现"信息随心至，万物触手及"。

三、移动通信技术应用

移动通信是目前信息技术领域发展最活跃的分支之一。随着技术的发展，移动通信技术在很多系统中的应用将成为必然。

（一）蜂窝式公用陆地移动通信系统

蜂窝式公用陆地移动通信系统可与公用电话网中任何一级交换中心相连接，实现移动用户与本地电话网用户、长途电话网用户及国际电话网用户的通话接续，可与公用数据网相连接，实现数据业务的接续。这种系统具有越区切换、自动或人工漫游、计费及业务量统计等功能。

（二）集群移动通信系统

集群移动通信系统属于调度系统的专用通信网，一般由控制中心、总调度台、分调度台、基地台及移动台组成。该系统具有单个呼、组呼、全呼、紧急告警/呼叫、多级优先及私密电话等适合调度业务专用的功能。

（三）无绳电话系统

无绳电话系统由移动终端和基站组成，通常在办公楼、居民楼群之间、火车站、机场、繁华街道、商业中心及交通要道设立基站，形成一种微蜂窝或微微蜂窝网。无绳电话用户只要看到这种基站的标志，就可使用手持机呼叫。

（四）无线电寻呼系统

无线电寻呼系统是一种单向通信系统，既可公用也可专用。专用寻呼系统由用户交换机、寻呼控制中心、发射台及寻呼接收机组成。公用寻呼系统由与公用电话网相连接的无线寻呼控制中心、寻呼发射台及寻呼接收机组成。

（五）卫星移动通信系统

卫星移动通信系统利用卫星中继，在海上、空中和地形复杂而人口稀疏的地区实现移动通信，甚至可以使个人的手机直接进行通信。该系统包括静止轨道卫星和低轨道、中轨道移动通信卫星。

（六）分组无线网

分组无线网是一种利用无线信道进行分组交换的通信网络，即网络中传输的信息要以"分组"（或称"信包"，有时简称"包"）为基本单位。分组传输能适应不同网络结构的应用。

1. 名词解释

移动通信网络　GSM　CDMA　TDMA

2. 简答

（1）简述移动通信网络的发展阶段。

（2）5G网络与4G网络的本质区别是什么？

（3）移动通信网络的发展趋势是什么？

3. 实践训练

利用现有的移动设备，练习单呼、组呼及遇忙转接等功能的使用。

项目四　物联网技术

项目案例

AR、VR、空气投影等现实技术的发展提升了消费者的购物体验

2017年是中国的新零售元年。随着新零售的逐步推广，线上和线下将从原来的相对独

专题三 电子商务网络技术基础

立或相互冲突逐渐转化为互为促进及彼此融合的局面。当所有实体零售都具有明显的电商基因特征时，传统意义上的电商将不复存在，而人们现在经常抱怨的电子商务给实体经济带来的严重冲击也将成为历史。

在大数据、人工智能和移动互联网等新技术推动以及日益完善的物流配送体系支撑下，用户对商品质量、消费体验的现实需求日益苛刻，消费者体验的提升成为新零售发展的重中之重。

消费者体验的提升，一方面由技术进步直接推动，如互联网技术的进步使得网上购物极大地提升了消费者对商品品类多样性和购物便利性的体验；另一方面，技术进步推动了核心零售流程（商品选择、购买、配送、使用流程等）的变革，增加了非传统的零售场景，让原来不景气的零售服务变得景气，如视频监控和防盗磁条技术，帮助自选超市重新定义了消费者选择和购买商品体验。

近些年，阿里巴巴和腾讯两大互联网巨头通过各种形式的收购和战略合作，与线下零售商合作，加速进军线下零售市场。2020年4月，华润万家集团宣布与腾讯、京东达成战略合作，成为继永辉、家乐福、武商联和步步高之后又一家和京东、腾讯深度合作的零售商。至此，该阵营已占据21.7%的现代渠道份额。在快速消费品市场以外，两大巨头也在积极布局各种生活场景的零售革命，如阿里巴巴收购"饿了么"、注资居然之家，都旨在打造跨领域的无缝购物体验。

随着电商巨头积极寻求新的途径来增加线上客流量，其他新零售品牌纷纷避其锋芒，把目光转向小型杂货店，开展深度的供应链变革。其中的佼佼者如嗖嗖身边，通过全国400余城市公司的夯实基础，迅速布局全国。2018年1月，第一家嗖嗖快店在北京问世，随后不到一年时间即在全国1 000多个城市和区县开通35万多家嗖嗖快店，以每天开通3 000多家店的速度，迅速整合市面上几乎所有类型的实体门店，这是对中国数量庞大的传统门店的改造，深耕社区1千米，运用大数据来优化产品采购和商品选择，为用户提供最快8分钟免费送达的购物体验。

嗖嗖快店8分钟免费送货上门的消费模式，作为划时代级的革新，归根到底还是以提升消费者体验作为最主要标志。"嗖嗖身边"APP基于地理位置商家锁定、需求搜索引擎订单发送、陌生人视频社交、嗖嗖文摘有偿阅读广告投放的四种全新技术，聚力平台化运作，立志成为"互联网+生活服务"最为抢眼的创新典型样板，真正实现需求精准匹配的互联网综合服务平台。近期，又创新推出"社区主任"、社区拼团等项目，针对不同社区提供一对一定制化服务，实现熟人关系裂变的创新运营，为那些想创业又缺乏足够资本的创业者提供了一个很好的平台。

技术进步直接提升消费者体验，同时又推动了核心零售流程的变革，这正是新零售时代的核心特征之一。AR（Augmented Reality，增强现实）、VR（Virtual Reality，虚拟现实）、空气投影等现实技术的发展，人脸识别、语音识别、虹膜识别等身份识别技术的发展，直接提升了消费者的购物体验；人工智能、大数据、物联网等技术的突破，则颠覆了消费者购物的全流程，甚至创造出新的零售物种，使消费者体验到之前从未触及的全新境界。

（资料来源：21ic中国电子网，2020-6-20）

案例分析

基于物联网的虚拟现实（VR）技术和增强现实（AR）技术作为当今世界上的前沿技术，其发展可能不仅像以前计算机和移动电话影响人们的生活那样简单，在电子商务行业领域的应用也影响深远。电子商务本身是通过互联网技术来支撑，实现其商务模式，而达到真正的物物互联后，VR和AR技术作为新的电商载体，通过高度仿真的模拟，用电脑技术来提供更真实的用户体验，从而引发电商行业的重新洗牌。

相关知识

一、物联网技术的定义及特征

物联网（The Internet of Things，IOT）这一概念在维基百科的定义较简单：The Internet of Things refers to a network of objects, such as household appliances，即"像家用电器一样的物体的互联网络"。物联网在不同场合有不同的表述方式，如M2M（Machine to Machine）、传感网（Sensor Networks）、普适计算（Pervasive Computing）、泛在计算（Ubiquitous Computing）、环境感知智能（Ambient Intelligence）等，都从不同侧面反映了物联网的一些特征。

物联网技术

普遍认为物联网是在互联网概念的基础上，将其用户端延伸和扩展到任何物品与物品之间，进行信息交换和通信的一种网络概念。具体来说，物联网是指"利用条码、射频识别、传感器、全球定位系统、激光扫描器等信息传感设备，按约定的协议，实现人与人、人与物、物与物的在任何时间、任何地点的连接，从而进行信息交换和通信，以实现智能化识别、定位、跟踪、监控和管理的庞大网络系统"。

物联网可理解为物物相连的互联网，但互联网原义指计算机网络，所以物联网包含三层含义。首先，物联网的核心和基础仍然是互联网，它是以计算机网络为核心进行延伸和扩展而成的网络，其用户端已延伸和扩展到了众多物品与物品之间，以便进行数据交换和通信。其次，物联网并不是现有技术的革命性创新，而是现有技术跨学科的综合运用，它包含了传感器技术、通信网络技术、计算机技术和自动控制技术等。最后，物联网不是简单的无线射频识别技术或无线传感器网络，从本质上来看，它是信息技术发展到一定阶段后出现的一种聚合性应用与技术的提升，是将各种感知技术、现代网络技术和人工智能与自动化技术聚合、集成应用进而实现人与物对话的智慧网络。

和传统的互联网相比，物联网有其鲜明的特征。首先，它具有全面感知的特点，即利用无线射频识别、传感器等技术获取物体的深度信息，并使纳入物联网的"物"具备自动识别与物物通信的功能。其次，物联网具备科考船底的特点，即通过无线网络与互联网的融合，将物体的信息实时准确地传递给用户。最后，物联网不仅提供了传感器的连接，其本身也具有智能处理的能力，能够利用云计算、数据挖掘及模糊识别等人工智能技术，对海量的数据和信息进行分析和处理，对物体实施智能化控制。

二、物联网电子商务技术架构

物联网电子商务技术架构主要分为三个层次，最底层是感知层，主要是一些基础设备；

中间是网络层，起到承上启下的作用；最顶层是应用层。物联网电子商务技术架构具体如图 3-5 所示。

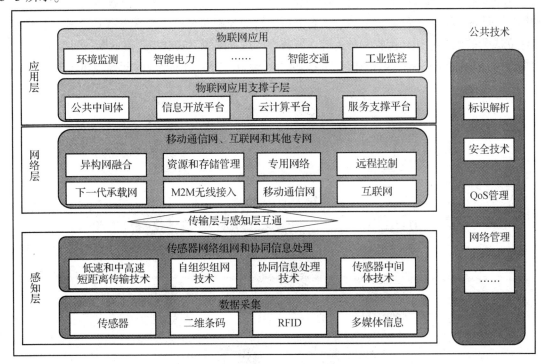

图 3-5　物联网电子商务技术架构

（一）感知层

感知层由各种传感器及传感器网关构成，包括二氧化碳浓度传感器、温度传感器、湿度传感器、二维码扫描设备、RFID 标签和读写器、视频监控摄像头、GPS（Global Positioning System，全球定位系统）、手机与移动设备等感知终端。感知层的作用相当于人的眼、耳、鼻、喉和皮肤等神经末梢，它是物联网识别物体、采集信息的来源，其主要功能是识别物体、采集信息。

（二）网络层

网络层由互联网、无线通信网、物联网络管理系统和云计算平台等组成，相当于人的神经中枢和大脑，负责传递和处理感知层获取的信息。

（三）应用层

应用层是物联网和用户（包括人、组织和其他系统）的接口，与行业需求结合，实现物联网的智能应用。

三、物联网在电子商务中的应用

物联网是继互联网和移动通信网之后一次新的信息技术革命，它蕴含着巨大的创新空间和机遇，目前在电子商务发展中的应用也越来越广泛。

(一)物联网智能商业

物联网在商业领域的应用,是一种将技术转化为交易与管理模式的过程。技术上主要从移动销售、物品感知、过程数据采集、信息分析、自动控制和客户体验等应用上考虑,系统上则需建立成套的数据感知、接收和分析链,覆盖生产过程溯源、安全与合格证据、同类商品选择、购物提醒、虚拟效果模拟、电子钱包、自动结算、会员打折、缩短结算时间等,如图3-6所示。

图3-6 物联网在零售业的应用示意

除此之外,物联网还可在商业领域使用集成智能化技术、传感器技术、射频技术等,使物流系统能模仿人的智能,具有思维、感知、学习、推理、判断和自行解决物流中某些问题的能力,实现智能物流。

(二)智能医疗

物联网与医疗相结合也是物联网电子商务的典型应用。医疗物联网是指在标准和交互通信协议的基础上,通过射频识别技术、传感器技术以及定位技术等,进一步结合先进的通信网络设备、移动终端设备等对医疗对象(包括医疗信息、医疗设备、医护人员等)进行处理和交互。医疗物联网可以将原始数据转化为不同对象间简单、易共享、可交互的信息。这样做能够提高操作效率,为人们提供更便捷的医护服务和更畅快的患者体验。医疗物联网的过程已贯彻到全人、全方位以及全过程管理,其核心理念可以总结为三个方面。首先,"物"即医疗对象,包括患者、医生、护士、医疗器械、医疗成本及医疗信息等。其次,"联"指的是流程交互,它包括医疗信息集成平台、信息采集传感器、自动化工作流、监控平台以及信息处理平台等。最后,"网"约束了标准化的医疗流程,具体来说包含护理流程、检验流程、诊断流程、追溯流程和管理流程等。

(三)智能家居

借助物联网技术,智能化家居监控管理系统能为用户提供全新的生活方式,家庭安防、家庭医疗、老人及幼儿监护、购物、资讯、娱乐等功能均可实现。例如,可以随时随地通过网络、打电话、发短信与智能家电对话，了解家庭各种电器的运行状态，可以获得家电维修服务网络的主动关照，从而始终保持家用电器的最佳状态。将物联网技术、智能家居系统等科技元素融入现代住宅，已经成为未来住宅发展的方向之一。海尔 U-home 智能家居平台已在青岛东城国际、济南全运村、呼和浩特东岸国际等多个小区获得应用。如家人外出时记不起是否已锁房门，可通过手机对门锁进行检查，或者直接发送指令将门锁起来；当记不清离家时家用电器是否关闭时，也可用手机查证并发指令将其关闭。

（四）智能追溯

最后，在电子商务应用中，物联网还可实现农业物联网，解决智能追溯问题。例如，针对鲜奶产品的冷链运输、羊肉产品等建立畜产品质量安全可追溯体系，通过建立羊羔的可追溯档案，为农牧民装上"千里眼"和"顺风耳"。通过手机扫描二维码，即可实现来源可追溯、去向可查证、责任可追究的全过程可视数字化管理。

任 务

1. 名词解释

RFID 传感器　物联网

2. 简答

（1）无线接入技术的种类有哪些？

（2）物联网技术有哪些主要特点？

3. 实践训练

实地考察一下日常交通，看看哪些技术属于物联网技术在智能交通上的应用。

推荐资源

1. 国际互联网信息中心
2. 中国互联网信息中心
3. 移动通信网
4. 物联网世界

专题四

电子商务安全技术

学习目标

1. 了解电子商务安全现状以及电子商务存在的安全问题,掌握电子商务安全的概念、要素和体系。
2. 掌握数据加密技术的类型及其基本原理。
3. 掌握数字摘要、数字签名、数字信封等电子商务安全认证技术。
4. 掌握防火墙、入侵检测系统、虚拟专用网等电子商务安全技术。
5. 理解 HTTP、HTTPS、SSL、TLS 和 SET 电子商务安全协议。

专题描述

电子商务面临着许多安全问题,这些问题制约了电子商务的普及和发展。本专题从信息传输、信用、管理等方面总结了电子商务实践中存在的安全问题,提出了电子商务系统应具备的安全要素,并明确了电子商务安全的概念。密码安全、计算机安全、网络安全和信息安全是电子商务安全的基础,它们所采用的安全技术都是电子商务安全技术的一个重要组成部分。

通过数据加密技术,可以在一定程度上提高数据传输的安全性,保证传输数据的完整性。一个数据加密系统包括加密算法、明文、密文以及密钥,密钥控制加密和解密过程。网络安全通信中要用到两类密码算法,一类是对称密码算法,另一类是非对称密码算法。对称密码算法的加密密钥能够从解密密钥中推算出来,反过来也成立。在大多数对称算法中,加密、解密密钥是相同的,代表算法有 DES 算法。与对称加密算法不同,非对称加密算法需要两个密钥:公开密钥(Public Key)和私有密钥(Private Key)。公开密钥与私有密钥是一对,如果用公开密钥对数据进行加密,只有用对应的私有密钥才能解密;如果用私有密钥对数据进行加密,那么只有用对应的公开密钥才能解密。代表算法有 RSA 算法。

电子商务认证技术是基于数据加密技术防止有人对系统进行主动攻击的一种重要技术。认证的目的:一是确认信息发送者的身份;二是验证信息的完整性,即确认信息在传送或存储过程中未被篡改过。与认证相关的技术有数字摘要、数字签名、数字证书、数字时间戳和数字信封等。

电子商务的网络安全技术主要有防火墙技术、入侵检测技术及虚拟专用网技术等，通过这些技术可以有效防止非法用户入侵网络。

目前有两种安全在线支付协议被广泛采用，即 SSL 协议和 SET 协议，二者均是成熟和实用的安全协议。

电子商务安全是一个非常复杂的系统问题，必须采取系统工程的思想，综合各种安全要素，提出一个综合的安全防范体系。

项目一　电子商务安全概述

项目案例

比特币勒索病毒席卷全球

2017 年 5 月，根据美联社等多家媒体报道，一种名为 WannaCry（永恒之蓝）的电脑勒索病毒正在全球蔓延，99 个国家受到病毒感染，最严重的地区集中在美国、欧洲、澳洲等国家与地区，并已进入中国。

这款勒索病毒主要利用了微软"视窗"系统的漏洞，以获得自动传播的能力，能够在数小时内感染一个系统内的全部电脑。360 公司的统计显示，该病毒每小时攻击次数可达到 4 000 次。网络安全机构通报显示，永恒之蓝是 NSA 网络军火库民用化第一例。它会自动扫描 445 文件共享端口的 Windows 机器，无须任何操作，就可以将所有磁盘文件加密、锁死，后缀变为 .onion，随后，黑客可以远程控制木马，向用户勒索"赎金"。"赎金"需要以比特币（一种虚拟货币形式）的形式支付，虚拟货币支付形式分散、难以追踪。

BBC 与 CNN 的报道显示，英国本土超过 16 家医院受到大规模黑客攻击，系统瘫痪，既定的手术被迫取消，救护车也被迫转往其他医院。黑客要求医院支付价值 300 美元的比特币，才可获取密钥，并重新打开文件。如果 3 天之内仍未完成支付，赎金将翻倍。欧洲、北美洲多个国家的政府部门、国有企业、机场、地铁支付系统等也受到攻击。

中国的病毒感染重灾区集中在高校，全国范围内有数十所高校的校园网感染了这一病毒，许多学生的毕业论文和设计都因感染病毒而被锁死。据有关机构统计，国内平均每天有 5 000 多台机器遭到永恒之蓝黑客武器的远程攻击，部分公安局域网络、企业内部网络也相继被攻击，造成的损失难以估计。

案例分析

随着互联网和电子商务的快速发展，利用网络犯罪的行为会大量出现，为了保证电子商务的顺利发展，法律保障是必不可少的。目前，我国的网络立法明显滞后，目前还没有一部完善的法律来约束病毒制造和传播，更无法保护网络虚拟货币的安全。

相关知识

由于电子商务的经济、便捷、不受时空限制等特性，相对于传统的商务模式来说，电子商务具有更大的发展优势。中国互联网络信息中心（China Internet Network Information Center，CNNIC）发布的第40次《中国互联网络发展状况统计报告》（以下简称《报告》）称，截至2017年6月，中国网民规模达到7.51亿，占全球网民总数的1/5。互联网普及率为54.3%，超过全球平均水平4.6个百分点。半年共计新增网民1 992万人，半年增长率为2.7%。其中，手机网民规模达7.24亿人，较2016年年底增加2 830万人。网民中使用手机上网的比例由2016年年底的95.1%提升至96.3%，手机上网比例持续提升。上半年，各类手机应用的用户规模不断上升，场景更加丰富。

电子商务安全概述

网购在给人们带来便利的同时，其安全性也引起人们的忧虑。据《2017年中国互联网络安全报告》显示，2017年我国有超过80%的网民遇到过网络信息安全事件，分别遭遇过包括个人资料泄露、网购支付不安全等网络信息安全事件。在这些网民中，多数遭受了不同形式的损失，产生经济损失的超过10%，涉及的直接经济损失高达数百亿元。电子商务的安全性、可靠性已经成为制约电子商务应用扩展的一个瓶颈。因此，只有采取更加有力的措施来解决电子商务活动中存在的安全问题，提供一个可信的交易环境，才能促进电子商务的普及和发展。

电子商务安全从整体上可以分为计算机网络安全和商务交易安全这两个方面。网络作为电子商务交易活动中信息的传输和交换平台，其实质是保证商务信息传输的安全性。商务交易安全既包括传统商务交易中的安全问题，如欺诈、失信等，也包括在网络环境下开展商务活动所产生的商务安全问题。所以，电子商务活动所面临的安全问题或者说电子商务的安全风险，可以从交易信息传输过程中存在的安全问题、交易实体的信用安全问题和管理安全问题等方面来进行讨论。

一、电子商务面临的安全问题

（一）信息传输过程中存在的安全问题

信息传输过程中存在的安全问题是指在进行网上交易时，因为信息被窃取、篡改或伪造，从而导致网上交易存在风险，主要包括两个方面。

一是客户面临的安全问题。客户面临的安全问题包括客户的个人信息被窃取、篡改或伪造的可能性。客户的个人信息包括账号、密码、信用卡信息、客户计算机系统及数据等。信息被盗取的途径主要有四种：利用欺骗性网站盗取，从销售商或网络服务提供商处盗取，从客户计算机上的Cookies文件中盗取。

二是商家面临的安全问题。在电子商务活动中，商家面临的安全问题主要有假客户、拒绝服务和数据安全问题。

（二）交易实体的信用安全问题

交易实体的信用安全问题主要来自以下三个方面。

1. 来自买方的信用安全问题

对于个人消费者来说，在进行网络支付时，有可能恶意透支信用卡，或者使用伪造信用卡来骗取商品和服务；对于集团消费者来说，有可能拖延货款。这些风险都必须由卖方来承担。

2. 来自卖方的信用安全问题

卖方不能按质、按量、按时提供消费者所购买的货物，或者不能完全履行与集团消费者签订的合同，造成买方的货款存在风险。

3. 抵赖行为

买卖双方中的一方或双方对某项交易的全部或部分内容事后抵赖，拒不执行交易中的约定，给对方带来一定的信用风险。

（三）管理安全问题

所谓"三分技术、七分管理"，这句话真实地说明了管理在电子商务活动中的重要性。在电子商务的各个环节中，都必须制定严格的管理制度和规范，并在实施过程中严格执行，才能保证交易安全可靠，保护各参与方的利益。网上交易的管理安全问题是指由于交易流程管理、人员管理、网络系统管理等方面尚不完善所带来的安全风险。

此外，电子商务还存在着法律安全保障的问题。许多电子商务活动的交易方法、手段都需要获得法律的支持和认可，如数字签名活动。

二、电子商务安全的概念

在国际标准化组织的安全框架文件中，"安全"被解释为"一种使资产和资源遭受攻击的可能性降至最低的方法"。可见，安全是相对的，并没有绝对意义上的安全。

电子商务安全尚无统一的定义，本书采用下述定义。

电子商务安全是指通过制定安全策略，并在安全策略的指导下构建一个完整的综合保障体系来规避电子商务活动中的信息传输风险、信用风险、管理风险和法律风险，以保证网络交易的顺利进行，满足开展电子商务活动所需的机密性、真实性、完整性、可控性、可用性、不可否认性和合法性等安全性需求。这里的"合法性"是指保证交易各方的业务符合适用的法律和法规。安全策略是进行系统安全防护的指导思想，是系统内所有安全活动都必须遵守的规则集，它由系统中的安全权力机构建立，并由安全控制机构来描述和实施。

电子商务建立在互联网之上，电子商务安全的基础是互联网安全，它与密码安全、计算机安全、网络安全、信息安全等是密不可分的。密码安全、计算机安全、网络安全和信息安全是电子商务安全的基础，它们所采用的安全技术都是电子商务安全技术的重要组成部分。

（一）密码安全

密码安全是通信系统安全的核心部分，通过在技术上提供功能强大的密码系统及正确的应用来实现。密码具有特殊性，密码安全关系到国家的安全和利益。与此同时，密码又是一种技术手段，要为保护国家利益和市场经济领域中的各种商业活动服务。我国采取既大力发展又严格治理的密码管理政策，实行"统一领导、集中管理、定点研制、专控经营、满足使用"的发展和管理方针。研究、生产和经销密码需经国家密码主管部门批准。未经批准的任何单位和部门不得研究、生产和经销密码。需要使用密码技术手段保护信息安全的单位和部门必须按照国家密码管理方面的有关规定，使用国家密码管理局指定研究、生产的密码，不得使用自行研究的密码，也不得使用从国外引进的密码。

（二）计算机安全

常见的关于计算机安全的定义是：计算机系统的硬件、软件和数据受到保护，不会因为偶然或恶意的原因而遭到破坏、更改和泄露，系统连续、正常运行。计算机安全包括物理安全和逻辑安全。物理安全是指系统设备及相关设施受到物理上的保护，免于遭受破坏、丢失等。逻辑安全则包括信息的完整性、机密性和可用性。

（三）网络安全

网络安全是指保证在任何实体之间的信息交流以及通信的安全、可靠，满足计算机网络对信息的可用性、完整性、真实性和机密性等安全性方面的需求。

从广义上说，网络安全的内容包括物理安全、管理安全、人事安全、媒体安全和辐射安全等。

1. 物理安全

物理安全包括门锁、门卫以及其他物理访问控制设施的安全；敏感设备的防篡改能力，如红外线报警装置等不能由侵入者随意停用；环境控制，包括温度、湿度恒定及防尘等内容。

2. 管理安全

管理安全包括控制软件从系统外部进入系统内部，安全泄露事件的调查、审计跟踪和责任控制检查，等等。

3. 人事安全

人事安全包括员工的素质提升、敏感岗位的身份识别、雇员的严格筛选、安全培训和安全意识创建、安全监察等。

4. 媒体安全

媒体安全包括被存储的信息的保护，控制敏感信息的记录、再生和销毁的过程，确保废弃的纸张或存有敏感信息的磁性介质得到安全的销毁，对媒体进行扫描以便发现计算机病毒等。

5. 辐射安全

辐射安全是指防止射频（Radio Frequency，RF）及其他电磁辐射所造成的信息泄露。

（四）信息安全

信息安全是指信息系统中的系统资源与信息资源不受自然和人为有害因素的威胁和危害，防止窃取、篡改和非法操作；在信息的采集、存储、处理、传播和运用的过程中，信息的机密性、完整性、可用性和共享性等都能得到良好保护的一种状态。

三、电子商务的安全要素

电子商务安全是一项复杂的系统工程，基本安全要素包括机密性、完整性、真实性、可控性、不可否认性及可用性。

（一）机密性

机密性是指所存储的信息不被非法窃取或所传输的信息不被非法截取，是不将有用信息泄露给非授权用户的特性。机密性可以通过信息加密、身份认证、访问控制、安全通信协议等技术实现。

（二）完整性

完整性是指信息在被存储或传输时不会被非授权地修改、破坏，信息能够保持一致性。电子商务交易中的商业信息，如货物的品名、数量、价格、出厂日期及商业信函合同等，是用户商业需求的真实体现。这些重要的商业数据一旦遭到删除、修改甚至次序上的颠倒，形成的虚假信息将带来严重的后果，甚至导致交易双方发生商业纠纷。保证信息的完整性至关重要，常见的技术手段是数字摘要和数字签名技术。

（三）真实性

真实性是指电子商务活动中的每个交易方的身份的确凿合法性。计算机网络是一个虚拟的世界，要在虚拟环境中产生对别人的信任并与之开展商务活动，首先要确定对方是谁、他所声称的身份是否合法、有没有假冒他人身份。确定身份的真实性是顺利开展电子商务活动的前提。

（四）可控性

可控性是指确保电子商务系统、数据和服务只能由合法的人员进行合法的访问。保证企业对计算机网络中的自有资源的控制和占有，保证其合理、合法地被使用，是电子商务活动的一个基本的安全需求。

（五）不可否认性

不可否认性是指防范交易方在事后对所认可的交易行为抵赖。虽然用户的抵赖是一种主观上的故意行为，很难用技术和管理的手段杜绝其发生，但不可否认性作为电子商务的一个重要的安全需求，还是很有必要通过技术、管理和法律等手段加以实现的，以创建良好的电子商务交易环境。

（六）可用性

可用性是指系统工作正常，能够及时和有效地为合法用户提供服务。可用性是电子商务系统的有效性、可靠性和安全性的综合体现。

四、电子商务安全体系

如果仅有技术保障措施，电子商务安全防范还只是片面的。电子商务安全是一个非常复杂的系统问题，必须采取系统工程的思想，综合各种安全要素，提出一个综合的安全防范体系。这是因为电子商务安全包含多个层面，既有层次上、结构上的划分，也有防范目标之间的差别。在层次上涉及应用层、传输层、网络层等的安全；在结构上，不同安全区域中的节点，其安全要求是不同的；在防范目标上，有些系统专注于破坏性攻击的防范，有些系统适用安全漏洞的检测与防护，有些系统致力于解决信息的加密与认证问题，有些系统则擅长计算机病毒的防护。

任何一种技术和产品都不可能解决全部的安全问题，这与系统的复杂度、实现层次及运行位置都有很大的关系。除此之外，电子商务安全还需要信息安全管理制度的保障，需要法律、政策的保障。只有技术、管理、法律三者有机地结合，才能保证电子商务的安全。

(一) 电子商务安全体系框架

电子商务安全技术一直属于电子商务的核心研究领域。作为一个安全的电子商务系统，首先，必须有一个安全的环境；其次，必须保证通信网络安全、可靠，以便使交易信息安全、迅速地传递；最后，必须保证交易的安全，防止商务信息泄密或被篡改，防止出现商业诈骗等。

1. 环境安全

环境安全是电子商务的根本所在。为了保证电子交易能够顺利进行，电子交易所用的基础设施必须安全、可靠，否则，一切技术、措施将变得毫无意义。环境安全包括以下内容。

(1) 机房环境安全。机房环境安全是指计算机、网络设施所在的环境（如机房）的安全，保证其不会发生意外灾害（如火灾、盗窃），预防因为自然灾害（如地震、台风、洪水）给计算机及网络设施带来毁灭性的打击。

(2) 电磁环境安全。电磁环境安全是指计算机所发出的电磁辐射是安全的，不会因为电磁波被窃听而泄露信息。

(3) 社会环境安全。社会环境安全包括建立相关的网络安全、信息安全、电子商务安全的法律、法规。

(4) 行政管理安全。行政管理安全包括制定相关的网络安全、信息安全、电子商务安全的规章制度，如人员管理制度，保密制度，跟踪、审计、稽核制度，计算机网络系统的日常维护制度，计算机病毒防范制度，应急措施等，并切实有效地对员工进行相关法律、制度的教育，提高员工素质、责任心和法律观念，增强安全防范意识。电子商务是人机系统，工作人员的业务素质低下、安全意识不够，或者法律、道德观念缺失都有可能造成安全问题，例如保密观念不强或者不懂保密规则而导致泄密；业务不熟练、操作失误而导致文件出错或误发；未遵守操作规程而造成重大损失；故意非法访问、越权操作而造成损失；窃取系统或用户的信息，出卖用户隐私资料等。

2. 网络安全

网络安全应该保证信息系统资源的完整性、准确性及传播范围的有限性，能够向所有的合法用户有选择地、适时地提供有权访问的网络服务。计算机网络系统应该稳定可靠、运行正常。任何系统差错，例如硬件或软件错误、计算机网络故障、错误操作，以及计算机病毒、蠕虫、木马、逻辑炸弹、电子邮件的攻击，都有可能导致电子商务系统不能正常工作，从而使交易数据在确定的时刻和地点的有效性、机密性得不到保证。网络安全包括以下内容。

(1) 端系统安全。端系统安全包括客户端、服务器端的计算机系统资源和信息资源的合法使用，计算机运行正常、可靠；能够防止IP地址欺骗；防止端系统被非法使用、传输或者获取、伪造信息；系统所拥有和产生的数据和信息完整、有效，不会被破坏或泄露；数据存储安全、可用。

(2) 接入系统安全。接入系统安全包括网络接入设施安全、可靠，无线接入设备的电磁辐射安全，账号、密码不被假冒、盗窃，IP地址、MAC地址不被盗用。

(3) 传输系统安全。传输系统安全包括传输协议安全、传输媒体安全、主干路由器安全，防止信息被中途截获，防止通信被中断或干扰，防止信息被篡改，防止介质辐射被测量或监视。

（4）网络系统安全。网络系统安全包括网络设备、网络操作系统安全，运行正常；抗计算机病毒、蠕虫、木马、逻辑炸弹的攻击；电子邮件的入侵检测与防治；抗拒服务攻击；进行严格的访问控制；有安全日志、数据审计措施；计算机网络应用服务可靠、稳健，如域名服务、数据库服务、内容服务等。

3. 信息安全

信息安全包括以下内容。

（1）加密算法：用来对所传输的数据或信息进行加密，防止信息被泄露。

（2）密钥管理：对系统所用的密钥进行有效管理，包括密钥的产生、分发、更换等，防止密钥被泄露、盗窃。

（3）安全协议：使用安全协议来传输和交换信息，以保证信息正确、安全地传输。例如 TCP/IP 协议簇中 IP 层的 IP 安全协议（International Protocol Security，IPSec）、TCP 层的安全套接层（Secure Socket Layer，SSL）协议、应用层的 S-HTTP 与安全电子交易（Secure Electronic Transaction，SET）协议等。

（4）鉴别认证：对用户身份进行鉴别，保证用户的合法性，防止非法访问，防止用户身份被假冒。

4. 交易安全

电子商务中的"电子"是手段，"商务"才是核心。电子商务是用电子的方法来交换各种贸易信息。卖方发布产品信息、确认订购信息、接收货款；买方获取产品信息、传递订购信息、支付货款。因此，电子商务对于银行账号、交易金额等敏感信息的安全有着更为严格的要求。交易安全包括用户身份的验证、交易的确认、信息传输的安全及确认等。为了满足电子商务交易安全的要求，电子商务系统必须利用安全技术为电子商务活动的参与者提供可靠的安全服务。交易安全可以通过不同的网络安全技术和标准协议来实现。目前，密码技术、数字签名和认证技术都是比较成熟的安全技术。密码技术既保证了交易信息的机密性，也解决了敏感信息被盗取后的安全问题；数字签名实现了对原始报文完整性的鉴别，它与身份认证和审计系统一起，防止了对交易的伪造和抵赖行为。

从上述分析中可以得出电子商务安全体系框架，如图 4-1 所示。

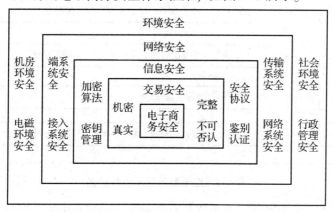

图 4-1　电子商务安全体系框架

(二)电子商务安全体系结构

电子商务安全体系结构涉及安全基础设施、安全机制、安全服务和电子商务应用系统以及法律、法规等,它是计算机网络和信息安全结构模型的具体化和延伸,电子商务安全体系结构如图4-2所示。电子商务安全体系结构包括六个要素,即电子商务应用系统、电子商务安全服务、电子商务安全机制、电子商务逻辑实体、电子商务安全基础设施和电子商务安全环境,它们分别对应着六个安全层次。

(1)电子商务应用层:包括采用B2B、B2C、C2C等商务模式的电子商务应用软件平台、支付系统(如电子货币、信用卡、智能卡系统)的安全。

(2)安全服务层:包括认证、访问控制、可用性、机密性、安全审计与责任、数据完整性、不可否认性等安全服务。

(3)安全机制层:包括认证、访问控制、防止攻击、数据完整性、数据加密、安全协议、安全审计、安全管理等安全机制。

(4)逻辑实体层:包括电子商务交易、商务协同所必需的电子钱包、交易服务器、支付网关、认证服务器等逻辑实体的安全。

(5)基础设施层:确保电子商务网络基础设施的安全,包括因特网、内联网、外联网、IPSec VPN(Virtual Private Network,虚拟专用网)、认证中心等物理实体的安全。

(6)环境安全层:包括机房环境安全、电磁环境安全、社会环境安全、行政管理安全。

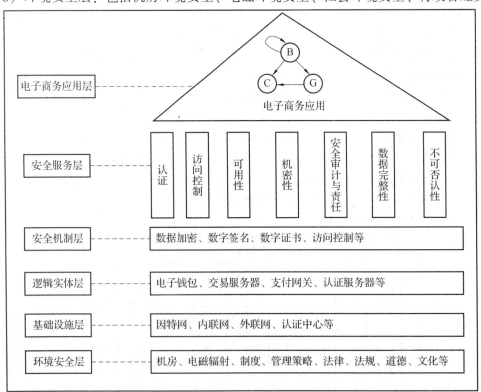

图4-2 电子商务安全体系结构

电子商务安全体系结构揭示了电子商务安全的系统观和方法论,以及各个要素之间的辩证关系。其意义是:六个层次之间相互联系、相互依赖,下一层为上一层提供有力的支持,是上一层得以实现的前提；表明电子商务安全实施过程中管理和技术集成的重要性；明确电子商务应用系统的安全需求，从而选择和配置好诸多要素之间的关系是实施电子商务应用系统安全的一个重要原则。

在电子商务安全体系结构模型中，还包括几项重要的内容，如支持电子商务安全交易的有关标准和协议，电子商务安全基础设施，电子商务应用系统的安全机制与模式，等等。

任务

1. 名词解释

电子商务安全

2. 简答

（1）电子商务面临哪几方面的安全问题？

（2）简述电子商务的安全要素及其含义。

（3）简述电子商务安全体系结构。

3. 实践训练

请登录百度学术、百度百科等网站，了解电子商务的安全要素以及安全体系结构的整体构成。

项目二 数据加密技术

项目案例

心存侥幸酿恶果

N网络科技公司是国内一家电子邮件系统安全产品提供商，客户中有很多涉密单位。这些单位每天都有大量的重要信息进出，渠道就是这家公司搭建的电子邮件系统。

而N公司竟然毫无防范之心，把客户的地理位置、网管人员身份、远程登录方式和账号密码等敏感信息储存在内网服务器中。为了让出差在外的员工也能随时查询，还在内网和外网之间搭建了一个连接通道，通过一个VPN账号就可以随时登录内网进行查询。

就这样，该公司为境外间谍情报机构网络窃密打开了方便之门，其核心应用服务器先后被三家境外间谍情报机构实施了多次网络攻击，窃取了大量敏感数据资料。

案例分析

泄密事件的发生，造成了国家安全和利益的损失。案件折射出的正是涉案单位保密管理的疏漏、工作人员保密意识的淡漠以及对保密技术的忽视。为了防止境外间谍情报机关对我国进行网络窃密与攻击活动，网络安全问题不容忽视，加强互联网保密工作更是刻不容缓。而数据加密技术正是保证信息安全的重要技术之一。

相关知识

一、加密相关概念

数据加密技术是网络中最基本的安全技术，主要通过对网络中传输的信息进行数据加密来保障其安全性。数据加密技术是一种主动的安全防御策略，用很小的代价即可为信息提供相当大的安全保护。数据加密技术是一种限制网络上传输数据访问权的技术。所谓加密，就是用基于数学方法的程序和保密的密钥对信息进行编码，把计算机数据变成一堆杂乱无章、难以理解的字符串，也就是把明文变成密文。一个数据加密系统一般包括明文、密文、密钥、加密或解密算法。

数据加密技术

数据加密技术的相关概念包括以下几个。

明文：即原始信息，是要发送的未被加密的信息。

密文：即对明文进行变换的结果。

密码算法：适用于加密和解密的数学函数。

加密算法：以密钥为参数，对明文进行多种置换和转换的规则和步骤，变换结果为密文。

密钥：加密与解密算法的参数，直接影响对明文进行变换的结果。

解密算法：加密算法的逆变换，以密文为输入、以密钥为参数，变换结果为明文。

二、数据加密技术的类型

根据密钥的不同，可以将数据加密技术分为对称加密技术、非对称加密技术和混合加密技术。

（一）对称加密体制

这种体制的加密密钥和解密密钥相同，即发送方和接收方使用相同的密钥对明文进行加密和解密运算。对称加密模型如图 4-3 所示。

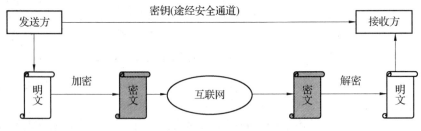

图 4-3 对称加密模型

对称加密算法有 DES、TDEA（3DES）、IDEA、AES、RC5 等。目前最具代表性的对称密码算法是美国数据加密标准 DES（Data Encryption Standard）。

DES 加密算法是由美国 IBM 公司研究设计，并在 1977 年提出的，被美国国家标准局宣布为数据加密标准，主要用于民用敏感信息的加密。DES 是一个分组加密算法，典型的 DES 以 64 位为分组对数据加密，加密和解密用的是同一个算法。它的密钥长度是 56 位（因为每个第 8 位都用作奇偶校验),密钥可以是任意的 56 位的数,而且可以任意时候改变。其中有极少数被认为是易破解的弱密钥,但是很容易避开它们不用,所以保密性依赖于密钥。

DES 的安全性首先取决于密钥的长度。密钥越长,破译者利用穷举法搜索密钥的难度就越大。根据当今计算机的处理速度和能力,56 位长度的密钥已经能够被破解,而 128 位的密钥则被认为是安全的,但随着时间的推移,这个数字也迟早会被突破。另外,对 DES 算法进行某种变型和改进也是提高 DES 算法安全性的途径,例如后来演变出的 3DES 算法使用了 3 个独立密钥进行三重 DES 加密,这就比 DES 大大提高了安全性。如果 56 位 DES 用穷举搜索来破译需要 2^{56} 次运算,3DES 则需要 2^{112} 次。

对称加密技术由于双方拥有相同的密钥,具有易于实现和速度快的优点,所以广泛应用于通信和存储数据的加密和解密。但它的密钥必须按照安全途径进行传递,密钥管理成为影响系统安全性的关键因素,难以满足开放式计算机网络的需求。

(二) 非对称加密体制

这种体制的加密密钥和解密密钥不相同,而且从其中一个很难推出另一个。非对称加密模型如图 4-4 所示。非对称加密算法主要有 RSA、椭圆曲线和背包算法等。

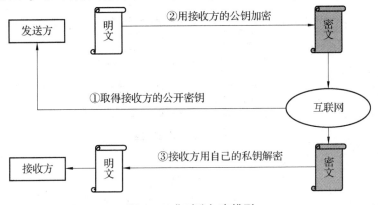

图 4-4 非对称加密模型

在迄今为止的所有公钥密码体系中,RSA 系统是最著名、使用最多的一种。RSA 公开密钥密码系统是由 Ron Rivest、Adi Shamir 和 Leonard Adleman 于 1977 年提出的,RSA 的取名就是来自这三位发明者的姓的第一个字母。

RSA 的安全性依赖于大数分解。公开密钥和私有密钥都是两个大素数(大于 100 个十进制位)的函数。对于巨大的质数 p 和 q,计算乘积 $n=p×q$ 非常简便,而逆运算却非常难,这是一种单向性,相应的函数称为单向函数。任何单向函数都可以作为某一种公开密钥密码系统的基础,而单向函数的安全性也就是这种公开密钥密码系统的安全性。

非对称加密技术也可以称为公开密钥加密技术,因为加密密钥可以公开,即陌生人可以得到它并用来加密信息,但只有用相应的解密密钥才能解密信息。非对称加密过程中,加密密钥叫作公开密钥,解密密钥叫作私有密钥。

非对称加密算法的一个致命缺点就是处理速度很慢,不适于对大量数据进行加密、解密运算,而且其密钥长度必须很长才能保证安全性。相比对称加密体制,非对称加密体制具有以下优点。

(1) 密钥分配简单,N 个用户相互通信需要 N 对密钥。

(2)密钥的保存量少,每个用户只需记住自己的私有密钥即可。
(3)可以满足互不相识的人之间进行私人谈话时的保密性需求。
(4)可以完成数字签名和数字鉴别。

(三)混合加密体制

混合加密体制是由对称加密体制和非对称加密体制结合而成的。对称密钥密码算法的特点是算法简单,加、解密速度快,但密钥管理复杂,不便于数字签名;非对称密钥密码算法的特点是算法复杂,加、解密速度慢,密钥管理简单,可用于数字签名。所以将两者结合起来,形成混合加密方法。混合加密模型如图4-5所示。发送者将明文用对称加密算法加密后传给接收者,再将对称加密的密钥用接收者的公钥加密形成数字信封传给接收者,接收者再用自己的私钥解密数字信封后得到对称加密的密钥,再用该对称秘钥解密出明文。采用混合加密技术既可以保证信息的机密性,又提高了信息传输的效率。

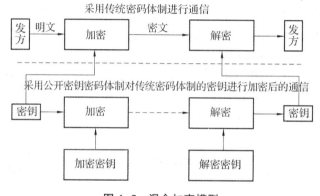

图4-5 混合加密模型

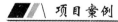

1. 名词解释

对称加密 非对称加密 混合加密

2. 简答

(1)简述对称加密体制原理及内容。
(2)简述非对称加密体制原理及内容。

3. 实践训练

登录中国密码学会、科普百科、国内外密码学论坛等网站,了解数据加密技术及其发展趋势。

项目三 电子商务安全认证技术

\ 项目案例

《电子签名法》首次用于庭审

北京市民杨某状告韩某借钱不还,并将自己的手机交给法庭,以手机短信作为韩某借钱的证据。但手机短信能否成为法庭认定事实的依据？2005年6月3日，海淀法院3名法官合议审理了这起《电子签名法》出台后的第一案。

2004年1月，杨先生结识了女孩韩某。同年8月27日，韩某发短信给杨先生，向他借钱应急，短信中说："我需要5 000，刚回北京做了眼睛手术，不能出门，你汇到我卡里。"杨先生随即将钱汇给了韩某。一个多星期后，杨先生再次收到韩某的短信，又借给韩某6 000元。因都是短信来往，两次汇款杨先生都没有索要借据。此后，因韩某一直没提过借款的事，而且又再次向杨先生借款，杨先生产生了警惕，于是向韩某催要。但一直索要未果，于是起诉至海淀法院，要求韩某归还其11 000元钱，并提交了银行汇款单存单两张。但韩某却称这是杨先生归还以前欠她的欠款。

为此，在庭审中，杨先生在向法院提交的证据中，除了提供两张银行汇款单存单外，还提交了自己使用的号码为1391166××××的飞利浦移动电话一部，其中记载了部分短信息内容。如2004年8月27日15：05，"那就借点资金援助吧"；2004年8月27日15：13，"你怎么这么实在！我需要5 000，这个数不大也不小，另外我昨天刚回北京做了个眼睛手术，现在根本出不了门口，见人都没法见，你要是资助就得汇到我卡里"等韩某发来的18条短信内容。

韩某的代理人在听完短信内容后，否认发送短信的手机号码属于韩某，并质疑短信的真实性。法官提醒他，在前次开庭时，法官曾当着双方面拨打了该手机号码，接听者正是韩某本人。韩某也承认，自己从去年七八月份开始使用这个手机号码。

法院经审理认为，依据《最高人民法院关于民事诉讼证据的若干规定》中关于承认的相关规定，关于1391173××××的移动电话号码是否由韩女士使用的问题，韩女士在第一次庭审中明确表示承认，故法院确认该号码系韩女士使用。依据2005年4月1日起施行的《中华人民共和国电子签名法》中的规定，"电子签名是指数据电文中以电子形式所含、所附用于识别签名人身份并表明签名人认可其中内容的数据。数据电文是指以电子、光学、磁或者类似手段生成、发送、接收或者储存的信息"。移动电话短信息即符合电子签名、数据电文的形式。同时，移动电话短信息能够有效地表现所载内容并可供随时调取查用，能够识别数据电文的发件人、收件人以及发送、接收的时间。经法院对杨先生提供的移动电话短信息生成、储存、传递数据电文方法的可靠性，保持内容完整性方法的可靠性，用以鉴别发件人方法的可靠性进行审查，可以认定该移动电话短信息内容作为证据的真实性。根据《最高人民法院关于民事诉讼证据的若干规定》的相关规定，录音录像及数据电文可以作为证据使用，但数据电文可以直接作为认定事实的证据，还应有其他书面证据相佐证。

通过韩女士向杨先生发送的移动电话短信息内容可以看出：2004年8月27日，韩女士提出借款5 000元的请求并要求杨先生将款项汇入其卡中；2004年8月29日，韩女士向杨先生询问款项是否存入；2004年8月29日，中国工商银行个人业务凭证中显示杨先生给韩女士汇款5 000元；2004年9月7日，韩女士提出借款6 000元的请求；2004年8月29日，韩女士向杨先生询问款项是否汇入；2004年9月8日，中国工商银行个人业务凭证中显示杨先生给韩女士汇款6 000元。2004年9月15日至2005年1月，韩女士屡次向杨先生承诺还款。杨先生提供的通过韩女士使用的号码发送的移动电话短信息内容中载明的款项往来金额、时间与中国工商银行个人业务凭证中体现的杨先生给韩女士汇款的金额、时间相符，且移动电话短信息内容中亦载明了韩女士偿还借款的意思表示，两份证据之间相互印证，可以认定韩女士向杨先生借款的事实。据此，杨先生所提供的手机短信可以认定为真实有效的证据，证明事实真相，法院对此予以采纳，对杨先生要求韩女士偿还借款的诉讼请求予以支持。

(资料来源：中国法院网，2005-7-15)

案例分析

在本案中，针对主要证据手机短信息，法官根据《电子签名法》第八条的规定及相关规定审查了该证据的真实性，在确定能够确认信息来源、发送时间以及传输系统基本可靠、文件内容基本完整，同时又没有相反的证据足以否定这些证据的证明力的情况下，认可了这些手机短信息的证据力。

在《电子签名法》出台之前，有很多类似的案例聚焦在电子邮件能否作为证据的问题，但都缺乏直接的法律规定，上海市高级人民法院还专门出台了相关的解释，这种情况随着《电子签名法》的出台得到了根本的改变。

本案是我国《电子签名法》实施后，法院依据《电子签名法》裁判的第一起案例，意义重大，意味着我国的《电子签名法》真正开始走入司法程序，数据电文、电子签名、电子认证的法律效力得到了根本的保障。通过《电子签名法》的实施，基本上所有与信息化有关的活动在法律的层面都有了相应的判断标准。

相关知识

一、数字摘要

数字摘要是采用单向 Hash 函数将需要加密的明文摘要成一串固定长度（128 位）的密文，又称为数字指纹。不同的明文摘要成密文，其结果是不同的，而同样的明文其摘要一定相同，并且即使知道了摘要也不能反推出明文。数字摘要的应用使交易文件的完整性得到了保证。

电子商务安全认证技术

数字摘要的使用过程如下：发送方对明文使用 Hash 算法得到数字摘要；发送方将数字摘要与明文一起发送；接收方将收到的明文应用单向 Hash 函数产生一个新的数字摘要；将新的数字摘要与发送方发送的数字摘要进行比较；若二者相同，则信息在传输过程中未被修改过，若不同，则可判定信息在传输过程中被修改了。

用作数字摘要的 Hash 函数应满足以下几个要求：对同一数据使用同一 Hash 函数，其运算结果应该是一样的；Hash 函数应具有运算结果不可预见性，即从源文件的变化不能推导出摘要结果的变化；Hash 函数应具有不可逆性，即不能通过摘要信息反算出源文件的内容。

二、数字签名

数字签名是以电子形式存在于数据信息之中的或作为其附件或逻辑上与之有联系的数据，可用于辨别数据签署人的身份，并表明签署人对数据信息中包含的信息的认可。数字签名技术解决了电子商务中不可否认性的安全需求。

数字签名有两种功效：一是能确定消息确实是由发送方签名并发出来的，因为别人假冒不了发送方的签名；二是能确定消息的完整性，因为数字签名的特点是它代表了文件的特征,文件如果发生改变,数字签名的值也将发生变化,不同的文件将得到不同的数字签名。因此,数字签名能够实现对原始报文的鉴别和不可抵赖性。

三、数字信封

数字信封是将对称密钥通过非对称加密的结果分发对称密钥的方法。数字信封是实现信息完整性验证的技术。数字信封采用密码技术保证了只有规定的接收人才能阅读信件的内容,其功效类似于普通信封。

数字信封的生成和拆解过程如下:由信息发送方 A 生成用于加密明文的对称密钥;发送方使用对称密钥加密明文,得到密文;发送方使用信息接收方的加密证书中的公钥,加密对称密钥,得到数字信封;发送方将密文和数字信封发送给接收方 B;接收方使用自己的私钥拆解数字信封,得到对称密钥;接收方使用该对称密钥解密密文,得到明文。

数字信封技术采用了混合加密技术,在上述流程中,发送方 A 把加密明文用的对称密钥,使用接收方 B 数字证书中的公钥进行加密得到数字信封,利用私钥的唯一性保证了只有拥有对应私钥的 B 才能拆解数字信封,从而阅读明文信息。据此,发送方 A 可以确认只有接收方 B 才能阅读信息,接收方 B 也可以确认信息在传输过程中保持机密。

四、数字时间戳

数字时间戳(Digital Time Stamp,DTS)是由第三方提供的一种对可信时间标记的服务,通过该服务获得的时间戳数据可以用来证明在某一时刻数据已经存在。DTS 技术可用来证明某个事件发生在某个特定时间,是支持不可否认性需求的一项关键技术。

数字签名配合时间戳服务,能更好地支持数据的抗抵赖性。对于成功的电子商务应用,要求参与交易各方不能否认其行为。这就需要在经过数字签名的交易上打上一个可信赖的时间戳,从而解决一系列的实际和法律问题。由于用户桌面时间很容易改变,所以由该时间产生的时间戳不可信赖,需要一个权威第三方来提供可信赖的且不可抵赖的时间戳服务。

数字时间戳服务是网上安全服务项目,由专门的机构提供。时间戳是一个经加密后形成的凭证文档,它包括三个部分:需加时间戳的文件的摘要;DTS 机构收到文件的日期和时间;DTS 机构的数字签名。

数字时间戳产生的过程为:用户将需要加时间戳的文件用 Hash 算法加密得到数字摘要;将该数字摘要发送到专门提供数字时间戳服务的 DTS 机构;DTS 机构在收到的数字摘要上加上收到该数字摘要的时间信息,并用 Hash 算法加密得到新的数字摘要;DTS 机构用自己的私钥对新的数字摘要进行加密,产生数字时间戳发还给用户;用户可以将收到的数字时间戳发送给自己的商业伙伴以证明信息的发送时间。

五、数字证书

数字证书又称数字凭证或数字标识,也称作 CA 证书,实际上是一串很长的数学编码,通常保存在计算机硬盘或 IC 卡中。

CA(Certification Authority)是认证机构的国际通称,是对数字证书的申请者发放、管理、取消数字证书的机构。CA 的作用是检查证书持有者身份的合法性，并签发证书，以防证书被伪造或篡改。认证中心是安全电子交易中的重要组成部分，是公正、公开的第三方权威机构。认证机构的核心职能是发放和管理用户的数字证书，具体职能包括签发证书、更新证书、撤销证书和验证证书。

数字证书一般是由 CA 认证中心签发的，证明证书主体与证书中所包含的公钥的唯一对应关系。它提供了一种在互联网上验证身份的方式，是用来标识和证明网络通信双方身份的数字文件。目前数字证书的格式普遍采用的是 X.509 V3 国际标准，内容包括证书序列号、证书持有者名称、证书颁发者名称、证书有效期、公钥、证书颁发者的数字签名等。

从证书的用途来看，数字证书可分为根证书和服务器证书。根证书是 CA 认证中心给自己颁发的证书，是信任链的起始点。服务器证书是 CA 认证中心颁发的，用以证明服务器的身份。数字证书存储方式有两种，一种保存在计算机里，另一种存储在 KEY 盘里。

六、身份认证技术

身份认证技术是在计算机网络中确认操作者身份过程中所产生的有效解决方法。计算机网络中的所有信息都是用一组特定的数据来表示的，计算机只能识别用户的数字身份，所有对用户的授权也是针对用户数字身份的授权。身份认证技术可以保证操作者的物理身份与数字身份相对应。

身份认证技术包括口令认证、智能卡认证、短信密码认证、动态口令牌认证、USB Key 认证以及生物特征认证等。其中，生物特征认证是通过可测量的身体或行为等生物特征进行身份认证的一种技术。已经采用的身体特征包括指纹、掌形、视网膜、虹膜、人体气味、脸形和 DNA 等，行为特征包括签名、语音、行走步态等。

任务

1. 名词解释

数字摘要　数字签名　数字时间戳　数字证书　数字信封

2. 简答

（1）简述数字摘要的认证过程。

（2）简述数字签名的作用。

（3）数字信封和数字时间戳的作用是什么？

（4）简述数字证书的含义及格式。

3. 实践训练

登录中国金融认证中心、CSDN 技术论坛等网站，了解电子商务常用的安全认证技术。

项目四　电子商务网络安全技术

项目案例

电子公司的数据库被破坏

2009年11月，某电子公司网站运行于Windows NT 4.0上，Web Server为IIS 4.0，补丁号为Service Pack5的后台数据库遭到破坏。网站管理员在11月的某一天发现其Web网站上的用户资料和电子配件数据库被入侵者完全删除，严重之处更在于该数据库没有备份，网站运行半年来积累的用户和资料全部丢失。

系统管理员反复检查原因，通过Web日志发现破坏者的调用Web程序记录，确定了当时用户的IP是202.103.×××.×××，而这个IP来自某地一个ISP的一台代理服务器。这个202.103.×××.×××的服务器安装了WinGate的代理软件，破坏者浏览电子公司的网站是用该代理访问的。

入侵者同时给202.103.×××.×××也带来了麻烦，电子公司报了案，协查通报到了202.103.×××.×××这个ISP所在地的公安局。该代理服务器的系统管理员是本站一位技术人员F的朋友。F通过对受害者的服务器进行安全检查发现了原因。首先，其端口1433为开放，SQL数据库服务器允许远程管理访问；其次，其IIS服务器存在ASP的bug（漏洞），允许任何用户查看ASP源代码，数据库管理员账号和密码以明文的形式存在于ASP文件中。有了这两个条件，破坏者可以很容易连上SQL数据库，以最高身份对数据库执行任意操作。

案例分析

电子商务安全的一些典型技术和协议都是对有关电子商务安全的外部防范，但是要想使一个商用网络真正做到安全，不仅要看它所采用的防范措施，还要看它的管理措施。只有将这两者综合起来考察，才能最终得出该网络是否安全的结论。因此，只有每个电子商务系统的领导、网络管理员和用户都提高安全意识，健全并严格执行有关网络安全的措施，才能在现有的技术条件下，将电子商务安全风险降至最低。

相关知识

一、防火墙技术

防火墙可以看作系统安全的第一道防线，其作用是防止非法用户的进入，是内部网和外部网之间的保护屏障。防火墙是一个或一组在两个网络之间执行访问控制策略的系统，包括硬件和软件，目的是保护网络不被可疑

电子商务网络安全技术

侵扰。本质上，它遵从的是一种允许或阻止业务来往的网络通信安全机制，也就是提供可控的过滤网络通信，只允许授权的通信。作为内部网和其他网络之间的保护装置，防火墙能够强制所有的访问和连接都经过这个保护层，并在此进行连接和安全检查，只有合法的数据包才能通过此保护层，从而保护内部网资源免遭非法入侵。图4-6为防火墙的应用示意。

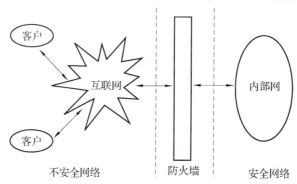

图4-6 防火墙的应用示意

防火墙设计的基本目标包括三点：一是所有进出网络的数据流都必须经过防火墙；二是只允许经过授权的数据流通过防火墙；三是防火墙自身对入侵是免疫的。防火墙对数据流的处理方式包括允许数据流通过、拒绝数据流通过和将这些数据流丢弃。

防火墙主要实现过滤进出网络的数据，管理进出网络的访问行为，封堵某些禁止的业务，记录通过防火墙的信息内容和活动，以及对网络攻击检测和报警五种功能。

防火墙根据不同的分类标准可以有不同的类别。按用户终端划分，可以分为企业防火墙和个人防火墙；按实现方式划分，可分为硬件防火墙和软件防火墙；按部署划分，可分为单机版和网络版防火墙；按产品多元化划分，可分为服务器版、PC版、手机版和电视版防火墙等；按检测技术划分，可分为包过滤、状态检测、应用代理和复合型防火墙。

防火墙只是整个网络安全防护体系的一部分，它并非万无一失，使用防火墙也有一定的局限性。首先，防火墙不能防范网络内部的攻击；其次，防火墙不能防范黑客骗取没有防范心理的用户公开其密码，并授予其临时的网络访问权限；再次，防火墙不能防止传送已感染病毒的软件或文件，不能期望防火墙去对每一个文件进行扫描，查出潜在的病毒；最后，对于绕过防火墙的攻击，它也无能为力。

二、入侵检测技术

（一）入侵检测技术概述

入侵检测技术是近20年来出现的一种主动保护自己免受黑客攻击的新型网络安全技术。简单地说，入侵检测是对入侵行为的发觉。通过从计算机网络或系统中的若干关键点收集信息，并对这些信息进行分析，从而发现网络或系统中是否有违反安全策略的行为和遭到袭击的迹象。入侵检测被认为是防火墙之后的第二道安全闸门，它在不影响网络性能的情况下对网络进行监测，从而提供对内部攻击、外部攻击和错误操作的实时保护。

入侵检测技术的功能包括：监测并分析用户和系统的活动，核查系统配置和漏洞，评估系统关键资源和数据文件的完整性，识别已知的攻击行为，统计分析异常行为和操作系统日志管理，并识别违反安全策略的用户活动。

入侵检测技术可以分为基于标识的检测技术和基于异常的检测技术。基于标识的检测技术首先要定义违背安全策略的事件的特征，如网络数据包的某些头信息。检测主要判别这类特征是否在所收集到的数据中出现，此方法非常类似杀毒软件。基于异常的检测技术是先定义一组系统"正常"情况的数值，如 CPU 利用率、内存利用率等，然后将系统运行时的数值与所定义的"正常"情况进行比较，得出是否有被攻击的迹象，这种检测方式的核心在于如何定义所谓的"正常"情况。

（二）入侵检测系统

入侵检测系统（Intrusion Detection System，IDS）是进行入侵检测的软件与硬件的组合。入侵检测系统的核心功能是对各种事件进行分析，从中发现违反安全策略的行为。入侵检测系统可以分为主机型入侵检测系统和网络型入侵检测系统。主机型入侵检测系统一般以系统日志、应用程序日志等作为数据源，也可以通过其他手段（如监督系统调用）从所在的主机收集信息进行分析。网络型入侵检测系统的数据源是网络上的数据包，将一台机器的网卡设为混杂模式，监听所有本网段内的数据包并进行判断。

入侵检测系统在工作时，对于来自外部的攻击，会检测出攻击行为并记录入侵过程，随后启动响应策略（如重新配置防火墙），终止入侵并生成报警日志记录；对于来自内部的入侵行为进行检测并记录，以便重新设置安全策略并追责。

三、虚拟专用网技术

（一）虚拟专用网的定义

虚拟专用网（Virtual Private Network，VPN）指的是在公用网络上建立专用网络的技术，即将物理上分布在不同地点的专用网络，通过公共网络构造成逻辑上的虚拟子网，进行安全的通信。虚拟专用网采用隧道技术，将企业内的数据封装在隧道中进行传输。虚拟专用网是对企业内部网的扩展，可以帮助远程用户、公司分支机构、商业伙伴及供应商同公司的内部网建立可信的安全连接，保证数据的安全传输。

（二）虚拟专用网的特点

（1）建网快速方便。用户只需将各网络结点采用专线方式本地接入公用网络，并对网络进行相关配置。

（2）降低建网投资。由于虚拟专用网是以公用网络为基础而建立的，因而可以避免建设传统专用网络所需的高额软硬件投资。

（3）节约使用成本。用户采用 VPN 组网，可以大大节约链路租用费用及网络维护费用，从而减少企业的运营成本。

（4）网络安全可靠。虚拟专用网主要采用国际标准的网络安全技术，通过在公用网络上建立逻辑隧道及进行网络层的加密，避免网络数据被修改和盗用，保证了用户数据的安全性及完整性。

（5）简化管理工作。由于大量的网络管理及维护工作由公用网络服务提供商来完成，因而大大简化了用户对网络的维护及管理工作。

任 务

1. 名词解释

   防火墙　虚拟专用网

2. 简答

   （1）防火墙的功能有哪些？

   （2）什么是入侵检测技术？其功能是什么？

   （3）虚拟专用网有哪些特点？

3. 实践训练

   登录信管网、佰佰安全网等网站，了解电子商务常用的安全技术及未来发展趋势。

项目五　电子商务安全协议

项目案例

股民股票被盗卖

2011年9月10日，银广夏股票复牌的第一天，在北京和广东的罗定、清远发生了两起股民股票被盗卖后再被盗买成银广夏的事件。当时股价是跌停板27.71元，详情如下。

北京，长城证券阜成门营业部，上午11时27分23秒，股民付老先生账户上的5只股票全部被卖出，并当即买到银广夏，整个过程持续了1分58秒。

广东清远，在股市翻腾了5年的黄先生，在连续的两天时间里，账户上的股票世纪光华4 000股、武汉中百40 000股和武汉石油300股被人清仓，然后买进银广夏3 000股和500股。

9月11日，上海的宋先生在得到营业部的通知后，发现自己账面上的股票全部被盗卖，换上了12 500股的银广夏，成交价格是24.94元。9月12日，银河证券公司北京安外营业部，股民杜先生原有的爱建股份和华东医药被盗，换上了17 000股的银广夏，成交价格为22.45的跌停板价。9月13日的北京，下午两点多，在前后不到十分钟的时间里，中创证券营业部的股民徐先生账户上的深物业被卖出，换成了3 800股银广夏，成交价格为20.21元。9月14日是银广夏股票被盗买的高峰，共有3位股民受损，当时的跌停板价格是18.19元。

9月12日，好久没有露面的付老先生来到证券营业部，想从账上取些钱急用。打完交割单后，老先生只是奇怪这交割单在没有交易的情况下怎么会这么长。但他没有戴老花镜，也就没看仔细。当晚，付老先生在灯光下戴上老花镜一看，顿时愣住了：一长串的单子显示自己的5只股票被卖出，买进了1 300股银广夏。"这是谁买的呀？" 67岁的老人一夜没合眼。

丁先生的18万元现金在账上已经一年没有动用了。丁先生感觉大盘跌得不多了，于是在9月26日这一天，用电话委托的方式准备买点股票，但电话委托系统提示交易密码与股票账户不符。为弄清情况，次日中午，丁先生来到营业部查询，才得知账户上除2 000股海南高速外，其余现金全部变成银广夏股票。

通过盗买银广夏股票事件我们发现，电话委托、网上委托等新的股票交易方式给广大股民带来快捷的同时，交易风险也随之增大，欺骗、窃听、非法入侵等威胁着交易双方利益。

案例分析

为了保证电子商务交易的顺利进行，在安全技术上必须保障以下几个方面的安全。

一是进行身份验证。由于非法用户可以伪造、假冒网上证券交易网站和股民身份，股民无法知道他们所登录的网站是否是可信的网上证券交易网站，网上交易网站也无法验证登录到网站上的股民是否是合法身份，非法用户可以借机进行破坏。

二是信息要保密。传输在网上证券交易客户端和 Web 服务器之间的敏感信息和交易数据，如股民的股票交易账号、交易密码等，有可能在传输过程中被非法用户截取。

三是信息要完整。敏感信息和交易数据在传输过程中有可能被恶意篡改。

四是信息的不可否认。网上证券交易行为如果被进行交易的一方否认，另一方没有被签名的记录来作为仲裁依据，交易服务器要写入交易的日志。

相关知识

一、HTTP 和 HTTPS 协议

（一）HTTP 协议

超文本传输协议（Hyper Text Transfer Protocol，HTTP）是互联网上应用最为广泛的一种网络协议，所有的万维网（WWW）文件都必须遵守这个标准。它提供了一种发布和接收 HTML 页面的方法。

电子商务安全协议

HTTP 协议虽然使用极为广泛，但是存在很大的安全问题，主要是其数据的明文传送和消息完整性检测的缺乏，而这两点恰好是网络支付、网络交易等新兴应用中安全方面最需要关注的。

（二）HTTPS 协议

HTTPS 协议是以安全为目标的 HTTP 通道，简单来说，它是 HTTP 的安全版，是使用 SSL/TLS（Secure Sockets Layer/Transport Layer Security）加密的 HTTP 协议。HTTP 协议采用明文传输信息，存在信息窃听、信息篡改和信息劫持的风险。HTTPS 协议的主要作用可以分为两种：一种是建立一个信息安全通道来保证数据传输的安全；另一种就是确认网站的真实性。

二、SSL 与 TLS 协议

SSL（Secure Socket Layer）协议即安全套接层协议，是一种传输层技术，由网景通信公司开发，通过互相认证、使用数字签名确保完整性、使用加密确保私密性，以实现客户端和服务器之间的安全通信。

SSL 协议位于传输层 TCP/IP 协议与各种应用层协议之间。SSL 协议是由 SSL 握手协议、SSL 更改密码规格协议、SSL 警告协议和 SSL 记录协议组成的一个协议族。SSL 握手协议被

封装在记录协议中，该协议允许服务器与客户机在应用程序传输和接收数据之前互相认证、协商加密算法和密钥，在初次建立 SSL 连接时，服务器与客户机交换一系列消息。SSL 更改密码规格协议是为了保障 SSL 传输过程的安全性，客户端和服务器双方应该每隔一段时间改变加密规范。SSL 警告协议是用来给对等实体传递 SSL 的相关警告，如果在通信过程中某一方发现异常，就需要给对方发送一条警示消息通告。SSL 记录协议定义了要传输数据的格式，它位于一些可靠的传输协议之上（如 TCP），用于各种更高层协议的封装，主要完成分组和组合、压缩和解压，以及消息认证和加密等。

TLS（Transport Layer Security）协议即传输层安全协议，为两个应用程序提供保密性和数据完整性。TLS 协议由 TLS 记录协议和 TLS 握手协议组成。很多人会混用 SSL 与 TLS，但严格来说它们指代的协议版本不同，SSL3.0 的升级版才是 TLS1.0。

SSL/TLS 协议提供的服务主要包括：认证用户和服务器，确保数据发送到正确的客户机和服务器；加密数据，以防止数据中途被窃取；维护数据的完整性，确保数据在传输过程中不被改变。

SSL 协议的工作流程分为服务器认证和用户认证两个阶段。

在服务器认证阶段主要完成以下工作：①客户端向服务器发送一个开始信息"Hello"，以便开始一个新的会话连接；②服务器根据客户的信息确定是否需要生成新的主密钥，如需要则在响应客户的"Hello"信息时将包含生成主密钥所需的信息；③客户根据收到的服务器响应信息产生一个主密钥，并用服务器的公开密钥加密后传给服务器；④服务器恢复该主密钥，并返回给客户一个用主密钥认证的信息，以此让客户认证服务器。

用户认证阶段主要完成服务器对客户的认证。经认证的服务器发送一个提问给客户，客户则返回（数字）签名后的提问和公开密钥，从而向服务器提供认证。

三、SET 协议

SET（Secure Electronic Transaction）协议即安全电子交易协议，是 1996 年由 Master Card 与 Visa 两大国际信用卡公司联合制订的安全电子交易规范。它提供了消费者、商家和银行之间的认证，确保交易的保密性、可靠性和不可否认性，保证在开放网络环境下使用信用卡进行在线购物的安全。

SET 协议的核心技术主要有数字摘要、数字信封、双重数字签名、数字证书等。数字信封在 SET 协议中使用对称密钥来加密数据，然后将此对称密钥用接收者的公钥加密，称为消息的数字信封，将其和数据一起送给接收者。接收者先用自己的私钥解密数字信封，得到对称密钥，然后使用对称密钥解开数据。SET 协议采用双重数字签名技术将订单信息和个人信用卡账号信息分别用商家和银行的公钥进行数字签名，保证商家只能看到订货信息，而看不到持卡人的账户信息，并且银行只能看账户信息，而看不到订货信息。SET 协议采用数字证书技术来证明交易各方的身份，主要证书包括持卡人、商家和支付网关证书。

SET 支付系统由持卡人、商家、发卡行、收单行、支付网关、认证中心等部分组成。SET 协议的工作原理如图 4-7 所示。

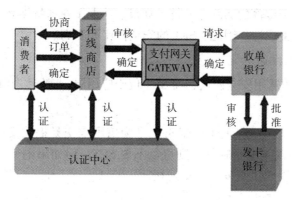

图 4-7 SET 协议的工作原理

（1）消费者通过互联网选定所要购买的物品，并在计算机上输入订单信息，如购买物品名称及数量、交货时间及地点等。

（2）消费者通过电子商务服务器与有关在线商店联系，在线商店作出应答，确定消费者所填订单信息是否准确，是否有变化。

（3）消费者选择付款方式，确认订单并签发付款指令。此时，SET 开始介入。

（4）在 SET 中，消费者必须对订单和付款指令进行数字签名，同时利用双重签名技术保证商家看不到消费者的账号信息。

（5）在线商店接收订单后，向消费者所在银行请求支付认可。信息通过支付网关到收单银行，再到电子货币发行公司确认。批准交易后，返回确认信息给在线商店。

（6）在线商店发送订单确认信息给消费者。消费者端可记录交易日志，以备将来查询。

（7）在线商店发送货物或提供服务并通知收单银行将钱从消费者的账号转移到商店账号，或向发卡银行请求支付。

前两步与 SET 无关，SET 从第三步开始起作用，一直到第六步，在处理过程中，通信协议、请求信息的格式、数据类型的定义等，SET 都有明确的规定。在操作的每一步，消费者、在线商店、支付网关都通过 CA 认证中心来验证通信主体的身份，以确保通信的对方不是冒名顶替的。所以，也可以简单地认为 SET 协议充分发挥了认证中心的作用，以维护在任何开放网络上的电子商务参与者所提供信息的真实性和保密性。

四、SET 与 SSL 协议的比较

1. 认证要求方面

早期的 SSL 并没有提供商家身份认证机制，虽然在 SSL 3.0 中可以通过数字签名和数字证书实现浏览器和 Web 服务器双方的身份验证，但仍不能实现多方认证。相比之下，SET 的安全要求较高，所有参与 SET 交易的成员（持卡人、商家、发卡行、收单行和支付网关）都必须申请数字证书进行身份识别。

2. 安全性方面

SET 协议规范了整个商务活动的流程，从持卡人到商家到支付网关到认证中心以及信用卡结算中心之间的信息流走向和必须采用的加密、认证都制定了严密的标准，从而最大限度地保证了商务性、服务性、协调性和集成性。而 SSL 只对持卡人与商店端的信息交换进行加

密保护，可以看作是用于传输的那部分的技术规范。从电子商务特性来看，它并不具备商务性、服务性、协调性和集成性。因此，SET 的安全性比 SSL 高。

3. 网络层协议位置方面

SSL 是基于传输层的通用安全协议，而 SET 位于应用层，对网络上其他各层也有涉及。

4. 应用领域方面

SSL 主要是和 Web 应用一起工作，而 SET 是为信用卡交易提供安全。因此，如果电子商务应用只是通过 Web 或是电子邮件，则可以不要 SET；但如果电子商务应用是一个涉及多方交易的过程，则使用 SET 更安全、更通用。

任务

1. 名词解释

HTTP 协议　HTTPS 协议　SSL 协议　SET 协议

2. 简答

（1）简述 SET 协议和 SSL 协议的工作原理。

（2）简述 SET 协议与 SSL 协议的区别。

3. 实践训练

登录 SSL 证书申请指南网、CSDN 技术论坛等网站，了解 SET 协议和 SSL 协议。

推荐资源

1. SSL 网
2. 天威诚信网
3. 卓航 SSL 网

专题五

电子支付与网上银行

学习目标

1. 理解电子支付的含义、特征和类型。
2. 掌握电子货币相关概念。
3. 掌握第三方支付的定义及分类。
4. 了解移动支付的定义及分类。
5. 了解网上银行的概念和类型。

专题描述

电子支付是电子商务中一个非常重要的环节，本专题主要包括以下内容：电子支付的概念与分类，以及网上支付系统的基本构成；电子货币的含义与分类，常见的电子货币如银行卡、电子支票、电子现金、电子钱包以及互联网上的电子货币的概念；第三方支付的概念及分类，以及支付牌照的分类；移动支付的概念及分类，典型的移动支付流程及移动支付产业链；网上银行的概念及分类等。

项目一　电子支付概述

项目案例

电子支付助中国人畅游韩国：刷卡可乘公交、退税不用排队

在首尔明洞的一家化妆品店结算台前，来自上海的齐先生通过扫描二维码，几秒钟就完成了付款。一位店员告诉记者，使用支付宝、微信付款的中国游客数量在韩国逐渐增加，与选择现金结算、刷卡的游客几乎持平，且年轻群体数量多。在首尔各大商业区，支持银联、支付宝、微信支付的标识比比皆是。

中国电子支付还简化了退税手续。使用支付宝的游客不必在机场排队等候办理退税手续，只需把注册支付宝的手机号码或邮箱地址写在发票上投入机场投递箱，退税金额就会自动打入支付宝账户。而腾讯公司推出的"退税通",用户只需要扫一扫护照,即可进入公众号申请退税,退税金额将直接汇入用户微信零钱包。

(资料来源:人民网,2016-5-13)

案例分析

随着电子支付在国内的迅速发展,出门不带钱包只带手机已经成了人们的生活习惯。国内三大第三方支付平台巨头——微信、支付宝、银联纷纷出海,将目标投向海外,迅速扩张了海外市场。中国移动支付工具伴随着国人的出境游热潮,经历了率先进入东南亚,随后布局东北亚国家,再到不断开拓欧美版图,便捷跨境金融服务之际,也输出了移动支付等金融科技。移动支付出海在深度和广度上都有新变化。

相关知识

一、电子支付的概念

2005年10月,中国人民银行公布《电子支付指引(第一号)》,指出"电子支付是指单位、个人直接或授权他人通过电子终端发出支付指令,实现货币支付与资金转移的行为"。简单来说,电子支付是指电子交易的当事人,包括消费者、厂商和金融机构,使用安全电子支付手段,通过网络进行的货币支付或资金流转,是电子商务系统的重要组成部分。

电子支付概述

二、电子支付的特征

电子支付从基本形态上看是电子数据的流动,它以金融专用网络为基础,通过计算机网络传输电子信息来实现支付。与传统的支付相比,电子支付具有以下特征。

第一,电子支付采用先进的技术通过数字流转来完成信息传输,其各种支付方式都采用数字化的方式进行;传统的支付方式则是通过现金的流转、票据的转让及银行的汇兑等物理实体流转来完成款项支付。

第二,电子支付的工作环境基于一个开放的系统平台,而传统支付则在较为封闭的系统中运作。

第三,电子支付对软、硬件设施的要求很高,一般要求有联网的微机、相关的软件及其他一些配套设施;而传统支付则没有这么高的要求。

第四,电子支付具有方便、快捷、高效、经济的优点,用户可以足不出户在短时间内完成整个支付过程。

三、电子支付的发展阶段

银行采用计算机等IT技术进行电子支付的形式有五种,分别代表着电子支付发展的五个阶段。

第一阶段是银行利用计算机处理银行之间的业务,办理结算。

第二阶段是银行计算机通过网络与其他机构计算机之间进行资金的结算,如代发工资等。

第三阶段是利用网络终端向客户提供各项银行服务,如自助银行。

第四阶段是通过银行卡介质利用 ATM(Automated Teller Machine,自动柜员机)、POS 机向客户提供自动取款、消费扣款服务。银行卡是商业银行向个人和单位发行的一种支付结算工具,可用于购物消费、存取现金,并具有一定的消费信用功能。银行卡终端、各家银行的银行卡发卡系统、结算网络系统及中国银联的银行卡跨行交换网络组成了银行卡支付的运行环境。

第五阶段是最新的阶段,即客户通过互联网随时随地实现转账结算,这种形式的电子支付又称为网上支付。

四、电子支付类型

(一)按照指令发起方式划分

电子支付按电子支付指令发起方式分为网上支付、电话支付、移动支付、销售点终端交易支付、自动柜员机交易支付和其他电子支付。

1. 网上支付

网上支付是电子支付的一种形式。广义地讲,网上支付是以互联网为基础,利用银行所支持的某种数字金融工具,发生在购买者和销售者之间的金融交换,实现从买者到金融机构、商家之间的在线货币支付、现金流转、资金清算、查询统计等过程,由此向电子商务服务和其他服务提供金融支持。

2. 电话支付

电话支付是电子支付的一种线下实现形式,是指消费者使用电话(固定电话、手机)或其他类似电话的终端设备,通过银行系统从个人银行账户里直接完成付款的方式。

3. 移动支付

移动支付是使用移动设备通过无线方式完成支付行为的一种新型的支付方式。移动支付所使用的移动终端可以是手机、PDA(Personal Digital Assistant,个人数字助理)、移动 PC 等。

4. 销售点终端交易支付

销售点终端交易支付是指面对面的刷卡交易,消费者持银行卡(包括信用卡和借记卡)利用 POS 机完成刷卡、输入密码等步骤,从而完成付款。

5. 自动柜员机交易支付

消费者持银行卡(包括信用卡和借记卡)利用 ATM 完成刷卡、输入密码等步骤,从而完成付款。

6. 其他电子支付

其他电子支付包括电视支付、二维码支付、条码支付、摇一摇支付等新支付技术与方式。

(二)按照指令传输渠道划分

电子支付按照指令传输渠道分可以分为卡基支付、网上支付和移动支付。

1. 卡基支付(银行专有网络)

卡基支付是利用银行卡进行支付。卡基支付工具包括借记卡、贷记卡和储值卡。

借记卡是指由商业银行向社会发行的具有消费信用、转账结算、存取现金等全部或部分功能的支付工具,不能透支。

贷记卡是由银行或信用卡公司向资信良好的个人和机构签发的一种信用凭证,持卡人可在指定的特约商户购物或获得服务。信用卡是持卡人信誉的标志,可以透支。

储值卡是指非金融机构发行的具有电子钱包性质的多用途卡种,不记名,不挂失,适应于小额支付领域。

2. 网上支付(互联网)

网上支付是指人们通过互联网完成支付的行为和过程,通常情况下仍然需要银行作为中介。在典型的网上支付模式中,银行建立支付网关和网上支付系统,为客户提供网上支付服务。网上支付指令在银行后台进行处理,并通过传统支付系统完成跨行交易的清算与结算。

3. 移动支付(移动通信网络)

移动支付业务是由移动运营商、移动应用服务提供商和金融机构共同推出的、构建在移动运营支撑系统上的一个移动数据增值业务应用。移动支付系统为每个移动用户建立一个与其手机号码关联的支付账户,其功能相当于电子钱包,为移动用户提供了一个通过手机进行交易支付和身份认证的途径。

电子支付的支付渠道如图5-1所示。

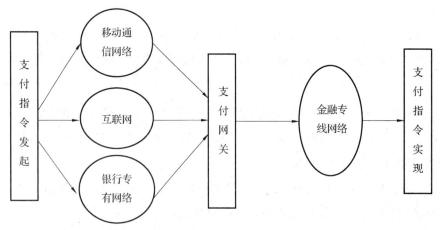

图5-1 电子支付的支付渠道

五、网上支付系统的基本构成

网上支付系统的基本构成主要包括客户、商家、客户开户行、商家开户行、支付网关、金融专用网、认证中心等,如图5-2所示。

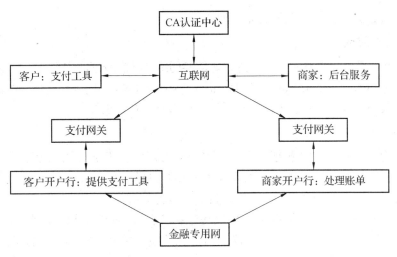

图 5-2 网上支付系统的基本构成

（一）客户

客户是指与某商家有交易关系并存在未清偿的债权债务关系（一般是债务）的一方，客户用自己已拥有的支付工具（如信用卡、电子钱包等）来支付，是网上支付系统运作的原因和起点。

（二）商家

商家是拥有债权的商品交易的另一方，它可以根据客户发起的支付指令向金融体系请求获取货币给付。商家一般准备了性能较好的服务器来处理这一过程，包括认证及对不同支付工具的处理。

（三）客户开户行

客户开户行是指客户在其中拥有账户的银行，客户所拥有的支付工具就是由其开户行提供的。客户开户行在提供支付工具的同时也提供了一种银行信用，即保证支付工具的兑付。在信用卡支付系统中，客户开户行又称为发卡银行。

（四）商家开户行

商家开户行是商家在其中拥有账户的银行，其账户是整个网上支付过程中资金流向的地方。商家将客户的支付指令提交给其开户行后，由该开户行进行支付授权的请求以及行间清算等工作。商家开户行是依据商家提供的合法账单（客户的支付指令）来工作的，因此又称为收单银行。

（五）支付网关

支付网关是公用网络和金融专用网之间的接口，支付信息必须通过支付网关才能进入银行支付系统，进而完成支付的授权和获取。电子商务交易中同时传输了两种信息：交易信息与支付信息。必须保证这两种信息在传输过程中不被无关的第三者阅读，包括商家不能看到其中的支付信息（如客户的信用卡号、授权密码等）、银行不能看到其中的交易信息（如商品种类、商品总价等）。这一方面要求支付网关必须由商家以外的银行或其委托的信用卡组织来建设；另一方面要求支付网关不能分析交易信息，对支付信息也只是起保护传输的作用，即这些保密数据对支付网关而言是透明的。

（六）金融专用网

金融专用网则是银行内部及银行间进行通信的网络，具有较高的安全性，包括中国国家现代化支付系统（China National Automatic Payment System，CNAPS）、全国电子联行系统（Electronic Inter-bank System，EIS）、电子汇兑系统、银行卡授权系统等。

（七）认证中心

认证中心为各个参与方（包括客户、商家与支付网关）发放证书，以确认各方的身份，保证网上支付的安全性。认证中心必须确认各个参与方的资信状况（如通过银行账户状况、与银行交往的信用记录等来判断），因此也离不开银行的参与。

除以上参与方外，网上支付系统的构成还包括支付中使用的支付工具及遵循的支付协议，是各个参与方与支付工具、支付协议的结合。其中，目前经常被提及的支付工具有银行卡、电子现金、电子支票等。电子现金常被称为全新的网上支付工具，能够离线操作，但其实际上是对传统现金交易的模拟。电子支票也是传统纸质支票支付全部处理过程的电子化，目前在金融专用网上的应用已经较为成熟。在网上交易中，客户发出的支付指令在由商家送到支付网关之前，是在公用网络上传送的，这一点与持卡进行POS机消费有着本质的区别，因为POS机到银行之间使用的是专线。而网上交易就必须考虑公用网络上支付信息的流动规则及安全保护，这就是支付协议的责任所在。目前，已经出现了一些比较成熟的支付协议（如SET协议）。一般一种协议针对一种支付工具，对交易中的购物流程、支付步骤、支付信息的加密、认证等方面做出规定，以保证在复杂的公用网络上进行交易的双方能够快速、高效、安全地实现支付和结算。

1. 名词解释

电子支付　卡基支付　支付网关

2. 简答

（1）什么是电子支付？它与传统的支付形式相比有什么特点？

（2）电子支付按照指令发起方式可以分为哪几类？

（3）电子支付按照指令传输渠道可以分为哪几类？

（4）简述电子支付系统的基本构成。

3. 实践训练

选择任意一种电子支付方式，如银行卡、网银、支付宝、微信等，体验其支付过程，并描述其支付流程。

项目二　电子货币

项目案例

数字人民币真的来了！

2020年10月8日深夜，"深圳微博发布厅"在微博上发布，为推进粤港澳大湾区建设，结合本地促消费政策，深圳市人民政府近期联合人民银行开展了数字人民币红包试点。此次活动向在深圳的个人发放 1 000 万元"礼享罗湖数字人民币红包"，每个红包金额为 200 元，红包数量共计 5 万个。该红包采取摇号抽签的形式发放，根据中签短信指引，中签人下载安装"数字人民币"APP，注册登录并开立预约时所选银行的个人数字钱包后，即可领取"礼享罗湖数字人民币红包"200 元。

通过数字人民币钱包消费，不需要绑定任何银行账户，能够做到可控、匿名。红包的领取和使用无须绑定银行卡。中签人员可于 10 月 12 日 18 时至 10 月 18 日 24 时，在深圳罗湖区辖区内已完成数字人民币系统改造的 3 389 家商户无门槛消费。

案例分析

从金币、银币、铜币、铁币到银票，从纸币到电子支付，再到数字货币，有着一样的演变方式，都改变了记账清算形式，都以政府信用为背书，改变货币的形态、发行、支付结算。流通的现金将会被数字货币部分替代，但不会是全部，因为数字货币只是货币多样化形态的一种。数字货币既可以像现金一样流通，有利于人民币的流通和国际化，同时也可以实现可控、匿名。

相关知识

一、电子货币概述

（一）电子货币的含义

货币作为固定地充当一般等价物的特殊商品，是商品交换的产物，其最主要的职能是作为交易的媒介执行流通手段和支付手段功能。货币形式服从于货币内容，并随着时代的发展而不断地进化。

电子货币

货币形态主要经历了实物货币、金属货币、信用货币、电子货币四个阶段。实物货币是货币形式发展的第一阶段，其作为货币用途的价值与其作为非货币用途的价值相等，如马、牛、羊、猪、贝壳等都曾做过实物货币。金属货币是以金属作为货币材料，充当一般等价物的货币，如历史上曾经使用过的刀币、铜钱、黄金与白银等。信用货币（Credit Money）是由国家法律规定的，强制流通，不以任何贵金属为基础的独立发挥货币职能的货币。目前，世界各国发行的货币基本都属于信用货币，如期票、支票、纸币等。电子货币是用一定金额的现金或存款从发行者处兑换并获得代表相同金额的数据或者通过银行及第三方推出的快捷支付服务，通过某些电子化途径将银行中的余额转移，从而进行交易，如各大银行推出的各种银行卡、电子支票等。

电子货币是在传统货币基础上发展起来的，与传统货币在本质、职能及作用等方面存在着许多共同之处。如电子货币与传统货币的本质都是固定充当一般等价物的特殊商品，这种特殊商品体现了一定的社会生产关系。二者同时具有价值尺度、流通手段、支付手段、储藏手段和世界货币五种职能，它们对商品价值都有反映作用，对商品交换都有媒介作用，对商品流通都有调节作用。

国际清算银行（Bank for International Settlements，BIS）1998年发布的电子货币的定义是：电子货币是指在零售支付体系中，通过销售终端的不同电子设备之间以及在公开网络上执行支付的储值和预付支付机制。这个定义内涵较为明确，也被学术界广为接受。2004年，国际清算银行对电子货币的定义作了进一步修改，提出"电子货币是一种储值和预支付产品，这种产品由电子设备记录了用户用于通用支付的货币价值"。对照1998年的定义，新定义去除了"零售支付体系"的限制，强调电子货币的通用性，显示出电子货币的应用不断深化的趋势。

电子货币最早以信用卡形式出现。1952年，美国发行了第一张现代意义上的银行信用卡。与发达国家相比，我国电子货币起步较晚。1985年3月，由中国银行珠江分行发行的我国首张银行信用卡——中银卡，可以视为我国电子货币的诞生。

（二）电子货币的分类

一种相对广义概念上的电子货币分类是根据物理实现方式的不同，将电子货币分为卡基类（Card-based）电子货币与数基类（Soft-based）电子货币，这种分类基本涵盖了当前主流电子货币产品的形态。卡基类电子货币是利用内含微处理芯片的智能卡进行货币价值的存储和支付；数基类电子货币的主流产品是将货币价值集中储存在发行机构的网络虚拟账户中，使用者通过网络访问账户进行支付。

从我国实际应用情况看，电子货币具体可分为以下四种类型。

1. 储值卡型电子货币

储值卡型电子货币一般以磁卡或IC卡形式出现，其发行主体除了商业银行之外，还有电信部门（普通电话卡、IC电话卡）、企业（上网卡）、商业零售企业（各类消费卡）、政府机关（内部消费IC卡）和学校（校园IC卡）等。

2. 信用卡应用型电子货币

信用卡应用型电子货币指商业银行、信用卡公司等发行主体发行的贷记卡或准贷记卡，可在发行主体规定的信用额度内贷款消费，之后于规定时间还款。信用卡的普及使用可扩大消费信贷，影响货币供给量。

3. 存款利用型电子货币

存款利用型电子货币主要有借记卡、电子支票等，用于对银行存款以电子化方式支取现金、转账结算、划拨资金。该类电子化支付方法的普及使用能减少消费者往返于银行的费用，使现金需求额减少，并可加快货币的流通速度。

4. 现金模拟型电子货币

现金模拟型电子货币主要包括两种：一种是基于网络环境使用的且将代表货币价值的二进制数据保管在计算机终端硬盘内的电子现金；另一种是将货币价值保存在IC卡内并可脱离银行支付系统流通的电子钱包。

在电子货币的类型中，储值卡型电子货币属于广义概念上的电子货币，其本质是一种基于预付费机制的电子化存储凭证，如果严格按照电子货币应具有通用性的特性看，非商业银行发行的储值卡型电子货币大多只能在特定环境下使用，仅具备一种购买/支付功能，因此不是严格意义上的电子货币。

二、银行卡

从广义上说，凡是银行发行的、具有支付功能的卡片都可以称为银行卡。中国人民银行颁布的《银行卡业务管理办法》对银行卡给出的定义为："银行卡是指由商业银行（含邮政金融机构）向社会发行的具有消费信用、转账结算、存取现金等全部或部分功能的信用支付工具。"银行卡从不同角度可以有不同的分类，如表5-1所示。

表5-1 银行卡的种类

分类标准	种类
清偿方式	信用卡、借记卡
结算币种	人民币卡、外币卡（境内外币卡、境外外币卡）
发行对象	公务卡、个人卡
信息载体	磁条卡、IC卡
信誉等级	金卡、普通卡等
流通范围	国际卡、地区卡
持卡人地位和责任	主卡、附属卡

三、电子支票

电子支票（Electronic Check）是纸质支票的电子替代物。电子支票将纸质支票改变为带有数字签名的电子报文，或利用其他数字电文代替纸质支票的全部信息。

电子支票与纸质支票一样，是用于支付的一种合法方式，它使用数字签名和自动验证技术来确定其合法性。支票上除了必需的收款人姓名、账号、金额和日期外，还隐含了加密信息。电子支票通过电子函件直接发送给收款方，收款人从电子邮箱中取出电子支票，并用电子签名签署收到的信息，再通过电子函件将电子支票发送到银行，把款项存入自己的账户。电子支票是网络银行常用的一种电子支付工具。

电子支票的支付目前一般是通过专用网络、设备、软件，以及一套完整的用户识别、标准报文、数据验证等规范化协议完成数据传输，从而控制安全性。这种方式已经较为完善。电子支票支付现在发展的主要趋势是今后将逐步过渡到公共互联网络上进行传输。典型的电子支票系统有 NetCheque、NetBill、E-check 等。

四、电子现金

（一）电子现金概述

电子现金（E-cash）是一种以电子数据形式流通的，能被客户和商家普遍接受的，通过因特网购买商品或服务时可以使用的货币。电子现金是现实货币的电子化或数字模拟。它把现金数值转换成为一系列的加密序列数，通过这些序列数来表示现实中各种金额的币值。

电子现金既具有现钞所拥有的基本特点，又由于和网络结合而具有互通性、多用途、快速简便等特点，已经在国内外的网上支付中广泛使用。数字签名技术的推广应用又使得电子现金的安全性大大提高。在网上交易中，电子现金主要用于小额零星的支付业务，使用起来要比银行卡更为方便。不同类型的电子现金都有自己的协议,每个协议由后端服务器软件(电子现金支付系统)和客户端软件(电子现金软件)执行。E-Cash、NetCash、CyberCash和Mondex是国际上较有影响力的几种电子现金解决方案。中国人民银行推出的基于PBOC3.0标准的电子现金方案将是我国今后一段时间内电子现金应用的主要模式,即以金融IC卡电子现金实现了小额便捷支付功能。通俗地讲,是把银行卡主账户资金划转到小额账户,再利用小额账户实现无须输入密码的快捷消费支付。

（二）电子现金支付流程

应用电子现金进行网络支付,需要在客户端安装专门的电子现金客户端软件,在商家服务器上安装电子现金服务器端软件,发行者需要安装对应的电子现金管理软件等。为了保证电子现金的安全性及可兑换性,发行银行还应该从认证中心申请数字证书以证实自己的身份,并利用非对称加密进行数字签名。电子现金支付流程如图5-3所示。

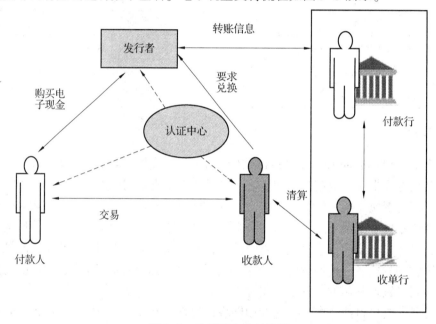

图5-3　电子现金支付流程

（1）预备工作。付款人、收款人（商家）、发行者都要在认证中心申请数字证书,并安装专用软件。付款人从发行者处开设电子现金账号,并用其他电子支付方式存入一定数量的资金（例如使用银行转账或信用卡支付方式）,利用客户端软件兑换一定数量的电子现金。接收电子现金付款的商家也在发行者处注册,并签约收单银行,用于兑换电子现金。

（2）付款人与收款人达成购销协议,付款人验证收款人身份并确定对方能够接受相应的电子现金支付。

（3）付款人将订单与电子现金一起发给收款人。这些信息使用收款人的公开密钥加密,收款人使用自己的私钥解密。

（4）收款人收到电子现金后,可以要求发行者兑换成实体现金。

（5）发行者通过银行转账的方式将实体资金转到付款行,付款行与收单行联系,收款人与收单行清算。

（三）电子现金支付模式优缺点

1. 电子现金支付模式的优点

（1）使用上与传统现金相似，比较方便和易于被接受。

（2）支付过程不必每次都经过银行网络（即离线支付），成本低，适合小额支付。

（3）可以匿名使用，使用过程具有不可追踪性。

（4）安全性较高。充分利用了数字签名技术保证安全，防止伪造、抵赖。

2. 电子现金支付模式的缺点

（1）电子现金的支付属于虚拟支付层模式，真正的资金划拨还需要通过实际支付过程进行，例如使用转账的方式从银行卡中划拨一定的资金购买电子现金。

（2）电子现金支付的匿名性及不可追踪性使电子现金的持有者一旦丢失相关资料，将无法报失。

（3）需要安装额外的软件，所以对于付款人来说初期设置比较复杂。

五、电子钱包

电子钱包是电子商务购物活动中常用的一种支付工具，是一种客户端的小数据库，用于存放电子现金和电子信用卡，同时包含诸如信用卡账号、数字签名以及身份验证等信息。使用电子钱包购物，通常需要在电子钱包服务系统中进行。

电子钱包有两种概念：一是纯粹的软件，主要用于网上消费、账户管理，这类软件通常与银行账户或银行卡账户连接在一起；二是小额支付的智能储值卡，持卡人预先在卡中存入一定的金额，交易时直接从储值账户中扣除交易金额。

六、互联网上的电子货币

随着互联网应用的普及，各种在互联网上用于购买网络服务或虚拟财产的电子货币开始大行其道，出现了"虚拟货币""网络代币"等新名词。通常，人们对互联网上的事物习惯冠以"虚拟"一词，如虚拟人物、虚拟房屋、虚拟财产等。因此，很多人把互联网上使用的货币称为虚拟货币。关于虚拟货币并没有统一的定义，本节讨论除银行系统电子货币之外的基于互联网的各类网络虚拟货币。

严格来说，网络虚拟货币不是货币，或者至少不是传统意义上的货币。货币是一般等价物，而网络虚拟货币不是一般等价物，而是价值相对性的表现形式或表现符号。网络虚拟货币可以被认为是个性化货币或者信息货币，其本质就是计算机用户使用互联网上各种增值服务的种类、数量或时间等的一种统计代码，使用者可以通过网络虚拟货币换取相关增值服务。

（一）网络虚拟货币具有的特性

第一，非金融机构发行，无法得到社会的普遍认同。网络虚拟货币通常仅由一家互联网厂商推出，是代表自己所提供的某种商品或服务的数据符号。由于厂商之间存在竞争，为了保护自身的商业利益，他们的网络虚拟货币体系往往相互独立。因此，网络虚拟货币并不能像人民币或信用货币一样得到整个社会的普遍认同，并在现实社会中流通。

第二，网络虚拟货币仅是一种提货凭证，单向流通的特性使其无法起到一般等价物的作用。推出网络虚拟货币的厂商多为互联网服务企业，它们推出网络虚拟货币的最终目的是给使用者提供一个消费自己所提供商品或服务的便利的支付渠道。

第三，使用方便快捷，满足小额应用需求。由于互联网服务具有额度小、发生频繁等特点，互联网企业都在寻找一种能够使使用者一次支付、多次使用的渠道。显然，先让使用者用一定数额的现金购买提货凭证，然后再使用该提货凭证换取厂商所提供的服务是一个不错的解决方案。在这种情况下，使用者往往只需要在购买提供凭证时支付真正意义上的现金或网络货币，而在互联网服务商那里，使用者只需凭自己的用户名和密码就可以将购得的提货凭证换成自己希望得到的数个商品或多次服务，快速便捷是虚拟货币得到广泛应用的重要原因。

（二）网络虚拟货币的分类

当前，我国使用的网络虚拟货币大致可以分为两类。

1. 网络代币

网络代币是网络企业发行的、不采用法定货币名称与单位的电子信息价值单位，如Q币、新浪爱问积分等。此类货币一般为专用货币，用于购买本网站内的服务。其中，专门用于网络游戏的又称为游戏币，在玩家之间交易。国内主要的专用虚拟货币如表5-2所示。

表5-2 国内主要的专用虚拟货币

币种	发行公司	适用范围
Q币	腾讯	QQ会员、QQ秀、QQ游戏超级玩家、QQ交友包月、资料下载等
U币	新浪	网络游戏点卡购买、游侠下载、网络占卜、UC网络聊天室、贺卡、任你邮、网上商城支付等
百度币	百度	百度传情、影视、缴电话费等
POPO金币	网易	购买道具、POPO游戏、发免费短信、下载POPO表情等
盛大元宝币	盛大	各种盛大服务（盛大音乐、易宝平台）、充值杀毒、看电影等

2. 数字货币

数字货币又称为虚拟货币，如比特币、莱特币、无限币、夸克币、泽塔币、烧烤币、红币、质数币等。目前全世界发行有上百种数字货币，此类虚拟货币中，以比特币最为知名，流传较广。比特币可以用来兑现，可以兑换成大多数国家的货币。只要有人接受，也可以用比特币购买现实生活中的物品。

无论是哪种虚拟货币，其发行都不受中央银行的管制。它们与商场的代金券本质相同，却因为身处虚拟空间而获得了巨大的发展。

任务

1. 名词解释

电子货币 电子支票 电子现金 电子钱包 数字货币

2. 简答

（1）简述电子现金的支付过程。

（2）简述互联网上的电子货币有哪些。

3. 实践训练

安装任意一款电子钱包APP，如支付宝钱包、微信钱包、华为钱包、云闪付钱包等，调查其提供的功能并进行一次支付体验，说说你的感受。

项目三　第三方支付

项目案例

携程 4.168 亿并购汇融第三方支付牌照公司

携程集团（一个在线票务服务公司）于 2020 年 9 月 27 日发布消息，公司于近日受让的上海东方汇融信息技术服务有限公司（下称"东方汇融"）100% 股权申请正式获得中国人民银行批复。

该交易是经上海联合产权交易所的公开挂牌。根据上海联合产权交易所产权成交公告，东方汇融 100% 股权评估价值约为 4.056 亿元，最终交易价格为 4.168 亿元。

东方汇融成立于 2011 年，是隶属于上海市委宣传系统下的具有独立法人经营资质的国有企业。2012 年 6 月 27 日，东方汇融获得支付牌照，获准开展互联网支付（全国）和预付卡发行与受理（上海市）等业务。

携程心仪支付牌照已久，但由于种种原因，一直未能申请下来。2017 年，携程曾因无牌经营多用途礼品卡被律师实名举报。举报原因是携程在没有支付牌照的情况下，违规开展预付费卡业务，中国支付清算协会也受理了这次举报。该事件对携程产生了不小的负面影响。控制一家支付公司，可让携程在一定程度上避免这种尴尬。更重要的是，此前携程就已经先后注册了保险代理公司、消金公司、融资担保公司，实际已控制多张金融牌照，支付牌照对于补全其金融能力也有着重要意义。

携程集团方面表示，在全球旅游业遭受疫情重创的背景下，希望通过此次与东方汇融的合作，进一步改善文旅产业支付便利性，同时推动文旅产业支付运用场景升级。

案例分析

第三方支付牌照（即支付业务许可证）是为了加强对从事支付业务的非金融机构的管理，根据《中华人民共和国中国人民银行法》等法律法规以及中国人民银行制定的《非金融机构支付服务管理办法》的相关规定，由中国人民银行核发非金融行业从业资格证书。

想要打造金融增值服务，必须有自己的支付黏性用户，才能将其转化成金融的黏性用户，这也是互联网巨头纷纷布局第三方支付牌照的原因。

"监管强调，凡做金融都要牌照。"对于携程而言，拿下支付牌照不仅有利于其金融业务的开展，也满足了监管合规性的要求。

相关知识

一、第三方支付概述

（一）第三方支付定义

第三方支付是具备一定实力和信誉保障的第三方独立机构，采用与各大银行签约的方式，提供与银行支付结算系统接口的交易支持平台的网络支付

第三方支付

模式。第三方支付之中的"第三方",是指电子交易中买方与卖方之外的第三方。第三方还有另一种含义,就是在线支付客户与银行之外的第三方。

根据央行 2010 年在《非金融机构支付服务管理办法》中给出的非金融机构支付服务的定义,从广义上讲,第三方支付是指非金融机构作为收、付款人的支付中介所提供的网络支付、预付卡发行与受理、银行卡收单以及中国人民银行确定的其他支付服务。

第三方支付平台是第三方支付这种支付方式得以实现所必需的媒介,或者说第三方支付平台是看得见的第三方支付形式。在通过第三方支付平台的交易中,买方选购商品后,使用第三方平台提供的账户进行货款支付,由第三方通知卖家货款到达、进行发货;买方检验物品后,就可以通知第三方付款给卖家,第三方再将款项转至卖家账户。在这个支付过程中,第三方支付平台最重要的是起到了在网上商家和银行之间建立起连接,实现第三方监管和技术保障的作用。

(二)第三方支付环节

一个完整的第三方支付过程包括代收、清结算和代付三个环节。代收指第三方支付平台把资金从买方的银行卡转移到第三方支付平台银行账户(或卖方银行账户)的过程。清结算是支付完成后第三方支付公司与银行、卖方之间处理债权债务关系(如果涉及跨行支付,还涉及银行与银行之间的清结算)。代付可以理解为第三方支付公司在完成清结算之后,结清交易当事人之间的债权债务关系,并最终完成资金转移的过程。

我国第三方支付服务商主要提供多银行网关的接入和支付清算服务。目前,在我国互联网支付领域至少活跃着数十家网络信用卡支付公司,其中出现了一些知名的第三方支付品牌,如支付宝、财付通、环讯支付、首信易支付、银联电子支付、易宝支付等。而国外知名的第三方支付品牌有 PayPal、GlobalCollect、WorldPay、Moneybookers 等。

(三)第三方支付的特点

1. 支付中介

第三方支付服务商采用了与众多银行合作的方式,从而大大方便了网上交易的进行。对于商家来说,不用安装各个银行的认证软件,在一定程度上简化了操作流程,降低了开发和维护成本。对于银行来说,可以直接利用第三方支付服务商的系统提供服务,帮助银行节省网关开发成本。

2. 技术接口

第三方支付服务商连接多家银行,使互联网和银行系统之间能够加密传输数据。同时,向客户提供统一的技术接口,使商家能够同时利用多家银行的支付通道。

3. 信用保证

运行规范的第三方支付服务商,只向合法注册的企业或经过认证的商家提供支付网关服务,在很大程度上避免了交易欺诈的发生,令客户能放心地进行网上支付。同时,第三方支付服务商所提供的第三方支付平台可以对交易双方的交易进行详细记录,从而防止交易双方对交易行为产生怀疑,并为后续交易中可能出现的纠纷提供相应的证据。

4. 个性化与增值服务

第三方支付服务商可以根据被服务企业的市场竞争与业务发展状况创新商业模式,同步制订个性化的支付结算服务。第三方支付服务商能够提供一些增值服务，例如，帮助商家的网站解决实时交易查询和交易分析问题，以及提供方便、及时的退款和停止付款服务。

二、第三方支付的分类

根据第三方支付平台在交易过程中所扮演的角色及参与程度的不同，可以将第三方支付分为两种支付模式，即支付网关模式和虚拟账户模式。

（一）支付网关模式

第三方支付平台只作为支付通道将买方发出的支付指令传递给银行，银行完成转账后再将信息传递给支付平台，第三方支付平台将此信息通知卖方并与卖方进行结算。支付网关位于互联网和传统的银行专网之间，主要作用是安全连接互联网和专网，起到隔离和保护银行专网的作用。在支付网关模式下，第三方支付平台扮演着通道的角色，并没有实际涉及银行的支付和清算，只是传递了支付指令。

支付网关模式是发展比较成熟的一种模式，其核心价值在于集成了各大银行的网关，卖方只需要和一家第三方支付平台的接口相连，用户便可使用绝大部分银行账号进行付款，为商户节省了一家一家接入银行网关的成本。

（二）虚拟账户模式

虚拟账户模式是指第三方支付机构不仅为商户提供银行支付网关的集成服务，还为客户提供了一个虚拟账户，该虚拟账户可与客户的银行账户进行绑定或者对接，客户可以从银行账户等资金源向虚拟账户中充入资金，或从虚拟账户向银行账户注入资金。客户在网上的支付交易可在虚拟账户之间完成，也可在虚拟账户与银行账户之间完成。

根据虚拟账户承担的功能不同，虚拟账户模式又可细分为信用中介型账户模式和直付型账户模式两类。

1. 信用中介型虚拟账户模式

在信用中介型虚拟账户模式中，虚拟账户不仅是一个资金流转的载体，而且起到信用中介的作用。第三方支付机构将其自身的商业信用注入该支付模式中，交易发生时，先由第三方支付机构暂替买方保存货款，待买家收到交易商品并确认无误后，再委托第三方支付机构将货款支付给卖家。支付宝提供的虚拟账户支付服务就是一种典型的信用中介型支付模式。

2. 直付型虚拟账户模式

直付型虚拟账户模式交易流程较为简单，支付平台中的虚拟账户只负责资金的暂时存放和转移，不承担信用中介等其他功能。如果要实现直付型账户支付模式，买卖双方需要首先在支付平台上设置虚拟账号，并进行各自银行账户与虚拟账户的关联。在交易过程中，支付平台根据支付信息将资金从买家银行账户转移到买家虚拟账户，再从买家虚拟账户转移到卖家虚拟账户，并最终划付给卖家的银行账户。整个交易过程对买卖双方而言，都通过虚拟账户进行操作并实现。提供直付型账户模式的第三方支付机构也很多，国外知名的公司有 PayPal，国内则有快钱、盛付通。

三、第三方支付牌照

第三方支付牌照一般指支付业务许可证。在中国，第三方支付受到中国人民银行的监管。为规范第三方支付行业发展秩序，2010年6月，中国人民银行正式对外公布《非金融机构支付服务管理办法》，要求包括第三方支付在内的非金融机构须在2011年9月1日前申领支付业务许可证，逾期未能取得许可证者将被禁止继续从事支付业务，这标志着我国第三方支付行业正式进入牌照监管时代。具体来说，中国人民银行将第三方支付牌照分为七种类型：预付卡受理、预付卡发行、移动电话支付、互联网支付、固定电话支付、银行卡收单、数字电视支付。

按照最常使用的业务类型可将第三方支付牌照分为三类。第一类是网络支付，依托公共网络或专用网络使收、付款人直接转移货币资金的行为，包括互联网支付、移动电话支付、固定电话支付、数字电视支付等，如支付宝、财付通、快钱。第二类是银行卡收单，通过销售点终端等为银行卡特约商户代收货币资金的行为，为商户提供收单清算服务，如支付通、拉卡拉等。第三类是预付卡，指由发行机构发行的，可在商业服务业领域使用的债权凭证，具体表现为购物券或消费卡。预付卡可划分为单用途预付卡和多用途预付卡。单用途预付卡只能在本企业或同一品牌连锁商业市场上使用（如沃尔玛消费卡、家乐福消费卡）；多用途预付卡是由第三方发卡机构发行，跨法人使用的预付卡种类（如北京资和信商通卡）。图5-4所示为第三方支付牌照分类及代表性企业。

在目前的市场上，网络支付牌照最为值钱，得益于中国互联网的飞速发展，使用场景广泛；银行卡收单牌照主要适用于线下POS机类业务发展，是我国第三方支付最早的商业模式，但随着移动支付的发展，其对线下收单造成了一定的冲击，但全国的收单牌照也非常值钱；预付卡作为特定行业的使用，相对来讲使用场景较少。

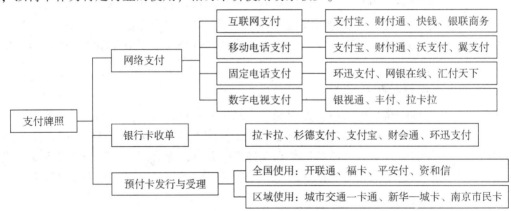

图5-4　第三方支付牌照分类及代表性企业

四、常见的第三方支付平台

目前，国内有几十家第三方支付平台，如与商业银行紧密相关的具有金融背景的网关支付服务，比如银联电子支付；依托实力雄厚的C2C网站的非独立支付工具，比如支付宝、财付通等；以快钱为代表的支持互联网、手机、电话和POS机等多种终端的独立第三方支付平台。下面仅介绍几个常见的国内外第三方支付平台。

（一）支付宝

国内最知名的第三方支付平台莫过于支付宝。支付宝成立于2004年，是阿里巴巴的关联公司。最初，支付宝用于淘宝网的交易安全保障，是第三方支付平台。随着用户的增多及功能的需求，2004 年 12 月，支付宝独立为浙江支付宝网络技术有限公司。目前，支付宝已经跟国内外 180 多家银行以及 VISA、MasterCard 国际组织等机构建立了深入的战略合作关系，成为金融机构在电子支付领域最为信任的合作伙伴。2019 年 1 月 9 日，支付宝正式对外宣布，支付宝全球用户数已经超过 10 亿人。目前，支付宝是国内最大的第三方支付平台。

（二）微信支付

2013 年 8 月 5 日，财付通与微信合作推出微信支付。微信支付是集成在微信客户端的支付功能，用户可以通过手机完成支付流程。

微信支付是腾讯公司的支付业务品牌，提供公众号支付、APP 支付、扫码支付、刷卡支付等支付方式。2018 年 8 月 15 日，腾讯发布的第二季度及中期综合业绩报告显示，微信和 WeChat 的合并月活跃账户数达 10.58 亿。以微信支付为核心的"智慧生活解决方案"至今已覆盖数百万门店、30 多个行业，用户可以使用微信支付来看病、购物、吃饭、旅游、交水电费等，微信支付已深入人们生活的方方面面。

（三）PayPal

PayPal 是目前全球最大的在线支付提供商，成立于 1998 年 12 月，总部在美国加州圣荷塞市。截至 2020 年第三季度，PayPal 在全球范围内拥有超过 3.61 亿活跃用户，可以在全球范围内开展电子商务和实体贸易，是跨国交易中最有效的付款方式。PayPal 是名副其实的全球化支付平台，服务范围超过 200 个市场，支持的币种超过 100 种。在跨国交易中，将近 70% 的在线跨境买家更喜欢用 PayPal 支付海外购物款项。

（四）快钱

快钱是国内领先的独立第三方支付企业，旨在为各类企业及个人提供安全、便捷和保密的综合电子支付服务。目前，快钱是支付产品最丰富、覆盖人群最广泛的电子支付企业，其推出的支付产品包括但不限于人民币支付、外卡支付、神州行卡支付、联通充值卡支付、VPOS 支付等众多支付产品，支持互联网、手机、电话和 POS 等多种终端，满足各类企业和个人的不同支付需求。

（五）银联在线支付

银联在线支付是由中国银联联合各商业银行共同打造的银行卡网上交易转接清算平台，也是中国首个具有金融级预授权担保交易功能、全面支持所有类型银联卡的集成化、综合性网上支付平台。

银联在线支付涵盖认证支付、快捷支付、储值卡支付、网银支付等多种支付方式，广泛应用于购物缴费、还款转账、商旅服务、基金申购、企业代收付等诸多领域，具有方便快捷、安全可靠、全球通用、金融级担保交易、综合性商户服务、无门槛网上支付六大特点。银联电子支付最大的优势在于其作为银联"嫡系"的支付企业，从而造就了其最广泛的用户基础及较高的信誉。

任务

1. 名词解释

第三方支付

2. 简答

（1）什么是第三方支付？第三方支付有哪些特征？

（2）第三方支付包括哪些环节？

（3）信用中介型虚拟账户模式和直付型虚拟账户模式有何区别？

（4）第三方支付牌照分为哪几类？

3. 实践训练

（1）请举两个第三方平台支付的例子，并比较它们之间的异同。

（2）运用百度脑图，绘制支付宝功能结构图。

项目四 移动支付

项目案例

大学生感受移动支付：手机全搞定，这个月没摸钱

在北京读大学的学生小徐说："上个月，在包里放了100元现金备用，到现在，一分钱现金都没花过。"生活中可以使用移动支付的场所越来越多：早餐店、公交、停车场、便利店、水果摊，甚至街上的流浪歌手也在钱箱外贴了二维码。

"以前在商场购物，需要先由商家开票，统一在收银台付款，再拿小票回商家取货。现在，几乎每个商家都支持移动支付，有时还会有优惠，真是方便太多了。"小徐说，"最开始看到这个变化还会觉得新鲜，后来就不会了。现在如果哪里不能用移动支付，我才觉得奇怪。"

案例分析

移动支付，又称手机支付，是指交易双方以移动终端设备为载体，通过移动通信网络实现商业交易。移动支付所使用的移动终端有很多，可以是手机、PDA、移动PC等。

随着智能手机的普及，移动支付发展越来越迅速，已经融入人们的衣食住行等很多方面，改变着人们的日常生活。

相关知识

一、移动支付的概念

移动支付是通过移动终端进行资金划转来完成交易的一种支付方式。移动支付所使用的移动终端可以是手机、掌上电脑、移动PC等。由于现阶段的移动支付主要以手机为载体，因此，狭义上的移动支付即指手机支付。从

移动支付

本质上来看，移动支付以银行和非金融支付机构账户作为移动支付业务的主要账户基础，以手机等移动通信设备中的安全模块作为账户、身份认证等敏感信息的存储介质，以线上移动通信网络或线下 POS 机、ATM 机等支付受理网络为支付渠道，以实现不同账户之间的资金转移或支付为业务核心。因此，移动支付业务属于金融业务范畴。

二、移动支付的分类

（一）按照支付方式分类

按照支付方式，移动支付可分为远程支付和近场支付。

1. 远程支付（Remote Payment）

远程支付也称为线上支付，是指利用移动终端通过无线通信网络接入移动支付后台系统，从而完成交易处理的支付方式。远程支付的支付处理是在远程的服务器中进行，支付信息需要通过网络传送到远程服务器中才可完成的支付。

目前常见的技术方案包括：短信支付、客户端支付、智能卡支付和移动终端外设支付等。

（1）短信支付：指用户通过编辑、发送短信完成的支付业务。

（2）客户端支付：指用户通过移动互联网浏览器或客户端，经互联网与支付平台交互完成支付的业务。

（3）智能卡支付：指用户通过存储支付数据的 IC 卡进行安全认证的远程支付业务。

（4）移动终端外设支付：指通过移动终端的外接设备完成刷卡支付的业务。

2. 近场支付（Near Field Payment）

近场支付是指消费者在购买商品或服务时，即时通过手机向商家进行支付，支付指令的处理在现场（本地而非远程）进行。近场支付不需要使用远程移动网络，通过 NFC、红外、蓝牙等其他技术，实现资金载体与售货机、POS 机终端等设备之间支付指令的传递，支付完毕，消费者即可得到商品或服务。

近场支付中，用户必须与商户面对面交付，用户的移动终端通过非接触式受理终端在本地或接入收单网络完成支付过程。近距离无线通信（Near Field Communication，NFC）是目前近场支付的主流技术，它是一种短距离的高频无线通信技术，允许电子设备之间进行非接触式点对点数据传输交换数据。该技术由 RFID 射频识别演变而来，并兼容 RFID 技术，最早由飞利浦、诺基亚、索尼主推，主要用于手机等手持设备中。与手机集成的 RFID 类技术方案主要包括智能 SD 卡、SIMpass、iSIM、RF-SIM、NFC 和贴片等，其他常见的近距离通信技术包括蓝牙、红外线等。

（二）按照支付账户性质分类

按照支付账户性质，移动支付可分为银行卡账户支付、通信代收费账户支付和第三方支付账户支付三种。

银行卡账户支付是直接采用银行借记卡或者信用卡账户进行支付的方式。通信代收费账户是移动运营商为其用户提供的一种小额支付账户，用户在互联网上购买电子书、歌曲、视频、软件、游戏等虚拟产品时，通过手机发送短信等方式进行后台认证，并将账单记录在用户的通信费账单中，月底进行合单收取，即通常所说的话费账户。第三方支付账户是指为用户提供与银行或金融机构支付结算系统接口和通道服务，实现资金转移和支付结算功能的一种支付服务,如支付宝账户、财付通账户等。

(三) 按照用户支付的额度分类

按照用户支付的额度,移动支付可分为大额支付、小额支付和微支付。

通常来讲,交易金额小于 10 美元的称为小额支付,主要用于游戏、视频内容等互联网虚拟产品的购买等;大于 10 美元的称为大额支付。两者之间最大的区别在于对安全要求的级别不同:对于大额支付来说,通过金融机构进行交易鉴权是非常必要的;而对于小额支付,通常利用移动网络本身的 SIM 卡鉴权机制保障支付安全。有时也将用款额特别小的电子商务交易中的移动支付称为微支付。

三、典型的移动支付流程

由于移动支付的分类与实现方式不同,其流程也不相同。一般而言,移动支付涉及的主体包括消费者、商家、支付平台、资信认证机构、网络、终端等。典型的移动支付流程如图 5-5 所示。

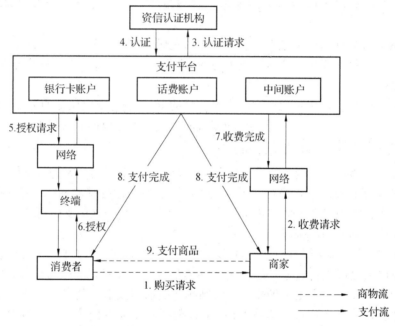

图 5-5 典型的移动支付流程

典型的移动支付流程包括以下步骤。

第一步,消费者向商家提出购买请求,商家通过电信运营商的网络向支付平台提出收费请求。

第二步,支付平台与第三方信用机构对商家和消费者进行资信认证。

第三步,支付平台通过电信运营商的网络向消费者使用的终端提出授权请求,得到授权认证后向商家支付费用,并同时通知商家和消费者支付完成。

第四步,商家在确认支付完成后向消费者交付商品。

从整个支付流程可以看出,移动支付和移动商务是紧密联系在一起的,而移动支付平台是整个支付过程的核心,它在资金结算、费率配置、客户服务、支撑营销等各方面都发挥着重要作用。

四、移动支付产业链

移动支付产业链参与者主要包括金融机构、移动网络运营商、第三方支付机构、商家和设备及解决方案提供商。其中,前三者是主要的移动支付服务提供商。

移动支付跨越电信和金融两大行业,是一项创新的、具有打造产业链能力的业务。目前,手机支付产业链上存在基础设备制造和运营服务平台提供两条主线。基础设备制造商主要是发射端可实现远程、近场无线通信的手机制造商、SIM 卡制造商,以及接收端可实现远程、近场无线通信的销售点终端机制造商。运营服务平台则是金融机构、移动网络运营商和第三方支付机构。

(一) 金融机构

金融机构不仅是第三方支付产业链的上游环节,更是该市场的政策制定方,在产业链中具有明确的话语权。第三方支付业务能够有效帮助银行提升其银行卡用户、网银用户的活跃度和黏性,但也在一定程度上和银行业务重叠。因此,银行等金融机构对第三方支付市场的态度仍未完全明确,既有积极合作的方面,也有严厉封闭的部分。

(二) 移动网络运营商

移动网络运营商为第三方支付提供支付交易信息的通信渠道,是连接用户、商业银行和第三方支付机构的重要桥梁,对第三方支付产业的发展起到关键作用。

(三) 第三方支付机构

第三方在线支付厂商是该市场的中流砥柱,由于央行对第三方支付牌照的审核发放严格,进入有较高的门槛,因此,该市场目前存在厂商数量有限、市场经营模式相对单一、各家厂商产品线同质化程度相当高等问题,竞争主要集中在客户关系、用户规模及费用等方面。

(四) 软、硬件技术提供商

目前,为第三方支付提供技术支持的供应商分为硬件设备方案供应商、系统解决方案提供商两类。硬件设备主要为支付终端解决方案,如 POS 机、移动刷卡器、NFC 近场支付模块的设备等。系统解决方案则涉及线上第三方平台的搭建、与各银行金融机构接口即支付网关的连接(如移动 APP 等)。

(五) 商户

商户即接入第三方移动支付服务的商家,使用第三方移动支付厂商提供的服务向自己的客户收取交易资金,以及完成总公司与分公司,总公司与各级代理商、供应商等产业链条上的资金回笼和划拨服务。最早的商户主要来自于电子商务网站,之后,各类型商户逐步加入进来。商户是大多数第三方移动支付交易应用的付费者,即第三方移动支付厂商的客户。

(六) 用户

大多数第三方在线支付市场的应用都对用户免费。艾媒咨询数据显示,随着技术与市场的成熟化发展,移动支付覆盖场景将更加广泛,用户规模有望持续上升。中国移动支付用户在选择各类移动支付平台时,优先考虑支付便捷性和个人信息安全性。

(七) 手机厂商

智能手机、移动终端生产厂商不断推陈出新,为移动支付带来了新的发展机遇;终端性能的提高和不断改善的带宽限制，为移动支付领域高速发展奠定了基础。

（八）政府监管

中国人民银行主要负责支付结算规则的制定，对银行及金融结算组织的经营资格、资金安全进行监督管理，为第三方支付机构颁发支付许可证，同时出台相关政策及管理办法等。

在产业链中，用户和商户位于两端，是移动支付业务的市场受众。移动网络运营商、第三方支付机构、金融机构是服务的提供者。移动支付应用开发商、POS 接受机制造商、SIM 卡制造商、终端制造商、芯片制造商等软硬件厂商以及系统集成商是移动支付市场近场支付的重要支撑力量。政府则是政策监管和标准引导方面的主导者。

任务

1. 名词解释

移动支付　远程支付　近场支付

2. 简答

（1）什么是移动支付？移动支付有哪些类型？

（2）什么是远程支付？常见的远程支付技术方案有哪些？

（3）简述移动支付的产业链构成。

3. 实践训练

（1）观察生活中移动支付的应用场景（如公交、医院、便利店）及所支持的移动支付方式（NFC、扫码支付、扫脸支付）等，并进行一次支付体验。

（2）调查所在地区（市级及以上）移动支付的发展现状。

项目五　网上银行

项目案例

网上银行使生活更方便

西安的张女士，女儿在北京读书，为了给女儿汇生活费，每个月都要抽空去趟银行排队汇钱，很费时间和精力。自从张女士学会了使用手机银行后，每次在手机上轻轻一点，就轻松地完成了转账，她说：“刚开始的确有点不放心，后来尝试了几次之后，发现手机银行的确很方便。”

案例分析

网上银行是信息时代的产物。它的诞生，使原来必须到银行柜台办理业务的客户，通过互联网便可直接进入银行，进行账务查询、转账、外汇买卖、网上购物、账户挂失等业务，真正做到让客户足不出户办妥一切银行业务。网上银行服务系统的开通，对银行和客户来说，都将大大提高工作效率，让资金创造最高效益，从而降低生产经营成本。

相关知识

网上银行（Internet Banking）是一种虚拟银行或网络银行，是电子银行的高级形式。它无须设立分支机构，就能通过互联网将银行服务铺向全国、全球，使客户在任何地点、任何时刻能以多种方式获得银行个性化的全方位服务。1995年10月18日，全球首家以网络银行冠名的金融组织——安全第一网络银行（Security First Network Bank，SFNB）在美国出现，标志着银行新模式的诞生。网上银行一经推出就显示出强大的生命力，不仅快速抢占传统的银行业务，还创造各种新需求，使金融服务突破时空限制，不断拓宽金融服务领域和金融创新空间，提高金融服务质量，吸引更多高价值客户。网上银行是21世纪电子银行发展的主流形式。

网上银行

一、网上银行的概念

根据巴塞尔银行监管委员会的定义，网上银行是指那些通过电子通道提供零售与小额产品和服务的银行。这些产品和服务包括存贷、账户管理、金融顾问、电子账务支付，以及其他些诸如电子货币等电子支付的产品与服务。欧洲银行标准委员会则将网上银行定义为：利用网络为通过计算机、网络电视、机顶盒及其他一些个人数字设备连接上网的中小企业和消费者提供银行产品服务的银行。

根据巴塞尔银行监管委员会和欧洲银行标准委员会对网上银行的定义，网上银行包含以下几个要素：电子虚拟服务方式、运行环境开放、真实的银行业务和业务实时处理。这些内在属性使网上银行较传统银行在成本、差异性、信息和时空等方面具有独特优势，因此，从本质上看，对网上银行可以从以下几方面提出定义。

（1）从机构概念上看，网上银行是指通过互联网向客户提供各种金融服务的银行。此时，网络作为传统渠道的补充，充当银行的虚拟柜台，是一种全新的银行客户服务渠道。

（2）从业务概念上看，网上银行是指传统银行通过互联网向客户提供包括账户查询、对账、行内转账、跨行转账、信贷网上支付、投资理财等服务项目在内的金融服务。从这个方面看，网上银行既包括电子信息化的传统银行业务，又包括因信息技术的应用带来的新兴业务。

（3）从技术概念上看，网上银行是商业银行等金融机构通过互联网、移动通信网络及其他开放性公众网络向其客户提供各种金融服务的信息系统。

二、网上银行的优势

与传统银行业务相比，网上银行业务有许多优势。

1. 大大降低银行经营成本，有效提高银行盈利能力

开办网上银行业务，主要利用公共网络资源，无须设置物理的分支机构或营业网点，减少了人员费用，提高了银行后台系统的效率。

2. 无时空限制，有利于扩大客户群体

网上银行业务打破了传统银行业务的地域、时间限制，具有3A特点，即能在任何时候（Anytime）、任何地方（Anywhere）、以任何方式（Anyhow）为客户提供金融服务。这既有利于吸引和保留优质客户，又能主动扩大客户群，开辟新的利润来源。

3. 有利于服务创新，向客户提供多种类、个性化服务

通过银行营业网点销售保险、证券和基金等金融产品，往往受到很大限制，主要是由于

一般的营业网点难以为客户提供详细的、低成本的信息咨询服务。利用互联网和银行支付系统，容易满足客户咨询、购买和交易多种金融产品的需求。除办理银行业务外，客户还可以很方便地在网上买卖股票、债券等，网上银行能够为客户提供更加合适的个性化金融服务。

三、网上银行类型

按照不同的划分标准，网上银行可以分为不同的类型。

（一）按发展模式划分

按照发展模式，网上银行可以分为纯网上银行和分支型网上银行。

纯网上银行也叫虚拟银行，这类银行只有一个办公地址，不设分支机构，无实体营业网点的依托，没有实际的物理柜台作为支持，几乎所有业务都在网上进行。纯网络银行的"心脏"是服务器，放置在其作为法定住所的办公地点，客户存取款可以通过其他机构拥有的自动柜员机进行。以美国安全第一网上银行为例，它的营业厅就是网站，其最开始时的员工只有19人，主要是对网络进行维护和管理。

分支型网上银行是指传统银行在现有基础上，以互联网作为新的服务手段，为客户提供在线服务。它相当于银行的一个特殊分支机构或营业点，功能与银行的其他物理分支机构或柜台类似，实质上是传统银行在互联网上的延伸。这是目前网上银行存在的主要形式，也是绝大多数商业银行采取的网上银行发展模式。我国目前还未出现完全依赖或主要依赖网络开展业务的纯网上银行。

比较而言，纯粹网络银行模式与分支型网上银行各有其发展特色及利弊。前者几乎所有的业务都依靠互联网来进行，可节约成本，有价格优势，不受传统银行体制束缚，发展比较自由；但是客户和业务资源都要从头积累，抗风险能力较差。后者能够为原传统银行树立网络品牌，与其共享客户和业务资源，利用银行已有的技术、人员和客户资源，有效地帮助主体银行改善银行形象和客户服务手段，迅速开发新的银行服务产品，扩展市场空间和渠道，满足客户要求，从而降低网络运营成本和风险，提高效率。

（二）按服务对象划分

按照服务对象，网上银行可以分为个人网上银行和企业网上银行。

个人网上银行主要适用于个人与家庭的日常消费支付与转账，覆盖了除现金以外绝大多数的传统柜台业务，提供的产品功能有查询、转账、代理缴费、网上支付、电子汇款、个人贷款、银证资金互转及证券交易、外汇买卖和个人理财等。

企业网上银行主要针对企业与政府部门等企事业组织客户，具体功能包括查询、转账、企业B2B交易平台、证券交易、国际结算等，可以实现集团企业客户在全国范围内的资金划拨和财务管理。

由于商务性质不同，个人网上银行和企业网上银行虽然在模式上基本类似，但在应用条件及业务功能上存在较大差异。

四、网上银行提供的服务

网上银行业务不仅涵盖传统银行业务，而且突破了银行经营的行业界限，深入证券、保险甚至商业流通等领域。网上银行的功能与提供的服务一般包括下列内容。

（一）信息服务

通过网站发布银行信息、储蓄利率、国际金融信息、外汇市场行情等，为客户提供必要的软件与数据下载服务，如个人网上银行专业版软件。

（二）银行业务项目

网上银行提供的银行业务项目包括：储蓄、信用卡、在线查询账户余额、交易记录、转账和网上支付等。

（三）投资理财

网上银行向客户提供国债、股票、基金、期货等金融理财产品。各大银行将传统银行业务中的理财助理转移到网上进行，通过网络为客户提供理财的各种解决方案，从而极大地扩大了商业银行的服务范围，并降低了相关的服务成本。

（四）外汇交易

不少银行已开通国际业务、外汇储蓄业务，在此基础上为客户提供网上外汇交易业务。

（五）企业银行

企业银行服务是网上银行服务中最重要的部分之一。企业银行服务包括对企业多个账户（总账户与分账户）的管理、账户余额查询、交易记录查询、转账、在线支付各种费用、透支保护、储蓄账户与支票账户资金自动划拨、商业信用卡等。部分网上银行还为企业提供贷款业务。

（六）其他金融服务

各大商业银行的网上银行还通过自身或与其他金融服务网站联合的方式，为客户提供多种金融衍生产品和特色服务，如银证转账、保险、抵押贷款和按揭等，以扩大网上银行的服务范围。

任 务

1. 名词解释

网上银行

2. 简答

（1）什么是网上银行？

（2）与传统银行相比，网上银行有哪些优势？

3. 实践训练

任选一家网上银行，如中国建设银行、中国工商银行、招商银行等，体验网上银行的功能。

推荐资源

1. 支付宝官网
2. 财付通官网
3. 艾瑞咨询官网
4. 网经社网站

专题六

电子商务物流

学习目标

1. 掌握物流的定义、特点及分类。
2. 理解电子商务与物流的关系。
3. 掌握电子商务物流的定义、特点、实现模式。
4. 熟悉常见的电子商务物流技术。

专题描述

物流是指为了满足客户的需要,以最低的成本,通过运输、保管、配送等方式,实现原材料、半成品、成品及相关信息由商品的产地到商品的消费地所进行的计划、实施和管理的全过程。本专题分三个项目。项目一首先介绍物流的概念、基本活动等;接着从分析电子商务与物流的关系入手,引入了电子商务物流的相关内容,如电子商务物流的特点、功能、实现模式等。项目二详细介绍了目前常见的电子商务物流模式,从模式的含义、分类、优势及劣势进行了详细描述。项目三介绍了常见的电子商务物流技术,如条形码技术、射频技术、GPS 和 GIS,不仅阐述了各种技术的理论知识,还结合实际讲述了各种技术在生活中的应用。

项目一 电子商务物流的定义及特点

项目案例

智能物流系统

瑞仕格(Swisslog)是全球领先的仓储及配送物流系统集成商,瑞仕格(上海)商贸有限公司(以下简称"瑞仕格")是其设立于上海的独资公司,提供咨询、软件解决方案、总承包、项目实施及终身售后等服务,其出类拔萃的项目规划、执行和服务能力,受到用户的广泛好评。

瑞仕格市场经理认为，智能物流可以简单地说是自动化和信息化的结合，跟现在讲的物联网一样，是物流发展的目标和趋势。智能物流的发展和应用有其自身规律和发展条件，用户和集成商在建设物流系统时，不能为了智能化而智能化，应该尊重主客观条件，建设适合客户现在和未来发展需求的智能物流系统。

他提到，根据国内目前的物流系统集成项目情况，只能在一定范围内实现智能物流，还不能实现对整个供应链的智能化。这除了跟现有技术水平和实施成本相关外，也受到社会整体环境的影响。例如，某企业可以在内部实现智能化物流管理，但是收、发货环节是否也能实现智能化则取决于供应商、客户和第三方物流企业是否也使用同样的系统或规则进行无缝衔接。若某一方过度智能化，无法与其他关联方无缝衔接，很可能造成过度投资、资源闲置甚至浪费。例如，某生产企业使用RFID管理产品信息，其客户却只支持条形码识别，那么客户就无法获取信息。补救措施就是重新打印和粘贴条形码，但这无形中增加了客户收货时的工作量。

所以，系统集成商在为客户规划方案时，要综合考虑其整体流程，选择的智能化系统不仅要实现对客户内部物流流程的优化，也要实现客户与上下游物流的良好衔接，使之真正适合企业需求。再以电子商务行业为例，电商企业对物流信息化高度重视，这由它的业务模式决定。但对自动化的需求千差万别，这取决于企业自身的发展状况和目标定位。那么，同样是需要自动化物流系统的企业，又因为它所经营的产品类型、品种数量、尺寸差别、订单结构、订单处理量、业务分布、物流配送模式等需求不同，所使用的物流系统也不同，甚至在同一家企业里处理不同产品和流程所需要的子系统也不相同。

针对不同的电商企业中小件商品的自动化存储需求，瑞仕格可以提供箱式立体库、Auto-Store 轻载存储拣选系统、Smart Carrier 高效缓存与分拣系统，以及 Carry Pick 自动小车拣选系统等不同的方案。瑞仕格还会根据客户的场地情况、产品尺寸与重量、订单结构与订单量等因素选用不同的方案。如果客户的产品品种比较多，处理的订单主要是单行或多行的小订单，仓库比较矮或者形状不规则，Auto-Store 系统就能够发挥其密级存储和货到人拣选的优势；如果客户的产品尺寸、重量差异较大，订单结构比较复杂，需要较多的分拨与合单工作，那么 Carry Pick 系统就更为合适。集成商的工作就是分析企业的产品、订单、流程和业务模式，制订合理的解决方案，将各个子系统包括智能化系统整合并集成为一套完整的系统。

用户了解自己的需求和发展目标，但可能不熟悉市场上的设备和技术手段；设备商和集成商对新技术和设备比较熟悉，但可能缺乏对客户需求和目标的全面认知。因此，供求双方应多交流，针对需求共同开发，这样才能实现双赢。

（资料来源：《现代物流报》官网，2014-09-16）

案例分析

瑞仕格可提供咨询、软件解决方案、总承包、项目实施及终身售后等物流服务。作为系统集成商的瑞仕格，在为客户规划方案时，会综合考虑其所要服务企业的整体流程，根据企业的特点为其选择智能化系统。所规划的智能化系统不仅可以实现对客户内部物流流程的优化，还可以实现客户与上下游物流的良好衔接，使之真正适合企业需求。瑞仕格所提供的物流服务充分体现出在电子商务时代，电子商务物流的智能化、自动化、柔性化与信息化等新的特点。

一、物流基础知识

（一）物流的概念

对于物流，目前国内尚无一个统一的概念，各国提法也不一致，但大体含义是相同的。本教材认为，物流是指为了满足客户的需要，以最低的成本，通过运输、保管、配送等方式，实现原材料、半成品、成品及相关信息由商品的产地到商品的消费地所进行的计划、实施和管理的全过程。

电子商务物流的定义及特点

物流一般是由对商品的运输、仓储、包装、搬运、装卸、流通加工以及相关的物流信息环节构成，并对各个环节进行综合和复合化后所形成的最优系统。对物流的管理就是如何按时、按质、按量，并以系统最低的成本费用把所需的材料、货物运到生产和流通领域中任何一个需要的地方，以满足人们对货物在空间和时间上的需求。

（二）物流的基本活动

物流的周期可划分为计划、实施和服务三个阶段，各阶段的活动如下。

1. 计划阶段

（1）需求预测。

需求预测是指企业对其日常运营进行分析后所作出的对物流需求的预测或估计。需求预测发生在物流的计划阶段，正确的需求预测有助于物流活动的顺利实施，可以有效避免资源浪费。

（2）设施布局。

设施布局活动的主要内容是根据物流合理化的需求，确定物流节点的数量和位置。其中，物流节点主要包括工厂、仓库、配送中心、销售点等。设施布局直接关系到物流网络的格局，进而影响物流的质量和效率。

2. 实施阶段

（1）包装。

包装是在商品输送或保管过程中，为保证商品的价值和形态而从事的物流活动。从机能上看，包装可以分为保持商品品质而进行的工业包装，以及为使商品顺利抵达消费者手中、提高商品价值、传递信息等以促进销售为目的的商业包装两大类。

（2）装卸搬运。

装卸是跨越交通机构和物流设施而进行的，发生在输送、保管、包装前后的商品取放活动，它包括商品放入、卸出、分拣、备货等活动。

（3）运输与配送。

运输是使物品发生场所、空间移动的物流活动。运输系统是由包括车站、码头等运输结点，运输途径，交通工具等在内的硬件要素，以及交通控制和运营等软件要素组成的有机整体，并通过这个有机整体发挥综合效应。具体来看，运输体系中的"运输"主要指长距离的商品和服务移动，而短距离少量的输送常常称为配送。

(4) 流通加工。流通加工是指在流通阶段为保存而进行的加工或者为同一机能形态转换而进行的加工，例如，切割、细分化、组装等轻微的生产活动。除此之外，还包括单位化、价格贴付、标签贴付、备货、商品检验等为使流通顺利进行而从事的辅助作业。如今，流通加工作为提高商品附加值、促进商品差别化的重要手段之一，重要性越来越明显。

3．服务阶段

（1）客户服务。

客户服务活动除了包括提供给客户必要的物流服务外，还应包括收集和分析客户信息，以掌握客户动态，从而根据客户的要求，为客户提供标准化程度高、及时的物流服务。

（2）退货处理。

退货处理活动主要完成当货物出现质量或数量问题时，将货物退回到供货部门的任务。完善的退货处理机制有助于企业及时了解产品生产及销售情况，对于企业制订生产、销售计划，控制产品质量具有重要作用。

（3）废弃物处理。

废弃物处理是指对物流活动中产生的废弃物进行回收的活动。物流活动中产生的废弃物是失去了原有使用价值的商品，根据实际需要将它们分类、搬运、储存等，并分送到专门的场所。废弃物不能直接给企业带来效益，但是非常有发展潜力。

除以上三个阶段中的活动之外，仓储管理和信息交换两项活动贯穿物流的整个周期。

仓储管理是对货物提供存放场所，对物品存取、保管和控制的过程。合理的仓储管理有助于节省物理成本，提高物流效率。存储具有储藏、管理的意思，它有时间调整和价格调整的机能。存储通过调整供给与需求之间的阻隔，使经济活动稳定地开展。存储的主要设施是仓库。

信息交换活动主要实现物流中产生的货物数量、位置、状态等信息在各部门之间的传递。物流信息交换的流畅性和准确性直接影响物流作业的效率和质量，是物流的重要活动。物流信息主要包括与商品数量、质量、作业管理相关的物流信息，以及以订货、发货及其货款支付相关的商流信息。通过收集与物流活动有关的信息，可以使物流活动有效、顺利地进行。随着信息技术的发展和在物流活动中的普及，物流信息开始趋于集成化和系统化，涉及订货、在库管理、商品进出、输送和备货五大要素的业务流已在信息系统的集成上实现了一体化。

二、电子商务物流基础

（一）电子商务物流的定义

电子商务物流就是信息化、现代化、社会化的物流。也就是说，物流企业采用网络化的计算机技术和现代化的硬件设备、软件系统及先进的管理手段，针对社会需求，严格、守信用地按用户的订货要求，进行一系列分类、编码、整理、分工、配货等理货工作，定时、定点、定量地交给没有范围限度的各类用户，满足其对商品的要求。

相对于传统物流而言，电子商务物流是在传统物流的基础上，利用电子化的手段，尤其是利用互联网技术来完成物流全过程的协调、控制和管理，实现从网络前端到最终客户端的所有中间过程的服务，实现产品在物流环节的增值，最显著的特点就是各种软件技术与物流服务的融合应用。

可以从以下几个方面进一步理解电子商务物流的含义。

1. 电子商务物流源于传统物流

传统物流是电子商务物流的基础，电子商务物流是电子商务技术对传统物流的重塑，其目的、功能、活动并没有发生改变。因此，电子商务物流是基于传统物流而发展起来的新兴物流形式。

2. 电子商务物流基于电子商务技术

电子商务技术在传统物流中的应用是电子商务物流最突出的特点。正是由于电子商务技术的应用，传统物流才达到了一个更高的发展层次，实现了传统物流无法实现的目标。

3. 电子商务物流不是电子商务技术在传统物流中的简单应用

电子商务物流是通过电子商务技术的应用，改变传统物流原有的理念、流程，实现传统物流各环节、资源、信息的优化配置和有效重组，进而从整体的高度对传统物流进行从内而外的更新和革命。

4. 电子商务物流的目的在于实现产品在物流环节的价值增值

电子商务物流通过电子商务技术达到高效率、高准确度、低库存、低成本的"两高两低"的目的，进而使企业能够在物流环节实现产品的价值增值，对于提高企业在行业中的竞争力具有重要的作用。

（二）电子商务物流的特点

电子商务时代的来临，给全球物流带来了新的发展，使物流具备了一系列新特点。

1. 信息化

电子商务时代，物流信息化是电子商务的必然要求。物流信息化表现为物流信息的商品化、物流信息收集的数据库化和代码化、物流信息处理的电子化和计算机化、物流信息传递的标准化和实时化、物流信息存储的数字化等，并通过条码技术、数据库技术、电子订货系统、电子数据交换、快速反应及有效的客服反应、企业资源计划等技术实现。

信息化是一切的基础，没有物流信息化，任何先进的技术设备都不可能应用于物流领域。物流技术及计算机技术在物流中的应用将会改变物流面貌。

2. 自动化

自动化的基础是信息化，核心是机电一体化，外在表现是无人化，效果是省力化。此外，物流自动化还有扩大物流作业能力、提高劳动生产率、减少物流作业的差错等功能。物流自动化的设施非常多，如条码/语音/射频自动识别系统、自动分拣系统、自动存取系统、自动导向车、货物自动跟踪系统等。这些设施在发达国家已普遍应用于物流作业流程中，在我国，虽然物流业起步晚，发展水平低，自动化技术也已经开始慢慢普及起来。

3. 网络化

物流领域网络化的基础也是信息化。这里的网络化有两层含义。

一是物流配送系统的计算机通信网络，包括物流配送中心与供应商或制造商的联系要通过的计算机网络，以及与下游顾客之间进行联系的计算机网络。比如，物流配送中心向供应商发出订单这个过程，可以使用计算机通信方式，借助网上的电子订货系统和电子数据交换技术来自动实现。物流配送中心通过计算机网络收集下游客户的订货过程也可以自动完成。

二是组织的网络化，即组织的内部网和与之相匹配的物流配送系统。最典型的例子就是全球运筹式产销模式，该模式是指按照客户订单组织生产，采取外包的形式将一台计算机的全部零部件外包给世界各地的制造商，通过全球的物流网将这些部件发往同一个配送中心进行组装，再由该配送中心将组装的计算机迅速发给客户的过程。这一过程需要高效的物流网络与计算机网络的共同支持。

4. 智能化

智能化是物流自动化、信息化的一种高层次应用。在物流作业过程中，库存水平的确定、运输路径的选择、自动导向车的运行轨迹和作业控制、自动分拣机的运行等问题需要大量的运筹和决策才能解决。在物流自动化的进程中，物流智能化是不可回避的技术难题。由于专家系统、机器人等相关技术在国际上已经有比较成熟的研究成果，因而物流的智能化已成为电子商务时代物流发展的一个新趋势。

5. 柔性化

柔性化的物流是适应生产、流通与消费的需求而发展起来的一种新型物流模式。其实，柔性化主要是为实现"以顾客为中心"这一理念而在生产领域提出的，但要真正做到柔性化，即真正地根据消费者需求的变化来灵活调节生产工艺，没有配套的柔性化物流系统是不可能达到的。因此，柔性化的物流正是适应生产、流通与消费的需求而发展起来的一种新型物流模式。这就要求物流配送中心要根据消费需求"多品种、小批量、多批次、短周期"的特色，灵活组织和实施物流作业。

6. 集成化

电子商务下的物流系统，在物流基础设施、信息基础设施、商品包装的标准化和物流运作模式等方面都日益社会化和一体化，在数据与功能、技术与设备、个人和组织等层次上都在向集成化的方向发展。

（三）电子商务物流的增值服务功能

除了传统的物流服务外，电子商务还需要增值物流服务。所谓增值物流服务，是指在完成物流基本功能的基础上，根据客户需求提供的各种延伸业务活动。增值物流服务包括以下几层含义和内容。

1. 增加便利性的服务——使人变懒的服务

一切能够简化手续、操作的服务都是增值服务。在提供电子商务的物流时，推行"一条龙"、门到门的服务，提供完备的操作或作业提示、免培训、免维护、省力化设计或安装、代办业务、一张面孔接待客户、24小时营业、自动订货、传递信息和转账，以及物流全过程追踪等服务，都是对电子商务销售有用的增值性服务。

2. 加快反应速度的服务——使流通过程变快的服务

快速反应已经成为物流发展的动力之一。传统的观点和做法是将加快反应速度变成单纯对快速运输的一种要求，但在需求方对速度的要求越来越高的情况下，它也变成了一种约束。因此，具有重大推广价值的增值性服务方案，应该是优化电子商务系统的配送中心和物流中心网络，重新设计适合电子商务的流通渠道，以此来减少物流环节、简化物流过程、提高物流系统的快速反应性能。

3. 降低成本的服务——发掘第三利润源泉的服务

在电子商务发展的前期，物流成本将会居高不下，有些企业可能会因为承担不了这种高成本而退出电子商务领域，或者是有选择地将电子商务的物流服务外包出去。因此，发展电子商务就应该寻找能够降低物流成本的物流方案。企业可以考虑的方案包括采取物流共同化计划，同时，如果具有一定的商务规模，比如亚马逊这样具有巨大销售规模的电子商务企业，可以通过采用比较适用但投资比较少的物流技术和设施设备，或推行物流管理技术，如运筹学中的管理技术、条码技术和信息技术等，提高物流的效率和效益，降低物流成本。

4. 延伸服务——将供应链集成在一起的服务

电子商务中，新型物流强调物流服务功能的恰当定位与完善化、系列化。除了传统的储存、运输、包装、流通加工等服务外，向上可以延伸到市场调查与预测、采购及订单处理；向下可以延伸到配送、物流咨询、物流方案的选择与规划、库存控制决策建议、货款回收与结算、教育与培训、物流系统设计与规划方案的制作等。

（四）电子商务环境下物流的实现模式

完整的电子商务应该能够顺利完成商流、物流、信息流和资金流四方面的交流。在商流、信息流、资金流都可以在网上快速完成的情况下，现代物流体系的建立被看成电子商务发展的决定性环节。

1. 常见的电子商务物流实现模式

电子商务物流体系可以考虑以下几种组建模式。

（1）电子商务与普通商务活动共用一套物流系统。

对于已经开展普通商务的公司，可以建立基于互联网的电子商务销售系统，同时可以利用原有的物流资源，承担电子商务的物流业务。拥有完善流通渠道的制造商或经销商开展电子商务业务，能够为用户提供更好的物流服务。

例如，苏宁易购的电子商务与普通商务活动共用一套物流系统。

（2）自己组建物流企业。

目前，国内的物流公司大多是由传统的储运公司转变过来的，还不能满足电子商务的物流需求。因此，国内一些企业与国外的信息企业合资组建电子商务公司时，解决物流配送问题的办法往往是自己组建物流企业。企业必须对跨行业经营产生的风险进行严格的评估，新组建的物流公司必须按照物流的客观规律运作才能成功。在电子商务发展初期，物流配送体系不够完善的情况下，不要把电子商务的物流服务水平定得太高，可以注意培养和扶持物流服务供应商，让专业物流服务商为电子商务提供物流服务。

例如，京东商城就自己组建了物流系统。早在2007年，京东就开始建设自有的物流体系。2009年年初，京东成立物流公司，开始全面布局全国的物流体系。现在，京东的物流中心已覆盖了全国各大城市。

（3）外包给专业的物流公司。

将物流外包给第三方物流公司是跨国公司管理物流的通常做法。按照供应链的理论，将不是自己核心业务的业务外包给从事该业务的专业公司去做，从原材料供应到生产和销售等环节的各种职能,都由在某一领域具有专长或核心竞争力的专业公司互相协调和配合来完成,这样形成的供应链具有更强大的竞争力。

例如,美国的麦当劳作为全球的跨国连锁餐厅,它的物流活动都是由固定的第三方物流公司——夏辉公司完成的。麦当劳的店面开到哪个国家,夏辉公司的身影就跟到哪个国家。

(4) 第三方物流企业建立电子商务系统。

区域性、全国性或全球性的第三方物流企业具有物流网络上的优势,这些企业发展达到一定规模后,会将其业务向供应链的上游或下游延伸,向上延伸到制造业,向下延伸到销售业。例如,顺丰速运是一家主要经营国际、国内快递业务的快递企业,顺丰优选是其旗下电子商务平台,于2012年5月31日正式上线,经营精选的特色食品,并通过开放平台引入更为丰富的商品,涵盖全球美食、3C(计算机类、通信类、消费类电子产品)百货、海淘商品等多个品类,不断满足消费者对品质生活的需求。

2. 京东商城的物流配送模式分析

京东是我国最大的自营式电子商务企业。目前,京东集团旗下设有京东商城、京东金融、拍拍网、京东智能、O2O及海外事业部。京东是我国第一个成功赴美上市的大型综合型电子商务平台,与腾讯、百度等我国互联网巨头共同跻身全球前十大互联网公司排行榜。

京东商城的物流模式主要有以下几种。

(1) 自建物流体系。

通过自建物流体系,京东已向全国2 661个区县提供自营配送服务,支持货到付款、POS机刷卡和售后上门服务。

(2) 与当地便利店合作,采用O2O模式送货。

2014年3月17日,京东在北京召开O2O战略发布会,宣布与快客、好邻居、良友等多家知名连锁便利店品牌的上万家便利店合作,正式进军O2O领域。今后,用户在网上下单后,将由最近的便利店负责配送,在最短的时间内把客户采购的商品送到客户手中。

(3) 与其他物流合作。

如今,京东在三、四线城市的渗透还较低,其中一个非常重要的原因就是自营物流还没有覆盖到这些区域,这些区域主要靠其他物流公司的体系组织送货。

(4) 自提柜形式。

京东在一些小区、高校等公共场所设置自提柜,由客户自行进行提货作业。

任 务

1. 名称解释

流通加工　电子商务物流

2. 简答

(1) 物流活动的基本活动可分为哪几个阶段?

(2) 电子商务环境下物流的实现模式有哪几种?

(3) 电子商务物流的增值服务功能有哪些?

(4) 我国电子商务物流发展趋势有哪些?

3. 实践训练

(1) 观看《绍兴港:现代物流园》视频,回答以下问题。

1）该中心的现代化设施主要有哪些？
2）该中心除基本的物流功能外，还有哪些功能？
3）该中心有哪两个基地、哪两个平台？
（2）阅读以下材料，回答问题。

乐蜂网5周年店庆期间，面临大幅增长的订单，为保证顾客订单能快速有序地发出，乐蜂网推出了订单慢递服务。如果选择了慢递服务，会有额外的惊喜。具体规则如下。

A. 顾客在"送货方式选择"页面中选择"慢递送货上门"，订单将会延后3天发货。

B. 订单发出5天后，会将赠送的10元全场现金券发送至顾客的乐蜂网账户中。

问题：
1）乐蜂网是如何构建企业电子商务物流体系的？
2）乐蜂网推出的"慢递服务"体现了电子商务物流的哪些特点？

项目二　电子商务物流模式

项目案例

第三方云仓渐成行业新宠

随着电商购物节的日益火爆，各大快递企业的物流响应速度经受着严峻的考验。为此，能够支撑一体化物流服务的云仓逐渐成为物流领域的热门话题。据了解，不仅菜鸟、京东、顺丰、德邦等众多行业巨头在加快物流云仓的布局，第三方云仓的出现也让中小型物流企业破解物流难题找到了新的希望。

1. 云仓能够应对"最后一公里"短板

提起"云仓"这个概念，大家还很陌生。"通俗来讲，云仓其实就是针对电商物流的一种第三方中后端精细化、全数字化管理。比如说我们的盖世云仓，就是把客户的物流流程打包操作，而客户仅需要一台电脑，把产品宣传好，卖出去就好，省心省力。"山东盖世物流集团（以下简称"盖世集团"）副总经理说。

电商物流的主要症结在于"货物就近匹配"和"最后一公里"，而信息的高速发展使大数据和智能化、自动化得到高速发展，"互联网+仓储"的需求推动了云仓的产生。

传统仓储储存的货物品类是相对单一的，而云仓则不同，它是多品类的集中。以往接到企业的订单后，可能需要到不同的仓库去分别取货，最后集中到一起，这样的结果是取货出库的时间（即流通的时间）比较长。而云仓则不同，它改变了以往仓储的方式，把货物集中在同一仓库的不同库位上，根据订单自动或人工拣选，形成最终包裹。由于电子商务货物体积相对较小、重量相对较轻，该方案可以实施。

2. 云仓省力还省钱

如何利用云仓把货物更快、更好地送到客户的手中呢？业内人士称，云仓可以实现仓储、运输配送一体化，打造扁平化的供应链，提高仓储输送效率，依托仓储设施实现在线交易、交割、融资、支付、结算等一体化的服务。随着电子商务与O2O的发展，企业和消费者也越来越重视前后端的客户体验，云仓成为解决效率问题的关键方法。

盖世集团工作人员介绍，假设面积 6 000 平方米的仓库使用全自动化仓储每天可以处理 5 万单货物，半自动化仓促可以处理 2 万单货物，如果全部人工则只能处理 1 000 单，效率差距明显。

云仓有这么多优势，那么目前发展情况如何呢？盖世集团副总经理介绍说："以京东为代表的大型电商往往选择自建云仓，而对于中小型电商企业来说，自建云仓成本太高，而第三方云仓恰恰解决了它们的痛点。目前，第三方云仓已经逐渐成为主流模式。以盖世云仓为例，客户从网上下单后，通过系统实时抓取，我们会与店家同时接到发货通知，然后我们会立刻打包，联系快递配送。过程中，工作人员依靠手持终端拣货，全程系统化操作，十分便捷。"

(资料来源：《济南日报》官网，2017-3-17)

案例分析

上述案例中提到，以京东为代表的大型电商往往选择自建云仓，而对于中小型电商企业来说，自建云仓成本太高，而第三方云仓恰恰解决了它们的难题。目前，第三方云仓已经逐渐成为主流模式。那么，电商企业如何选择物流模式呢？无论采取何种模式，都应遵循以下一些原则：专注核心竞争力、考虑企业物流资源、注意电子商务发展的阶段、权衡物流成本与物流服务、信息化程度、网络化程度、柔性化程度等。

相关知识

一、企业自营物流

（一）企业自营物流定义

企业自营物流是指源于企业纵向一体化，生产企业或销售企业自备仓库、车队等物流设施，在企业内部设置专门的物流管理部门，自行安排物流活动的物流模式。

在电子商务时代，企业的物流管理职能被提到战略地位，通过科学、有效的物流管理，实现资源和功能的整合，进而达到产品增值的目的。

电子商务物流模式

（二）企业自营物流的类型

根据物流服务的提供方不同，企业自营物流主要分为供方物流和需方物流两类。

1. 供方物流

供方物流是指由产品的提供方提供物流服务的企业自营物流模式。多数的大型产品生产企业为方便产品配送、灵活掌握产品配送时间和配送方式、降低配送成本，愿意采用自营物流模式。

海尔集团是生产企业自建供方物流的代表，它着力于物流改革，先后经历了物流资源重组、供应链管理、物流产业化三个阶段，整合了分散在 28 个产品事业部的采购、原材料配送及成品分拣，大幅度降低了物流的采购成本和成品运输成本，同时，提升了快速满足用户需求的能力。

2. 需方物流

需方物流是指由产品的需求方提供物流服务的企业自营物流模式。这种模式多数由产品销售企业采用，目的在于合理规划采购渠道、管理采购方式、节省采购成本。产品需求方自行组建物流系统，有利于需求企业根据自身需求，选择采购的时间、地点、方式等，使企业需求在更大程度上得到满足。

苏宁在 2002 年开始建立自己的智能配送中心，以配送中心为核心，上与供应商相连，下与连锁超市相接，并把自己纳入供应链中加以管理，合理协调产品采购中的各个活动。其前期投资在一定程度上虽然影响了当时的获利能力，但已体现出在采购管理方面的突出优势。

(三) 企业自营物流的优势和劣势

1. 企业自营物流的优势

(1) 可控程度高。

企业通过自行实施物流活动，能够在很大程度上对物流运作的全过程进行控制，合理规划物流的每个环节，在有效收集供应商、生产部门、销售商及最终顾客的一手信息的同时，随时调整企业的经营战略，有利于企业把握商机、避免风险。

(2) 保密程度高。

在企业自营物流中，从原材料的采购、产品的生产到产品的销售、配送，均由企业独立完成，在很大程度上避免了各个环节商业机密的泄露。对于一个专业化程度高、竞争对手较强的企业，这种优势尤为明显。

(3) 有效提高品牌价值。

企业自主实施物流活动，能够自行控制营销活动。因此，企业可以亲自为顾客服务到家，直接面对顾客，表现出企业在消费群体中较强的亲和力，提升企业形象。此外，企业能够在同顾客的接触中，根据顾客的需求及市场的发展及时调整战略，提高企业竞争力。

(4) 信息整合便利。

企业自营物流能够有效地将物流信息同企业的生产数据、财务数据、销售数据等进行整合，使企业能够在更大范围内了解运营情况。在信息化时代，这种便利的信息整合能力尤为重要，是企业提升自身竞争力的有力途径。

2. 企业自营物流的劣势

(1) 由于物流体系涉及运输、仓储等多个环节，需要建立服务车队、仓库，要组织专门的部门负责等。因此，企业自营物流建设物流系统的一次性投资较大，占用资金较多，而且投资回收期长，对于规模较小的企业来说负担很重。

(2) 物流不仅仅是单个物流部门的工作，它涉及企业的生产、销售、财务等多个部门。企业自营物流的运营需要企业工作人员不但具有专业化的物流管理能力，还要具有良好的协调、组织能力，平衡各方面利益，追求整体效益最大化。因此，企业自营物流对企业员工的管理能力要求相当高。

(3) 企业自营物流需要企业自行建设物流所必需的设备，对于整个社会来说，必定会造成重复建设，不利于社会资源的合理配置，造成社会资源的浪费。而对于单个企业来说，企业自营物流只服务于企业自身，当市场状况不理想的时候，会出现大量资源闲置的情况，从而增加企业成本，使企业风险增大。

二、第三方物流

(一) 第三方物流的定义

第三方物流是指由相对于发货人（第一方）和收货人（第二方）而言的第三方专业企业来承担企业物流活动的一种物流形态，又称为合同物流、契约物流或外包物流。

第三方物流通过与发货人或收货人的合作，为其提供专业化的物流服务，主要包括物流系统的设计、报表管理、货物集运、信息管理、仓储、资讯等。

(二) 第三方物流的分类

按照不同的标准，第三方物流可以分为不同的类型。

1. 按照提供服务的种类划分

按照提供服务的种类，第三方物流可以分为资产型物流、管理型物流和综合型物流三种。

(1) 资产型物流。

资产型物流主要通过运用自己的资产来提供专业的服务，其提供的服务主要是运输、仓储、物流系统设计等，以其所拥有的丰富的硬件资源为企业解决产品配送及储存等问题。

中铁物流集团是典型的资产型物流，其业务涵盖一体化物流、快运、仓储管理、速递、铁路运输、航空运输等，拥有丰富的硬件设施，为企业及个人提供物流服务。

(2) 管理型物流。

管理型物流主要提供物流的规划与策划、物流管理咨询服务等，是以物流的相关软件服务见长的一种第三方物流类型。这类第三方物流以其专业的物流知识和管理水平为企业提供整套的物流解决方案。

安得智联科技股份有限公司（曾用名：安得物流股份有限公司）是国内较早开发物流集成化管理的物流企业。随着多年企业战略的不断调整和企业资源管理能力的不断增强，安得物流股份有限公司已经成为一家具有一定特色和代表性的管理型第三方物流企业。

(3) 综合型物流。

综合型物流兼具资产型物流和管理型物流的能力，既拥有必要的物流设施装备，又能够提供专业的物流管理咨询服务，承担各种物流业务。随着物流行业的发展，综合型物流将成为未来物流行业的发展方向。

新邦物流是综合型物流的代表，它不仅能够提供公路运输、航空运输等服务，还具有一定的物流管理能力，能够提供专业化的物流管理服务。

2. 按物流业务划分

按照物流业务，第三方物流可分为专业型物流和整合型物流两种。

(1) 专业型物流。

专业型物流是指提供某一种或者几种物流服务的物流类型，如单一的运输、仓储、搬运、管理咨询等。专业型物流的特点是在其自身的服务领域具有较高的专业化程度，具有很强的竞争力。

TNT邮政集团主要从事运输、分销配给和仓储三方面的业务，为客户提供完整、综合的物流方案，包括工厂供给和零部件的境内运输交付、向终端顾客境外交付成品，以及产品修理所需的备用零件的交付和仓储，是专业型物流的代表。

(2) 整合型物流。

整合型物流是指能够为需求企业提供运输、储存、包装、装卸、流通加工、物流信息、物流管理等各种物流服务的第三方物流类型，主要特点是能够提供覆盖整个物流流程的全面物流服务。

宝供物流是整合型物流的代表，为国内外近百家著名企业提供商品、原辅材料、零部件的采购、储存、分销、加工、包装、配送、信息处理、系统规划设计等一系列的综合物流服务。

(三) 第三方物流的优势和劣势

1. 第三方物流的优势

(1) 信息化程度高。

信息技术是第三方物流发展的基础和支撑。由于专门从事物流活动，因此，第三方物流企业具有更强的信息化开发能力，能够充分地提高其信息化水平，进而提高数据传递速度和准确度，提升物流各环节的自动化水平，使物流活动的周期更快、更准，实用性更强。

(2) 使企业集中精力于核心业务的发展。

物流服务的需求企业将物流外包给第三方物流企业，有助于企业将有限的资源集中于其擅长的主要业务，大力发展其核心业务，避免了因面面俱到而顾此失彼，降低企业的竞争力。

(3) 提供灵活多样的服务。

第三方物流具有专业化的物流服务、健全的物流网络、先进的物流设施和出色的运作能力，能够为顾客提供灵活多样的高品质服务，创造更高的顾客让渡价值。

2. 第三方物流的劣势

(1) 直接控制程度差。

由于物流需求企业同第三方物流企业是合同或契约关系，企业将物流业务外包给第三方物流企业时，就会丧失对物流各环节活动的自由控制，物流服务的质量和效率完全依赖于第三方物流企业，使物流需求企业在物流活动中处于被动地位，易遭受由于第三方物流企业的失误而带来的财产或信用方面的损失。

(2) 信息融合程度不足。

物流服务的需求企业将物流业务外包给第三方物流企业，物流信息由第三方物流企业控制，其存储和传递标准可能同物流需求企业不同，这就会造成物流信息无法同物流需求企业的信息融合，在一定程度上影响企业对物流信息的使用，不利于企业根据物流信息提供的参考优化运营战略。

此外，我国第三方物流企业总体成熟度仍显不足，规模化与专业化程度还不高，在一定程度上影响了第三方物流的应用价值。

三、企业物流联盟

(一) 企业物流联盟的定义

企业物流联盟是指若干具备专业特色与互补特征的物流组织，通过各种协议、契约而结成互相信任、优势互补、共担风险、共享利益的物流伙伴关系。简单地说，企业物流联盟就是以物流为合作基础的企业战略联盟。企业物流联盟的效益在于物流联盟内的成员能够从其他成员那里获得过剩的物流能力及管理能力，或处于战略意义的市场地理位置等。

(二) 企业物流联盟的分类

从企业物流联盟的组织方式出发,企业物流联盟可分为纵向一体化物流联盟、横向一体化物流联盟以及混合物流联盟。

1. 纵向一体化物流联盟

纵向一体化物流联盟是指上游企业和下游企业充分发挥各自在物流方面的优势,结成物流伙伴关系,共同完成上下游企业的物流活动,从原材料采购到产品销售的全过程实施一体化合作,进而实现物流战略联盟。

2. 横向一体化物流联盟

横向一体化物流联盟是指处于水平位置的相关企业结成物流战略联盟,发挥各自的优势,共同完成采购、销售等环节发生的物流活动,以实现物流成本和费用的最低化。

横向一体化物流联盟要求成员企业具有大致相同的特点,对物流的需求基本相同,否则,横向一体化物流联盟很难建立。

3. 混合物流联盟

混合物流联盟是纵向一体化物流联盟和横向一体化物流联盟相结合的产物,由具有共同采购需求或销售需求的多个企业,同上游供应商或下游销售商合作,共同采购、共同配送、共担风险、共享利益,进而形成集约化的物流伙伴关系。

(三) 企业物流联盟的优势与劣势

1. 企业物流联盟的优势

(1) 大企业通过物流联盟可以迅速开拓全球市场,有利于提高服务水平。

(2) 长期供应链关系发展为联盟形式,有助于降低企业的风险,减少因交易主体的有限理性而产生的交易费用。物流合作伙伴之间的长期沟通与合作,使彼此之间建立起了相互信任、相互承诺的关系,合作成员的寻商费用能够大大减少,而由于信用差而产生的违约风险也会有所降低。通过长期的合作,在服务过程中产生冲突的概率也将在一定程度上有所降低。

(3) 企业(尤其是中小企业)可有效降低物流成本,提高企业竞争力。企业物流联盟通过在企业之间建立物流合作的桥梁,有助于企业之间分享技术、经验,通过协作加深用户的物流需求及供应链的联系,激励双方把共同的利润做大,获得稳定的利润率。

2. 企业物流联盟的劣势

(1) 协调困难。

由于企业间的发展、经营理念、客户群体等可能存在一定的差异,因此,在协调各方利益的过程中要完成很多工作,甚至需要某一方或合作的多方作出一定的让步,才能使合作有效地进行。

(2) 商业机密易泄露。

企业物流联盟要求联盟中的成员共享信息、诚信合作,这就不可避免地对商业机密的保护带来一定的困难,不利于企业维护自身的商业机密。

(3) 发展不成熟。

企业物流联盟这种物流模式是刚刚兴起的新模式,合作的成员在技术、经验等方面都缺乏一定的基础,联盟非常脆弱,进而造成联盟关系维持困难且很容易解体,给企业造成损失。

四、第四方物流

(一) 第四方物流的定义

第四方物流是一个供应链的集成商，能够对公司内部和具有互补性的服务提供商所拥有的资源、能力和技术进行整合和管理，提供一整套供应链解决方案。

第四方物流在解决企业物流问题的同时，整合社会物流资源，实现物流信息共享，增强物流服务能力，进而提高整个物流行业的管理水平。

(二) 第四方物流的类型

从第四方物流提供的服务方式来看，第四方物流可分为协同运作型、方案集成型和行业创新型三种类型。

1. 协同运作型

协同运作型第四方物流是以客户为核心，将供应链外包，由第三方物流和第四方物流共同开发市场，第四方物流为第三方物流提供其缺少的技术和战略技能、供应链策略、进入市场的能力及项目管理的专业能力等，并在第三方物流企业内部工作，而第三方物流作为第四方物流思想和策略的实施者，为客户提供全面的物流服务。

埃森哲公司和菲亚特的子公司 New Holland 成立了一个合资企业，由埃森哲公司投入管理人员、信息技术、运作管理和流程再造等，由 New Holland 投入 6 个国家的仓库及 775 个雇员，专门经营零配件物流的计划、采购、库存、分销、运作和客户支持。

2. 方案集成型

方案集成型第四方物流是联系所有第三方物流和其他供应商的一个枢纽，负责集成多个服务供应商的能力。这种类型的第四方物流为客户提供运作和管理整个供应链的解决方案，并根据其成员的资源、能力和技术等方面的特点，为客户提供全面的、集成的供应链解决方案。

第四方物流理念的提出者埃森哲公司与泰晤士水务有限公司进行了合作，通过整合泰晤士水务公司的供应商，对其采购、订单、库存和分销进行管理，使泰晤士水务公司的供应链成本降低 10%。

3. 行业创新型

行业创新型第四方物流为某一特定行业的客户提供供应链解决方案，根据行业的特殊性，领导整个行业实现供应链创新，进而提高整个行业的效率。该类型的第四方物流同第三方物流及行业供应商集成，通过与具有互补性资源、技术和能力的服务商进行协作，实现全方位的高端服务。

百世物流公司以其强大的服装物流专家团队，为多家服装品牌公司提供专业化的物流服务，包括物流网络规划、仓库选址、大型物流中心规划建设、信息系统导入、设施设备选型、物流团队培训等。

(三) 第四方物流的优势与劣势

1. 第四方物流的优势

(1) 提供完善的供应链解决方案。

第四方物流集成了管理咨询和第三方物流服务商的能力，不仅能够降低物流成本，而且能够通过第三方物流的基础设施、信息技术公司的先进技术和管理咨询公司的专业理念，为客户提供最佳的供应链解决方案。

（2）降低物流成本和交易费用。

第四方物流供应商不必投入任何固定的资产，而是依赖于第三方物流供应商、物流技术提供商、管理顾问和其他物流增值服务供应商，提高物流效率，进而降低企业与技术、信息供应商的交易费用。

（3）更有利于提供个性化服务。

第四方物流为客户提供全面的供应链管理方案，把客户的需求与物流技术、信息技术进行完美的融合，因此，第四方物流能够对整个供应链系统进行规划，促使业务流程有效地实施，实现人性化服务。

2. 第四方物流的劣势

（1）独立生存的能力差。

第四方物流的思想在于最大限度整合社会资源，是社会物流资源的融合者和管理者，因此，第四方物流的最终实施必须依靠第三方物流的实际运作。如果没有第三方物流将第四方物流的思想落到实处，第四方物流是无法实现其价值的。

（2）统一物流信息平台尚未建成。

第四方物流开展的前提条件是必须提供全面供应链及物流信息管理系统平台。当前，因为信息技术不成熟、投资费用高等难题使得信息化水平较低，缺乏可以达成供应链上全部企业和第三方物流企业的信息共享的大众信息平台。

任 务

1. 名称解释

自营物流　第三方物流　第四方物流　物流联盟

2. 简答

（1）企业自营物流的劣势有哪些？

（2）第三方物流的优势有哪些？

（3）什么样的企业适合与其他企业建立物流联盟关系？

（4）第四方物流的类型有哪些？

3. 实践训练

（1）将非核心业务外包一直以来都是国内外许多企业的战略选择，这其中包括将物流业务外包。假设你是某公司的负责人，公司没有自己的物流系统，你需要选择一个物流合作伙伴，请你完成以下任务。

1）通过各种方式，找到两家物流企业。

2）记录这两家物流企业的信息（如获得企业信息的方式，企业的名称，该企业成立的时间，主要承运货品的种类，业务覆盖的范围，收费的情况，支付的方式等）。

3）运用你掌握的有关物流及物流管理的基本知识对这两个物流企业的情况进行分析比较。

4）以报告的形式记录以上所有的步骤。

（2）登录中央电视台网站观看《商战之电商风云》第四集"电子商务物流"片段，总结电子商务企业自建物流需要具备的条件。

项目三 电子商务物流技术

 项目案例

电商仓库的"货到人"系统

湖北三当家供应链管理有限公司（以下简称"三当家"）作为3PL（Third-party Logistics，第三方物流），为多家大型电商平台提供仓储物流服务。为了更好地服务客户，三当家决定改变人工拣选模式，引入机器人智能物流解决方案，与Geek+（北京极智嘉科技有限公司）合作部署智能机器人仓库，通过机器人搬运指定货架到拣选工作站完成"货到人"拣选，有效提高仓储作业效率。2017年8月，由Geek+部署实施的位于武汉的三当家"货到人"仓库正式投入运营。该项目从系统部署到投入运营仅耗时55天，创造了"货到人"系统建设的最快纪录。

1. 项目背景

三当家所处的电商行业仓储物流面临两大主要挑战：一是订单处理难度大，二是订单响应时效高。在此基础上又细分为多个难点，包括：以分为主，以存为辅，订单履行效率要求越来越高；海量SKU（Stock Keeping Unit，库存量单位），存储深度浅且有波动；海量订单，但深度浅；订单量存在波动，促销季达到峰值；出入库流量大，要求作业效率高、差错率低。因此，大规模高效精准拆零拣选成为仓储作业的重点与难点。

为了更好地服务客户，三当家决定改变人工拣选模式，引入机器人智能物流解决方案，与北京极智嘉科技有限公司合作部署智能机器人仓库，通过机器人搬运指定货架到拣选工作站完成"货到人"拣选，有效提高仓储作业效率。武汉三当家仓库内景如图6-1所示。

图6-1 武汉三当家仓库内景

2. 系统组成

此次部署的整套机器人系统主要由四部分组成：极智机器人、极智管理系统、标准拣选工位和机器人充电站。此外，还有与系统相匹配的机器人货架。

(1) 极智机器人。

该项目使用的 Geek+研发生产的 P500 机器人，自重 130 千克，最大举升重量 500 千克，运行速度平均 1.5 米/秒，使用二维码导航方式、红外避障方式，并可选配激光雷达和超声避障。机器人采用锂离子电池 38.5 安培小时，可自动充电并实现 24 小时无间断运行。P500 机器人如图 6-2 所示。

图 6-2　P500 机器人

(2) 极智管理系统。

极智管理系统是整个机器人系统的"大脑"，负责调度机器人根据指令完成工作。系统架构主要分为机器人调度平台、智能仓储管理系统及算法仿真平台，包含多个系统层级和功能模块，根据客户系统传送的订单自动分配机器人搬运货架。

极智管理系统包含多种精密逻辑算法，例如，机器人货架可根据商品热销程度来进行合理排布，进行机器人路径规划及规避拥堵，以保证机器人选择最优路径，提高作业效率。

(3) 标准拣选工位。

拣选工位可完成上架、拣选、盘点等多种功能，每个工位只需要配备 1 人，大幅节省人力。

(4) 机器人充电站。

Geek+机器人采用浅充浅放模式，充电 5 分钟可持续工作 1 小时，可满足最大数量机器人同时工作的需求。机器人会根据自身的剩余电量自动安排充电时间，无须人工干预。

此次部署的三当家仓库总面积超过 3 000 平方米，以泛生活类目平价商品为主，日均活跃 SKU 有 5 500 个。整个仓库共 1 185 组货架、30 810 个储位、50 台机器人、7 个拣选工位、3 个上架工位。整仓使用"货到人"智能拣选系统，通过移动机器人搬运货架实现"货到人"拣选，拣选人员只需根据显示屏和播种墙电子标签的提示，从指定货位取出相应数量的商品放入订单箱即可，拣选效率可达到 600 件/小时，上架效率达到 800 件/小时。

3. 实施过程与技术亮点

(1) 货架改良。

三当家仓库原来采用的轻型隔板货架高度为 1.8 米，在部署"货到人"仓库后，货架统一更换为机器人货架，高度提升至 2.2 米，存储能力比普通隔板货架高 35% 以上，大大提升了仓库的存储容量。整个仓库没有拣货员行走，无须设立过多主通道，而且货架摆放密度高，使仓库面积利用率大大提升。另外，"分散存储+随机存储"的方式将同一种商品分散到不同货架的不同货位，令同一个货架上的 SKU 组合尽可能多，可大大提升库位利用率。

(2) 退供货流程优化。

电商将商品存入三当家仓库，通过各自平台进行优惠特卖，销售周期为 7 ~ 14 天。特卖期结束后，如有剩余库存，三当家仓库则进行退货流程，将存货原路退给相应的供应商。

"货到人"系统可通过优化上架策略，将同一品牌商品上至同一货架或货位，并根据商品销售热度合理安排货架排布。在特卖期结束后，可直接按品牌将商品退回至供应商，大大节省了时间和成本。

（3）软件算法策略完善。

机器人由后台管理系统调度来完成拣货任务，因此，完善的系统架构和算法就显得尤为重要。Geek+后台管理系统分为 5 大主要功能模块，分别为智能调度、库存管理、接口平台、订单管理和策略中心。

（资料来源：搜狐网，"物流技术与应用"搜狐号，2017-12-13）

案例分析

"货到人"拣选系统具有十分明显的优势，以前限于自动化实现的难度大和成本高而难以推广。随着人工成本的不断攀升，以及实现自动化作业的难度和成本的逐渐降低，"货到人"拣选技术有了全面应用的现实基础。

此次 Geek+与三当家联手打造的电商仓配 3PL 的机器人仓库，无论是从双方的配合度、系统部署实施的时效以及系统上线后运营所带来的效率提升等方面来看，都标志着"货到人"系统在电商仓配场景的应用已日臻成熟。未来，随着电商行业的不断发展，客户对订单时效的要求提升将促使仓储物流作业不断提高效率。在新零售的大趋势下，电商行业面临转型期，物流仓储的效率也成为新时代企业竞争力的重要体现之一，仓储机器人系统和电商仓配将会有更加紧密的合作及更广泛的应用。

相关知识

一、条形码技术

（一）条形码的构成

条形码简称"条码"，是由一组黑白相间、粗细不同的条状符号组成的，条码隐含着数字信息、字母信息、标识信息、符号信息，主要用以表示商品的名称、产地、价格、种类等，是全世界通用的商品代码的表示方法。

构成条码的条纹由若干黑色的"条"和白色的"空"的单元组成，不同颜色对光的反射率不同，再加上条与空的宽度不同，就能使扫描光线产生不同的反射接收效果，在光电转换设备上转换成不同的电脉冲，形成可以传递的电子信息。

电子商务物流技术

EAN 条码（European Artlicle Number）是国际上通用的商品代码，标准版由 13 位数字及相应的条码符号组成。13 位的 EAN 条码示意如图 6-3 所示。

图 6-3　EAN 条码示意

（二）条码设备

1. 条码扫描设备

条码扫描设备是用来读取条码信息的设备，它使用一个光学装置将条码的条空信息转换成电子信息，再由专用译码器翻译成相应的数据信息。

2. 条码打印设备

条码打印机是一种专用设备，一般有热敏型和热转型两种打印方式，使用专用的标签纸和碳带。条码打印机打印速度快，可打印特殊材料（PVC 等），可外接切刀等进行功能扩展，但其价格昂贵，使用和维护较复杂，适合需大量制作标签的专业用户使用。

（三）条形码技术在物流中的应用

1. 销售信息系统

在商品上贴上条形码就能快速、准确地利用计算机进行销售和配送管理。其过程为：对销售商品进行结算时，通过扫描器读取信息并将信息输入计算机，然后输进收款机，收款后开出收据，同时通过计算机处理，掌握进、销、存的数据。

2. 库存系统

在库存物资上应用条形码技术，尤其是规格包装、集装、托盘货物上，入库时自动扫描并输入计算机，由计算机处理后形成库存的信息，并输出入库区位、货架、货位的指令，出库程序则和销售信息系统条形码应用一样。

3. 分货拣选系统

在配送和仓库出货时，采用分货、拣选方式，需要快速处理大量的货物，利用条形码技术便可自动进行分货拣选，并实现有关的管理。其过程为：一个配送中心接到若干个配送订货要求，将订货信息汇总；每一品种汇总成批后，按批发出所在条形码的拣货标签，拣货人员到库中将标签贴于每件商品上并取出，用自动分拣机分货；分货机始端的扫描器对处于运动状态分货机上的货物进行扫描，一方面确认所拣出货物是否正确，另一方面识读条形码上的用户标记，指令商品在确定的分支分流，到达各用户的配送货位，完成分货拣选作业。

二、无线射频技术

（一）射频识别技术的含义

射频识别技术（Radio Frequency Identification，RFID）是一种无线识别技术，利用射频信号通过空间耦合实现无接触信息传递，以达到识别信息的目的。射频识别技术是利用无线电波进行数据信息读写的一种自动识别技术或无线电技术在自动识别领域的应用。

射频技术的基本原理是电磁理论，利用无线电对记录媒体进行读写。它具有不局限于视线，识别距离比光学系统远，射频识别卡具有读写能力，可携带大量数据，难以伪造等优点。

（二）射频识别系统的组成

1. 信号发射机

在射频识别系统中，信号发射机就是通常所说的标签，它由耦合元件及芯片组成，内含有内置天线，用于存储需要识别传输的信息并与射频天线进行通信。标签一般是带有线圈、天线、储存器与控制系统的集成电路。

2. 信号接收机

在射频识别系统中，信号接收机一般又称为阅读器、询问器，是对 RFID 标签进行读、写操作的设备，主要包括射频模块和数字信号处理单元两部分。其功能是提供与标签之间进行数据传输的途径。

3. 编程器

具有可读写标签的系统才需要编程器，它是向标签写入数据的装置。

4. 发射接收天线

天线是射频识别技术（RFID）标签和读写器之间实现射频信号空间传播和建立无线通信连接的设备。RFID 系统中包括两类天线：一类是 RFID 标签上的天线，它已经和 RFID 标签集成一体；另一类是读写器天线，既可以内置于读写器中，也可以通过同轴电缆与读写器的射频输出端口相连。

（三）射频识别系统的分类

按照具体作用，射频识别系统可以分为以下四种。

1. 电子物品监控系统

电子物品监控（Electronic Article Surveillance，EAS）系统是一种设置在需要控制物品出入的门口的无线射频识别技术装置。这种技术的典型应用场合是商店、图书馆、数据中心等地方，当未被授权的人从这些地方非法取走物品时，EAS 系统就会发出警报。

典型的 EAS 系统一般由三部分组成：附着在商品上的电子标签，电子传感器；电子标签灭活装置，以便授权商品正常出入；监视器，在出口造成一定区域的监视空间。

EAS 系统的工作原理：在监视区，发射器以一定的频率向接收器发射信号（发射器与接收器一般安装在零售店、图书馆的出入口，形成一定的监视空间）；当具有特殊特征的标签进入该区域时，会对发射器发出的信号产生干扰，这种干扰信号也会被接收器接收，经过微处理器的分析判断，就会控制报警器的鸣响。

标签进入磁场后，接收阅读器发出的射频信号，凭借感应电流所获得的能量发送出存储在芯片中的产品信息（或主动发出某一频率的信号），阅读器读取信息并解码后，送至中央信息系统进行有关数据处理。

2. 便携式数据采集系统

便携式数据采集系统是使用带有 RFID 阅读器的手持式数据采集器采集 RFID 标签上的数据。这种系统灵活性大，适用于不易安装固定式 RFID 系统的应用环境。手持式读写器（数据输入终端）可以在读取数据的同时，通过无线电波数据传输方式实时地向主计算机系统传输数据，也可以暂时将数据存储在读写器中，再一批一批地向主计算机系统传输数据。

3. 物流控制系统

在物流控制系统中，固定布置的 RFID 读写器分散布置在既定的区域，并且读写器直接与数据管理信息系统相连。信号发射机是移动的，一般安装在移动的物体、人上面。当物体、人流经过阅读器时，读写器会自动扫描标签上的信息，并把数据信息输入数据管理系统储存、分析、处理，达到控制物流的目的。

4. 定位系统

定位系统用于自动化加工系统中的定位，以及对车辆、轮船等进行运行定位支持。读写器放置在移动的车辆、轮船上或者自动流水线中移动的物料、半成品、成品上，信号发射机嵌入操作环境的地表下面。信号发射机上存储有位置识别信息，阅读器一般通过无线或者有线的方式连接到主信息管理系统。

三、全球定位系统

全球定位系统（GPS）是结合了卫星及无线技术的导航系统，具备全天候、全球覆盖、高精度的特征，能够实时、全天候为全球范围内的陆地、海上、空中的各类目标提供持续实时的三维定位、三维速度及精确时间信息。

GPS可应用于大地测量、工程测量、航空摄影测量、运载工具导航和管制、地壳运动监测等领域。GPS在物流领域可以应用于汽车自定位、跟踪调度，也可用于交通运输、军事等多领域的物流管理。

（一）GPS的组成

全球定位系统是指利用卫星使用户能确定其位置的无线系统。它包括三个部分。

1. 空间部分——GPS卫星星座

GPS卫星星座由24颗卫星支持，每颗卫星在高空沿着精确的轨道绕行地球。

2. 地面控制部分——地面监控系统

地面监控系统的功能是监测和控制卫星的工作状况，并向每颗卫星注入更新的导航电文，以保障其运行的准确性。

地面监控系统由监测站、主控站和注入站组成。

3. 用户设备部分——GPS信息接收机

安装在运输设备（如汽车、轮船、飞机）上的GPS装置发送的信号被卫星接收，GPS信息接收机接收卫星发回的信号，并利用相关软件精确计算出当前的经度值和纬度值。

GPS仅仅提供经度和纬度的信息，只有将这些信息和地理信息系统相集成，才能帮助企业或客户跟踪物流运输状态。地理信息系统是用于采集、存储、管理、处理、检索、分析和表达地理空间数据的计算机系统。将GPS系统获得的位置数据与GIS系统集成并通过可视化技术，即可清晰展示当前物流运输设备所在的位置。

（二）GPS的应用

1. 基于GPS技术的车辆监管系统

车辆监管系统是将全球定位技术、地理信息系统及通信技术综合运用而形成的一套高科技系统。利用这一监管系统，安装有GPS接收机的移动目标的动态位置（经度、纬度、高度）、时间、状态等信息，就可以实时传送到监管中心，然后在具有地理信息显示和查询功能的电子地图上显示出移动目标的运动轨迹，从而实现对移动目标的监控和调度。

2. 基于GPS技术的智能车辆导航设备

智能导航设备安装在车辆上后，以电子地图为监控平台，通过GPS接收器实时获得车辆的位置信息，并在电子地图上实时显示车辆的行驶轨迹，当车辆接近路口、立交桥、隧道等特殊路段时可进行语音提示。有些导航设备还有语音提示功能，使用这种导航设备，司机无论是否熟悉行驶线路都可以在其提示下顺利到达目的地。

3. 利用 GPS 技术实现货物跟踪管理

货物跟踪是指企业利用现代信息技术及时获取有关货物运输状态的信息（如货物品种、数量、在途状况、交货期限、始发地、目的地、货主信息及运送车辆和人员等）来提高物流运输服务的方法。货物跟踪的工作过程如下。

货物装车发出后，当运输车辆上装载的 GPS 接收机在接收到 GPS 卫星定位数据后，自动计算出自身所处的地理位置的坐标；然后，由 GPS 传输设备将计算出来的位置坐标数据经移动通信系统（GSM）发送到 GSM 公用数字移动通信网；接着，移动通信网再将数据传送到基地指挥中心；最后，基地指挥中心将收到的坐标数据及其他数据还原，与 GIS 的电子地图相匹配，并在电子地图上直观地显示车辆实时坐标的准确位置，以便收货方在电子地图上清楚而直观地掌握车辆的动态信息（位置、状态、行驶速度等）。

四、地理信息系统

地理信息系统（Geographical Information System，GIS）是多种学科交叉的产物，它以地理空间数据为基础，采用地理模型分析方法，适时地提供多种空间的、动态的地理信息，是一种为地理研究和地理决策服务的计算机技术系统。

GIS 基本功能是将表格型数据（无论它来自数据库、电子表格文件还是直接在程序中输入）转换为地理图形显示，然后对显示结果浏览、操作和分析。其显示范围可以从洲际地图到非常详细的街区地图，显示对象包括人口、销售情况、运输线路及其他内容。

（一）GIS 的概念

1. 地理信息

地理信息作为一种特殊的信息，来源于地理数据。地理数据是各种地理特征和现象间关系的符号化表示，是指表征地理环境中要素的数量、质量、分布特征及规律的数字、文字、图像等的总和。地理数据主要包括空间位置数据、属性特征数据及时域特征数据三个部分。

空间位置数据描述地理对象所在的位置，这种位置既包括地理要素的绝对位置（如大地经纬度坐标），也包括地理要素间的相对位置关系（如空间上的相邻、包含等）。

属性特征数据有时又称非空间数据，是描述特定地理要素特征的定性或定量指标，如公路的等级、宽度、起点、终点等。

时域特征数据是记录地理数据采集或地理现象发生的时刻或时段。时域特征数据对环境模拟分析非常重要，正受到地理信息系统学界越来越多的重视。

空间位置、属性及时域特征构成了地理空间分析的三大基本要素。

2. 地理信息系统

地理信息系统处理、管理的对象是多种地理空间实体数据及其关系，包括空间定位数据、图形数据、遥感图像数据、属性数据等，用于分析和处理在一定地理区域内分布的各种现象和过程，以解决复杂的规划、决策和管理问题。

通过上述分析和定义，可以得出 GIS 的基本内涵。

（1）GIS 的物理外壳是计算机化的技术系统，由若干个相互关联的子系统构成，如数据采集子系统、数据管理子系统、数据处理和分析子系统、图像处理子系统、数据产品输出子系统等。这些子系统的优劣、结构直接影响着 GIS 的硬件平台、功能、效率、数据处理的方式和产品输出的类型。

（2）GIS 的操作对象是空间数据和属性数据，即点、线、面、体这类有三维要素的地理实体。空间数据最根本的特点是每一个数据都按统一的地理坐标进行编码，实现对其定位、定性和定量的描述，这是 GIS 区别于其他类型信息系统的根本标志，也是其技术难点所在。

（3）GIS 的技术优势在于它的数据综合、模拟与分析评价能力，可以得到用常规方法或普通信息系统难以得到的重要信息，实现地理空间过程演化的模拟和预测。

（4）GIS 与测绘学和地理学有着密切的关系。大地测量、工程测量、矿山测量、地籍测量、航空摄影测量和遥感技术为 GIS 中的空间实体提供不同比例尺和精度的定位数；电子测速仪、GPS、解析或数字摄影测量工作站、遥感图像处理系统等现代测绘技术的使用，使人们可直接、快速和自动地获取空间目标的数字信息产品，为 GIS 提供丰富和实时的信息源，并促进 GIS 向更高层次发展；地理学是 GIS 的理论依托。

（二）GIS 技术在物流系统中的应用

GIS 在物流系统中的应用主要集中于物流分析，主要是利用 GIS 强大的地理数据功能来完善物流分析技术。它可以无缝集成到企业信息化的整体业务平台中，与企业财务系统、销售系统、工作流管理系统、客户关系管理系统等融合，并在底层数据库层面上实现数据的相互调用，当建立在网络架构上时则可以实现远程和分布式计算。完整的 GIS 物流分析软件集成了车辆路线模型、最短路径模型、分配集合模型、设施定位模型。

1. 车辆路线模型

它用于解决一个起始点、多个终点的货物运输中如何降低物流作业费用并保证服务质量的问题，包括决定使用多少辆车、每辆车的路线等。

2. 最短路径模型

它用于寻求最有效的货物分配路径，也就是物流网点布局委托。例如，需要将货物从 N 个仓库运往 M 个商店，而它们的需求量固定，因此需要研究由哪个仓库提货送往哪个商店的运输成本最小。

3. 分配集合模型

它可以根据各个要素的相似点把同一层的所有或部分要素分为几个组，用以解决确定服务范围和销售市场范围等问题。如某一公司要设立多个分销点，要求这些分销点要覆盖某一地区，而且要使每个分销点的顾客数目大致相等。

4. 设施定位模型

它用于确定一个或多个设施的位置。在物流系统中，仓库和运输线共同组成了物流网络，仓库处于网络的结点上，结点决定着线路。如何根据供求的实际需要并结合经济效益等原则，决定在既定区域内设立多少个仓库，每个仓库的位置、规模，以及仓库之间的物流关系等问题，运用此模型均能很容易地解决。

任务

1. 名称解释

EAS 全球定位系统 地理信息

2. 简答

(1) 条形码技术的原理是什么？

(2) 常见的条码扫描设备有哪些？

(3) RFID 的组成包括哪几个部分？

(4) GPS 技术和 GIS 技术在物流领域分别有哪些应用？

3. 实践训练

观察 ETC 和市内停车场停车系统的工作过程，完成下面的任务。

(1) 试分析 ETC 的工作原理。

(2) 分析市内停车系统是如何采集车辆牌照信息的。

(3) 试分析我国推广 RFID 缓慢的原因，对并 RFID 的应用前景进行展望。

推荐资源

1. 京东物流官网
2. 中国物品编码中心网站
3. 顺丰优选官网
4. 百世物流官网
5. 邮乐网官网
6. 中通快递官网
7. 快递 100 官网
8. 菜鸟裹裹官网

应用篇

专题七　电子商务模式
专题八　网络营销
专题九　电子商务数据分析

专题七

电子商务模式

学习目标

1. 掌握 B2B、B2C、C2C 电子商务模式的概念和特点。
2. 了解 B2B、B2C、C2C 电子商务模式的交易模式和盈利模式。
3. 了解其他的电子商务模式。

专题描述

本专题首先对 B2B、B2C 和 C2C 三种基本电子商务模式的概念、特点和盈利模式等方面做了阐述。企业对企业的电子商务通常也被称为 eB2B 或 B2B，是指企业之间通过互联网、外部网、内部网或者企业私有网络以电子方式实现的交易。B2C 电子商务模式是指商业机构对消费者的电子商务。这种形式的电子商务一般以网络零售业为主，主要借助于互联网开展在线销售活动。它可以根据企业与消费者买卖关系、交易客体、网购模式和产品品类品牌覆盖几个方面划分为多种类别。C2C 电子商务交易模式即消费者与消费者之间通过互联网进行的个人交易。按交易的商品类型分类，C2C 可以分为实物交易平台和智慧交易平台。按交易的平台运作模式分类，C2C 可以分为拍卖平台运作模式和店铺平台运作模式。

另外，随着定制化生产、线上线下融合的新零售等新的电子商务方向的发展，C2B、G2B、G2C 和 O2O 等新型电子商务模式应运而生，本专题针对这些新型电子商务模式的定义和主要内容也做了分析和介绍。

通过这些内容的研究和分析，将有助于挖掘新的电子商务模式，为电子商务模式创新提供途径，也有助于企业制定特定的电子商务策略和实施步骤。

项目一 B2B 电子商务模式

项目案例

环球资源在线展会正式开幕，抢试采购新体验

环球资源（Global Sources）于 1970 年成立，是领先业界的多渠道 B2B 线上线下平台，致力于通过贸易展览会、环球资源网站、贸易杂志及手机应用程序，促进亚洲与全球各国的贸易往来。环球资源网的理念与世界及国家政策方向接轨，取得了扎实的经营业绩，累积拥有超过150万名国际买家，包括95家全球百强零售商，服务240个国家及地区，为买卖双方促成外贸订单和生意机会，环球资源充当着连接企业与世界的桥梁。

2020年7月29日，环球资源在线展会正式揭幕，首日展会浏览量已经冲破50万次，逾1 700名全球买家提交采购需求、近20 000个商务配对建议，率先感受21世代采购体验。

连续两周的环球资源在线展会首周以"医疗及保健""居家办公学习及休闲"为主题，根据市场需求，精心挑选不同类型买家最想寻找并下单的热门产品，展出包括医疗器械、保健产品、防疫物资、卫生及清洁等化工日用品，消费电子、移动电子、家电、礼品、办公、箱包及休闲用品、鞋、纺织服装及家庭装饰用品。8月3日至9日以"家居修缮"为主题，产品涵盖五金及工具、建材、能源、家具、装饰品、照明、电工产品、智能家居产品、家庭收纳及储物用品。

由公布至今，环球资源在线展会网站浏览量冲破80万次，预登记买家超过全球140个国家及地区，头十位依次为中国香港、美国、中国内地、印度、澳大利亚、新加坡、英国、马来西亚、菲律宾及日本。买家主要为零售商、中介（代理、顾问及分销商）、电商及采购办公室等。

环球资源在线展会提供24/7/365的采购场景，让全球买家可以全天候在线联系供应商，如买家可在线实现需求对接，获取供应商报价并预约在线一对一会面等。除了虚拟展位外，展会特设主场馆、主题产品展馆、产品短视频，更邀请了50位来自全球各地的行业专家举行了40场不同主题的研究会、在线峰会和研讨会，以及由22位著名演出者表演的歌曲、舞蹈及魔术等娱乐活动组成的在线展会。

环球资源首席执行官表示："过去50年，环球资源始终坚定不移地推动外贸发展。作为中国外贸领域的B2B平台，我们积极响应买家日益变化的采购需求，在线展会在刚需采购活动的基础上加入网上洽谈、直播等新功能，在庞大的买家基础、已核实供应商体系支撑下打造新时代采购体验。"

（案例来源：美通社，2020-7-31）

案例分析

1. 环球资源的经营模式分析

大部分B2B电商平台服务范围是从买方的贸易信息索取、买卖双方的贸易洽谈，到采购订单确定阶段为止，贸易后期的交易过程只能由买卖双方各自处理。但环球资源已经成功提供从贸易前期的资讯流至后期的交易流这一贸易全程的电子贸易服务。

2. 环球资源的运营模式分析

环球资源利用互联网这个平台，有效利用自己50年积累下来的客户资源，结合贸易杂志、行业报告，以及线上展会和直播等多种渠道，并以创意和培训服务及在线产品目录作为强大后盾，为贸易双方搭建了全方位的交易平台。

3. 环球资源的成功因素分析

（1）对市场、供应商需求、买家需求的深入了解，为买卖双方搭建国际贸易的桥梁，使客户投资得到高利润的回报。

(2）对行业之间的差异性有充分了解。

(3）深入了解各个国家和地区的交易方式、偏好、习惯等，并能相应做出合适的公司策略以降低买卖双方沟通、交易的难度。

(4）网站、杂志、行业报告和线下线上展会、视频直播等多种渠道相辅相成，并使用多重曝光的方式，便于买卖双方达成交易。

(5）为供应商量身定做最有效的整体营销方案。

相关知识

一、B2B 的概念和构成要素

（一）B2B 的定义

企业对企业的电子商务，通常也被称为 eB2B 或 B2B，是指企业之间通过互联网、外部网、内部网或者企业私有网络以电子方式实现的交易。这种交易可能是在企业及其供应链成员间进行的，也可能是在企业和任何其他企业间进行的。这里的"企业"可以指代任何组织，包括私人的或者公共的、营利性的或者非营利性的。因此，可以说 B2B 也是跨组织的信息系统。

B2B 电子商务模式

通俗地讲，B2B 是指进行电子商务交易的供需双方都是商家，它们使用互联网的技术或各种商务网络平台，相互之间进行产品、服务及信息的交换。交易的过程包括发布供求信息、订货及确认订货、支付及票据的签发、传送和接收、确定配送方案并监控配送过程等。

B2B 电子商务中除了企业间的商品交易，还包括电子服务。这些服务包括：旅游和娱乐服务、房地产的购置服务、金融服务、在线证券交易服务、在线融资服务及其他的在线服务。

（二）B2B 的构成要素

B2B 的构成包括以下三个要素。

1. 买卖

B2B 网站平台为消费者提供质优价廉的商品，吸引消费者购买的同时促使更多商家入驻。

2. 合作

与物流公司建立合作关系，为消费者的购买行为提供最终保障，这是 B2B 平台的硬性条件之一。

3. 服务

物流主要是为消费者提供购买服务，从而实现再一次的交易。

二、B2B 电子商务的特点

B2B 电子商务有如下特点。

1. 交易对象相对固定

不像普通消费者发生的交易行为比较随意，企业交易的对象一般比较固定。这种固定体

现了企业的专一性，也体现了企业之间交易要求内在的稳定性。

2. 交易过程复杂但规范

企业之间的交易一般涉及的金额较大，不容有闪失。交易过程中需要多方的参与和认证，过程十分复杂、严格和规范，同时注重法律的有效性。

3. 交易内容广泛

企业交易的物品几乎可以是任何一种物品，有很多不属于普通物品。

可以看到，B2B电子商务带来了多样化的虚拟服务，同时也意味着电子商务的广泛应用将衍生出更多的商业机会和服务模式。

三、B2B电子商务的主要分类

目前，虽然B2B交易数量在市场上所占的比重远不及B2C，但B2B电子商务交易额大、交易规范，是电子商务中的重要模式。国家统计局电子商务交易平台调查显示，2018年全国电子商务交易额为31.63万亿元，比上年增长8.5%。而2018年全国B2B电商交易额为22.5万亿元，同比增长9.7%。从这个数据可以看出，B2B电子商务模式是非常重要的一种模式，它的市场规模庞大，是企业改善竞争条件、建立竞争优势的主要方式。B2B电子商务根据不同的标准可分为不同的类型。

（一）根据B2B交易平台的构建主体划分

根据B2B交易平台的构建主体可将B2B电子商务分为基于企业自有网站的B2B、基于第三方中介网站的B2B。

1. 基于企业自有网站的B2B

基于企业自有网站的B2B交易模式是一种以传统企业为中心的B2B电子商务网站，也叫面向制造业或面向商业的垂直B2B网站。

这种模式一般是以有经营实体依托的传统企业网站为基础，它们建立网站的目的主要是自用，即利用这一网站实现供应链管理和客户关系管理的优化，以实现本企业采购、营销和企业形象宣传等商务目的。该模式分为两个方向。

（1）基于采购商网站的B2B交易。

这种模式的B2B是采购商基于自有网站与其上游供应商开展以电子化采购为核心的各种商务活动。

（2）基于供应商网站的B2B交易。

这种模式的B2B是供应商基于自有网站与其下游的企业用户开展的以电子化分销或网络直销为核心的各种商务活动。

2. 基于第三方中介网站的B2B

基于第三方中介网站的B2B交易是指由第三方提供一个称为B2B交易市场的电子商务交易服务平台，交易双方注册成为该网站会员，就可以借助该平台进行交易。平台的提供者并不参与交易，而是发挥中介服务作用。基于第三方中介网站的B2B可依据两个分类标准进行分类：按行业范围划分为垂直B2B交易市场、水平B2B交易市场；按提供的服务内容划分为信息服务型B2B电子商务网站、交易服务型B2B电子商务网站。

（1）按照第三方 B2B 电子商务网站面向的行业范围划分。

1）垂直 B2B 交易市场（也称行业性 B2B 电子商务网站）。

此类网站的优点是针对一个行业做深、做透，有着较强的专业性，容易吸引针对性较强的用户，并易于建立起忠实的客户群，吸引固定的回头客；其缺点是受众过窄，难以形成规模效应，且短期内不能迅速获益，很难转向多元化经营或向其他领域渗透。

以中国化工网、鲁文建筑服务网、网盛科技为首的网站是行业 B2B 的代表网站，将垂直搜索的概念重新诠释，让更多生意人习惯用搜索模式来做生意圈、找客户。垂直 B2B 成本相对要低很多，因为垂直 B2B 面对的多是某一个行业内的从业者，所以，他们的客户相对比较集中而且有限。

2）水平 B2B 交易市场（也称综合类 B2B 电子商务网站）。

这种模式是将各个行业集中到同一个网站上进行贸易活动，如信息交流、发布供求信息、拍卖竞标、网上交易或库存管理等。水平 B2B 网站为企业的采购方和供应方提供了一个交易的平台，如阿里巴巴、慧聪网、中国制造网、环境资源网等。

这类网站一般注重在广度上下功夫，在品牌知名度、用户数、跨行业、技术研发等方面具有垂直 B2B 交易市场难以企及的优势，不足之处在于用户虽多但不一定是想要的用户，在用户精准度和行业服务深度等方面略有不足。

（2）按照第三方 B2B 电子商务网站服务内容划分。

1）信息服务型 B2B 电子商务网站。

此类网站主要是给中小企业提供一个信息发布平台，缩短了中小企业与大型企业在信息获取方面的差距。如慧聪网的"会展"栏目，可为企业提供各地会展信息。

2）交易服务型 B2B 电子商务网站。

此类网站可以帮助客户实现在线交易，实现信息流、物流、资金流和商流的统一解决，如企业可以选择在慧聪网销售产品。

（二）根据 B2B 交易的贸易范围划分

根据 B2B 交易的贸易范围，可将 B2B 电子商务分为内贸型 B2B 电子商务、外贸型 B2B 电子商务。

1. 内贸型 B2B 电子商务

内贸型 B2B 电子商务指以国内供应者与采购者进行交易服务为主的电子商务市场，交易的主体和行业范围主要在同一国家内进行。

2. 外贸型 B2B 电子商务

外贸型 B2B 电子商务也称为跨境 B2B 电子商务，指以提供国内与国外供应者与采购者交易服务为主的电子商务市场。

相对于内贸型 B2B 电子商务市场，外贸型 B2B 电子商务市场需要突破语言文化、法律法规、关税汇率等方面的障碍，涉及的 B2B 电子商务活动流程更复杂，要求的专业性更强。

四、B2B 电子商务盈利模式

据不完全统计，在全球电子商务销售额中，B2B 模式交易所占比例高达 80%～90%。根据近几年 B2B 电子商务模式网站的盈利情况统计分析，其盈利的主要方式如表 7-1 所示。

表 7-1 B2B 电子商务模式网站盈利模式

盈利模式	内容介绍
会员费	企业通过第三电子商务平台参与电子商务交易，必须注册为 B2B 网站的会员，每年要交一定的会员费，才能享受网站提供的各种服务。目前，会员费已成为我国 B2B 网站最主要的收入来源，比如阿里巴巴网站收取中国供应商、诚信通两种会员费
广告费	网络广告是门户网站的主要盈利来源，同时也是 B2B 电子商务网站的主要收入来源。网站的广告根据其在首页位置及广告类型来收费，有弹出广告、漂浮广告、文字广告等多种表现形式可供用户选择
搜索排名	企业为了促进产品的销售，都希望在 B2B 网站的信息搜索中将自己的排名靠前，而网站在确保信息准确的基础上，根据竞价对排名顺序做相应的调整
销售产品	销售自己生产的产品、加盟厂商产品或其他产品，如海尔公司
交易费	物流费、网上拍卖佣金、支付平台服务费、网络中介费等，只在买卖双方交易成功后收取费用
增值服务费	B2B 网站通常除了为企业提供贸易供求信息以外，还会提供一些独特的增值服务，包括企业认证、独立域名、提供行业数据分析报告、搜索引擎优化等。现货认证就是针对电子这个行业提供的一个特殊的增值服务，因为通常电子采购商比较重视库存。另外，针对电子型号做的谷歌排名推广服务，就是搜索引擎优化的一种
线下服务费	线下服务主要包括展会、培训、期刊、研讨会等。通过展会，供应商和采购商面对面地交流，一般的中小企业还是比较青睐这种方式。期刊主要是行业资讯，期刊里也可以植入广告

1. 名词解释

B2B 电子商务 线下服务费

2. 简答

（1）简述按照网站服务内容划分的第三方 B2B 电子商务类型。

（2）简述按照交易的贸易范围划分的 B2B 电子商务类型。

（3）B2B 网站的主要盈利模式有哪些？

3. 实践训练

登录阿里巴巴、中国制造网、环球资源网了解 B2B 电子商务网站的特点。

项目二 B2C 电子商务模式

项目案例

同是电商巨头，阿里和亚马逊的商业模式其实大不相同

国外媒体经常将阿里巴巴称为中国的亚马逊，或者亚马逊在中国的竞争对手。这时候，他们往往是从两家公司的主营业务都是电商及它们的超大规模去考虑的，可是这两家公司的商业模式其实大不相同。

亚马逊是一个超大规模的在线零售商,而阿里巴巴是在买家和卖家之间的中间商。简单来说就是,亚马逊主要靠自己卖东西,而阿里巴巴从来不自己卖东西。

1. 亚马逊的商业模式

亚马逊自称是世界上最大的在线零售商。它其实相当于一个在线的沃尔玛超市,利用自己高效的平台和仓储物流能力,为人们提供日常生活中绝大多数的快消品和耐用品。大多数来亚马逊买东西的人都是觉得东西(特别是标准品)价格不贵,而且到货及时。基于对产品和服务的信任,很多消费者在选购标准品的时候即便不去货比三家,也不会有太大问题。

除了直接销售,亚马逊也提供一个给第三方零售商在自己网络上销售的平台。通常,这些零售商销售的主要是一些非标准品或者采购价较高的商品,这样可以使亚马逊避免因为这些低周转率的高价商品冲淡自己的利润率。亚马逊通过销售分成以及提供仓储物流等服务来获取利润。

随着业务的迅速增长,亚马逊雇用的员工也在飞速增长。10年间,亚马逊雇用的员工数量从2007年的1.7万人上涨到了2017年年底的56.6万人。

2. 阿里巴巴的商业模式

不管是淘宝还是天猫,阿里巴巴扮演的都是一个中间商的角色。它从来不卖自己的商品,而是建立卖家和买家之间的桥梁,使他们之间更容易达成交易。阿里巴巴的标语"天下没有难做的生意"是对这个商业模式最好的描述。

在淘宝上进行交易,不管是卖家还是买家都不用支付任何的费用。淘宝上的商家可以通过支付一定的费用让自己的店铺或者商品在淘宝搜索引擎中取得靠前位置来获取更多的流量。阿里巴巴主要通过这个方式来赚钱,这其实也是谷歌和百度的核心商业模式。

和淘宝主要服务小店铺相比,天猫主要给大零售商贩卖品牌商品,不过有一些在天猫上有商铺的大零售商同时也在淘宝上开了店。阿里巴巴通过向这些大的零售商收取技术服务年费(即按照商家的销售额收取一定比例的技术服务费)来获取利润。

除此之外,由于淘宝商家资质参差不齐,消费者担心付了钱却拿不到商品,所以阿里巴巴开发了支付宝,用来保护消费者的权益。同时,也通过支付宝对商家和消费者的信用进行记录,并建立起一套基于消费数据的征信系统。

由于阿里只是作为中间商,所以尽管其业务爆发式发展,但是它雇用的员工数量和亚马逊相比并不在一个数量级上。2017年年底,阿里巴巴的雇员大概5万人。

(案例来源:腾讯网,2018-2-15)

案例分析

亚马逊建立的是一个在线商业帝国,将资源垄断在自己手上,从采购、销售到物流及售后服务,再通过高效的运作给消费者带来实实在在的低价格和良好的购物体验。

阿里巴巴建立的是一个基于互联网的生态系统,通过对数据的挖掘和分析,为小企业赋能,让它们提高效率,更好地完成销售的每一个环节,从而给消费者带来价值。

也许阿里巴巴的效率并不如亚马逊高,但是它所带动产生的网络效应确实是惊人的,比如2017年马云承诺要在未来5年内给美国带来100万个就业机会。这不是说阿里巴巴要在美国雇用100万人,而是说让美国的小型企业通过阿里巴巴的网络平台将它们的东西卖到中国，从而间接地给美国产生新的就业机会。

不管是哪种模式，最终如果能够满足人们的需求，解决社会问题，给人们带来价值，那它就是有价值的。

一、B2C电子商务模式的概念和特点

B2C电子商务表示商业机构对消费者的电子商务。这种形式的电子商务一般以网络零售业为主，主要借助互联网开展在线销售活动。B2C模式是我国最早产生的电子商务模式，以8848网上商城正式运营为标志。B2C即企业通过互联网为消费者提供一个新型的购物环境，消费者通过网络购物、在网上支付实现消费目的。

B2C电子商务模式

相对于其他电子商务模式来说，B2C拥有以下特点。

1. 生活化

B2C电子商务是人类传统购物的网络实现，是一次技术实现。随着互联网技术的日益普及，B2C势必会深入人类的生活，成为人类购物的习惯形式。

2. 透明化

传统购物由于信息不通畅，店家往往很难知道其他商店的商品状况和价格，但在网络世界里，店家能轻而易举地查询到多家网上商店的商品状况和价格。这样，消费者就拥有了充分的信息对称性，能够货比三家，买到性价比高的商品。

3. 个性化趋势和统一化趋势并存

由于网络环境信息的无限透明性，厂商要取悦消费者，就必须有充分的创意，向消费者提供充分的个性化服务。因此，个性化的竞争十分激烈，可以说B2C是个性化的购物时代。而创意是有限的，基本需要是相对固定的，再加上网络信息的无限透明性，网络商店的统一化趋势不可避免。因此又可以说，B2C是统一化购物的时代。

二、B2C电子商务的主要分类

不同的分类标准下，B2C电子商务的类型不同，下面介绍几种常见的分类。

（一）按企业与消费者买卖关系分类

按企业与消费者买卖关系，可以将B2C电子商务分为卖方企业对买方个人的电子商务及买方企业对卖方个人的电子商务两种模式。

1. 卖方企业对买方个人的电子商务模式

由商家出售商品和服务给消费者，是最为常见的一种B2C电子商务模式，较为典型的网站有京东商城和当当网。

2. 买方企业对卖方个人的电子商务模式

这是企业在网上向个人求购商品或服务的一种电子商务模式，主要用于企业人才招聘，如智联招聘、前程无忧等。

（二）按交易客体分类

按照交易客体，可以将 B2C 电子商务分为无形商品和服务的电子商务模式、有形商品和服务的电子商务模式。这两种电子商务模式的含义及特征如下。

1. 无形商品和服务的电子商务模式

电子客票、网上汇款、网上教育、计算机软件和数字化视听娱乐产品等，可以在网上直接实现交易的产品都属于无形商品和服务。其电子商务模式主要包括网上订阅模式、付费浏览模式、广告支持模式和网上赠予模式。

（1）网上订阅模式。

网上订阅模式是消费者通过网络订阅企业提供的无形商品和服务的模式，消费者可以直接在网上进行浏览或消费，常被一些在线机构用来销售报纸、杂志、有线电视节目和课程订阅等。如网易云课堂、淘宝大学等在线服务商，为消费者提供了关于互联网、电子商务和淘宝开店等内容。

（2）付费浏览模式。

付费浏览模式指的是企业通过网页安排向消费者提供计次收费性网上信息浏览和下载的电子商务模式。如红袖读书、期刊网等网站就采用该模式进行营利。

（3）广告支持模式。

广告支持模式是指在线服务商免费向消费者或用户提供信息在线服务，其营业收入完全来源于网站上的广告。如百度、谷歌等在线搜索服务网站，搜狐、新浪等大型门户网站，虽然不直接向消费者收费，却是目前最成功的电子商务模式之一。

（4）网上赠予模式。

网上赠予模式是企业借助互联网的优势，向用户赠送软件产品，以此扩大企业的知名度和市场份额。由于软件产品属于无形的计算机商品，企业只需投入较低的成本就能推动产品的发展，如某些商家对会员提供免费试用，其中很大一部分会员后来都付费订购。

2. 有形商品和服务的电子商务模式

有形商品是指传统的实物商品。有形商品和服务的电子商务模式，其查询、订购和付款等活动都可以通过网络进行，但最终的交付活动不能通过网络实现。根据经营主体的不同，有形商品和服务的电子商务模式可以分为独立 B2C 网站和 B2C 电子化交易市场。

（1）独立 B2C 网站。

独立 B2C 网站是指由企业自行搭建的网上交易平台，需要企业具有较强的资金和技术实力，能够自行完成网站的开发、建设、支付和维护等一系列活动，如海尔商城、小米商城等。

（2）B2C 电子化交易市场。

B2C 电子化交易市场也称为 B2C 电子商务中介或 B2C 电子市场运营商，是指在互联网环境下利用通信技术和网络技术等手段把参与交易的买卖双方集成在一起的虚拟交易环境。电子运营商一般不直接参与电子商务交易，而是由专业中介机构负责电子市场的运营，其经营的重点是聚集入驻企业和消费者，扩大交易规模。常见的 B2C 电子化交易市场如天猫、招商银行网上商城等。

(三)按产品覆盖品类和品牌的多少分类

按产品覆盖品类和品牌的多少进行分类,B2C 电子商务可以分为品牌垂直电子商务商城、平台型综合电子商务商城、平台型垂直电子商务商城,如表 7-2 所示。

表 7-2 B2C 几种商城模式比较

模式	代表平台	情况分析
品牌垂直电子商务商城	海尔商城、小米商城	销售单品类、单品牌产品,需要商城具有强大的品牌影响力
平台型综合电子商务商城	天猫、京东商城	销售各种品类产品,且每个品类下还有很多品牌
平台型垂直电子商务商城	聚美优品、酒仙网	销售单品类产品,但是品牌丰富,且对品类进行细分,有着"小而精"的优点

三、B2C 电子商务交易架构

B2C 电子商务模式有三个组成部分:为客户提供在线购物的网站商城;负责为顾客所购商品进行商品配送的配送系统;负责顾客身份确认及货款结算的银行和认证系统。B2C 电子商务模式交易架构如图 7-1 所示。

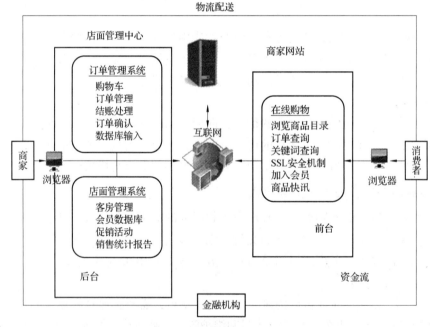

图 7-1 B2C 电子商务交易架构

四、B2C 电子商务盈利模式

(一)产品销售营业收入模式

以产品交易作为收入主要来源是多数 B2C 网站采用的模式。这种 B2C 网站又可细分为两种:销售平台式网站和自主销售式网站。

1. 销售平台式网站

网站并不直接销售产品，而是为商家提供 B2C 的平台服务，通过收取虚拟店铺出租费、交易手续费、加盟费等来实现盈利。

2. 自主销售式网站

与销售平台式不同，自主销售式网站需要网站直接销售产品，赚取采购价与销售价之间的差价和交易费，从而获得更大的利润。与销售平台式网站相比，自主销售式网站运营成本较高，需要自行开拓产品供应渠道，并构建一个完整的仓储和物流配送体系或者发展第三方物流加盟商，将物流服务外包。

（二）网络广告收益模式

网络广告收益模式是互联网经济中比较普遍的模式，B2C 网站通过免费向顾客提供产品或服务吸引足够的"注意力"，从而吸引广告主投入广告，通过广告盈利。相对于传统媒体来说，广告主在网络上投放广告具有独特的优势：一方面，网络广告投放的效率较高，一般是按照广告点击的次数收费；另一方面，B2C 网站可以充分利用网站自身提供的产品或服务的不同来划分消费群体，对广告主的吸引力也很大。这种方式成功与否的关键是其网页能否吸引大量的访客、网站广告能否受到关注。

（三）收费会员制收益模式

B2C 网站对会员提供便捷的在线加盟注册程序、实时的用户购买行为跟踪记录、准确的在线销售统计资料查询及完善的信息保障等。收费会员主体是网站的主体会员，会员数量在一定程度上决定了网站通过会员最终获得的收益。网站的收益量主要取决于自身推广的努力。

（四）网站的间接收益模式

除了能够将自身创造的价值变为现实的利润，企业还可以通过价值链的其他环节实现盈利。

1. 网上支付收益

当 B2C 网上支付拥有足够的用户，就可以开始考虑通过其他方式来获取收入的问题。以淘宝为例，有近 90% 的淘宝用户通过支付宝支付，带给淘宝巨大的利润空间。淘宝不仅可以通过支付宝收取一定的交易服务费用，而且可以充分利用用户存款和支付时间差产生的巨额资金进行其他投资从而实现盈利。

2. 网站物流收益

我国 B2C 网络购物市场规模及占比逐年增长，2018 年已达 5.66 万亿元，在中国整体网络购物市场交易规模中的占比达到 62.8%，由此产生的物流市场也很大。将物流纳为网站的服务，网站不仅能够占有物流的利润，还使用户创造的价值得到增值。

3. 网站广告引流收益

例如，在当当联盟计划中，联盟会员在自己网站页面上播放当当广告，如果客户通过这些网站成功购买了当当网的商品而又没有发生退货，当当的系统就会跟踪到这个客户是来自哪个网站，并自动记录该行为，这些网站将会获得最高 10% 以上的销售提成，当当将把通过该联盟会员产生的收入支付到该联盟会员的账号上。

任 务

1. 名词解释

付费浏览模式　独立 B2C 网站　B2C 电子化交易市场

2. 简答

（1）分别从买家和卖家的角度阐述 B2C 电子商务交易流程。

（2）简述按产品覆盖品类和品牌的多少划分的 B2C 电子商务类型。

（3）简述 B2C 电子商务的盈利模式类型。

3. 实践训练

使用手机 APP 在京东商城浏览并购买商品，比较它与淘宝、天猫的异同。

项目三　C2C 电子商务模式

项目案例

C2C 模式下二手交易的信任危机

2018 年，我国二手闲置市场规模已超过 7 000 亿元，2014—2018 年复合增速达到 40% 以上。然而，风口之上，互联网平台却持续深陷二手交易的信任危机。

广阔的互联网二手交易市场下，二手电商上却是买卖双方的互相猜忌，产品质量和交易信任几乎无保障。

作为国内最大的互联网二手交易平台，出身阿里巴巴的闲鱼累计用户过亿，用户月活跃指数超过淘宝和京东，估值超过 30 亿元，是 C2C 二手电商的代表。和其他 C2C 平台一样，闲鱼长期受假货入侵、倒买倒卖、恶意欺诈等问题的困扰。

目前，闲鱼押注于社区化运作，试图通过"交情"来填补信任的短板。闲鱼主打特色商品交易流通单元"鱼塘"，基于地理位置、兴趣爱好和需求量最大的高校群体，仍以传统的社区作为切入点，将"鱼塘"分布到各个城市。面对信息不透明下买卖双方的信任危机，闲鱼采取用户自治模式，通过组建由"闲鱼小二"和"闲塘塘主"代表共同成立的"塘务组"，以商讨提议的方式修订"鱼塘基本公约"。但不以平台身份约束用户行为，二手交易中的违法违约成本仍然很低，交易风险居高不下。

从闲鱼自治模式可以看出，平台并非不能，而是不愿意引入质检模式。而所谓的社区化运作，与其说是为了解决信任危机，不如说是为了实现阿里巴巴"电商+社交"的生态理念，提高用户互动率和黏性。事实也的确如此，闲鱼曾表示，目前主要流通的产品价值较低，平台没有投资质检模式的必要。

与此同时，另一些二手电商认为留住流量比引流重要，走上了 C2B2C 的重资产模式，平台主动建立专业质检机制，对二手交易品的质量进行把控，主打优品战略。代表是背后有腾讯和 58 同城网支持的转转。转转于 2017 年开始正式联合富士康，打造专业的 3C 数码产品质检服务，以平台身份为买卖方提供专业质检报告。

对于价值和专业性"双高"的产品，专业中介是促成二手交易的枢纽，是 C2B2C 二手电商的重要资产。而对此类商品的垂直交易平台而言，专业中介更是核心资产，是确保用户购物体验从而留住流量的生存关键。然而，这类专业鉴定师需要长期培训，专业门槛比较高，不擅长搞基础建设、做重资产模式的互联网公司短时间内无法也不愿自己花大钱培养鉴定师，因此，大多数鉴定师来自有经验的第三方中介，如富士康。

（案例来源：经济观察网，2019-11-23）

案例分析

C2C 平台如何解决专业性和规模化的矛盾？是否有可行的机制？根据本案例我们可以判断，未来二手市场的格局会是一超多专的寡头局面。对于综合品类的交易平台，如 C2C 的闲鱼，由于大多数交易品价值一般，也不存在专业性（或是复杂度不高），中介能发挥的作用有限，只要能做起规模，产生高频的平台交易，即可做大做强。对于高价值、高复杂程度产品的垂直类平台，如专攻二手车、二手奢侈品、二手数码产品等的平台，引入专业中介的 C2B2C 模式相对来说效率更高，也更切实。这类平台的交易规模很大程度上取决于平台对资产的调动和管理能力。

相关知识

一、C2C 电子商务的概念和特点

C2C 电子商务交易模式即消费者与消费者之间通过互联网进行的个人交易。C2C 交易平台是为买卖双方提供在线交易的平台，在该平台的支持下，卖方可以自行提供商品上网展示销售，而买方可以自行选择商品、拍下付款或以竞价方式在线完成交易支付。

C2C 电子商务模式

目前，我国的 C2C 电子商务平台主要是淘宝网。随着淘宝网对天猫店和企业店铺的重视，C2C 模式已经不再是淘宝网的主要模式。如今，C2C 模式更多的体现是在闲鱼、转转和一些专业论坛的二手交易板块等方面上。

C2C 电子商务平台可以使数量巨大、地域不同、时间不一的买方和卖方通过一个平台找到合适的对家进行交易，在传统领域要实现这样大的工程几乎是不可能的。相对于其他电子商务模式，C2C 电子商务有如下特点。

(1) 用户数量大、分散，且往往身兼多种角色，可以是买方，也可以是卖方。
(2) 买卖双方在第三方交易平台上交易，由第三方交易平台负责技术支持及相关服务。
(3) 没有自己的物流体系，依赖第三方物流体系。
(4) 单笔交易额小，低价值商品加上物流费可能会造成价格偏高。
(5) 个人网店平均寿命短，不到一年的占绝大多数。
(6) 纠纷很难解决。

二、C2C 电子商务模式的分类

（一）按交易的商品类型分类

按交易的商品类型，C2C 可以分为实物交易平台和智慧交易平台。

1. 实物交易平台

实物交易平台网站交易商品的种类,从汽车、计算机到服饰、家居用品,分类齐全。除此之外,还设置了网络游戏装备交易区和虚拟货币交易区等,如淘宝网、拍拍网和 eBay(易贝)等。

2. 智慧交易平台

威客网一般交易的是企业或个人的智慧,是常见的智慧交易平台。威客是指通过互联网把自己的智慧、知识、能力、经验转换成实际收益的人,他们在互联网上通过解决科学、技术、工作、生活和学习中的问题,让知识、智慧、经验和技能体现经济价值。

威客网上的用户按照其行为可以分为两类:回答者和提问者。其中,提问者提出问题和发布任务,在获得合适的解决方案后支付报酬给回答者;回答者接受任务和回答问题,当回答者的解决方案得到提问者认可后获得约定的报酬。

威客通常有三种模式:A 型(Ask Witkey)威客,B 型(Bid Witkey)威客,C 型(C2C Witkey)威客。其实,A、B、C 型威客并没有绝对的界限,如时间财富网既属于 B 型威客,也属于 C 型威客。

A 型威客即知道型威客、知识问答型威客,如百度知道和爱问等。

B 型威客即悬赏型威客,它们通过对某个项目进行投标,并争取中标,从而获得项目开发机会,最终产生价值,如全球设计网、任务中国、孙悟空威客网、猪八戒威客网、一品威客网和时间财富网等。

C 型威客即点对点威客,它们通过对自身能力进行展示、证明,以及良好的经营,将能力转化为能力产品,与需求者之间建立 C2C 的买卖交易关系,如时间财富网等。

(二)按交易的平台运作模式分类

按交易的平台运作模式,C2C 可以分为拍卖平台运作模式和店铺平台运作模式。拍卖平台运作模式和店铺平台运作模式没有截然的界限,如淘宝网既可以是拍卖平台,也可以是店铺平台。

1. 拍卖平台运作模式

在这种模式下,电子商务企业为买卖双方搭建网络拍卖平台,按比例收取交易费用。在拍卖平台上,商品所有者或某些权益所有人可以独立开展竞价、议价、在线交易等。网络拍卖的销售方式保证了卖方的价格不会太低,他们可以打破地域限制把商品卖给地球上任何一个角落出价最高的人;同理,买方也可以确保自己不会付出很高的价位。

这类拍卖网站在网络拍卖中提供交易平台服务和交易程序,为众多买家和卖家构筑一个网络交易市场,由卖家和买家在该平台上进行网络拍卖。这类网站的拍卖服务主要采用 C2C 或 B2C 模式,我国以淘宝网为首要代表。网站的经营目标是促成用户之间的在线交易,网站并不作为买家或是卖家的身份参与买卖行为,只提醒用户通过自己的谨慎判断确定登录物品及相关信息的真实性、合法性和有效性。用户登录网站后,即可通过页面或电子邮件进行交易或跟踪拍卖的进程。

平台式拍卖网站最终的盈利高低一般取决于物流是否顺畅,以及价格是否合理等,这就需要精确的设计和规划。从技术角度看,提供竞买过程的跟踪和管理是网上拍卖的关键。如淘宝网有专门的拍卖会网站和淘宝的司法拍卖。

2. 店铺平台运作模式

店铺平台运作模式又称网上商城运作模式,在这种模式下,C2C 电子商务企业提供平台,以方便个人在其上面开设店铺,以会员制的方式收费,也可以通过广告或提供其他服务收取费用。

三、C2C 的盈利模式

（一）会员费

会员费也就是会员制服务收费,是指 C2C 网站为会员提供网上店铺出租、公司认证、产品信息推荐等多种服务组合而收取的费用。由于提供的是多种服务的有效组合,比较能适应会员的需求,因此,这种模式的收费比较稳定。费用第一年交纳,第二年到期时需要客户续费,续费后再提供下一年的服务,不续费的会员将恢复为免费会员,不再享受多种服务。

（二）交易提成

交易提成不论什么时候都是 C2C 网站的主要利润来源。因为 C2C 网站是一个交易平台,它为交易双方提供机会,就相当于现实生活中的交易所、大卖场,从交易中收取提成是其市场本性的体现。

（三）广告费

企业将网站上有价值的位置用于放置各类型广告,根据网站流量和网站人群精度标定广告位价格,然后再通过各种形式向客户出售。如果 C2C 网站具有充足的访问量和较高的用户黏度,广告业务会非常大。黏性是指顾客在网站上长时间停留和再次登录的趋势。黏性强的网站可以获得更高的广告收入,因为浏览者有更深的印象和更长的浏览时间。但是 C2C 网站出于对用户体验的考虑,均没有完全开放此业务,只有个别广告位不定期开放。根据不同的版面、不同形式、不同的发布时间和长短等确定不同的收费标准,如推荐位费用、竞价排名、直通车等。

（四）搜索排名竞价

C2C 网站商品的丰富性决定了购买者搜索行为的频繁性,搜索的大量应用就决定了商品信息在搜索结果中排名的重要性,由此便引出了根据搜索关键字竞价的业务。用户可以为某关键字提出自己认为合适的价格,最终由出价最高者竞得,在有效时间内,该用户的商品可获得竞得的排位。只有卖家认识到竞价为他们带来的潜在收益,才愿意花钱使用。

（五）特色服务费

特色服务费是指产品特色展示费用,如为拍品提供多角度的拍摄、旺铺、试衣间、店铺管理工具等。

（六）增值服务费

增值服务费有辅助信息费、物流服务费、支付交易费等。比如阿里巴巴推出的支付宝,一定程度上促进了网上在线支付业务的开展。买家可以先把预付款通过网上银行打到支付公司的个人专用账户,待收到卖家发出的货物后,再通知支付公司把货款打入卖家账户,这样,买家不用担心收不到货还要付款,卖家也不用担心发了货而收不到款。而支付公司就按成交额的一定比例收取手续费。

任务

1. 名词解释

   智慧交易平台　拍卖平台运作模式　店铺平台运作模式

2. 简答

   （1）C2C电子商务的特点有哪些？

   （2）威客通常有哪三种模式？

   （3）C2C的盈利模式有哪些？

3. 实践训练

   以淘宝网为例，说明C2C网站的盈利模式有哪些、与国外知名网站eBay有什么区别。请评论淘宝商城和中小卖家之间的关系。

项目四　其他电子商务模式

项目案例

新良品铺子凌晨送出新零售O2O第一单

2016年11月11日凌晨1点11分，家住深圳南山区的李先生怎么也没有想到，在自己付完尾款11分钟之后，快递小哥已经拎着良品铺子的零食来到了自家门前。这是2016年天猫"双十一"全球购物配送出的第一单，也是国内休闲零食第一品牌良品铺子在与天猫合作"极速达"和"云货架"之后"含金量最高"的一次送达。

11月3日，李先生在家楼下的良品铺子门店扫码"云货架"预付10元购买了坚果时代礼盒，在11月11日凌晨1点付完尾款几分钟后，就收到了货（备注：天猫所有"云货架"预购商品需要在11日凌晨1点后才能支付尾款）。李先生有所不知的是，这短短的11分钟，为天猫试水本次"双十一"O2O业务的新里程碑。

良品铺子拿下天猫"双十一"第一单并不偶然，这主要是其提前做了战略部署和充足的准备。早在"双十一"开始前，良品铺子营销副总裁在接受媒体采访时就透露，良品铺子在今年的"双十一"制定了名为"新零售"的整体战略，概括起来就是以"全球化、全娱乐、全渠道"为特点，同时确保物流快递效率的"三合一"行动方案。

而11分钟是如何做到的呢？这是良品铺子和阿里"云货架""极速达"等战略整合的效果。

以云货架为例，良品铺子首先在门店将无法陈列的商品，以二维码的形式呈现在消费者容易看到的地方，对产品进行预售；然后在后台查看预售的情况，根据订单所在地的分布，准备商品、安排物流；等到"双十一"大幕开启，消费者付完尾款，即可第一时间进行配送。

此次深圳的李先生之所以这么快收到商品，就是因为良品铺子通过消费者预售订单里标注的地址，提前将产品配送到离消费者最近的门店。消费者下单后，良品铺子全渠道系统自动将信息推送给该门店，门店在第一时间接到订单，门店快递就可以在第一时间将商品送给消费者。

良品铺子和阿里联合推行的门店扫码、物流（门店）发货的服务，成为今年"双十一"大促中的一个亮点。为了保证用户体验，今年"双十一"前，良品铺子在物流配送上未雨绸缪，第一时间保证用户及时收到扫货成果。

为配合"极速达"和"云货架"，良品铺子此次全新推出了"线上下单，门店发货"的模式，效果惊人。所谓"线上下单，门店发货"，即消费者进入良品铺子天猫旗舰店，挑选"极速达"商品和其余的商品，下单后根据消费者收货地址，系统自动匹配周边门店，天猫物流配送"极速达"团队会在2个小时内在就近良品铺子门店取货后送到消费者手上，非门店的商品正常通过电商快递渠道送给消费者。

（资料来源：搜狐网，"光明网"搜狐号，2016-11-11）

案例分析

良品铺子依托覆盖全国5个省份2 000余家线下门店进行就近配送，发挥了全渠道零食电商的独特优势，通过让线上和线下联动，还实现了很多品牌厂商梦寐以求的O2O闭环体系，在新零售业态下进行了众多的行业创新。目前，良品铺子已入驻37个第三方平台，建立了五六个自有平台。

而阿里巴巴在"双十一"更是以新零售为标志，拿下了重要战果。不能阻挡的事实和趋势是，在新零售概念的影响下，零售业的发展趋势已逐渐清晰。

1. 线上线下趋于统一化、专业化

零售店的体验不好且价格昂贵是消费者最开始选择电商消费的主要原因。随着线上线下及物流的融合，未来零售体或将统一价格、质量、体验等，打破卖家秀与买家秀的落差，提供专业的服务、产品给消费者。

2. 大型零售体或将面临整合重组

过去，品类丰富的大型综合超市拦截了大部分小超市的生意，如今，它们反过来要被社区型小型零售体影响。随着社区消费趋势铺展开来，社区化将成为零售行业未来发展的重要方向。

3. 体验式消费、个性化服务融入消费者生活

随着用户消费需求的差异明显，一些个性化、创新性的消费模式将更受欢迎，如小众品牌的买手店模式。随着消费体验的优化，消费者购买力会提升，企业也会从中受益。

4. 企业生产更智能、科技化

随着线上线下的结合，需求及生产供给信息相互融合，从生产到消费可以通过大数据等技术预测，以控制产能，全面消灭企业库存，提高效益。

5. 在新零售概念的影响下，零售业的发展趋势已逐渐清晰

2016年以来，中国零售业出现了很大的动荡，纯电商流量红利消失，大型零售超市关店潮来袭，连19年来"零关店"的大润发也首次关店，整个传统零售业呈现增速放缓、利润下降的趋势。覆盖实体店、电商、移动端和社交媒体的移动云商城新零售体系的出现，成了解决零售业发展难题一种可行的方案。

尽管移动互联网给零售领域带来了很大挑战，但总体来讲还是机遇更多，现在零售业正处于新的升级阶段，线上线下与物流的联系会更加紧密，O2O模式将会更广泛地为企业所用。

一、C2B 电子商务模式

(一) C2B 电子商务模式的定义

C2B（Customer to Business，消费者到企业）是互联网经济时代新的商业模式。这一模式改变了原有生产者（企业和机构）和消费者的关系，是一种消费者贡献价值、企业和机构消费价值的模式。真正的 C2B 应该先有消费者需求后有企业生产，即先有消费者提出需求，后有生产企业按需求组织生产。通常情况为消费者根据自身需求定制产品和价格，或主动参与产品设计、生产和定价，产品、价格等彰显消费者的个性化需求，生产企业进行定制化生产。C2B 的代表性企业有酒葫芦网、响应网等，另外，京东的众筹、天猫"双十一"的预售等也是典型的 C2B 模式。

其他电子商务模式

(二) C2B 电子商务模式的常见形式

C2B 这种电子商务模式主要的体现形式有：聚合需求形式、要约形式、服务认领形式、商家认购形式和个性化定制形式等。其中，以聚合需求形式、要约形式及个性化定制形式为主流。

1. 聚合需求形式

聚合需求形式是指以反向团购和预售的方式为主，通过预售、集体团购等形式将分散的用户需求集中起来，对于一些还没有生产的产品，根据集中需求进行快速生产。在用户需求完全表达出的理想情况下，商家的产品正处在生产的路上。这样做，使商家的供给可以正好与用户的需求同时匹配，避免了资源的浪费。

2. 要约形式

要约形式是指采取逆向拍卖的方式，将销售方与购买方的传统位置调换一下，用户自己先出价，商家选择是否接受。

3. 服务认领形式

服务认领形式是指由企业在 C2B 电子商务网站上发布所需服务，然后个人自己决定是否需要服务并认领，类似威客。

4. 商家认购形式

商家认购形式是指个人在 C2B 电商网站上展示可提供的作品、服务，然后等待有需求的企业认领。

5. 个性化定制形式

个性化定制形式是指由用户提出个性化需求，商家根据用户的需求来生产个性化产品，用户为此付出一定的价格，如购买个性化定制的手机外壳。

二、G2B 和 G2C 电子商务模式

（一）G2B 电子商务模式的概念与内容

G2B 是指政府（Government）与企业（Business）之间通过网络进行交易活动的运作模式，也可以称作 G2B 电子政务，即政府通过电子网络系统进行电子采购与招标，精简管理业务流程，快捷迅速地为企业提供各种信息服务。在 G2B 模式中，政府主要通过电子化网络系统为企业提供公共服务。G2B 模式旨在打破各级政府部门之间的界限，实现业务相关部门在资源共享的基础上迅速快捷地为企业提供各种信息服务，精简管理业务流程，简化审批手续，提高办事效率，减轻企业负担，为企业的生存和发展提供良好的环境，促进企业发展。

G2B 模式目前主要运用于以下几个方面。

1. 电子采购与招标

通过网络公布政府采购与招标信息，为企业特别是中小企业参与政府采购提供必要的帮助，向他们提供政府采购的有关政策和程序，使政府采购成为阳光作业，减少徇私舞弊和暗箱操作，降低企业的交易成本，节约政府采购支出。

2. 电子税务

使企业通过政府税务网络系统，在家里或企业办公室就能完成税务登记、税务申报、税款划拨、查询税收公报、了解税收政策等业务，既方便了企业，也减少了政府的开支。

3. 电子证照办理

让企业通过互联网申请办理各种证件和执照，缩短办证周期，减轻企业负担，如企业营业执照的申请、受理、审核、发放、年检、登记项目变更、核销、统计证、土地和房产证、建筑许可证、环境评估报告等证件、执照和审批事项的办理。

4. 信息咨询服务

政府将拥有的各种数据库信息对企业开放，方便企业利用，如法律法规规章政策数据库、政府经济白皮书、国际贸易统计资料等信息。

5. 中小企业电子服务

政府利用宏观管理优势和集合优势，为提高中小企业国际竞争力和知名度提供各种帮助，包括为中小企业提供统一政府网站入口，帮助中小企业同电子商务供应商争取有利的能够负担的电子商务应用解决方案等。

（二）G2C 电子商务模式的概念与内容

G2C 是指政府（Government）与公众（Citizen）之间的电子政务，是政府通过电子网络系统为公民提供各种服务。G2C 电子政务的目的除了政府给公众提供方便、快捷、高质量的服务外，更重要的是可以开辟公众参政、议政的渠道，畅通公众的利益表达机制，建立政府与公众的良性互动平台。G2C 电子政务所包含的内容十分广泛，主要的应用包括以下几个方面。

1. 电子就业服务

通过电话、互联网或其他媒体向公民提供工作机会和就业培训，促进就业。如开设网上

人才市场或劳动市场，提供与就业有关的工作职位缺口数据库和求职数据库信息；在就业管理和劳动部门所在地或其他公共场所建立网站入口，为没有计算机的公民提供接入互联网寻找工作职位的机会；为求职者提供网上就业培训、就业形势分析，指导就业。

2. 教育培训服务

建立全国性的教育平台，并资助所有的学校和图书馆接入互联网和政府教育平台；政府出资购买教育资源，然后提供给学校；重点加强对信息技术能力的教育和培训，以适应信息时代的挑战。

3. 电子医疗服务

通过政府网站提供医疗保险政策信息、医药信息、执业医生信息，为公民提供全面的医疗服务。公民可通过网络查询自己的医疗保险个人账户余额和当地公共医疗账户的情况；查询国家新审批的药品的成分、功效、试验数据、使用方法及其他详细数据，提高自我保健的能力；查询当地医院的级别和执业医生的资格情况，选择合适的医生和医院。

4. 电子交通管理服务

通过建立电子交通网站，提供对交通工具和司机的管理与服务。

5. 社会保险网络服务

通过电子网络建立覆盖地区甚至国家的社会保险网络，使公民通过网络及时全面地了解自己的养老、失业、工伤、医疗等社会保险账户的明细情况，有利于加深社会保障体系的建立和普及；通过网络公布最低收入家庭补助，增加透明度；还可以通过网络直接办理有关的社会保险理赔手续。

6. 电子税务

允许公民个人通过电子报税系统申报个人所得税、财产税等个人税务。

三、O2O 电子商务模式

（一）O2O 电子商务模式的产生与发展

O2O 即 Online To Offline（在线离线/线上到线下），是指将线下的商务机会与互联网结合，让互联网成为线下交易的平台。这个概念最早在 2011 年 8 月被美国一家支付公司 TrialPay 的创始人 Alex Rampell 提出。O2O 的概念非常广泛，既可涉及线上，又可涉及线下，可以通称为 O2O。2013 年，O2O 进入高速发展阶段，从传统实体服务业开始了本地化及移动设备的整合和完善，如餐饮、娱乐、出行、零售业等。真正的 O2O 应立足于实体店本身，线上线下并重，线上线下应该是一个有机融合的整体，信息互通、资源共享，线上线下立体互动，而不是单纯的"从线上到线下"，也不是简单的"从线下到线上"。

如果一家企业能兼备网上商城及线下实体店，并且网上商城与线下实体店全品类价格相同，即可称为 O2O。也有观点认为，O2O 是 B2C（Business To Customers）的一种特殊形式。

（二）O2O 电子商务模式的特点

1. 必须由线上和线下两个部分组成

O2O 从概念上讲是 Online 和 Offline，即线上和线下，但这个"线上"不一定是互联网，万物联网是互联网今后发展的重要趋势。万物联网是以智能的方式连接人、流程、数据、对象。比如，当饮水机没有水了，它会自动预定水，直接对接送水公司的数据库，而不需要通过人去操作手机或电脑，但它必须有线上和线下的互动，可能是线下触动线上，也可能是线上触动线下，二者缺一不可，体现了O2O模式的特点。

2. 服务标准在C端

O2O与B2C的差异在于O2O的标准在C端（即客户），B2C的标准在B端（即企业）。B2C与顾客的关系是一种教化与被教化的关系，比如华为生产手机，只需要打好统一的说明书，教顾客使用与保养即可，是典型的工业化生产的模式。O2O虽然有生产商品或者服务，但更多的是按顾客需求定制，满足顾客的个性需求，这就是落后生产力与超前服务思维的矛盾，无法做到C端的满意。

3. B、C端参与链交互延长

一般情况下，商家通过线下的服务来延长交易参与链，尽量通过自身的优势获取客户；消费者则通过线上的信息获取来延长交易参与链，通过货比三家选择最优的商家。但不管是商家还是消费者，这种参与链都是通过彼此交互延长，尽量减少第三方参与来使自身利益最大化，比如O2O外卖就是商家延长物流配送服务，消费者线上选择，延长信息获取。

(三) O2O电子商业模式的消费流程

与传统的消费者在商家直接消费的模式不同，在O2O商业模式中，整个消费过程由线上和线下两部分构成。线上平台为消费者提供消费指南、优惠信息、便利服务（预订、在线支付、地图等）和分享平台，而线下商户则专注于提供服务。在O2O模式中，消费者的消费流程可以分解为五个阶段。

1. 引流

线上平台作为线下消费决策的入口，可以汇聚大量有消费需求的消费者，或者引发消费者的线下消费需求。常见的O2O平台引流入口包括：消费点评类网站，如美团；电子地图，如百度地图、高德地图；社交类网站或应用，如微信、人人网。

2. 转化

线上平台向消费者提供商铺的详细信息、优惠（如团购、优惠券）、便利服务，方便消费者搜索、对比商铺，并最终帮助消费者选择线下商户、完成消费决策。

3. 消费

消费者利用线上获得的信息到线下商户接受服务、完成消费。

4. 反馈

消费者将自己的消费体验反馈到线上平台，有助于其他消费者做出消费决策。线上平台通过梳理和分析消费者的反馈，形成更加完整的本地商铺信息库，可以吸引更多的消费者使用在线平台。

5. 存留

线上平台为消费者和本地商户建立沟通渠道，可以帮助本地商户维护消费者关系，使消费者重复消费，成为商家的回头客。

O2O 电子商务模式是基于商业与互联网的产物，从经济发展来讲，它们的"联姻"是最恰当的必然。该模式 2015 年初步成型，然后进入高速培育期——行业内的吞并，行业间的融合，行业外的受益，O2O 会不断为消费者和商家带来新的机会与挑战。

任 务

1. 名词解释

C2B 电子商务模式　G2B 电子商务模式　G2C 电子商务模式　O2O 电子商务模式

2. 简答

（1）什么是 C2B 电子商务模式？它与 B2C 电子商务模式有何本质区别？

（2）G2B 的主要应用包括哪些方面？

（3）G2C 的主要应用包括哪些方面？

（4）在 O2O 模式中，消费者的消费流程可以分解为哪几个阶段？

3. 实践训练

在网络上收集共享经济的材料，分析 O2O 电商模式的发展方向。

推荐资源

1. 大麦网
2. 淘票票网
3. 淘宝的司法拍卖
4. 爱问网
5. 转转网
6. 时间财富网

专题八

网络营销

学习目标

1. 掌握网络营销的基本概念。
2. 了解网络营销的特点和功能。
3. 了解网络营销的内容框架。
4. 掌握网络营销常用的方法和工具。
5. 了解网络营销策划的步骤和重点内容。

专题描述

20世纪90年代,市场营销与互联网结合在一起,网络营销应运而生。借助于互联网、网络通信技术和数字交互式媒体等工具来识别和满足客户需求、帮助企业实现营销目标而进行的能够有效促成个人和企业、企业和企业等之间交易活动的市场营销活动称为网络营销,具有跨时空、交互式、整合性、个性化、高效性、经济性、技术性、成长性的特点。网络营销主要从八个方面发挥作用:网络品牌的延伸和扩展、网站推广、信息发布、销售促进、销售渠道扩展、顾客服务、顾客关系管理、网上调研。网络营销的内容体系可以分为网上市场调查、网络消费者行为分析、网络营销策略的制定和网络营销管理与控制四个部分。网络营销职能的实现需要通过一种或多种网络营销手段,常用的网络营销方法分为传统网络营销方法和新媒体营销方法。

项目一 网络营销概述

项目案例

王老吉成功的网络营销策略

2008年5月18日晚,由多个部委和央视联合举办的赈灾募捐晚会上,加多宝集团代表阳先生手持一张硕大的红色支票,以1亿元的捐款成为国内单笔最高捐款企业,顿时成为人们关注的焦点。第二天，在一些网站社区里，不断流行着一个名为"封杀王老吉"的帖子："王老吉，你够狠！捐一个亿！为了整治这个嚣张的企业，买光超市的王老吉！上一罐买一罐！不买的就不要顶这个帖子啦！"这篇帖子首次出现在天涯论坛就获得了极高的点击率，而后又被网友们疯狂转载。3个小时内，百度贴吧关于王老吉的发帖超过14万个。从百度趋势上看，"王老吉"的搜索量在5月18日之后直线上升，并引起了线下媒体的关注。

这个"正话反说"的"封杀王老吉"倡议迅速成为最热门的帖子，更直接鼓动起了网民对王老吉的购买热情。于是，王老吉在多个城市的终端都出现了断货的情况。

王老吉利用互联网成功地进行了网络营销，并收到了非常好的效果。整个营销过程经过了精心设计，首先，王老吉抓住了最好的时机，即所谓的借势，通过1亿元捐款聚拢眼球和关注，使企业本身的社会责任感形象及接下来展开的推广活动得以最大效果的传播。然后是媒体的选择。在赈灾晚会捐助之后，全国各个网络论坛里开始出现王老吉豪捐的帖子，以夸张的效果引起网友围观、互动，以正话反说的效果从心理上顺应了网民好奇、探求的心理。最后，传统媒体，如电视、报纸对"封杀王老吉"事件进行了报道，进行了最后一轮宣传，将整个事件推向高潮，引导潜在消费者也加入购买王老吉的行列。

相关知识

一、网络营销的定义

网络营销是随着互联网的发展，以互联网作为平台而产生的一种新的营销活动。从广义上来说，可以把以互联网作为主要手段进行的为达到企业营销目标的营销活动称为网络营销。换句话说，企业开展网上经营的整个过程，从信息发布、信息收集，一直到实现网上交易的整个阶段都体现了网络营销的元素。

网络营销的定义

本教材认为：借助互联网、网络通信技术和数字交互式媒体等工具来识别和满足客户需求、帮助企业实现营销目标而进行的能够有效促成个人和企业、企业和企业等之间交易活动的市场营销活动称为网络营销。网络营销仍然是企业营销的一个组成部分，互联网只是一种实现营销活动的平台，为网络营销提供了一个虚拟市场。

对于网络营销的定义，可以从以下几个方面来理解。

（一）网络营销不等于网上销售

网络营销是一种手段，而网上销售是一种结果，网络营销发展到一定阶段产生了网上销售。网络营销的最终目标是成功实现企业营销，这里所说的企业营销既包括网上销售，也包括传统的网下销售。网络营销具有明确的目的和手段，但是网络营销本身不是最终目的。首先，企业提升品牌价值、加强与客户之间的沟通等，其实都是网络营销效果的体现。其次，网络营销是一种对外发布信息的工具，企业所开展的网络营销活动，并不一定能够实现网上销售，却对增加总销售量带来了很大的可能。最后，企业为达到网上销售的目的，除了开展网络营销,还可以运用其他多种推广手段,比如传统媒体广告、发布新闻、印发宣传册等传统的营销方式。

(二) 网络营销活动不仅限于网上

"网络营销"从字面意义上来看,应该是离不开互联网的。但是因为互联网在我国的普及率和有效使用率还相对较低,即使对于已经上网的人来说,通过一些传统的检索方法在互联网上寻找相关的信息时也会存在无法顺利查到的情况。许多初级用户可能连查询信息的传统方法都没有掌握。所以,企业在开展网络营销时,不仅需要在网上做推广,而且非常有必要同时采用传统营销手段开展网下推广,以提高网上推广的渗透率。换句话说,网络营销是借助互联网平台,综合利用多种营销方法、工具和条件,并有效协调它们之间的相互关系来营造网上经营环境的过程。

(三) 网络营销建立在传统营销理论基础之上

网络营销活动不可能脱离一般营销环境而独立存在,互联网的产生和发展使传统营销理论得到了扩展,从而逐渐形成了网络营销理论。在传统的营销活动中,企业通过报刊、电话、电视等手段对其产品进行宣传。例如,企业利用电视广告宣传自己的产品,目的是吸引新客户购买自己的产品以增加销售量,从而实现企业的盈利。网络营销是在这种传统营销理论的基础上,以互联网替代了传统的报刊、电视、电话、邮件等中介媒体,使互联网贯穿企业发掘新客户、服务老客户、识别和满足客户需求的经营全过程,以达到开拓市场、增加盈利的目的。

综上所述,网络营销从本质上讲还是营销。这是因为网络营销无非是通过各种手段,引导商品或服务从生产者转移到消费者的过程。一种商品或服务从设计生产到实现消费,是一个包括信息传递与沟通、商品与货币交换的复杂过程。在这个过程中,存在着种种时间与空间、意识与技术上的障碍。通过网络营销,可以排除这些障碍,使企业生产的产品顺利到达消费者手中,从而实现竞争优势,提高企业效益。网络营销与传统的市场营销虽然在方式上存在很大差别,但本质上都是实现企业营销目标的手段。

二、网络营销的特点

市场营销中最重要也是最本质的是组织和个人之间进行信息传播和交换,如果没有信息交换,交易也就是无本之源。网络营销也是如此,它大致有以下几个特点。

网络营销的特点

1. 跨时空

营销的最终目的是占有市场份额。互联网具有的超越时间约束和空间限制进行信息交换的特点,使脱离时空限制达成交易成为可能,企业能有更多的时间和空间进行营销,可每周7天、每天24小时随时随地提供全球的营销服务。

2. 交互式

互联网可以展示商品目录,连接资料库,提供有关商品信息的查询服务,可以和顾客做互动双向沟通,可以收集市场情报,可以进行产品测试与消费者满意度调查等,是产品设计、商品信息提供及服务的最佳工具。

3. 整合性

互联网上的营销可由商品信息至收款、售后服务一气呵成,因此也是一种全程的营销渠道。另外,企业可以借助互联网将不同的营销活动进行统一规划和协调实施,以统一的传播资讯向消费者传达信息,避免因不同传播渠道中的不一致而产生消极影响。

4. 个性化

网络营销的促销和交易方式是一对一的、理性的、消费者主导的,与以强势推销为主要的传统营销方式有很大的区别。现代的电子商务技术和柔性化制造技术已经为消费者的个性化消费提供了良好的技术基础。

5. 高效性

现在的企业竞争必须是高效能的,必须对市场需求做出快速反应,及时更新产品或调整价格,及时有效了解并满足顾客的需求。网络营销就具有满足这些高效性要求的能力,比如网络海量的数据存储能力、快速准确的数据处理和传输能力等。网络营销表现出来的商业智能和个性化特征,远远超过现有的其他媒体和营销手段。

6. 经济性

在互联网上,无论是信息的存储与处理,还是信息的发布与获得,与传统方式相比,其成本都是非常低的,这也在一定程度上降低了企业和消费者的营销成本。通过互联网进行信息交换,代替以前的实物交换,一方面可以减少企业经营的成本,可以无店销售,免交租金,节约水电与人工成本;另一方面可以减少顾客远距离迁移挑选并购买商品所造成的运费与人工费。

7. 技术性

网络营销建立在以高新技术作为支撑的互联网基础上,因此,企业实施网络营销必须有一定的技术投入和技术支持,比如通过改变传统的组织形态、提升信息管理部分的助能、引进懂营销与电脑技术的复合型人才等措施,确保企业在未来具备优越的市场竞争优势。

8. 成长性

随着互联网的发展,新的互联网应用层出不穷,这也给网络营销带来广泛的应用空间,也促使了很多新的网络营销方法和工具的出现。互联网使用数量快速增长并遍及全球,使用者多半是年轻人,具有较高的文化水平。由于这部分群体购买力强而且具有很强的市场影响力,因此是一个极具开发潜力的市场。

三、网络营销的功能

认识和理解网络营销的功能和作用,是进行网络营销实战的基础和前提。网络营销主要从以下八个方面发挥作用。

网络营销的功能

(一) 网络品牌的延伸和扩展

互联网不仅拥有品牌、承认品牌,而且对于重塑品牌形象、提升品牌的核心竞争力、打造品牌资产,具有其他媒体不可替代的效果和作用。网络营销的重要任务之一就是在互联网上建立并推广企业的品牌,以及让企业的网下品牌在网上延伸和扩展。网络品牌建设是以企业网站建设为基础,通过一系列的推广措施,实现顾客和公众对企业的认知和认可。网络品牌价值是网络营销效果的表现形式之一,通过网络品牌的价值转化实现持久的顾客关系和更多的直接收益。

(二) 网站推广

获得必要的访问量是网络营销取得成效的基础,尤其是对于中小企业。由于经营资源的限制,发布新闻、投放广告、开展大规模促销活动等宣传机会比较少,因此,通过互联网进行网站推广的意义显得更为重要,这也是中小企业对于网络营销更为热衷的主要原因。对于大型企业而言,网站推广也是非常必要的,事实上许多大型企业虽然有较高的知名度,但网站访问量也不高。因此,网站推广是网络营销最基本的职能之一,是网络营销的基础工作。

(三) 信息发布

网络营销所具有的强大的信息发布功能,是古往今来任何一种营销方式都无法比拟的。网络营销在信息的扩散范围、停留时间、表现形式、延伸效果、公关能力、穿透能力等方面都是最佳的。更加值得提出的是,在网络营销中,网上信息发布以后,可以能动地进行跟踪,获得回复,可以进行回复后的再交流和再沟通。因此,信息发布的效果明显。企业既可以将信息发布到各类网站和互联网应用当中,又可以发布多种类的信息,比如企业基本信息、产品信息、招聘信息等。同时,发布的信息是多种形式的,包括文字、图片、视频、动画,等等。

(四) 销售促进

市场营销的基本目的是为最终增加销售提供支持,网络营销也不例外。各种网络营销方法大都直接或间接具有促进销售的效果,同时还有许多针对性的网上促销手段,这些促销方法并不限于对网上销售的支持。事实上,网络营销对于促进网下销售同样很有价值,这也就是一些没有开展网上销售业务的企业一样有必要开展网络营销的原因。

(五) 销售渠道扩展

网络具有极强的进击力和穿透力。传统经济时代的经济壁垒、地区封锁、人为屏障、交通阻隔、资金限制、语言障碍、信息封闭等,都阻挡不住网络营销信息的传播和扩散。网络营销为企业提供了更宽泛的销售渠道,不仅可以利用自己的网站销售商品,而且可以借助第三方平台。比如海尔公司在自己的网站上销售商品,同时也在京东商城、天猫上的旗舰店销售商品。

(六) 顾客服务

互联网提供了更加方便的在线顾客服务手段,包括从形式最简单的 FAQ(Frequently Asked Questions,常见问题解答)到电子邮件,以及在线论坛和各种即时信息服务等。在线顾客服务具有成本低、效率高的优点,在提高顾客服务水平方面具有重要作用,同时也直接影响到网络营销的效果,因此,在线顾客服务成为网络营销的基本组成内容。比如唯品会在自己的网站上提供帮助服务,并在微信公众号上提供即时服务。

(七) 顾客关系管理

顾客关系对于开发顾客的长期价值具有至关重要的作用,以顾客关系为核心的营销方式成为企业创造和保持竞争优势的重要策略。网络营销为建立顾客关系、提高顾客满意度和忠诚度提供了更为有效的手段,通过网络营销的交互性和良好的顾客服务手段增进顾客关系,成为网络营销取得长期效果的必要条件。比如唯品会为加强用户的归属感和认同感,在网站上建立会员俱乐部,其中包括了一系列的功能,会员根据自己的等级享受相应的服务。

(八) 网上调研

网上市场调研具有调查周期短、成本低的特点，不仅为制定网络营销策略提供支持，也是整个市场研究活动的辅助手段之一。合理利用网上市场调研手段对于市场营销策略具有重要价值。网上市场调研与网络营销的其他职能具有同等地位，既可以依靠其他职能的支持开展，也可以相对独立地进行，网上调研的结果反过来又可以为其他职能更好地发挥提供支持。

四、网络营销的产生和发展

(一) 网络营销的产生

网络营销的产生与发展

网络营销产生于20世纪90年代，发展于20世纪末至今。1994年被认为是网络营销发展重要的一年，因为这一年发生了著名的"律师事件"，同时诞生了网络广告，基于互联网的知名搜索引擎雅虎、Webcrawler、Infoseek、Lycos等也相继在1994年诞生。

"律师事件"发生在1994年4月12日，美国亚利桑那州两位从事移民签证咨询服务的律师Laurence Canter和Martha Siegel（两人为夫妻）把一封"绿卡抽奖"的广告信发到他们可以发现的每个新闻组，这在当时引起了轩然大波。他们的"邮件炸弹"让许多服务商的服务处于瘫痪状态。有趣的是，两位律师随后在1996年还合作出了一本书——《网络赚钱术》，书中介绍了他们这次的辉煌经历：通过互联网发布广告信息，只花了20美元的上网通信费用就吸引来25 000个客户，赚了10万美元。

在"律师事件"之后半年多的时间，1994年10月27日，网络广告正式诞生，这标志着网络营销时代正式开启。而直到1995年7月，全球最著名的网上商店亚马逊才正式成立，这标志着网络开启线上销售业务范畴，这已经比"第一个利用互联网赚钱的人"足足晚了15个月。

(二) 我国网络营销发展的阶段

1. 传奇阶段（1997年之前）

在这一阶段，网络营销的基本特征为：概念和方法不明确、是否产生效果主要取决于偶然因素、多数企业对于上网几乎一无所知。因此，那个时候的网络营销事件更多地具有传奇色彩，如"山东农民网上卖大蒜"堪称网络营销神话。当拥有"中华蒜都""大蒜之乡"之称的西李村的农民为自己生产的菠菜每斤两三分钱还无人问津而一筹莫展的时候，1996年5月，山东省金乡县村民李敬峰在互联网上注册了自己的一个域名，把西李村的大蒜、菠菜、胡萝卜等产品信息发布上去。1998年7月，青岛某外贸公司通过网址主动与李敬峰取得了联系，订购大蒜和菠菜，两次出口大蒜870吨，销售额达270万元，还将菠菜卖到每千克1元多，而且还供不应求，创造了网络营销的传奇。

2. 萌芽阶段（1997—2000年）

中国互联网信息中心发布的统计数据表明：1997年10月底，我国上网人数为62万人，WWW站点数约1 500个，在当时，无论上网人数还是网站数量均微不足道。但是1997年2月，ChinaByte开通免费新闻邮件服务，到同年12月，新闻邮件订户数接近3万；1997年3

月,在 ChinaByte 网站上出现了第一个商业性网络广告;1997 年 11 月,首家专业的网络杂志发行商"索易"开始提供第一份免费的网络杂志;1999 年,B2B 网站阿里巴巴、B2C 网站 8848 等成立。这些事件标志着中国网络营销进入萌芽阶段。在这个阶段,越来越多的企业开始涉及互联网,电子商务也开始从神话向现实落实。而 2000 年上半年,互联网泡沫的破灭,刺激了网络营销的应用。

3. 应用和发展阶段(2001—2003 年年底)

进入 2001 年之后,网络营销已不再是空洞的概念,而是进入了实质性的应用和发展时期,主要特征表现在:网络营销服务市场初步形成,企业网站建设发展迅速,专业化程度越来越高;网络广告形式不断创新,应用不断发展;搜索引擎营销向更深层次发展,形成了基于自然检索的搜索引擎推广方式和付费搜索引擎广告等模式;网络论坛、博客、聊天工具、网络游戏等网络介质不断涌现和发展。

4. 服务市场的高速发展阶段(2004—2008 年)

2004 年之后,我国网络营销最主要的特点之一是第三方网络营销服务市场蓬勃兴起,包括网站建设、网站推广、网络营销顾问等付费网络营销服务都获得了快速发展。这不仅体现在网络营销服务市场规模的扩大,同时也体现在企业网络营销的专业水平提高、企业对网络营销认识程度和需求层次提升,以及更多的网络营销资源和网络营销方法不断出现等方面。

5. 社会化阶段(2009—2013 年)

网络营销社会化的表现是网络营销从专业知识领域向社会化普及知识发展演变,这是互联网应用环境发展演变的必然结果,这种趋势反映了网络营销主体必须与网络环境相适应的网络营销社会化实质。需要说明的是,网络营销社会化并不简单等同于基于 SNS(Social Networking Services,社交网络服务)的社会化网络营销,社会化网络营销只是网络营销社会化所反映的一个现象而已。

6. 新媒体阶段(2013 年之后)

从前面的阶段分析可以看出,网络营销一直在持续、高速发展之中,新的网络营销平台和资源不断涌现,出现了很多新媒体营销平台和工具,比如微信公众号、小程序、直播、短视频、微博等。利用这些新媒体工具进行网络营销具有传输信息速度快,接收范围广泛;精准用户群体,提升用户转化,符合用户喜好的特点。

五、网络营销的内容框架

自诞生以来,网络营销的内容体系不断完善,为网络营销的进一步发展和应用奠定了基础。网络营销的内容框架可以分为以下四部分。

(一)网上市场调查

企业利用互联网的交互式信息沟通渠道,完成市场调查活动的行为称为网上市场调查。通常采用的市场调查方法包括直接在网上发布调查问卷和通过网络收集调查所需要的各种资料,包括二手资料等。网上市场调查的重点是利用网上调查工具提高调查的效率和效果,同时利用有效的工具和手段搜集、整理资料。由于网上的信息量庞大,所以企业在收集资料时，要重点关注如何有效地获取和分辨有价值的信息。

(二) 网络消费者行为分析

网络消费者与传统市场上的消费群体的特性截然不同，他们是网络社会的一个特殊群体。在开展网络营销之前，了解客户群体的需求特点、偏好、购买动机和购买行为模式等信息是非常重要的一个环节。互联网为兴趣趋同的消费群体的聚集和交流提供了一个很好的平台，并且逐渐形成了一些特征鲜明的网络虚拟社区，了解这些虚拟社区消费群体的特征和偏好可以作为网上消费行为分析的内容。

(三) 网络营销策略的制定

不同的企业在市场中的地位存在很大的差异，企业必须结合自身的实际情况制定适宜的网络营销策略，这样才能有效地实现营销目标。网络营销策略主要包括网络产品和服务策略、网络价格营销策略、网络渠道选择策略和网络促销策略。

(四) 网络营销管理与控制

网络技术的发展为企业开展网络营销创造了条件，企业要取得网络营销的预期效果，必须管理好网络营销的各环节。网络营销的实施将对企业原有的运作模式、组织结构等产生影响。企业要在控制成本和风险的基础上取得最佳的效果，就必须在实施网络营销时明确目标、制定合理的评价体系，及时对实施过程进行检查和控制，避免产生各种风险。同时，互联网的安全性也将使网络营销面临许多新的问题，如产品质量的保证及售后服务、消费者信息的安全及隐私保护等，这些问题需要进行有效控制。因此，推行网络营销的企业必须重视网络营销的管理与控制。

网络营销的内容十分丰富，它以一种新的营销方式和手段帮助企业实现营销目标。一方面，企业在开展网络营销活动时需要可靠的市场数据分析，这就需要针对网上市场把握消费者的特征和行为模式的变化情况。另一方面，网络具有信息自由、开放、平等、费用低廉的特点，而且信息交流直接高效。所以，企业在开展网络营销活动时，必须对传统的营销手段和方式进行适当改变。

任务

1. 名词解释

网络营销　网上市场调查

2. 简答

(1) 如何理解网络营销的定义？与传统营销相比，网络营销具有哪些优势？

(2) 网络营销的特点有哪些？

(3) 网络营销的内容框架包括哪些？各包括哪些具体任务？

3. 实践训练

请结合企业实例，登录相关网站，说说实例企业实现的网络营销功能。

项目二 传统网络营销方法

项目案例

美国联合航空公司优化关键词设置

美国联合航空公司（United Airlines）在 2007 年第一季度期间，充分利用搜索营销手段，在消费者形成机票购买决策前就与之充分互动，将消费者最想预先知晓的机票信息做最有效的传达，在广告预算没有增长的情况下，搜索营销产生的销售业绩增长超过两倍。

美联航空通过调研获知，有 65% 的消费者在做出旅行决定前，会进行至少 3 次的搜索；有 29% 的消费者会进行 5 次以上的搜索。而用户关注的信息主要体现在三个层面：价格、服务和航空公司的详细信息。因此，针对这三个层面的信息，分别对关键词的选择及结果的呈现方式做了优化，使消费者在决策前知晓相关的信息，从而带动了机票销量的增长。在广告预算没有增加的情况下，搜索引擎营销使机票销售业绩增长超过两倍。

（案例来源：陈德人. 网络营销与策划：理论、案例与实训：微课版 [M]. 北京：人民邮电出版社，2019.）

案例分析

搜索引擎能够告知用户在购买周期内关注的细节是什么。作为企业方，要想把握好这些细节，如在营销活动中提高与用户的信息传递能力，并且时刻优化这些信息的呈现方式，在搜索引擎营销中设置搜索关键词就显得尤为重要。

关键词是指用户在利用搜索引擎搜索信息时，能够最大限度地概括用户要查找的信息内容的字或词。企业使用搜索引擎营销方式时，就需要考虑关键词的设置，因为这将决定用户在进行信息搜索时企业的曝光度。精准的、恰当的关键词，能够使用户进行网上搜索时，在输入关键词后就能直达企业相关网站或网页。

相关知识

网络营销功能的实现需要依托一定的网络营销工具和方法，网络营销方法包括传统的方法和新媒体营销方法。其中，传统的网络营销方法包括搜索引擎营销、许可 E-mail 营销等；新媒体营销方法包括微博营销、微信营销和直播营销等。

一、搜索引擎营销

（一）搜索引擎基础知识

1. 搜索引擎的定义

搜索引擎（Search Engine）是指根据一定的策略，运用特定的计算机程序，搜集互联网上的信息，在对信息进行组织和处理后，将处理后的信息显示给用户，是为用户提供检索服务的系统。它是根据用户需求与一定算法，运用特定策略从互联网检索出制定信息反馈给用户的一门检索技术。

搜索引擎营销

2. 搜索引擎的分类

(1) 全文搜索引擎。

全文搜索引擎是名副其实的搜索引擎，国外代表有谷歌，国内则有著名的百度。一般利用网页抓取程序（Spider），在互联网上沿着超级链接按照一定的规则自动抓取网页到网页索引数据库，当用户输入关键词进行查询时，搜索引擎便会从庞大的索引数据库中找到包含该关键字的所有相关网页的索引，并按一定的排名规则呈现给用户。不同的搜索引擎，网页索引数据库也不同，排名规则也不尽相同，所以当用户以同一关键字在不同的搜索引擎上进行查询时，搜索的结果和排列顺序通常也不相同。

(2) 分类目录搜索引擎。

和全文搜索引擎一样，分类目录搜索引擎的整个工作过程同样也经过收集信息、分析信息和查询信息三部分，只不过分类目录搜索引擎的收集信息和分析信息全部由人工来完成。分类目录一般都有专门的编辑人员，负责收集网站的信息。分类目录依靠人工收集和整理网站，能够提供更为准确的查询结果，但收集的内容却非常有限。

(3) 元搜索引擎。

元搜索引擎接受用户查询请求后，同时在多个搜索引擎上搜索，并将结果返回给用户，如360搜索。这类搜索引擎一般都没有自己的网页搜索软件及数据库，它的搜索结果是通过调用、控制和优化其他多个独立搜索引擎的搜索结果并以一定的格式在同一界面集中显示的。通常，元搜索引擎在索引请求提交、检索接口代理和检索接口显示等方面，均有自己开发的具有特色的元搜索技术。在搜索结果上，这些元搜索引擎往往搜索范围更大一些。

(4) 集成搜索引擎。

集成搜索引擎是通过网络技术在一个网页上链接很多个独立的搜索引擎，查询时，点选或指定搜索引擎，一次输入，多个搜索引擎同时查询，搜索的结果由各个搜索引擎分别以不同的页面显示。

3. 全文搜索引擎工作原理

(1) 抓取网页。

每个独立的搜索引擎都有自己的网页抓取程序（Spider）。Spider顺着网页中的超链接，连续地抓取网页，被抓取的网页被称为网页快照。由于互联网中超链接的应用很普遍，理论上，从一定范围的网页出发，就能搜集到绝大多数的网页。

(2) 处理网页。

搜索引擎抓到网页后，还要做大量的预处理工作，才能提供检索服务。其中，最重要的就是提取关键词，建立索引文件，其他还包括去除重复网页、分析超链接、计算网页的重要度。

(3) 提供检索服务。

用户输入关键词进行检索，搜索引擎从索引数据库中找到匹配该关键词的网页；为了便于用户判断，除了网页标题和URL外，还会提供一段来自网页的摘要及其他信息。

搜索引擎工作原理如图8-1所示。

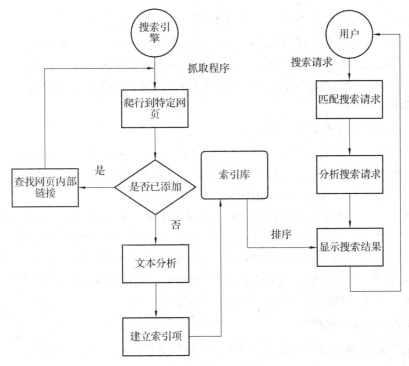

图 8-1　搜索引擎工作原理

（二）搜索引擎营销的定义

搜索引擎营销，英文是 Search Engine Marketing，简称 SEM。简单来说，搜索引擎营销就是基于搜索引擎平台的网络营销，利用人们对搜索引擎的依赖和使用习惯，在人们检索信息的时候尽可能将营销信息传递给目标客户。搜索引擎营销追求最高的性价比，以最小的投入获得最大的来自搜索引擎的访问量，并产生商业价值。截止到 2020 年 6 月，我国搜索引擎用户规模达 7.66 亿。

搜索引擎营销作为网络营销的主要方式之一，具有很高的营销价值。搜索引擎营销的基础是企业网络营销信息的发布，可以通过企业官方网站、关联网站或者第三方电商平台发布信息；搜索引擎营销可以对用户行为进行准确分析，并可实现精准定位。

（三）搜索引擎营销的目标

搜索引擎营销的目标可以通过四个层次来展现。

1. 存在层——被搜索引擎收录

如果想让企业的网站能够在搜索结果页面展现出来，就必须让网站存在于搜索引擎的数据库中，也就是增加网站的搜索引擎可见度。

2. 表现层——在搜索结果中排名靠前

存在层只是解决了网站入库的问题，但是当用户用关键词去搜索时，搜索结果页面可能有上百张，而搜索用户一般只是关注排名在前的网站。所以，在进行搜索引擎营销时，表现层是要使网站的搜索结果排名位置有利，也就是要靠前。

3. 关注层——增加用户的点击（点进）率

如果只是排名靠前，而用户不关注也是达不到营销目的的，用户通常并不能点击浏览结果中的所有信息，而是对结果进行判断，从中选出一些关联性最强的、最能引起关注的信息进行点击，进入相应的网页之后获得更为完善的信息。所以要提高搜索结果的用户点击率，使用户进入企业的网站。

4. 转化层——将浏览者转化为顾客

用户进入网站，搜索引擎营销并没有完成，因为如果网站提供的信息或者服务并不是用户所需要的，用户会选择离开，所以对于企业来讲，搜索引擎营销最关键的还是要实现潜在客户到真正客户的转化、流量到销量的转化。

在这四个层次中，前三个可以理解为搜索引擎营销的过程，而只有将浏览者转化为顾客才是最终目的。在一般的搜索引擎优化中，通过设计网页标题、META 标签中的标签描述、关键词标签等，通常可以实现前两个初级目标（如果付费登录，可以直接实现这个目标，甚至不需要考虑网站优化问题）。想实现高层次的目标，还需要进一步对搜索引擎进行优化设计，或者说，设计在整体上对搜索引擎友好的网站。

（四）搜索引擎营销的任务

从搜索引擎的基本原理可以看出，搜索引擎营销的任务有以下四个方面。

1. 构造合适的搜索引擎检索的信息源

信息源被搜索引擎收录是搜索引擎营销的基础，企业将信息发布在网站上，成为以网页形式存在的信息源，这也是网站建设成为网络营销基础的原因。

2. 创造网站或网页被搜索引擎收录的机会

网站建设完成并发布到互联网上并不意味着自然可以达到搜索引擎营销的目的，还需要增加被搜索引擎收录的机会。

3. 使网站信息出现在搜索引擎结果中的靠前位置

网站或网页仅仅被搜索引擎收录还不够，还需要让企业信息出现在搜索结果中的靠前位置，这就是搜索引擎优化所期望的结果。

4. 以搜索结果中有限的信息获得用户关注

在进行网站设计时要针对用户的关注点和需求，对搜索结果页面展示的信息进行设计，引起搜索用户的关注，使其进入网站。

（五）搜索引擎营销的分类

1. 免费登录分类目录

这是最传统的网站推广手段，方法是企业登录搜索引擎网站，将自己企业网站的信息在搜索引擎中免费注册，由搜索引擎将企业网站的信息添加到分类目录中。现如今，免费登录分类目录的方式已经越来越不适应实际的需求，将逐步退出网络营销的舞台。

2. 关键词广告

关键词广告是付费搜索引擎营销的一种形式，也可称为搜索引擎广告、付费搜索引擎关键词广告等。自 2002 年之后，关键词广告是网络广告中市场增长最快的网络广告模式。关关键词广告也称为关键词检索，简单来说就是当用户利用某一关键词进行检索时，在检索结果页面会出现与该关键词相关的广告内容。由于关键词广告是在用户检索特定关键词时才出现在搜索结果页面的显著位置，所以其针对性非常高，被称为性价比较高的网络推广方式。关键词广告具有较高的定位程度，可以提供即时的点击率效果，可以随时修改关键词，收费也比较合理，因而逐渐成为搜索引擎营销的常用形式。

关键词广告的类型包括公司关键字、公众关键字、语句广告、搜索关键字和竞价排名广告，现在最常用的是竞价排名。竞价排名是指需推广的网站通过竞价付费的形式被搜索引擎收录，从而获得靠前排名的一种形式。搜索引擎一般利用关键词进行竞价，参与竞价排名的企业为自己的网站与网页购买关键字排名，用户在点击该索引结果后即产生费用。一般来说，付费越高，获得的排名就越靠前。为了保持靠前的排名，企业可以根据实际竞价情况调整每次点击付费的价格，控制竞价关键词在特定关键字搜索结果中的排名，也可以通过设定不同的关键词获取不同类型的目标访问者。需要注意的是，企业即使做了竞价排名，也应该对相关网站进行搜索引擎优化，并将网站加入各大搜索引擎。竞价排名推广能为企业网站带来很多的新用户和较高的投资回报率，目前使用较多的点击付费搜索引擎有百度、搜狗、360 搜索等。

3. 搜索引擎优化

搜索引擎优化（Search Engine Optimization，SEO）也叫网站优化或自然推广，是指为了从搜索引擎中获得更多的免费流量，从网站结构、内容建设方案、用户互动传播等角度进行合理规划，使网站更适合搜索引擎的检索原则的行为，可分为站内 SEO 和站外 SEO 两种。

站内 SEO 即网站本身内部的优化，包括网站结构优化、页面优化和内容优化等方面，具体内容涉及 URL（Uniform Resource Locator，统一资源定位器）设置、网站结构设计、页面标题、描述标签、关键词标签、关键词与文章内容间的联系、关键词的密度和更新频率等方面的优化。站外 SEO 相对来说操作上比较简单，用通俗的话理解就是增加外部链接。如何让网站合理自然地获得更多有质量的外部链接，是每个优化公司或优化人员都特别关注的。可以通过友情链接，在论坛、博客、分类信息、问答平台、资源站、微博等处适当加入自己的网站链接，进行站外 SEO 工作。

企业在进行搜索引擎营销的时候，一定要在网站内在质量上下功夫，而不能只是关注搜索排名，因为最终给企业带来收益的是访客向顾客的转化，而这些是依赖于企业及网站提供的信息、产品或服务是否真正满足用户的需求这一点的。

二、许可 E-mail 营销

（一）E-mail 概述

1. E-mail 的定义与发展

E-mail 即电子邮件，产生于 20 世纪 70 年代，是一种通过电子通信系统进行书写、发送和接收的信件，利用电子手段进行信息交换的通信方式。通过电子邮件系统，用户可以快速与世界各地的网络用户联系，或接收企业营销邮件等。

许可 E-mail 营销

从全球来看，2017 年有 37 亿电子邮件用户，预计到 2021 年将增长 3%，用户数将超过

41亿人。2018年上半年，中国电子邮件用户规模为3.06亿人，在整体网民数量中的比例达到38.1%；使用手机邮件的用户数量达2.57亿人，占全国电子邮件用户规模的84.1%。电子邮件可能不会像社交媒体或即时通信应用那样快速增长，但是，电子邮件继续存在并在营销领域发挥着自身的作用，比如进行产品宣传、顾客关系管理、顾客服务等。

2. 垃圾邮件

互联网用户在使用电子邮件时，尤其是在使用邮件服务商提供的免费服务的时候，经常会接收到一些无用的或者没有经过许可发进来的邮件，也就是垃圾邮件。垃圾邮件还没有一个非常严格的定义。一般来说，凡是未经用户许可就强行发送到用户邮箱中的电子邮件都是垃圾邮件。垃圾邮件以其数量多、强制性、欺骗性、不健康性和传播速度快等特点，严重干扰用户的正常生活，侵犯收件人的隐私权和信箱空间，并耗费收件人的时间、精力和金钱。

（二）许可E-mail营销的定义

许可E-mail营销是在用户事先许可的前提下，通过电子邮件的方式向目标用户传递有价值的信息的一种网络营销手段。E-mail营销有三个基本因素：基于用户许可、通过电子邮件传递信息、信息对用户是有价值的。三个因素缺少一个，都不能称为有效的E-mail营销。

垃圾邮件与用户许可E-mail营销有一个本质的区别就是，垃圾邮件未征得用户的许可，而许可E-mail营销是在用户许可的前提下开展的营销活动，可以减少广告对用户的干扰、增加潜在客户定位的准确度、增强与客户的关系、提高品牌忠诚度等。如果方式不当，许可E-mail营销也可能变成垃圾邮件，因此，传输有价值的信息在开展邮件营销活动时极为重要。

（三）E-mail营销的分类

1. 按照是否经过用户许可分类

按照发送信息是否事先经过用户许可，可以将E-mail营销分为许可E-mail营销和未经许可的E-mail营销。未经许可的E-mail营销也就是通常所说的垃圾邮件。

2. 按照E-mail地址资源的所有权分类

E-mail营销按照E-mail地址资源的所有权可以分为内部E-mail营销和外部E-mail营销，或者简称为内部列表和外部列表。内部列表是指E-mail地址资源是归企业所有的。外部列表是指企业不拥有E-mail地址资源，而是由专业服务商或者其他可以提供专业服务的机构提供。

内部列表和外部列表在开展许可E-mail营销时的侧重点和方法是不同的。在实现网络营销功能上，内部列表因为拥有E-mail地址资源，而且大部分为顾客的资源，所以可以开展顾客服务、顾客关系管理、品牌宣传、产品推广、在线调查等网络营销活动；而外部列表的E-mail地址资源用户并不是企业的顾客，因此一般可以进行品牌宣传、产品推广、在线调查等网络营销活动。还有，内部列表的E-mail地址资源是需要逐步累积的，有一个由少到多的过程，而外部列表可以一次性提供大量的地址资源。但是从E-mail地址资源用户定位上看，因为内部列表是企业的顾客加入的，因此，列表用户和目标市场的一致性高，而外部列表取决于服务商邮件列表的质量。

(四) 开展许可 E-mail 营销的基础条件

1. E-mail 营销的技术基础

进行许可 E-mail 营销需要有邮件发行平台，可以自建也可以选择专业服务商提供的邮件列表发行平台。实际情况中，具体采用哪种形式取决于企业的资源和经营者的个人偏好等因素。需要强调的是，邮件发行平台要能从技术上保证用户自由、便利地加入和退出邮件列表，从功能上保证实现对用户资料的管理，以及邮件发送和效果跟踪反馈。

2. 用户的 E-mail 地址资源

获取用户资源是 E-mail 营销中最基础、最重要的一项长期工作。在用户许可的情况下，引导更多的用户自愿加入邮件列表，从而获得尽可能多的用户 E-mail 地址资源。收集用户 E-mail 地址资源的时候可以采取一些方法、措施，比如利用网站推广、提供多订阅渠道、合理设置奖励措施等。当企业拥有的地址资源较多的时候，可以采用内部列表；但是当拥有的地址资源较少时，可以利用外部列表。这个可以根据企业的实际情况确定。

3. 设计 E-mail 营销的内容

有效的内容设计是 E-mail 营销发挥作用的重要前提和基本保障。在 E-mail 营销中，营销信息是通过电子邮件向用户发送的，邮件的内容能否引起用户的关注、对用户是否有价值，直接影响 E-mail 营销的最终结果。没有合适的内容，拥有再好的 E-mail 营销技术基础、再多的 E-mail 营销地址资源，也无法向用户传递有效的营销价值。

在进行 E-mail 内容设计时要坚持以下原则：E-mail 营销目标与企业总体营销战略目标保持一致，E-mail 营销内容中应能直接或间接体现企业相关营销信息，使读者能够方便、快捷地了解和获取企业的相关信息；在一段时间内保持连续性、系统性，使用户产生整体印象；内容精练且保持美观；有稳定、持续的来源，确保邮件发送周期。尽管每封邮件的内容结构各不相同，但设计完善的邮件内容一般应包括邮件主题、邮件正文、退出列表的方法、其他信息和声明、当前目录或内容摘要、邮件内容 Web 阅读方式说明。

(五) 许可 E-mail 营销的步骤

1. 制定许可 E-mail 营销目标

一般而言，根据不同的营销目标，电子邮件营销又可以进一步细分为品牌形象推广电子邮件营销、产品促销电子邮件营销、社会调查电子邮件营销、用户服务电子邮件营销、网站推广电子邮件营销等。因此，企业应该结合自身当前的状况，根据不同的许可 E-mail 营销计划，确定在推广企业形象和产品、提高市场销售额等不同方面的营销目标。

2. 合理选择营销途径

根据企业要达到的营销目标、企业的资金状况及企业拥有的 E-mail 地址资源，确定有效的邮件列表以及外部列表，选择合适的外部列表服务商。企业邮件列表及外部列表服务商是这一阶段要考虑的两个重要因素。邮件列表的建立并不是一个人或者一个部门可以独立完成的事情，也涉及技术编程、网页设计等框架设计内容，市场销售等数据收集与设计内容，如果是外包服务，还需要与专业服务商进行功能沟通。一般而言，专业的外部列表服务商拥有大量的用户资源，有专业的发送和跟踪技术。因此，为达到营销目标，要在企业资源邮件列表和外部列表服务商之间达到一种均衡。

3. 合理设计邮件内容

针对内部和外部邮件列表,由企业自己或者与外部列表服务商合作设计邮件内容。在 E-mail 营销中,邮件内容设计的范围最广,灵活性也最大,对 E-mail 营销的最终结果影响更直接、更显著。因为没有合适的邮件内容,再好的邮件列表技术平台、再多的邮件列表用户也无法实现营销目的。同时,由于内部和外部邮件列表本身的不同,企业有必要针对这两种邮件列表在不同的阶段根据环境的变化设计不同的内容。

4. 按时发送邮件

根据营销计划向潜在用户发送电子邮件。在这之前,应该根据营销计划确定邮件发送周期,并且履行自己的诺言。然后,利用企业的邮件发送系统或者选定的第三方发送系统,根据设定的邮件列表发送周期按时发送。要注意邮件发送不能过于频繁,这样不但达不到邮件营销的目的,还会给用户造成不好的印象,甚至被列入"黑名单"。

5. 及时跟踪反馈

及时跟踪许可 E-mail 营销活动的效果,并适时调整自己的营销策略,营销活动结束后对营销效果进行分析、总结。营销计划制订后不是一成不变的,应及时跟踪,并且根据跟踪结果或者服务商提供的专业分析报告及时调整策略行动,这样才能够了解顾客、服务顾客,达到企业的营销目的。

1. 名词解释

搜索引擎 全文索引 分类目录索引 元搜索引擎 集成搜索引擎 搜索引擎营销 关键词广告 搜索引擎优化 站内优化 站外优化 E-mail 许可营销 垃圾邮件 内部列表 外部列表

2. 简答

(1) 简述全文索引型搜索引擎的工作原理。
(2) 简述搜索引擎营销的目标和任务。
(3) 简述搜索引擎营销的分类。
(4) 简述许可 E-mail 营销的特点。
(5) 简述开展许可 E-mail 营销的基础条件。
(6) 简述许可 E-mail 营销的步骤。

3. 实践训练

请结合企业实例,分析其搜索引擎营销策略。

项目三 新媒体营销方法

项目案例

支付宝锦鲤营销活动

2018 年 9 月 29 日,支付宝推出了一个转发中国锦鲤的活动,转发指定的微博,支付宝会抽出 1 位集全球独宠于一身的中国锦鲤。奖品包括鞋包服饰、化妆品、各地美食券、电影票、旅游免单、手机、机票、酒店等。

活动发布之后，各大品牌（如香港航空和天猫国际）等迅速反应加入，纷纷在评论区留下各自提供的奖品内容。之后，支付宝推出一张各大商家的见面礼整合清单长图。之后，支付宝借公众号平台将活动内容发到公众号平台上，吸引更多人关注和参与，引流至微博。随着活动在多平台的曝光，加上参与门槛极低，还有话题娱乐程度之高，关注和参与的人数越来越多。期间，除了各大品牌广告商的转发助力，支付宝还联合了知名人士、微博大V转发宣传，最终将参与人数推到近 300 万人。2018 年 10 月 7 日，支付宝通过官方微博抽奖平台，从近 300 万转发者中抽出了唯一的一条"中国锦鲤"，这位幸运儿获得了由 200 多家支付宝全球合作伙伴组团提供的"中国锦鲤全球免单大礼包"。

案例分析

支付宝锦鲤营销活动的成功主要源于以下几点：一是利用微博、微信等具有社交属性的新媒体营销平台进行；二是在活动时间节点方面，选择社交圈流量高峰期晚上 8 点在微信公众号发布文章；三是在引流和提升热度方面，各渠道触点互相引流，利用微信、微博、生活号等进行。另外，与大V、用户量大的企业账号合作，导流；奖励紧密结合热点事件属性。国庆节是出行和消费高峰期，在这个时间段推出活动优惠券、旅游免单等相关激励措施，能将活动效果翻倍。

相关知识

1967 年，美国哥伦比亚广播电视网技术研究所所长首次提出新媒体（New Media）这一概念。联合国教科文组织将新媒体定义为"以数字技术为基础，以网络为载体进行信息传播的媒介"。新媒体是继传统媒体之后，在互联网背景下出现的媒体形态。Web2.0 思想和信息技术为新媒体的发展提供了必要的技术保障，用户从过去被动接受的角色转变为可自主创作的作者与读者身份。用户对多元化和个性化的信息需求也为新媒体的成长提供了社会基础。1994 年，中国开始出现新媒体。随着新媒体平台数量的增多及在群众中的不断普及，新媒体影响力不断扩大，借用新媒体进行营销活动的新媒体营销模式应运而生。新媒体营销包括微博营销、微信营销、直播营销等。

新媒体营销具有以下特点。

第一，反馈及时。新媒体营销过程中，信息的传播更加公开、透明，且能及时获取受众反馈，便于对营销效果进行评估。

第二，互动性强。不同于传统媒体单向传播的特点，新媒体传播双向进行，故互动性更强，有利于增加客户对产品的好感度和喜爱度。

第三，成本低。新媒体能以较低的成本实现企业更大的效益增值。新媒体营销的参与对象是整个网络的成员，各个成员的传播能加速信息的扩散，从而有利于提升企业市场营销的成效。

第四，组合营销趋势明显。根据用户习惯制定新媒体营销策略，且多采用多渠道曝光，可使营销产品获得持续的高关注度。

一、微信营销

（一）微信概述

微信（WeChat）是腾讯公司于2011年推出的一个为智能终端提供即时通信服务的免费应用程序。微信支持跨通信运营商、跨操作系统平台通过网络发送语音短信、视频、图片和文字，也可以使用"朋友圈""公众号""小程序""摇一摇""漂流瓶"等服务插件。2019年，微信活跃用户超过11亿。

微信营销

（二）微信的营销价值

对个人和企业而言，微信的用途并不相同。个人开通的微信叫微信个人号，可以和手机通信录绑定，邀请朋友用微信进行交流、联系，还可以通过朋友圈互动。微信公众平台是腾讯公司在微信基础平台上增加的功能模块。通过这一平台，个人和企业可以打造自己的微信公众号，并在微信公众平台上和特定群体以文字、图片、语音等方式进行全方位沟通、互动。从连接关系来说，个人微信号基于的是点对点的关系，微信公众平台基于的是一对多的关系。

1. 微信个人号的营销价值

（1）输出个人品牌。

美国管理学者汤姆·彼得斯（Tom Peters）提出，21世纪的工作生存法则就是建立个人品牌。个人品牌的树立是一个长期的过程，人们希望塑造的个人形象可以被大众广泛接受并长期认同。而以微信为代表的社交软件的出现，让个人可以成为传播载体，人们能够在社交软件上展示自己鲜明的个性和情感特征，在符合大众的消费心理或审美需求下，成为可转化为商业价值的一种注意力资源。

（2）刺激产品销售。

不论是基于熟人经济的微商，还是基于个人品牌效应的微店，"人"都成了新的商业入口。通过个人微信的朋友圈发布产品信息，用微信聊天为买家提供咨询沟通服务，用微信支付功能完成付款，就这样实现了"社交电商"。

（3）维护客户关系。

微信是人与人之间便捷沟通的一种手段。如果由于业务关系添加了很多客户的微信好友，通过聊天联系或朋友圈互动，就有了与客户加深情感、让客户进一步了解你的机会，增加彼此的信任。

2. 微信公众号的营销价值

（1）微信公众号的类型。

微信公众号主要包括服务号、订阅号、小程序和企业微信四种类型。四种类型的使用方式、功能和特点均不相同。企业或个人要根据实际需要选择最适合自己的公众号类型，这样才能达到预期的营销推广效果。

1）服务号。服务号具有用户管理和提供业务服务的能力，服务效率比较高，主要偏向于服务交互。银行酒店、票务公司等企业类型适合选择服务号，客户服务要求高的企业也可开通服务号。服务号每个月可群发4条消息，还可开通微信支付功能。

2）订阅号。订阅号具有信息发布和传播能力，可以展示自己的个性、特色和理念，树立自己的品牌文化。订阅号主要偏向于为用户传达资讯，每天可以群发一条消息，具有较大的传播空间。如果想通过简单地发送消息达到宣传效果，可选择订阅号。

3）小程序。2017年1月9日，微信小程序正式上线。该应用一经推出，即引起业界广泛关注。小程序是一种新的开放功能，具有出色的使用体验，可以在微信内被便捷地获取与传播，适合有服务内容的企业或组织注册。微信小程序是不需要下载安装即可使用的应用，该应用最大的特点是嵌于微信公众平台中，使用方便，触手可及。

4）企业微信。企业微信主要用于公司内部，具有实现企业内部沟通与协同管理的作用。用户需要先验证身份，才可以成功关注企业微信号。

（2）微信公众号的营销价值。

1）信息入口。基于移动互联网的特点，用户不需要通过在百度搜索关键词或输入网址来访问，只需搜索微信公众号昵称就可以获得企业介绍、产品服务、联系方式等信息，也可以单击公众号中的菜单直接跳转到官网。

2）客户服务。客户关系管理的核心是通过自动分析来实现市场营销、销售管理和客户服务，从而吸引新客户、保留老客户，以及将已有客户转为忠实客户，增加市场份额。微信作为用户天然的沟通工具，极大地方便了用户与企业之间的沟通与交流。将微信与企业原有的CRM（Customer Relationship Management，客户关系管理）系统结合，可实现多人人工接入，提高客户服务的满意度。通过设定好相关的关键词就可以实现自动回复，大大节约人工客服的人力成本。

3）电子商务。未来的零售是全渠道，企业需要尽可能让消费者随时随地方便购买到产品。而微信公众号就可以实现销售引导，及时把产品或服务信息送达用户，促成交易，缩短营销周期。若在看微信图文时想买某件商品，可以不用跳出微信而直接在微信上下单购买，实现选择下单和支付交易，甚至物流查询、客户服务都能够通过微信实现，而不需要下载APP或跳转到天猫等渠道购买。

4）用户调研。产品调研是每个企业制定经营策略非常重要的环节，大型公司甚至由专门的产品研发部门来负责，通过付费找第三方公司发放问卷或进行电话调研。这些方式不仅成本高而且数据不精准，而通过微信可以直接接触与自己相关的精准用户群体，进而省去大笔经费。

5）品牌宣传。微信公众平台可以承载文字、图片、音频、视频等多元化内容，能及时有效地把企业最新的促销活动告知客户，具有互动性较好、信息传递快捷和信息投放精准的特点。用户不仅可以接收品牌信息，还可以更方便地参与品牌互动活动，从而深化品牌传播，降低企业营销成本。

6）线上线下。线上与线下营销的互通是必然趋势，而微信为二者的结合提供了更便利的通道。

（三）微信营销及其特点

微信营销是网络经济时代企业或个人营销模式的一种，是伴随着微信的流行而兴起的一种网络营销方式，具有非常强的互动性，营销方式灵活多样。微信营销可以分为个人微信营销和企业微信营销。

微信点对点的交流方式具有良好的互动性，在精准推送信息的同时能形成朋友关系。借助微信平台开展客户服务营销成为继微博之后的又一种新兴营销渠道。与其他营销方式相比，微信营销具有更高的到达率、曝光率和接受率，互动关系更加紧密，可实现精准推广等特点。

(四) 微信营销的策略 (公众平台)

1. 经营好个人微信号的朋友圈

大部分的公众号流量来源于个人微信号朋友圈的转发。一篇文章如果不被个人微信号转发和推荐，就无法扩大影响力。因此，越来越多的营销人员更加重视经营好个人微信号的朋友圈。一些自媒体的大号开发了一批个人号，经营公众号的企业也开始把更多的用户加到个人号上面来。

2. 营造个人风格

技术的成熟、信息的迅速传播使人们更加注重流水线式的操作，以期用更快的速度将产品或服务推向市场，获取利益。网络媒体同样充斥着大量的复制、粘贴。将个人风格呈现给用户，告诉他们自己的想法、状态等，这就是运营公众号的一大特色。即使转载文章，也大多会加入自己的看法和见解，并欢迎大家一起讨论，而不是单纯地转载或人云亦云。

3. 内容精准发布

高成交率来源于精准的定位。与公众平台定位出于相同目的，内容精准发布也是为了实现明确的定位，如：内容给谁看？谁对我们的服务、产品或品牌感兴趣？谁有可能成为我们的用户？要想做到内容精准发布，就需要"对症下药"，将广告推送给合适的人。这里的"对症下药"主要表现在两方面：一是根据用户的风格"对症下药"，二是根据与用户的关系"对症下药"。前者主要表现为根据用户的类型进行推广，如某一条广告比较幽默诙谐，包含了很多网络现象和词汇，可以设置成让指定分组的年轻人群查看。后者主要表现为根据与用户的关系进行推荐，如针对刚结识不久的用户，可以推荐一些单价不高的产品；针对有了信任基础或交易记录的用户，可以推荐单价较高的产品等。此外，为了保证推广效果，还可以分析目标用户在朋友圈的活跃时间，在其查看朋友圈的高峰期进行推广。

4. 巧用热点事件

在移动互联网时代，热点事件的传播速度非常快。运营者应懂得利用这些热点，营造自身产品的热度，借势营销。例如，电影《捉妖记2》上映时，麦当劳借影片中"胡巴"的热度发布了朋友圈广告，以此快速获得了用户的认同感。

5. 有价值的营销内容

只有为用户提供了感兴趣、有价值的营销信息，才能让用户有阅读的兴趣，才能持续提高用户的忠诚度，也才能让用户接受并参与营销活动。如一个电影院的公众号可以发布最近即将上映的电影的相关信息或参演明星的新闻，为了吸引用户，也可通过发放折扣券来激励用户参与互动。

6. 互动，增强用户参与感

吸引用户只是第一步，要想持续扩大影响力，还要用好的内容和互动措施把用户真正留住，把用户当作自己的朋友来对待。对于公众号而言，关键词回复、问题搜集和反馈、评论等都是比较有效的互动形式。

二、微博营销

(一) 微博概述

微博营销

微博随国外媒体平台"推特"的发展而兴起,是一个通过关注机制分享简短实时信息的广播式社交网络平台。网络上很多的最新动态几乎都是通过微博分享产生的。截止到2019年12月底,我国微博活跃用户有5.16亿人,网民使用率超过了50%。微博发布信息和传播信息的速度非常快,如果微博主拥有数量庞大的"粉丝"群,则发布的信息可以在短时间内传达给更多其他用户,甚至形成爆炸式的"病毒"推广效果。因此,不论是企业还是个人,都可将微博作为主要营销平台之一。

(二) 微博营销及其特点

微博营销是企业、商家、个人通过微博平台为用户创造价值的一种营销方式。用于营销的微博类型主要有个人微博和企业微博。个人微博是微博中最大的组成部分,数量最多。个人微博不仅是个人用户日常表达自己想法的场所,还是个人或团队营销的主要阵地。部分企业高管等的个人微博通常还会配合企业或团队微博形成影响链条,扩大企业和品牌的影响力。企业微博是企业的官方微博。很多企业都创建了自己的官方微博,通过积累产品或品牌的"粉丝"进行宣传推广。企业微博一般以营利为目的,企业的微博运营人员或团队会通过微博来增加自身的知名度,为最终的产品销售服务。

现在主流的微博平台都提供了微博认证功能,可以对个人、企业等进行认证,通过认证的微博名称后会有"V"标志。微博认证不仅可以提高微博的权威和知名度,同时更容易赢得微博用户的信任,从而获得"粉丝"关注。

虽然自从微信出现后,微博的用户量受到了一定影响,但其用户活跃度仍然有增无减。微信推广针对的是微信好友和关注用户,向其发送信息,具有相对私密性的特点,而微博具有广播的性质,推广的对象更广泛,每个用户都能查看微博内容。微博营销具有用户拉新快、发布便捷、互动性强等特点。

(三) 微博营销策略

1. 微博的定位

企业不同,微博定位就会不同,所表现出来的内容等方面也会不同。企业的官方微博承担着企业官方媒体的功能,因此措辞风格相对中规中矩,其受众主要是本行业的媒体、竞争对手及投资者。企业的活动微博,其定位与官方微博不同,它是一个互动平台,主要是组织各种有意思的活动,维系顾客对品牌的忠诚度,受众是消费者。

2. 微博的架构

为了能够利用微博进行全方位的营销,企业在进行微博营销的时候可以采用"4+2"的微博矩阵,包括品牌微博、产品微博、客户微博、员工微博、粉丝微博和活动微博。这样,企业通过开设多个不同功能定位的微博,与各个层次的网友进行沟通,达到360度宣传企业品牌的目的。

3. 微博的内容

微博的内容必须能够引起"粉丝"的关注和共鸣。一是可以利用话题,利用有热度、有讨论度、容易激起"粉丝"表达欲望的信息；二要定期更新微博内容。微博信息发布的频率几乎不受限制，但对于营销而言，微博的热度与关注度来自微博的可持续性话题。企业不断制造新的话题，发布与企业相关的信息，定期更新微博内容，稳定输出有价值的、有趣的内容，这样才能产生稳定的引流。

4. 互动与传播

与"粉丝"保持良好的互动，可以加深微博主与"粉丝"间的联系，培养"粉丝"的忠诚度，创造营销机会，扩大企业微博的影响力。可以利用微博搜索功能实现精准互动营销，巧妙利用微博提供的互动传播功能，比如微博互粉、评论、转发、私信和提醒等，提升传播效果。

（四）微博数据分析

微博是一个社交媒体平台，微博营销并不能像电子商务那样直接看到具体的销售数据，需要通过"粉丝"数、阅读量、互动情况等来判断微博的营销影响力。"粉丝"数包括"粉丝"数量、"粉丝"增长速度和"粉丝"活跃比。阅读量相当于被微博用户看到的次数，不仅仅局限于微博"粉丝"查看的次数。阅读量越大，说明该微博信息被阅读的次数越多。因此，阅读量越大的微博，传播能力越强。互动是微博非常重要的功能，微博用户的转发、评论、点赞都属于互动。互动情况可以直接反映微博主和微博内容的受欢迎程度，也代表着微博"粉丝"对微博的参与度。

三、直播营销

（一）直播营销概述

1. 直播营销的定义

伴随着移动互联网及信息技术的飞速发展，近年来，国内直播行业获得了长足的进步。中国互联网络信息中心（CNNIC）统计，截至 2020 年 6 月，我国直播用户超过 5.6 亿人，网民普及率为 59.8%。网络信息的形式十分丰富，与图文相比，视频直播可以与用户进行实时互动，快速引起情感共鸣。直播形式的多样化发展，使直播这种新兴的营销机会被各大企业关注，快速涌现出了一批直播平台。企业通过这些直播平台可以更加立体化地展示企业文化，传递品牌信息，开展各种营销活动，与用户进行更加直观的互动。

直播营销是指采用视频直播形式在 PC 端及移动端上，为企业商家达到品牌推广或产品销售的目的所进行的营销。它与传统媒体直播相比，具有不受媒体平台限制、参与门槛低、直播内容多样化等优势。

2. 直播营销的要素

直播营销包括场景、人物、产品和创意四个要素。

（1）场景是指营造直播的气氛，让观众身临其境。

（2）人物是指直播的主角，可以是主播或直播嘉宾，用以展示内容，与观众互动。

（3）产品要与直播中的道具或互动有关，以软植入的方式达到营销的目的。

（4）创意可提高直播效果，吸引观众观看，如访谈、互动提问等形式就比简单的表演直播更加吸引观众。

3. 直播营销的优势

（1）媒介设备简单。直播营销的设备很简单，智能手机、计算机等都可以作为直播的设备。基于互联网的直播营销，可以直接通过智能手机来传播。

（2）更广的营销覆盖。直播营销可以直接将产品的形态、使用过程等直观地展现给观众，将其带入营销场景，达到全方位覆盖用户对产品认知的效果。

（3）直达用户。直播能够实时向用户直观地展示产品制作流程、宣传企业文化等，让用户对品牌的理念和细节更加了解，切身地感受到产品及其背后的文化内涵。另外，直播营销时不会对直播内容进行剪辑和加工，直播的内容与观众看到的内容是完全一致的。

（4）身临其境的体验。直播营销能为用户提供出身临其境的场景化体验。例如，旅行直播远比照片、文字更能让用户直观地感受旅游地的自然人文风光；直播酒店房间配备，可让用户直接了解该酒店内的具体细节。

（5）更直接的销售效果。直播营销可以更加直观地通过主播的解说来传递各种优惠信息，同时开展现场促销活动，可极大地刺激用户的消费热情，提高营销效果。

（6）更有效的营销反馈。直播营销强有力的双向互动模式，可以使主播在直播内容的同时，接收观众的反馈信息，如弹幕、评论等。这些反馈不仅包含对产品信息的反馈，还有直播观众的现场表现，这也为企业下一次开展直播营销提供了改进的空间。

（二）常用的直播平台

直播营销以直播平台为载体。常用的直播平台包括电商直播平台和专用直播平台两种类型。

1. 电商直播平台

（1）淘宝直播。淘宝直播是以"网红"内容为主的社交电商直播平台，它是通过场景式的方式对产品和品牌进行营销，实现商家边直播边销售、用户边观看边购买的营销目的。在直播中，用户可以提出自己的疑问和要求，主播可以现场解答，信息的展示更加直观、真实，互动更加紧密，是目前主流的内容营销方式。

（2）京东直播。京东直播是京东商城重点打造的引流入口，商家可以通过京东PC端进行操作，买家需要在手机中安装京东APP才能观看直播内容。京东直播主要包括热门直播、直播预告和精彩回放三方面的内容。

2. 专用直播平台

专注于直播领域的平台很多，目前主流的直播平台有一直播、美拍、映客直播、花椒直播、虎牙直播等。专用直播平台的直播界面、主播入驻入口与电商直播平台相似，其入驻流程简单，通过注册账号、进行信息认证即可。

（三）直播营销的模式

直播营销成为网络营销的主流方式之一。直播中不仅有唱歌、跳舞等形式，各大品牌也纷纷加入了直播营销浪潮，如企业创始人谈企业愿景直播等，又如小米的无人机发布会、苹果发布会等，产生了很多喜闻乐见的直播案例，动辄就有上千万的观看人次。在一次次数据记录刷新的背后，展现出的是"直播+电商""直播+发布会""直播+活动""直播+访谈""直播+广告植入""直播+企业日常"这几种企业直播营销模式。

1. "直播+电商"

"直播+电商"是常见的直播营销场景，在网络店铺中应用广泛，通过直播的方式介绍店内的产品，或传授知识、分享经验等。因为电商平台用户众多，流量集中，观看直播的用户目的明确，他们对某类型的产品感兴趣，因此，"直播+电商"能够将流量快速变现，将提升产品售卖效果的功能发挥到极致。

2. "直播+发布会"

"直播+发布会"已经成为众多品牌抢夺人气、制造热点的营销法宝。直播平台上，直播地点不再局限于会场，互动方式也更多样和有趣。直播可以对产品进行直观展示和充分的信息说明，结合电商等销售平台，将直播流量直接转换变现。小米的无人机发布会放弃了一直使用的发布会场地，举办了一场在线直播的新品发布会，通过十几家视频网站和手机直播APP，发布了小米传闻已久的无人机。仅小米直播APP中，同时在线人数最高时超过了50万人。

3. "直播+企业日常"

在社交时代，营销强调人性化，如普通用户分享自己日常生活中的点滴，企业分享自己日常做的事，也成为与公众建立密切联系的社交方式。

为了宣传新一代Mini Clubman，宝马Mini联手《时尚先生Esquire》杂志在映客上连续3天直播了时尚大片拍摄现场，利用明星效应吸引了众多年轻用户。最终，映客上有530多万人次的在线观看量。

4. "直播+广告植入"

直播中的广告植入能够摆脱生硬感，原生内容的形式能收获"粉丝"好感，在直播场景下能自然而然地进行产品或品牌的推荐。例如，很多主播通过直播与"粉丝"分享化妆秘籍，植入面膜、去油纸、保湿水、洁面乳等护肤产品广告。同时，导入购买链接，形成购买转化。

5. "直播+活动"

直播最大的优势在于带给用户更直接的使用体验，甚至可以做到零距离互动。"直播+活动"的最大魅力在于通过有效的互动将人气"链接"到品牌中。企业通过实时互动问答，为用户进行全方位的产品卖点解读，使品牌得到大量曝光。直播时的互动形式多样，如弹幕互动、产品解答、打赏"粉丝"、分享企业的独家情报等。企业或商家通过发布专属折扣链接、热销产品提前购、红包口令、新品预购等信息和福利，可让"粉丝"感受到企业对他们的重视，从而增加"粉丝"对企业的忠诚度。

为了实现企业产品与品牌的宣传与销售转化，直播活动中应引导用户进入购买页面，同时，可通过营造紧迫感促进销售转化。

6. "直播+访谈"

采访营销是从第三方的角度来阐述观点和看法，如采访行业意见领袖、特邀嘉宾、专家、路人等，利用第三方的观点来增加产品信息的可信度，对于传递企业文化、提高品牌知名度、塑造企业良好的市场形象都有着积极作用。这种直播方式切忌做假，在没有专家和嘉宾的情况下可以选择采访路人，以拉近与观众的距离。

任 务

1. 名词解释

微信营销　微博营销　直播营销

2. 简答

(1) 简述个人微信具有的营销价值。

(2) 简述微信公众号的类型及适用范围。

(3) 简述企业微博营销的策略。

(4) 简述直播营销的优势。

3. 实践训练

(1) 选择登录常用的直播平台，分析其直播营销的过程和策略。

(2) 选择一家企业，分析其微博营销策略。

(3) 登录微信公众平台，注册个人类型的订阅号，体会微信公众号的运营方法。

具体要求如下。

1) 注册微信公众号，设置微信号，头像风格应鲜明，结构合理。

2) 完成微信公众号的运营，包括运用网络营销工具进行微信公众号的推广，向用户推送信息等。

3) 利用微信公众号后台的统计功能，查看"粉丝"数量变化、当前公众号"粉丝"的分布情况，进行用户流量分析，评估第一阶段的推广方案是否有效。

项目四　网络营销策划

项目案例

茵曼全球首个云端发布会

2014 年以前，你也许从来没想过服装发布会能在线上完成，但 2014 年茵曼的新装发布会开了这个先河。本场发布会的主题为"向日出 say hi"，以邀请城市女性看日出为契机，在 PC 端和手机端带给用户一次前所未见的"日出"发布会，传达放慢生活脚步的理念。在天猫商城和微信都可以观看该发布会。

在天猫商城，通过互动视频的体验，用户可在观看过程中进行故事线互动并领取优惠券，边看边选购，感受 360°服装细节展示，最终页面导向天猫商城，让用户最大限度地感受抢购的乐趣。发布会与销售结合为一体，是本次茵曼云端发布会用户体验的最大着力点。而在微信端，针对手机的功能属性，定制了重力感应及多点触控互动，提高了用户体验。用户可以 360°全景观看云端发布会场景，并抓拍模特抽取优惠券。

（案例来源：陈德人. 网络营销与策划：理论、案例与实训：微课版 [M]. 北京：人民邮电出版社，2019.）

案例分析

茵曼能够打破传统思路，把发布会"搬到"云端完成，依赖于网络技术的日益发展和成熟，以及天猫与微信端的庞大用户群，这些都得益于网络营销环境提供的客观条件。而只在网络技术上做文章，网络营销的功效不会如此强大。茵曼作为第一家"吃螃蟹"的公司，必然是做了充足的网络营销调研的。对于女装电商品牌来说，用户群的定位非常明确，更重要的是，这场发布会传递慢生活的品牌主张，深刻分析了用户的消费观念，从而制订了一套完善的营销策略。其依托成熟的网络技术，抓住了用户希冀的"慢生活"个性化消费主张，实现了网络营销质的改变。相信未来，更多的电商品牌会尝试更多革新性的社会化营销手段。

相关知识

网络营销策划就是为了达成企业的网络营销目标而进行的策略思考和方案规划的过程。在初步制订产品、价格、渠道和宣传全局策略后，企业还需要对网络营销的具流程进行策划，内容包括营销的目标是什么；产品卖给谁；用什么方式卖产品更容易打动用户，使用户产生购买决策。

一、确定营销目标

营销目标是指在本计划期内所要达到的目标，是营销策划的核心部分，对营销策略和行动方案的拟订具有指导作用。与传统营销一样，网络营销也应有相应的营销目标，也就是网络营销的目的。网络营销的目标总体上应与现实中的营销目标一致。由于网络面对的市场用户有其独特之处，且网络不同于一般营销所采用的传统媒体，因此，具体的网络营销目标应稍有不同。例如，是想通过网络营销提高品牌形象，还是提高销售额？在网络营销刚起步之时，其重点应放在如何使用户接受这种新颖的营销手段上面。

企业营销的目标不仅需要定位到实实在在的利润上，还要考虑消费者和社会的利益，能正确处理好企业与相关人群和团体的利益关系。因此，营销目标应该分为三个层次：一是企业计划期的直接营销利润；二是未来一段时期内企业形象的增值，即通过优质服务、让利和承担社会责任来提高企业的形象；三是探索和积累网络营销经验，培育、造就一支高素质的网络营销人才队伍，建立完善、有效的网络营销体系。

二、确定营销用户群

进行网络营销时，需要确定营销对象是谁，也就是确定网络营销用户群。如果不能确定营销用户群，就难以制订出恰当的、有针对性的推广方案。有产品、渠道、方案，这样才能有效地实施网络营销。

（一）确定目标用户群

任何产品都有它针对的、固定的用户群。例如，书包的用户群主要是学生，化妆品的用户群主要是女性。但同类型的产品会有高、中、低端的划分。香水的用户群主要是女性，那么哪个年龄段的女性最需要？什么条件的女性又是它的主导消费群体呢？因此，需要全方位了解她们，进行有针对性的宣传。这类人群是长期固定的消费人群，他们的所有需要都是网络营销中可以考虑的内容，也是企业发展调整的依据。

（二）产品特色带来的人群

一种产品拥有自己的特色，就会带来特定的消费人群。这些目标人群虽然不是固定的，但他们是主导消费人群。如对于孕婴产品而言，没有人是常年怀孕的，甚至有些人一生中只有一次，因此她们想要最安全、营养价值最高的孕婴产品。因为不是常年消费，所以价格是最后考虑的。那么，在做这种产品的网络营销时，我们应该了解特定人群的消费心理，打造产品自身的特色。因为吸引消费者的是产品特色，这些特色在网络营销中可以根据时间性、阶段性的需要进行调整，也可以根据产品的特点，在网络营销中主动找到所需的目标人群。简而言之，就是逐条列出优势，发现感兴趣的受众群体。

（三）目标用户的调研

想了解营销对象是谁，可使用科学的调研方法来收集用户的数据信息，如消费情况、需求和购买行为变化、目前营销策略的效果等。这些数据可以为公司确定营销目标和营销用户群提供科学依据。

网络营销中的目标用户调研一般可通过网络问卷调查和基于大数据的"用户画像"实现。

1. 网络问卷调查

网络问卷调查是网络营销早期比较常用的一种调研方法。开展网络问卷调查时，将想获取的信息设计成问卷在网上发布，然后请求浏览网站的人通过填写在线问卷来参与企业的各种调查。

问卷调查是一种了解用户的优势渠道，但前提是必须设计一个好的在线调查表。

一个设计不够理想的在线调查表收集的数据往往是无用的、不完整的、没有代表性的，而且反馈率也不会太高，这样的在线调查结果自然没有多大的实际意义和价值。

一份好的在线调查表应具备以下五点特征。

（1）问题应该简洁明了。

（2）问题应该容易回答。

（3）让被调查者有一种参与某种重要活动的感觉。

（4）问题不应带有偏见或产生误导。

（5）调查表中所有问题都应能够得到精准答案。

调查问卷一般包括标题、卷首语、填表说明、问卷主体及结束语五个组成部分。其中，卷首语需指明由谁执行此项调查、调查目的和意义；填表说明用来向受访者解释怎样正确地填写问卷；问卷主体包括问题和选项，是问卷的核心部分；结束语用来表示对参与者的感谢，或提供一些奖品、优惠券等。

除了自己设计问卷，企业也可委托专业的问卷调查平台进行问卷设计和发布，收集和分析用户数据，如问卷星、91问问调查网等。在问卷调查平台上可通过模板轻松创建在线调查问卷，然后通过邮件、QQ、微博、微信等渠道将问卷链接发给好友填写，受邀参与问卷有效填写的用户可获得由调查平台或企业提供的奖品。问卷调查平台会自动对结果进行统计分析，企业可随时查看或下载问卷调查结果，以便收集和分析用户数据。

2. 基于大数据的"用户画像"

移动互联网的发展和社交网络的普及，使用户每天的网络活动都会生成海量的有效数据。随着大数据技术的成熟,这些数据将变废为宝。大数据工具或平台能够快速收集和抓取用户社会属性、生活习惯和消费行为信息,如年龄、性别、产品偏好、购买水平和当下需求等,洞察消费者的行为变化,准确刻画每个消费者的特征,再聚集起来形成人群画像,最终帮助企业确定营销用户群。

三、分析营销用户的特点

分析网络营销用户的特点是数据化运营的基础。网络营销想收到预期的效果,根据对用户的调研数据进行特点分析是必不可少的。用户特点可使用 RFM 模型进行分析,该模型包括用户新鲜度(Recency)、用户消费频率(Frequency)和用户消费金额(Monetary)三个指标。这三个指标是测算消费者价值最重要、最容易的指标,对营销活动具有很强的指导意义。具体的分析方法将在专题九中详细讲解。

四、确定营销方法

目前的广告形式多种多样,五花八门的广告让用户对广告的免疫力越来越强,广告的说服力逐渐减弱,大多数用户对待广告的一贯做法是直接忽略或拒绝。同时,移动互联网的发展使媒体环境愈加复杂,媒介呈现出多元化发展态势,企业的需求也在变化。传递品牌信息仅仅是企业众多诉求中的一部分,企业还希望通过更好的广告创意、技术手段与消费者进行深层次沟通,实现情感共鸣。如何打动用户,实现用户和品牌之间的有效沟通成为众多营销人员迫切需要解决的问题。

要想打动用户,应注意两个方面:一方面是营销平台和方式的选择,另一方面是营销的内容。营销内容将主导营销的进行,营销平台和方式则是渠道、工具和手段,应易于用户接收和传播。

(一)选择营销平台和方式

选择营销平台和方式实质上是网络营销宣传策略的体现。在对营销用户群和用户特征进行分析后,就可以有针对性地选择互联网上的营销平台来推广产品和品牌或开展营销活动了。如果产品和服务是针对学生群体的,那么,QQ、微博、微信是不错的选择,因为这些平台上聚集着很多潜在客户,并且易于接收和传播;如果是女性群体,则可以选择购物网站、手机 APP 等方式开展营销活动。同时,还需确定营销内容:是使用文字、图片还是视频形式传播?

(二)设计打动用户的内容

用什么内容打动用户?营销人员认为"能够洞察用户情感的内容才能打动用户",引起用户的情感共鸣。洞察用户情感是指营销内容应该体现产品或服务的内涵,用户的感情共鸣则是指营销场景化。

1. 洞察用户情感的内容

洞察用户情感的内容可体现出产品或服务的内涵。"洞察"不是行为表现,不需要解释,它更多地渗透到用户的情感和精神世界,必须满足真实、新鲜、能触动人、与环境相关等条件。好的营销内容会给出一个非常清晰的结果,会告诉用户需要什么、为什么需要、如何满足。例如,女性消费者购买护肤品等商品时,她们需要的是什么?她们需要的不仅仅是这款产品,也不仅仅是这些产品带来的保湿和美白效果。更深层次地说,她们需要美,需要自信,甚至可能是爱情。因此,营销人员在设计营销内容时,需要通过文字、图片或视频表达美、自信或爱情,这样的营销信息就具有洞察用户情感的内容。

2. 营销场景化

营销场景化从情感体验入手,将用户融入不同的场景,实现情感共鸣,以此打动用户。营销场景化对产品和品牌有较高的要求,品牌要打破过去单纯覆盖和触达的流量思维,要思考如何通过价值主张与场景的融合,让品牌获得用户发自内心的认同,真正打动用户。营销场景化首先要精准洞察用户需求,只有探查到用户的需求后才能准确"出招"。场景化的应用不仅给用户带来了新鲜的消费体验,也与用户达成了情感共鸣。其次,要构建多元化应用场景。营销不仅要通过场景覆盖用户,也要打动用户。这就需要找到用户使用营销应用的场景时刻,这样才能找到激发用户共鸣的要素。最后,要保持与时俱进的技术创新。无论是产品还是营销,都离不开技术的支持。技术创新可让产品有更多功能和场景融入,带给用户更完美的体验。

任 务

1. 名词解释

网络营销策划　人群画像

2. 简答

(1) 简述网络营销策划的步骤。

(2) 简述进行网络营销时确定营销用户群的方法。

(3) 简述如何确定网络营销方法。

3. 实践训练

请设计调查问卷,在线调查 B2C 电子商务网站的消费者行为,形成调研报告。

推荐资源

1. 百度搜索引擎
2. 百度联盟网站
3. 新浪微博网站
4. 腾讯微博网站
5. 微信 APP
6. 斗鱼直播网站
7. 虎牙直播网站
8. 花椒直播网站
9. 淘宝直播 APP

专题九

电子商务数据分析

学习目标

1. 了解数据分析的流程和方法。
2. 掌握电子商务数据分析的指标体系。
3. 掌握漏斗模型、AARRR 模型和 RFM 模型。

专题描述

电子商务相对于传统零售业来说,最大的特点就是一切都可以通过数据化来监控和改进。本专题主要包括以下内容。

首先介绍了电子商务数据分析流程,一般分六个步骤:明确分析目的和思路、收集数据、数据处理、数据分析、数据解释与展现、报告撰写。

然后介绍了电商数据分析指标体系,分为八大类,包括:总体运营指标、网站流量指标、销售转化指标、客户价值指标、商品类目指标、营销活动指标、风险控制指标和市场竞争指标。

最后介绍了三个电子商务数据分析模型。一是漏斗分析模型,它适用于业务流程比较规范、周期长、环节多的流程分析,通过各漏斗环节业务数据的比较,能够直观地发现和说明问题。二是 AARRR 模型,它是所有的产品经理都必须掌握的一个数据分析模型。AARRR 分别代表了获取(Acquisition)、激活(Activation)、留存(Retention)、收入(Revenue)传播(Refer)五个单词,分别是产品生命周期中的五个阶段。三是 RFM 模型,它是衡量当前客户价值和客户潜在创利能力的重要工具和手段。RFM 是三个指标的缩写:最近一次消费(Recency)、消费频率(Frequency)、消费金额(Monetary)。RFM 模型的最终目的是区别出有价值的用户,在此基础上细分用户类型,做到精准运营,实现效率最大化。

项目一　电子商务数据分析概述

项目案例

亚马逊如何利用大数据练就"读心术"

精准的推荐、心仪的价格、充足的库存及高效率的配货，在用户还未下单时，亚马逊早已使用"读心术"预测，为用户计划好了一整套井井有条的购物体验。作为电商巨头的鼻祖，几十年来依然占领着电商界前几名位置，亚马逊自家的大数据系统是当之无愧的大功臣。

"数据就是力量"，这是亚马逊的成功格言。亚马逊利用其 20 亿用户账户的大数据，通过预测分析 140 万台服务器上的 10 个亿 GB 的数据来促进销量的增长。亚马逊追踪用户在电商网站和 APP 上的一切行为，尽可能多地收集信息。亚马逊主页上有不同的部分，例如"愿望清单""为你推荐""浏览历史""你浏览过的相关商品""购买此商品的用户也买了"，亚马逊保持对用户行为的追踪，为用户提供卓越的个性化购物体验。

亚马逊利用其超先进的数据驾驭技术实现了向用户提供个性化推荐、动态价格优化、供应链优化及预测式购物（下单之前就发货）服务，将个性化服务提高到更高层次。

案例分析

当用户在电子商务网站有了购买行为之后，他就从潜在客户变成了网站的价值客户。电子商务网站一般会将客户的交易信息（购买时间、购买商品、购买数量、支付金额等）保存在数据库中，并据此分析客户的交易行为特征，进而估计每位客户的价值或预测对其实施扩展营销的可能性等。这个过程需要运用数据分析方法，把隐藏在海量电子商务数据背后的信息集中和提炼出来，帮助经营管理者正确判断和决策。

相关知识

一、数据分析概述

数据分析是指收集、处理数据并获取信息的过程。具体地说，数据分析是指在业务逻辑的基础上，运用简单有效的分析方法和合理的分析工具对获取的数据进行处理的过程。

数据分析概述

（一）数据分析的目的

数据分析的目的是把隐藏在大批看起来杂乱无章的数据中的信息集中、萃取和提炼出来，以找出所研究对象的内在规律。在实际生活中，数据分析可帮助经营者进行判断和决策，以便采取适当的策略与行动。例如，电商经营者准备开拓一个新的市场，则需要充分了解竞争对手的市场状况、市场潜力及销售预测，从而发现市场机会，找到突破口，这些都有赖于数据分析。

(二) 数据分析的价值

数据分析的价值包含三个方面：一是帮助领导做出决策；二是预防风险；三是把握市场动向。数据分析可以反馈电商企业需要改进的地方、出现的问题及做得好的地方。

(三) 数据分析的作用

数据分析在电商企业日常经营分析中，具有以下三个作用。

1. 现状分析

提供电商企业现阶段整体运营情况，其中包括各项经营指标的完成情况，以及电商企业各项业务的构成，其中包括各项业务的发展及变动情况，用于衡量企业经营现状。现状分析的结果表现为各种形式的日常通报，如日报、周报、月报、季报、年报等。

2. 原因分析

确定电商企业所存在问题的原因，针对原因制订出相应的解决方案。现状分析可以帮助电商企业经营者了解企业的整体运营情况，同时发现运营中存在的问题，而找出问题就要进行分析。例如，本月店铺销售额环比下降了10%，是什么原因导致的？是店铺流量减少了，还是转化率出现了问题，抑或是客单价降低了？通过原因分析找到根源，这样才能真正解决问题。

3. 预测分析

对电商企业未来的发展趋势进行预测，便于企业制订运营计划。例如，电商经营者一般都会根据近几个月销售额的变动趋势预测下个月的销售额，作为企业的运营目标及对员工考核的依据。

电子商务相对于传统零售业来说，最大的特点就是一切都可以通过数据化来监控和改进。通过数据可以看到用户从哪里来、如何组织产品可以实现很好的转化率、投放广告的效率如何等。通过数据分析可以提升企业的盈利能力，对于电商企业显得尤为重要。

电商数据分析流程

二、电子商务数据分析流程

电子商务数据分析流程一般分六个步骤，具体为：明确分析目的和思路、收集数据、数据处理、数据分析、数据解释与展现、报告撰写，如图9-1所示。

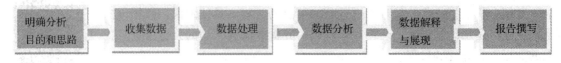

图9-1　数据分析流程

(一) 明确分析目的和思路

识别数据分析需求，明确数据分析目标，是确保数据分析过程有效性的首要条件。在开始进行数据分析之前，就应该认真思考在数据分析过程中想要获得什么。例如，是想要更精确地确定客户群还是要扩大客户群？是为了评估产品改版后的效果是否比之前有所提升吗？是为了找到产品更新换代的方向吗？是想要进行科学的排班以避免在闲时浪费人力、在忙时缺少人手吗？明确通过数据分析要获得什么是至关重要的，就如同要明确这个过程中的挑战是什么，以及如何确定是否能够达到目的。

明确了数据分析的目的，接下来需要确定数据分析思路。数据分析思路是指运用营销和管理的相关技术及方法，结合实际业务将数据分析目的层层分解，形成一个结构化的数据分析框架。数据分析框架的构建有助于提高数据分析维度的完整性和分析结果的有效性。

（二）收集数据

当通过数据分析来揭示变化趋势时，数据量越大越好。对于任何类型的统计分析，样本量越大，所得到的结果越精确。仅仅追踪公司一周的销售数据是很难看出未来发展趋势的，3个月的会好一些，6个月的更佳。即使无法确定所寻找的是什么，也要使所收集的数据包含的信息尽可能详尽和精确。试着弄清楚获得所需最优数据的途径，然后开始收集。

收集数据是将数据记录下来的环节。在这个环节中需要着重说明的是两个原则，即全量而非抽样，以及多维而非单维。

1. 全量而非抽样

由于系统分析速度及数据导出速度的制约，在非大数据系统支撑的公司中，做数据分析的人员也很少能够做到对数据的全量收集和分析。

2. 多维而非单维

在数据维度上，要进行全面细化，将交互过程的时间、地点、人物、原因、事件全面记录下来，并将每一个板块进行细化。时间可以从起始时间、结束时间、中断时间、周期间隔时间等细分；地点可以从地市、小区、气候等地理特征、渠道等细分；人物可以从多渠道注册账号、家庭成员、薪资、个人成长阶段等细分；原因可以从爱好、人生大事、需求层级等细分；事件可以从主题、步骤、质量、效率等细分。通过这些细分维度，增加分析的多样性，从而挖掘出规律。

（三）数据处理

数据的处理是对已经采集到的数据进行适当的处理、清洗。对收集的数据进行抽取，从中提取出关系和实体，经过关联和聚合之后采用统一定义的结构来存储这些数据。在数据抽取时，需要对数据进行整理，保证数据的质量及可信性。常用的数据处理方法有清洗、抽取、合并、转换、计算、排序和分组。

（四）数据分析

数据分析是指将收集到的数据通过加工、整理和分析后，将其转化为信息的过程。数据分析是整个数据处理流程里最核心的部分，因为在数据分析的过程中，会发现数据的价值所在。

（五）数据解释与展现

对于广大的数据信息客户来讲，其最关心的并非数据的分析处理过程，而是对数据分析结果的解释与展示。因此，在一个完善的数据分析流程中，数据结果的解释至关重要。如果数据分析的结果正确但是没有采用适当的解释方法，则所得到的结果很可能让客户难以理解，极端情况下甚至会误导客户。

数据解释的方法很多，比较传统的就是以文本形式输出结果或者直接在电脑终端上显示结果。这种方法在面对小量数据时是一种很好的选择，但是大数据时代的数据分析结果往往是海量的,其结果之间的关联关系极其复杂,采用传统的解释方法基本不可行,可以考虑从以下两个方面提升数据解释能力。

1. 引入可视化技术

数据可视化是指将数据以视觉形式来呈现,如图表,以帮助人们了解这些数据的意义。可视化作为解释大量数据最有效的手段之一,率先被科学与工程计算领域采用。通过对分析结果的可视化展示,使客户更易理解和接受。

2. 客户参与分析过程

既可以采用人机交互技术,利用交互式的数据分析过程来引导客户逐步地进行分析,使客户在得到结果的同时更好地理解分析结果的由来,也可以采用数据起源技术,帮助客户追溯整个数据分析的过程,使其更好地理解结果。

(六)报告撰写

数据分析完成后一般会撰写数据分析报告。这是对整个数据分析过程的总结,是给企业决策者的一种参考,为决策者提供科学、严谨的决策依据。一份优秀的数据分析报告,需要有一个明确的主题、一个清晰的框架,图文并茂地阐述数据,条理清晰地展现内容,使人对报告的核心内容一目了然。最后需要加上结论和建议,并提供解决问题的方案和想法,以便决策者在决策时参考。

三、电子商务数据分析方法

数据分析方法

从根本目的上来说,数据分析的任务在于抽象数据,形成有业务意义的结论。单纯的数据是毫无意义的,直接看数据是没有办法发现其中的规律的,只有通过分析方法将数据抽象处理后,才能看出隐藏在数据背后的规律。常用的数据分析方法如下。

(一)回归分析法

回归分析法(Regression Analysis)是确定两种或两种以上变量间相互依赖的定量关系的一种统计分析方法,运用十分广泛。回归分析按照涉及的自变量的多少,可分为一元回归分析和多元回归分析;按照自变量和因变量之间的关系类型,可分为线性回归分析和非线性回归分析。

在数据分析中,回归分析是一种预测性的建模技术,它研究的是因变量和自变量之间的关系。比如想知道活动覆盖率、产品价格、客户薪资水平、客户活跃度等指标与购买量是否有关系,以及如果有关系,能不能给出一个等式来,这个时候就需要回归分析了,通过把这些指标及购买量输入系统,运算后即可分别得出这些指标对购买量有没有作用,以及如果有作用,那么各个指标应该如何计算才能得出购买量。

(二)聚类分析法

聚类分析(Cluster Analysis)是指将物理或抽象对象集合分组,成为由类似的对象组成的多个类的分析过程。聚类是将数据分到不同的类或者簇的过程,所以同一个簇中的对象有很大的相似性,而不同簇间的对象有很大的相异性。聚类分析是一种探索性的分析,在分类的过程中,人们不必事先给出一个分类的标准,能够从样本数据出发,自动进行分类。聚类分析使用不同方法，常常会得到不同的结论。不同研究者对同组数据进行聚类分析，所得到的聚类数值也未必一致。

聚类分析法的应用是将指标中所有属性类似的数据分别合并在一起，形成聚类的结果。比如最经典的酒与尿布分析，业务人员希望了解啤酒跟什么搭配在一起卖会更容易让大家接受，因此需要把所有的购买数据都放进来，计算后得出其他各个商品与啤酒的关联程度或者是距离远近，也就是购买了啤酒的人群同时还会购买哪些商品，这时会输出多种结果，比如尿布、牛肉、酸奶或者花生米等，每个商品都可以成为一个聚类结果，由于没有目标结论，因此这些聚类结果都可以作为参考，之后就是货品摆放人员尝试各种聚类结果来看效果提升程度。在这个案例中，各个商品与啤酒的关联程度或者是距离远近就是算法本身，其中的逻辑也有很多种，包括关联规则、聚类算法等。

（三）相关分析法

相关分析（Correlation Analysis）是研究现象之间是否存在某种依存关系，并探讨具有依存关系的现象的相关方向及相关程度。

相关关系是一种非确定性的关系，具有随机性，影响现象发生变化的因素不止一个，并且总是围绕某些数值的平均数上下波动。例如，以 X 和 Y 分别记录一个人的身高和体重，或访客数与成交量，则 X 与 Y 显然有关系，而又没有确切到可由其中的一个去精确地决定另一个的程度，这就是相关关系。

相关分析中最为常用的是直线相关，其中的相关系数是反映变量之间线性关系的统计指标，一般用 r 表示。r 的取值范围为 $[-1, 1]$，其正负号可反映相关的方向，其绝对值的大小可反映相关性的强弱。若 $r=0$，表明两个变量间不是线性相关。一般认为：$|r| \geq 0.8$ 时，可认为两变量间高度相关；$0.5 \leq |r| < 0.8$，可认为两变量中度相关；$0.3 \leq |r| < 0.5$，可认为两变量低度相关；$|r| < 0.3$，可认为两变量基本不相关。

相关分析与回归分析之间的区别与联系：相关分析侧重于发现随机变量间的种种相关特性，回归分析侧重于研究随机变量间的依赖关系，以便用一个变量去预测另一个变量；相关分析可以说是回归分析的基础和前提，而回归分析则是相关分析的深入和继续。当两个或两个以上的变量之间存在高度的相关关系时，进行回归分析寻求其相关的具体形式才有意义。

（四）描述性统计分析

描述性统计分析要对调查总体所有变量的有关数据进行统计性描述，主要包括数据的频数分析、集中趋势分析、离散程度分析、分布及一些基本的统计图形。

1. 数据的频数分析

在数据的预处理部分，利用频数分析和交叉频数分析可以检验异常值。

2. 数据的集中趋势分析

数据的集中趋势分析用来反映数据的一般水平，常用的指标有平均值、中位数和众数等。

3. 数据的离散程度分析

数据的离散程度分析主要是用来反映数据之间的差异程度，常用的指标有方差和标准差。

4. 数据的分布

在统计分析中，通常要假设样本所属总体的分布属于正态分布，因此需要用偏度和峰度两个指标来检查样本数据是否符合正态分布。

5. 绘制统计图

用图形的形式来表达数据，比用文字表达更清晰、更简明。在 SPSS 软件里，可以很容易地绘制各个变量的统计图形，包括条形图、饼图和折线图等。

（五）方差分析法

方差分析（Analysis of Variance，ANOVA）又称变异数分析，用于两个及两个以上样本均数差别的显著性检验。由于各种因素的影响，研究所得的数据呈波动状。造成波动的原因可分成两类：一类是不可控的随机因素，另一类是研究中施加的对结果形成影响的可控因素。

方差分析的基本思想是：通过分析研究不同来源的变异对总变异的贡献大小，从而确定可控因素对研究结果影响力的大小。

（六）比较分析法

比较分析法也称对比分析法，是指将客观的事物进行对比，以认识事物的本质和规律，进而判断其优劣的研究方法。

一般来说，比较分析法通常将两个或两个以上的同类数据进行比较。比较分析法还可以分为纵向比较和横向比较两种。

纵向比较是对同一事物不同时期状况的特征进行比较，从而认识事物的过去、现在及未来的发展趋势。横向比较是对不同国家、不同地区、不同部门的同类事物进行比较，从中找出差距，判断优劣。

（七）交叉分析法

交叉分析法通常是把纵向对比和横向对比综合起来，对数据从多个维度进行交叉展现以及多角度的综合分析。举例如下。

1. 交叉分析角度："客户端+时间"

某 APP 二季度（4月、5月、6月）的 iOS 端和 Android 端的客户数如表 9-1 所示。

表 9-1　某 APP 二季度的 iOS 端和 Android 端的客户数　　人

客户端	4月	5月	6月	总计
iOS	36 000	45 000	60 000	141 000
Android	150 000	140 000	130 000	420 000
总计	186 000	185 000	190 000	561 000

从这个数据中可以看出，iOS 端每个月的客户数在增加，总体数据没有增长的主要原因是 Android 端客户数在减少。

为什么 Android 端二季度客户数在下降呢？一般这个时候会加入"渠道"维度。

2. 交叉分析角度："客户端+时间+渠道"

某 APP 二季度（4月、5月、6月）iOS 端和 Android 端的客户来源渠道分布如表 9-2 所示。

表 9-2 某 APP 二季度的 iOS 端和 Android 端的客户来源渠道分布   单位：人

客户端	渠道	4月	5月	6月	总计
iOS	APP Store	35 000	43 500	58 000	136 500
	越狱渠道	1 000	1 500	2 000	4 500
	小计	36 000	45 000	60 000	141 000
Android	预装渠道	100 000	80 000	70 000	250 000
	市场渠道	40 000	49 500	48 500	138 000
	地推渠道	6 000	6 000	7 000	19 000
	广告渠道	4 000	4 500	4 500	13 000
	小计	150 000	140 000	130 000	420 000
总计		186 000	185 000	190 000	561 000

叠加一个"渠道"维度，数据就会变得丰富。从这个数据中可以看出，Android 端预装渠道的分布占比比较高，但呈现逐渐减少的趋势，其他渠道的变化并不明显。

因此可以得出结论：Android 端在二季度的客户数量减少主要是由预装渠道的减少而导致的。

交叉分析的主要作用就是从多个维度细分数据，从中发现最为相关的维度来探索数据变化的原因。常见的维度如下。

分时：不同时间段数据是否有变化。

分渠道：不同流量来源的数据是否有变化。

分用户：新注册用户和老用户相比是否有差异，高等级用户和低等级用户相比是否有差异。

分地区：不同地区的数据是否有变化。

交叉分析法是一个从粗到细的过程，也可以叫作细分分析法。

(八) 时间序列分析法

时间序列是按时间顺序排列的一组数字序列。时间序列分析就是利用这组数列，应用数理统计方法处理，以预测事物未来的发展方向。时间序列分析是定量预测方法之一，它的基本原理：一是承认事物发展的延续性，应用过去的数据就能推测事物的发展趋势；二是考虑到事物发展的随机性。任何事物的发展都可能受偶然因素的影响，为此要利用统计分析中的加权平均法对历史数据进行处理。该方法简单易行，便于掌握，但准确性差，一般只适用于短期预测。时间序列预测一般反映三种实际变化规律：趋势变化、周期性变化和随机性变化。一个时间序列通常由四种要素组成：趋势、季节变动、循环波动和不规则波动。

(九) 分组分析法

分组分析法是指通过统计分组的计算和分析，认识所要分析对象的不同特征、不同性质及相互关系的方法。分组就是根据研究的目的和客观现象的内在特点，按某个或几个标志把被研究的总体划分为若干个不同性质的组，使组内的差异尽可能小、组间的差异尽可能大。分组分析法是在分组的基础上，对现象的内部结构或现象之间的依存关系从定性或定量的角度进一步分析研究，以便寻找事物发展的规律，正确地分析问题和解决问题。

分组时必须遵循两个原则：穷尽原则和互斥原则。

穷尽原则就是使总体中的每一个单位都应有组可归，或者说各分组的空间足以容纳总体所有的单位。

互斥原则就是在特定的分组标志下，总体中的任何一个单位只能归属于某一个组，而不能同时或可能归属于几个组。

任务

1. 名词解释

聚类分析　相关分析

2. 简答

（1）什么是数据分析？数据分析的目的是什么？

（2）简述数据分析的作用。

（3）简述电子商务数据分析流程。

3. 实践训练

安装一款可视化分析工具，如 Power BI 或 Tableau，体验其功能，并尝试做一次数据分析。

项目二　电子商务数据分析指标体系

项目案例

数据运营要选对指标

随着精细化理念不断深入人心，"数据运营"这一概念得到了越来越多的重视。但是什么是正确的数据指标？如何正确地采集数据？如何用数据驱动业务增长？这些常见的数据迷思，困扰着大多数的产品、运营、市场甚至管理层。

著名的视频社交分享应用 Viddy，授权可以通过登录 Facebook 来创建账号和分享，就跟国内常见的微信、QQ等第三方账号一样。前期他们以"创建账号的数量"作为核心指标，在做了授权 Facebook 登录后，2012年上半年访问量飙升，但是到了2012年下半年访问量暴跌。Viddy 的员工认为账号创建数量是一个正确的指标，所以他们拼尽全力去提升这个指标。实际上，他们并没有发现业务的重点。

与之相对比的，"谷歌+"用自己的方法把用户提升到1.7亿人，方法就是把有趣的内容放到邮件中和好友分享。"谷歌+"专注于"前往'谷歌+'，并且每周至少分享2个更新信息"的用户数量指标，专注于向用户传递产品的价值，而不是仅仅提升某一个数字。

案例分析

数据规划是整个数据运营体系的基础，它的目的是搞清楚"要什么"。只有先搞清楚自己的目的是什么、需要什么样的数据，接下来的数据采集和数据分析才更加有针对性。

数据规划有两个重要概念：指标和维度。指标（Index），也称度量（Measure），用来衡量具体的运营效果，比如销售金额、转化率等。指标的选择来源于具体的业务需求，从需求中归纳事件，从事件对应指标。维度是用来对指标进行细分的属性，比如广告来源、浏览器类型、访问地区等。

 相关知识

构建系统的电子商务数据分析指标体系是电商精细化运营的重要前提。电商数据分析指标体系包括八大类：总体运营指标、网站流量指标、销售转化指标、客户价值指标、商品类目指标、营销活动指标、风险控制指标和市场竞争指标。不同类别指标对应电商运营的不同环节，如网站流量指标对应的是网站运营环节，销售转化、客户价值和营销活动指标对应的是电商销售环节。

电子商务数据分析指标体系

一、电商总体运营指标

总体运营指标从流量、订单、总体销售业绩、整体指标等方面进行把控，可以对运营的电商平台有个大致了解。电商总体运营指标主要面向的人群是电商运营的高层，他们通过总体运营指标评估电商运营的整体效果。电商总体运营整体指标包括四方面的指标。

（一）流量类指标

独立访客数（Unique Visitor，UV），指访问电商网站的不重复用户数。对于 PC 网站，统计系统会在每个访问网站的用户浏览器上"种"一个 Cookie 来标记这个用户，这样，每当被标记 Cookie 的用户访问网站时，统计系统就会识别到此用户。在一定统计周期内（如一天），统计系统会利用消重技术，对同一 Cookie 在一天内多次访问网站的用户仅记录为一个用户。而在移动终端区分独立用户的方式则是按独立设备计算独立用户。

页面访问数（Page View，PV），即页面浏览量或点击量，用于衡量网站用户访问的网页数量。在一定统计周期内，用户每打开或刷新一个页面就记录 1 次，多次打开或刷新同一页面则浏览量累计。

人均页面访问数，即页面访问数（PV）/独立访客数，该指标反映的是网站访问黏性。

（二）订单产生效率指标

总订单数量，即访客完成网上下单的订单数之和。

访问到下单的转化率，即电商网站下单的次数与访问该网站的次数之比。

（三）总体销售业绩指标

网站成交额（Gross Merchandise Volume，GMV），是指已付款订单和未付款订单两者之和。作为电商平台，GMV 是衡量平台竞争力（市场占有率）的核心指标。一般电商平台 GMV 的计算公式为：

$$GMV = 销售额 + 取消订单金额 + 拒收订单金额 + 退货订单金额$$

GMV 虽然不是实际的交易数据，但同样可以作为参考依据，因为只要顾客点击了购买，无论有没有实际购买，都是统计在 GMV 里面的。GMV 可以用来研究顾客的购买意向、顾客买了之后发生退单的比率等。销售金额一般只指实际成交金额，所以，GMV 的数字一般比销售金额大。

销售额是货品出售的金额总额，计算公式为：

$$销售额 = 访客数 \times 转化率 \times 客单价$$

访客数（UV）是指网店各页面的访问人数。所选时间段内，同一访客多次访问会进行去重计算。对于网店运营来说，提升网店流量，增加网店访客数是一项重要工作。

转化率（Conversion Rate，CR）是指所有到达网店并产生购买行为的人数和所有到达网店的人数的比率。转化率的计算公式为：

$$转化率 = (产生购买行为的客户人数 / 所有到达店铺的访客人数) \times 100\%$$

网店转化率是影响网店销售额和利润的关键因素之一，而影响网店转化率的因素主要有商品分类导航、店铺装修、产品类别、主图设计、商品展示、商品性价比、客服质量、用户评价、售后服务质量、库存量和促销活动等。

客单价（Per Customer Transaction，PCT）是指在一定时期内，网店每一个顾客平均购买商品的金额，即平均交易金额。客单价计算公式为：

$$客单价 = 成交金额 / 成交用户数$$

或者：

$$客单价 = 成交金额 / 成交总笔数$$

网店销售额的增长，除了要尽可能多地吸引访客和增加顾客交易次数以外，提高客单价也是非常重要的途径。影响网店客单价的因素主要有产品定位、相关品类扩充、关联营销、捆绑销售、入门级产品价格提升、商品价格分布、商品满减促销、优惠券赠送等。

（四）整体指标

销售毛利是销售收入与成本的差值。销售毛利中只扣除了商品原始成本，不扣除没有计入成本的期间费用（管理费用、财务费用、营业费用）。

毛利率是衡量电商企业盈利能力的指标，是销售毛利与销售收入的比值。如京东 2014 年毛利率连续四个季度稳步上升，从第一季度的 10.0% 上升至第四季度的 12.7%，体现出京东盈利能力的提升。

二、网站流量指标

网站流量指标主要是对访问网站的访客进行分析，基于这些数据可以对网页进行改进，以及对访客的行为进行分析等。网站流量指标包括以下四类。

（一）流量规模类指标

常用的流量规模类指标包括独立访客数和页面访问数，相应的指标定义在前文已经描述，在此不再赘述。

（二）流量成本类指标

单位访客成本指在流量推广中，广告活动产生的投放费用与广告活动带来的独立访客数的比值。单位访客成本最好与平均每个访客带来的收入及这些访客带来的转化率进行关联分析。若单位访客成本上升，但访客转化率和单位访客收入不变或下降，则很可能流量推广出现问题，尤其要关注渠道推广的作弊问题。

(三) 流量质量类指标

跳出率（Bounce Rate）也被称为蹦失率，为浏览单页即退出的次数与该页访问次数之比，只能衡量该页作为着陆页面（Landing Page）的访问。如果花钱做推广，着陆页的跳出率高，很可能是因为推广渠道选择出现失误，推广渠道目标人群和被推广网站的目标人群不够匹配，导致大部分访客访问一次就离开。跳出率的高低是网站分析的一个重要指标，通常用于评估网站的用户体验，可以用于指导网站及页面的改善。

页面访问时长是指单个页面被访问的时间。页面访问时长并不是越长越好，要视情况而定。对于电商网站，页面访问时间要结合转化率来看，如果页面访问时间长，但转化率低，则页面体验出现问题的可能性很大。

人均页面浏览量是指在统计周期内，平均每个访客所浏览的页面量。人均页面浏览量反映的是网站的黏性。

(四) 会员类指标

注册会员数，指一定统计周期内的注册会员数量。

活跃会员数，指在一定时期内有消费或登录行为的会员总数。

活跃会员率，即活跃会员占注册会员总数的比重。

会员复购率，指在统计周期内产生二次及二次以上购买的会员占购买会员的总数。

会员平均购买次数，指在统计周期内每个会员平均购买的次数，即订单总数与购买用户总数之比。会员复购率高的电商网站平均购买次数也高。

会员回购率，指上一期活跃会员在下一期内有购买行为的会员比率。

会员在某段时间内开始访问网站，经过一段时间后，仍然会继续访问网站就被认作是留存，这部分会员占当时新增会员的比例就是新会员留存率。这种留存率是按照活跃度来计算的，另外一种计算留存率的方法是按消费来计算，即某段的新增消费用户在往后一段时间周期（时间周期可以是日、周、月、季度和半年度）还继续消费的会员比率。留存率一般看新会员留存率，当然也可以看活跃会员留存率。留存率反映的是电商留住会员的能力。

三、销售转化指标

销售转化指标，分析从下单到支付整个过程的数据，帮助提升商品转化率。

(一) 购物车类指标

基础类指标，包括一定统计周期内加入购物车次数、加入购物车买家数及加入购物车商品数。

转化类指标，主要是购物车支付转化率，即一定周期内加入购物车商品支付买家数与加入购物车买家数的比值。

(二) 下单类指标

基础类指标，包括一定统计周期内的下单笔数、下单金额及下单买家数。

转化类指标，主要是浏览下单转化率，即下单买家数与网站访客数的比值。

(三) 支付类指标

基础统计类指标，包括一定统计周期内支付金额、支付买家数和支付商品数。

转化类指标，包括浏览-支付买家转化率（支付买家数/网站访客数）、下单-支付金额转化率（支付金额/下单金额）、下单-支付买家数转化率（支付买家数/下单买家数）和下单-支付时长（下单时间到支付时间的差值）。

（四）交易类指标

交易类指标主要分为交易成功指标、交易失败指标和退款指标三类。交易成功指标主要包括交易成功订单数、交易成功金额、交易成功买家数和交易成功商品数；交易失败指标主要包括交易失败订单数、交易失败金额、交易失败订单买家数和交易失败商品数；退款指标包括退款总订单量、退款金额、退款率。

四、客户价值指标

客户价值指标主要是分析客户的价值，通过建立 RFM 价值模型，找出那些有价值的客户，进行精准营销等。

（一）客户指标

常见的客户指标包括一定统计周期内的累计购买客户数和客单价。客单价是指每一个客户平均购买商品的金额，也即平均交易金额，即成交金额与成交用户数的比值。

（二）新客户指标

常见的新客户指标包括一定统计周期内的新客户数量、新客户获取成本和新客户客单价。其中，新客户客单价是指第一次在店铺中产生消费行为的客户所产生的交易额与新客户数量的比值。影响新客户客单价的因素除了推广渠道的质量外，还有电商店铺活动及关联销售。

（三）老客户指标

常见的老客户指标包括消费频率、最近一次购买时间、消费金额和重复购买率。消费频率是指客户在一定期间内所购买的次数；最近一次购买时间表示客户最近一次购买的时间离现在有多远；客户消费金额指客户在最近一段时间内购买的金额。消费频率越高，最近一次购买时间离现在越近，消费金额越高的客户越有价值。重复购买率则指消费者对该品牌产品或者服务的重复购买次数。重复购买率越多，说明消费者对品牌的忠诚度就越高，反之则越低。重复购买率可以按两种口径来统计：第一种，从客户数角度，重复购买率指在一定周期内下单次数在两次及两次以上的人数与总下单人数之比，如在一个月内有 100 个客户成交，其中有 20 个是购买两次及以上，则重复购买率为 20%；第二种，按交易计算，重复购买率指重复购买交易次数与总交易次数的比值，如某月内一共产生了 100 笔交易，其中有 20 个人有了二次购买，这 20 人中的 10 个人又有了三次购买，则重复购买次数为 30 次，重复购买率为 30%。

五、商品类目指标

商品类目指标主要分析商品的种类及库存情况等。

（一）商品总数指标

商品总数指标包括 SKU、SPU 和在线 SPU。

SKU（Stock Keeping Unit）即库存量单位，买家购买、商家进货、供应商备货、工厂生产都是依据 SKU 进行的，在服装、鞋类商品中使用最多、最普遍。SKU 是物理上不可分割的最小存货单元。也就是说，一款商品可以根据 SKU 来确定具体的货物存量。

SPU（Standard Product Unit）即标准化产品单元，是商品信息聚合的最小单位，是一组可复用、易检索的标准化信息的集合，该集合描述了一个产品的特性。通俗地讲，属性值、特性相同的商品就可以称为一个 SPU。

SKU 和 SPU 是电商中最基础的概念。以 iPhone7 Plus（SPU）为例，这个 SPU 的规格有多种（颜色包含金色、白色、黑色、玫瑰金、银色、亮黑、红色这六种；内存包含 32G、128G、256G 这三种），对应 18（即 6 乘以 3）种 SKU。比如"iPhone 7 Plus 白色 32G""iPhone 7 Plus 黑色 32G"这两个 SKU 都能具化到实物。仓库系统、采购系统、库存系统、订单中心等系统都是主要管理 SKU。

（二）产品优势性指标

产品优势性指标主要是独家产品的收入占比，即独家销售的产品收入占总销售收入的比例。

（三）品牌存量指标

品牌存量指标包括品牌数和在线品牌数。品牌数指商品的品牌总数量；在线品牌数则指在线商品的品牌总数量。

（四）上架指标

上架指标包括上架商品 SKU 数、上架商品 SPU 数、上架在线 SPU 数、上架商品数和上架在线商品数。

（五）首发指标

首发指标包括首次上架商品数和首次上架在线商品数。

六、营销活动指标

营销活动指标主要监控某次活动给电商网站带来的效果，以及监控广告的投放指标。

（一）市场营销活动指标

市场营销活动指标包括新增访问人数、新增注册人数、总访问次数、订单数量、下单转化率及投资回报率（Return On Investment，ROI）。其中，下单转化率是指活动期间所带来的下单的次数与访问该活动的次数之比；投资回报率是指，某一活动期间产生的交易金额与活动投放成本金额的比值。

（二）广告投放指标

广告投放指标包括新增访问人数、新增注册人数、总访问次数、订单数量、UV 订单转化率、广告投资回报率。其中，下单转化率是指某广告所带来的下单的次数与访问该活动的次数之比。广告投资回报率是指某广告产生的交易金额与广告投放成本金额的比值。

七、风险控制指标

风险控制指标主要是分析买家评论及投诉情况，发现问题，改正问题。

（一）买家评价指标

买家评价指标包括买家评价数、买家评价率、买家好评率及买家差评率。其中，买家评价率是指某段时间参与评价的买家与该时间段买家数量的比值，是反映用户对评价的参与度。电商网站目前都在积极引导用户评价，以作为其他买家购物时候的参考。买家好评率指某段时间内好评的买家数量与该时间段买家数量的比值。同样，买家差评率指某段时间内差评的买家数量与该时间段买家数量的比值。买家差评率是非常值得关注的指标，需要监控起来，发现买家差评率加速上升，一定要提高警惕，分析引起差评率上升的原因，及时改进。

（二）买家投诉类指标

买家投诉类指标包括发起投诉（或申诉）量、撤销投诉（或申诉）量、投诉率（买家投诉人数占买家数量的比例）等。投诉量和投诉率都需要及时监控，以发现问题，及时优化。

八、市场竞争指标

市场竞争指标主要分析市场份额及网站排名，便于企业进一步调整。

（一）市场份额相关指标

市场份额相关指标包括市场占有率、市场扩大率和用户份额。

市场占有率指电商网站交易额占同期所有同类型电商网站整体交易额的比重。

市场扩大率指购物网站占有率较上一个统计周期增长的百分比。

用户份额指购物网站独立访问用户数占同期所有购物网站合计独立访问用户数的比例。

（二）网站排名相关指标

网站排名相关指标包括交易额排名和流量排名。

交易额排名指电商网站交易额在所有同类电商网站中的排名。

流量排名指电商网站独立访客数量在所有同类电商网站中的排名。

上面介绍了电商数据分析的基础指标体系，涵盖了流量、销售转化率、客户价值、商品类目、营销活动、风险控制和市场竞争，这些指标都需要进行系统化的统计和监控，才能更好地发现电商运营健康度的问题，以及时改进和优化，提升电商收入。

任务

1. 名词解释

UV　PV　GMV　SKU　SPU　跳出率　客单价

2. 简答

（1）简述电商运营指标体系的构成。

（2）总体运营指标包括哪些内容？

（3）解释 PV、UV 的含义。若有 3 个人在一天时间内用 3 台电脑访问了网站 100 次，那么今天的 PV、UV 各是多少?

(4) 什么是跳出率?跳出率高说明什么问题?

(5) 简述 SPU 和 SKU 的含义及它们之间的关系。

3. 实践训练

创建个人公众号并观察后台数据,完成下列任务。

(1) 构建公众号运营核心指标体系并观察指标变化。

(2) 依据核心指标情况,分析存在的问题并给出解决对策。

项目三 电子商务数据分析模型

AARRR 模型应用

某企业有 A、B 两个引流渠道,引流情况如表 9-3 所示。

表 9-3 某企业 A、B 渠道引流情况

渠道	A	B
成本与效果	引入 100 000 个用户,单个用户成本 3 元	引入 50 000 个用户,单个用户成本 10 元

如果单从数据表面来看,渠道 A 量高价低,会更划算,但实际这种结论是有问题的。具体分析如下。

如图 9-2 所示,渠道 A 引入 100 000 个用户,单个用户成本 3 元;引入用户中激活的用户有 60 000 个;最终留存下来的用户有 6 000 个,单个用户留存成本 50 元;贡献收入的用户有 2 000 个,单个付费用户成本 150 元。

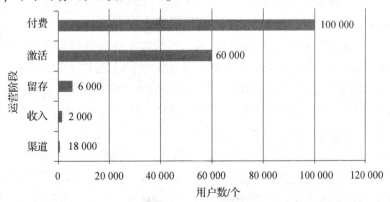

图 9-2 渠道 A 的单个留存客户成本

如图 9-3 所示,渠道 B 引入 50 000 个用户,单个用户成本 10 元;引入用户中激活的用户有 40 000 个;最终留存下来的用户有 20 000 个,单个用户留存成本 25 元;贡献收入的用户有 10 000 个,单个付费用户成本 50 元。

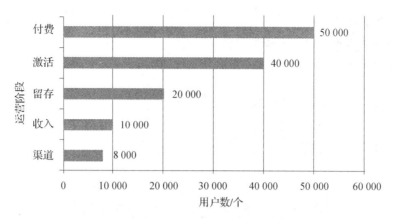

图9-3 渠道B的单个留存客户成本

可以看到虽然A渠道带来的用户量较多,但最终留下来的、对整个产品有贡献的用户的量是非常少的,A渠道有价值的用户成本非常高。很明显,B渠道引入的用户质量更高。

 案例分析

针对每一个流程,在实际操作时需要时刻具备数据思维,留意每一步的指标变化情况,提升每一步的转化率,从而降低用户获客成本,以及获取更好的用户质量。

相关知识

常用的电商数据分析模型主要有漏斗分析模型、AARRR分析模型和RFM模型。

一、漏斗分析模型

漏斗模型的概念最早由美国知名广告人St. Elmo Lewis在1898年提出,叫作消费者购买漏斗(Purchase Funnel),也叫消费者漏斗(Customer Funnel)、营销漏斗(Sales/Marketing Funnel),是一种品牌广告的营销策略,准确地概括出了顾客关于产品或者服务的流程。漏斗模型指的是多个自定义事件序列按照指定顺序依次触发的流程中的量化转化模型。通俗地说,就是从起点到终点有多个环节,每个环节都会产生用户流失,就像漏斗一样。漏斗模型是一种数据分析方式,其核心思想其实可以归为分解和量化。

漏斗分析模型

漏斗分析模型适用于业务流程比较规范、周期长、环节多的流程分析。通过漏斗各环节业务数据的比较,能够直观地发现和说明问题。在网站分析中,漏斗分析通常用于转化率比较,不仅能展示客户从进入网站到实现购买的最终转化率,还可以展示每个步骤的转化率。漏斗分析模型不仅能够提供客户在业务中的转化率和流失率,还揭示了各种业务在网站中受欢迎的程度。虽然单一漏斗图无法评价网站某个关键流程中各步骤转化率的高低,但是通过前后对比或不同业务、不同客户群的漏斗图对比,能够发现网站中存在的问题,并寻找到最佳的优化空间,这个方法被普遍用于产品各个关键流程的分析。

比如,分析从顾客进入网站到最终购买商品的过程中客户数量的变化趋势,可以将整个

主流程拆分为几个步骤，分别是浏览商品→加入购物车→生成订单→支付订单→支付完成。漏斗分析模型如图9-4所示。

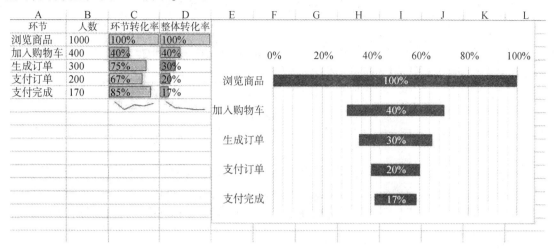

图9-4　漏斗分析模型

根据各个环节的人数计算出的各环节转化率与整体的转化率，以及绘制的整体的漏斗模型，可以看到在各步骤中，从浏览商品到加入购物车环节的转化率最低，仅为40%，其次为生成订单到支付订单环节，转化率仅为67%。接下来就是分析为什么这两个环节的转化率是最低的。

以加入购物车环节为例，这里可能需要结合其他的数据指标来进行综合分析，比如页面停留时长、页面跳出率、上级流量来源、历史数据、同行业平均数据等，从而确定是商品本身存在问题，不具有吸引力，还是添加至购物车的操作步骤存在问题，还是商品详情页与列表页出入过大导致跳出率很高，或者是推荐给了错误的用户群体等。

通过层层的问题分析，最终找到可能的问题，然后给出对应的解决方案。解决问题之后查看对应的数据指标，最终根据数据的反馈来证实或者证伪猜想，从而进行下一轮的调试，直到达成目标。

比如第一个，进入网站到浏览商品，如果同行业的转化率是45%，而本网店只有40%，则说明这个过程没有达到行业平均水平，需要分析具体原因在哪里，再有针对性地去优化和改善。

当然，这是一种理想化的漏斗模型，数据有可能是经过汇总后得出的，真实的客户行为往往并不是按照这个简单流程来的。此时需要分析客户为什么要经过那么复杂的路径来达到最终目的，思考这中间是否有优化的空间。

二、AARRR 模型

AARRR 模型是所有的产品经理都必须掌握的一个数据分析模型。AARRR 是硅谷的风险投资人戴维·麦克鲁尔（Dave McClure）在 2008 年创建的。AARRR 分别代表了产品生命周期中的五个阶段，如图9-5 所示。

AARRR 模型

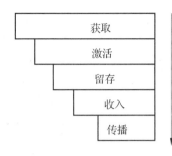

获取（Acquisition）：用户如何发现（并来到）你的产品？
激活（Activation）：用户的第一次使用体验如何？
留存（Retention）：用户是否还会回到产品（重复使用）？
收入（Revenue）：产品怎样（通过用户）赚钱？
传播（Refer）：用户是否愿意告诉其他用户？

图 9-5 AARRR 模型

（一）获取（Acquisition）

获取阶段也就是推广阶段，需要关注的主要是各渠道的流量、质量、获客成本等因素。

获客渠道主要有：内容营销，包括发表文章、讲座、课程、微博、微信朋友圈等；社交平台广告，包括微信公众号、脉脉等；应用商店，包括应用宝、APP 商店；其他网站的引流。

（二）激活（Activation）

衡量产品的活跃度主要有 DAU（Daily Active User，日活跃用户）和 MAU（Monthly Active User，月活跃用户）等指标，根据不同产品特性选择不同的指标即可。

提升用户的活跃度可以使用：消息推送（如今日头条等常用手段，消息推送需把握好频率、内容）、产品功能完善、用户消费补贴（前期的"滴滴"等使用补贴促进用户活跃）、页面改版等（可以使用 A/B 测试，A/B 测试常用于页面改版、减少网页障碍、确定新功能等小范围的测试）。

（三）留存（Retention）

这个阶段主要关注的指标有次日留存率、七日留存率，对于部分工具类的 APP 或许要到月留存率。指标可以与历史指标或者同行业指标进行对比。对于用户的留存可以从用户流失原因入手，比如：优化产品功能；新用户引导快速上手（对于部分次日留存率较低的）；社交捆绑，增加社交功能，提高留存率；流失唤醒机制（对于部分已流失用户）。

（四）收入（Revenue）

收入的来源有很多种，主要包括应用付费、应用内功能付费、广告收入、流量变现等，主要考核的指标有客单价。

收入阶段关注支付环节的顺畅，包括支付体验顺畅和哪个页面流失最高。

（五）传播（Refer）

自传播也叫作口碑传播或者病毒式传播。

其中有一个重要的指标 K 因子（每个用户传播给他的朋友数量×接受邀请的人转化为新用户的概率），若大于 1，说明会像滚雪球一样增长。

三、RFM 模型

（一）RFM 模型概述

RFM 模型是衡量当前客户价值和客户潜在创利能力的重要工具和手段，在众多的客户关系管理的分析模式中，RFM 模型被广泛应用。RFM 是三个

RFM 模型

指标的缩写：最近一次消费（Recency），消费频率（Frequency），消费金额（Monetary）。通过这三项指标来描述该客户的价值状况。

R（Recency）指最近一次消费时间，表示用户最近一次消费距离现在的时间。消费时间越近的客户，价值越大。1年前消费过的用户肯定没有1周前消费过的用户价值大。

F（Frequency）指消费频率，是指用户在统计周期内购买商品的次数。经常购买的用户也就是熟客，价值肯定比偶尔来一次的客户价值大。

M（Monetary）指消费金额，是指用户在统计周期内消费的总金额，体现了消费者为企业创利的多少，自然是消费越多的用户价值越大。

（二）RFM 模型分析应用

RFM 分析的典型应用是为客户分组，即将三个指标分别分为高和低两种，高于均值的为高，低于均值的为低。把这三个指标按价值从低到高排序，并把这三个指标作为 X、Y、Z 坐标轴，就可以把空间分为八部分，把客户分为如图 9-6 所示的八类。

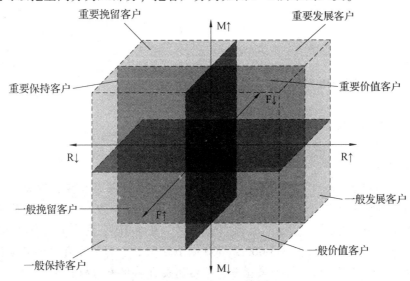

图 9-6　RFM 模型

该客户分类可以用表格的形式更直观地表示，如表 9-4 所示。

表 9-4　基于 RFM 的客户分类

用户分类	最近一次消费时间（R）	消费频率（F）	消费金额（M）
1. 重要价值客户	高	高	高
2. 重要发展客户	高	低	高
3. 重要保持客户	低	高	高
4. 重要挽留客户	低	低	高
5. 一般价值客户	高	高	低
6. 一般发展客户	高	低	低
7. 一般保持客户	低	高	低
8. 一般挽留客户	低	低	低

RFM模型的最终目的是区别出有价值的用户,在此基础上细分用户类型,做到精准运营,实现效率最大化。如何针对每类用户制订运营策略,公司业务不同,方法也不一样。这里举例说明前四类用户。

重要价值客户:最近消费时间近,消费频次和消费金额都很高,属于高质量客户,要提供VIP服务。

重点发展客户:最近消费时间较近、消费金额高,但频次不高,属于忠诚度不高的客户,很有潜力,可以重点发展。

重点保持客户:最近消费时间较远,但消费频次和金额都较高,说明这是一个有一段时间没来的忠实客户,需要主动和他保持联系,提高复购率。

重点挽留客户:最近消费时间较远、消费频次不高,但消费金额高的用户,可能是将要流失或者已经流失的客户,要主动联系,调查清楚哪里出了问题,并想办法挽留。

通过RFM分析方法来分析客户,对客户进行精细化运营,不断将客户转化为重要价值客户。

任 务

1. 名词解释

漏斗模型　　AARRR　　RFM

2. 简答

(1) 简述AARRR模型的含义。

(2) 简述RFM模型的含义。

3. 实践训练

Glen的公众号有5 000个"粉丝",Glen写了一篇中等水平的文章,群发之后不进行任何推广,一般一天之内会获得500次左右的阅读量,有100个左右的朋友有更多的学习渴望,他们会收藏Glen的文章,便于以后学习、记忆,更有10个左右的朋友给Glen赞赏一些零花钱。如果以营利为目的,从5 000到500到100到10,每一个环节都有损耗,最后的用户付费转化率为0.2%。试用漏斗模型分析并给出提升转化率的相应对策。

推荐资源

1. 百度统计
2. "友盟+"网站
3. 阿里指数
4. 数据分析网

发展篇

专题 十　移动电子商务

专题十一　跨境电子商务

专题十二　社交电子商务

专题十

移动电子商务

学习目标

1. 掌握移动电子商务的概念和特征。
2. 了解移动电子商务的应用类型和发展趋势。
3. 了解移动电子商务的基础技术。
4. 掌握移动营销的概念、前提、思维、策略和渠道。

专题描述

随着5G网络、智能设备的不断普及，移动电子商务的发展势不可挡。移动电子商务领域现已涉及通过移动设备随时随地获得的一切服务，包含通信、娱乐、商业广告、旅游、紧急救助、农业、金融、学习和商业运营等，成为商业领域基础性的商业模式。本专题以移动电子商务为研究对象，对移动电子商务的概念、特征、应用类型、基础技术，以及移动营销等进行详细的阐述，并结合案例，对发展实况进行深度理解。

项目一 移动电子商务概述

项目案例

天猫"双十一"移动端成交占比远远超过 PC 端

2009 年，淘宝商城决定策划一个属于网购用户自己的购物节，以错开"十一"黄金周和圣诞节，以便在 11 月这个传统商业的销售淡季打开局面。当年 11 月 11 日，淘宝商城联合 27 家店铺，第一次以"光棍节"的名义，做了一个"五折促销"活动，成交额约 5 000 万元。2019 年，天猫"双十一"当天交易额达到 2 684 亿元。如今，11 月 11 日已经成为一个全球的购物节。

在这十年的发展过程中，移动端成交比例逐年提高，远远超过 PC 端。2014 年，天猫"双十一"购物狂欢节实现交易额 571 亿元。其中，移动端交易额达到 243 亿元，为 2013 年

"双十一"移动端交易额的4.5倍,占到总交易额的42.6%,刷新了全球移动电子商务单日成交记录。天猫"双十一"移动端的交易额超过40%,是一个历史性的时刻,也是阿里巴巴"云+端"战略一个最好的印证,移动电子商务时代的深刻变化已经来临。2015年,天猫"双十一"全天交易额突破912.17亿元,其中移动端交易额626亿元,占比68%。2016年,天猫"双十一"全球狂欢节总交易额超1 207亿元,移动端交易额占比81.87%,覆盖235个国家和地区。2018年,天猫"双十一"总交易额达到2 135亿元,移动端交易额占比超过95%。阿里巴巴构建的移动电子商务生态系统开始全面发展。

案例分析

从以上案例可以看出,消费者越来越习惯于用移动设备进行购物,他们的移动购物习惯已经养成。移动互联网塑造了全新的社会生活形态,改变着人们的日常生活及企业的经营方式,移动互联网时代全面到来。相对于传统互联网时代,移动互联网时代的企业竞争环境发生了更大的改变,如移动互联网思维开始广泛渗透到企业的商业模式、营销渠道、供应链、物流等环节,消费者行为向个性化发展,与企业之间的互动性变强,移动端购物习惯形成等,这些改变使传统企业必须进行转型升级。

相关知识

我国电子商务产业发展水平持续提高,中国互联网络信息中心发布的第46次《中国互联网络发展状况统计报告》(简称《报告》)显示,我国电子商务应用领域逐渐深化,配套支撑技术不断完善,电子商务总体发展水平走在世界前列。

《报告》同时显示,截至2020年6月,我国网民规模达9.40亿人,较2020年3月增长3 625万人,互联网普及率达67%;手机网民规模达9.32亿人,较2020年3月增长3 546万;网民中使用手机上网的比例达99.2%。良好的市场基础支撑着我国移动电子商务持续高速发展。我国手机网络购物用户规模达7.49亿人,使用比例(占手机网民比例)达85.7%。可见,移动电子商务用户规模已经超过传统互联网规模,移动互联网孕育着巨大商机。

一、移动电子商务的概念

移动电子商务的概念有广义和狭义之分。

(一)广义的移动电子商务

广义的移动电子商务是指通过移动设备随时随地获得的一切服务,涉及通信、娱乐、商业广告、旅游、紧急救助、农业、金融、学习和商业运营等,可看作对应于电子商务(Electronic Business)的移动商务(Mobile Business)。

移动电子商务的概念

(二)狭义的移动电子商务

狭义的移动电子商务是指通过移动终端(如手机、平板电脑和PDA等)进行商品或服务交易的商务类活动,只涉及货币类交易的商务模式,可看作对应于Electronic Commerce的Mobile Commerce。

(三)移动电子商务与电子商务的区别

由于移动通信网络和移动终端的特性,移动电子商务与电子商务不仅仅有"无线"与"有线"的区别,在以下方面也有较大的区别。

1. 服务个性化区别

移动电子商务的通信速度受无线电频谱的限制,带宽有限。但无线通信具有地理定位功能,移动电子商务可以充分利用基于位置的个性化服务;而电子商务强调的则是无差别的服务。

2. 终端设备区别

电子商务使用个人计算机,显示器屏幕大、内存大、处理器快、采用标准键盘,不用考虑电池问题。移动通信设备则相反,屏幕小、内存小、处理器慢、输入不便,电池一次不能用太久。因此,移动电子商务的信息比较简洁,不宜处理复杂应用。

3. 用户群区别

移动电子商务的潜在用户群远大于电子商务,但这个群体分布不均且文化差异大,在移动商务开发中必须更多地处理这种差异。

4. 移动性区别

与电子商务相比,移动电子商务因终端设备的移动性而产生更多的商业机会,更能实现个性化服务。但在需要大量数据处理的场合,移动性又给商务活动的进行带来许多不便。

5. 商业模式区别

电子商务更强调低成本和无限的网络空间,消除信息不对称性,提供无限的免费信息服务。而移动电子商务更多的是针对差异性,提供差异化的个性服务来盈利,如位置变成产生价值的来源。另外,移动电子商务的商业活动必然要考虑带宽,会有成本,这方面的障碍将随着5G通信技术的成熟逐步被弱化。

当然,移动电子商务与有线电子商务相比有许多优点,主要为:使商务活动的信息互动更高效、更及时;使商务活动的规模更大、机会更多,打破只有坐在计算机前才能开展商务活动的限制,随时随地都可凭借智能手机来进行;更大的规模和更多的机会,让企业与用户双方均可得利;通信终端的私有性帮助交易双方确认对方身份,使移动商务供应商能精准地与最有希望达成交易的用户交互,提高了交易的成功率等。

二、移动电子商务的特征

(一)移动接入

移动接入是移动电子商务的一个重要特性,也是基础。移动接入是移动用户使用移动终端设备通过移动网络访问互联网上的信息和服务的基本手段。移动网络的覆盖面是广域的,用户随时随地可以方便地进行电子商务交易。

(二)身份鉴别

SIM卡的卡号是全球唯一的,每一个SIM卡对应一个用户,这使SIM卡成为移动用户天然的身份识别工具。利用可编程的SIM卡,还可以存储用户的银行账号,CA证书等用于标识用户身份的有效凭证。SIM 卡还可以用来实现数字签名、加密算法、公钥认证等电子商务领域必备的安全手段。有了这些手段和算法,就可以开展比 Internet 领域更广阔的电子商务应用。

(三)移动支付

移动支付是移动电子商务的一个重要目标,用户可以随时随地完成必要的电子支付业务。移动支付的分类方式有多种,按照支付的数额可以分为微支付、小额支付、宏支付等,按照交易对象所处的位置可以分为远程支付、面对面支付、家庭支付等,按照支付发生的时间可以分为预支付、在线即时支付、离线信用支付等。

(四)信息安全

移动电子商务与互联网电子商务一样,需要具有四个基本特征:数据保密性、数据完整性、不可否认性及交易方的认证与授权。移动电子商务的信息安全所涉及的新技术包括:无线传输层安全(Wireless Transport Layer Security,WTLS)、基于 WTLS 的端到端安全、基于 SAT(System Acceptance Tests,系统验收试验)的 3DES 短信息加密安全、基于 Sign Text 的脚本数字签名安全、无线公钥基础设施(Wireless Public Key Infrastructure,WPKI)、KJava 安全、Blue Tooth/红外传输信息传输安全等。

三、移动电子商务的应用类型

移动电子商务形式多样,除从传统电子商务中扩展而来的一些服务外,还有许多新的形式被逐渐开发出来。目前,主要的移动电子商务应用可分为六种类型,如图 10-1 所示。

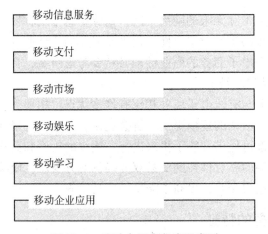

图 10-1 移动电子商务应用类型

(资料来源:王忠元. 移动电子商务 [M]. 北京:机械工业出版社,2015.)

(一)移动信息服务

移动信息服务包括移动短信、彩信和移动即时通信等形式,如微信、手机微博、短信通知、短信广告及手机报等,也包括移动信息搜索服务。

(二)移动支付

移动支付也称为手机支付,即允许用户使用其移动终端(通常是手机)对所消费的商品或服务进行账务支付的一种服务方式。整个移动支付价值链包括移动运营商、支付服务商

（如银行和银联等）、应用提供商（公交、校园和公共事业等）、设备提供商（终端厂商、卡供应商和芯片提供商等）、系统集成商、商家和终端用户。目前，消费者主要利用手机实现小额支付，或移动条件下的支付。实现形式包括基于第三方平台移动支付、手机银行、手机储值卡或预付话费、代交费等。

（三）移动市场

移动市场为卖家提供在移动网络中开商店、出售商品与服务的机会，如移动京东商城、移动商街、微信商城和手机淘宝等。81%的智能手机用户表示，因为有了移动设备，他们在"持续不断地购物"。使用智能手机的用户中，有77%的人表示，他们会定期在家使用移动设备购物，而不选择有更大屏幕且更全面的计算机。

（四）移动娱乐

移动娱乐就是传统娱乐方式在手机、平板电脑及PDA等移动通信终端上的应用。随着5G时代的来临，宽带传输、手持终端和移动视频等新技术产生的能量会进一步扩展，娱乐创新的表现形式越来越丰富多彩。移动娱乐业务以移动游戏为代表，也包括移动视频、移动在线音乐和无线宠物生活等。

（五）移动学习

移动学习是一种在移动设备帮助下的，能够在任何时间、任何地点发生的学习。移动学习所使用的移动计算设备必须能有效地呈现学习内容，并且提供教师与学习者之间的双向交流。采用微博、短信、微信和微课等形式开展碎片化学习，实现慕课、翻转课堂和移动学习等移动互联网时代的学习创新。

（六）移动企业应用

移动企业应用包括面向企事业单位的移动客户服务、移动办公、移动物流和移动后勤管理等。特别是移动客户关系管理、移动ERP（Enterprise Resource Planning，企业资源计划）和移动供应链管理等，对移动电子商务企业具有极其重要的意义。

四、移动电子商务的发展趋势

现在，移动互联网已进入最好的时代，移动电子商务正在高速发展。对于开展移动电子商务的企业来说，把握住移动互联网的发展趋势，才能更好地把握移动互联网的发展规律，以更好地适应移动互联网的发展要求，企业才能走得更好、走得更远。纵观近年来移动互联网的发展，移动电子商务未来发展呈现以下四大趋势。

（一）移动互联网商业价值进一步凸显，产业规模将再创新高

近年来，移动互联网用户规模迅速上升，超越固定互联网用户，移动互联网增长势头强劲，成为当前全球信息产业竞争的焦点。传统的互联网巨头都在谋划移动互联网领域的布局，创业公司也将更多的目光投向移动互联网，移动互联网的快速发展带来了无限的想象空间。

（二）移动互联网应用蓬勃发展，"SoLoMoEc"趋势明显

近年来，随着智能终端的普及和服务模式的创新，我国移动互联网市场迅速成长，不仅

体现在用户规模持续地快速增长，也体现在移动互联网产品和应用服务的层出不穷及数量持续增长，成为互联网产业发展中的最大亮点。随着移动互联网产业持续、稳定、快速的发展，移动互联网应用也日渐丰富多彩。近几年来，除了传统的娱乐、游戏等手机应用外，移动社交网络、多媒体视频应用、基于位置的个性化搜索和信息服务应用，以及移动电子商务应用正在迅速增长，尤其是移动互联网与云计算、二维码技术及增强现实（AR）技术的融合，以"社交（Social）+位置（Local）+移动（Mobile）+电子商务（Ecommerce）"为特征的"SoLoMoEc"趋势更为明显，大量创新应用不断涌现。

（三）传统互联网企业加快移动互联网布局，移动互联网市场竞争更为激烈

移动互联网这个巨大的市场，不仅吸引电信运营商，还使设备制造商、终端厂商内容提供商、互联网公司及创业者纷纷进入这一新的"蓝海"。在这个充满机遇的移动互联网领域，不管是传统互联网巨头，还是准备有所作为的创业者，都在寻找适合自己的发力点。如今，移动互联网是众多企业正在角逐的战场，今后，移动互联网市场的竞争将更为激烈，移动互联网市场将面临重新洗牌的局面，唯有那些持续创新、注重客户体验、打造生态系统、快速灵活的公司，才能在激烈的市场竞争中站稳脚跟。

（四）移动互联网与云计算融合，开创移动云服务新时代

云计算是由全球最大的搜索引擎服务提供商谷歌在2007年率先提出的。云计算是将大量用网络连接的计算资源进行统一管理和调度，构成一个计算资源池向用户按需提供服务，各式各样的服务可以通过网络来完成，无须在本地计算机或移动终端上进行计算与存储。如今，移动互联网和云计算的无缝结合，创造出巨大的威力，移动云计算说到底就是"云+端"的模式。未来几年，移动云计算的快速发展，将为用户提供更大的存储空间、更强的计算能力和更低的成本。通过为客户搭建移动互联网基础应用平台，以及免费开放API（Application Programming Interface，应用程序编程接口）能力，为更多的客户提供服务，同时还带来了商业模式的"长尾"效应，改变了软件应用的商业模式，从而构建面向移动互联网的生态体系，为移动互联网持续、健康的发展创造新的活力。

任务

1. 名词解释

广义移动电子商务　狭义移动电子商务

2. 简答

（1）移动电子商务与电子商务有哪些区别？

（2）移动电子商务的特征有哪些？

（3）移动电子商务的应用类型有哪些？

（4）移动电子商务具有哪些发展趋势？

3. 实践训练

（1）登录网经社和艾瑞网网站了解移动电子商务发展动态及相关案例。

（2）关注阿里研究院、腾讯研究院、苏宁技术研究院公众号，获得行业最新研究进展。

项目二　移动电子商务基础技术

项目案例

5G 如何改变我们的生活

从 2G、3G 到 4G 时代，最大的变化就是智能手机的出现和普及。说到 5G，很多人的第一反应就是"更快的 4G""超快的网速"，看视频、玩游戏没有卡顿，可这些变化对于大多数人来说，日常生活并没有特别改变，对行业好像也没有什么颠覆性的应用变革。

实际上，5G 与 4G 最大的区别在于已经突破了面向个人的移动互联网范畴，广泛进入产业和行业领域中。也就是说，除了比 4G 更快，5G 的很多技术特性是为行业应用设计的，5G 的建设推广很有可能会在未来改变大部分行业。而 3G、4G 是为人设计的，没有考虑物体，也没有考虑行业。根据中国信通院《5G 经济社会影响白皮书》预测，到 2030 年，5G 带动的直接产出和间接产出将分别超过 6 万亿元和 10 万亿元，带来的经济效益非常可观。

从广义上来看，5G 在行业应用方面主要有四大趋势，包括视觉锐化、云端一体、体验极致和现场增强，如图 10-2 所示。

5G 的建设、发展及对业务的影响是一个长期过程。工信部要求 2020 年三大运营商全年的基站建设计划（约 80 万个）提前一个季度完成，5G 全国建设进程全面提速。

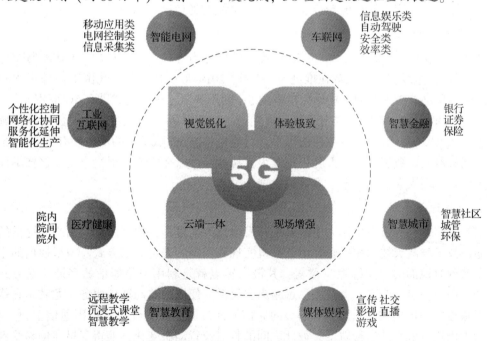

图 10-2　5G 的四大应用趋势

（图片来源：《阿里巴巴新基建洞察之 5G 智能经济应用场景研究报告》）

案例分析

5G 是备受瞩目的下一代移动通信网络，全球围绕 5G 的测试、布局、建设与应用不断升温，与之相关的行业落地也在积极尝试。尽管5G在速度上有飞跃式的提升，在容量、时延、安全和用户体验方面都是上一代无线通信技术无法比拟的，但行业规模落地和商业闭环过程相对缓慢，5G背负了太多的使命和期待。

相关知识

移动电子商务的发展依赖于移动计算技术的支持，如移动通信技术、移动安全技术、移动终端设备及相关的软、硬件环境等。

一、移动电子商务的网络基础

移动电子商务得以实现的技术支撑之一是网络，支撑移动电子商务实现的网络是一个有线、无线相混合的复杂网络架构。移动电子商务则是移动用户借助便携式移动终端设备，在移动接入设备的支撑下与有线、无线网络中的信息、资源进行交互，进而实现各种商务活动。

（一）移动通信技术

移动通信是指通信双方至少有一方在移动中（或者临时停留在某一非预定的位置上）进行信息传输与交换，这包括移动体（车辆、船舶、飞机或行人）和移动体之间的通信，移动体和固定点（固定无线电台或有线用户）之间的通信。

1. 移动通信系统

现代移动通信技术始于20世纪70年代，并划分为五代（1～5G）（详见本书专题三项目三）。目前，全球多个国家都在推进5G商用。2019年6月6日，我国工信部正式向中国电信、中国移动、中国联通、中国广电发放5G商用牌照，中国正式进入5G商用元年。

5G时代的到来，不仅仅改变了移动通信产业、物联网、人工智能、大数据等领域，而且未来制造、零售、医疗、行政执法等垂直行业也将被5G赋予新的活力。有了5G，自动驾驶、智能机器人、数字孪生、人脸识别等很多技术都可以在物流上很快应用，这样不仅大大增加了效率，还大大促进了电子商务的发展和进步。

2. 卫星通信系统

卫星通信是一种以卫星作为中继站来转发电磁波信号，实现多个地面站之间通信的一种现代通信技术与航天技术相融合并由计算机实现其控制的先进通信方式。卫星通信的主要目的就是实现对地面的"无缝隙"覆盖，其最大转点就是利用卫星通信的多址传送方式，可以为全球用户提供大跨度、大范围、远距离、灵活、便捷的移动通信服务，尤其是在蜂窝通信难以覆盖的偏远地区、山区、海岛等的通信方面具有独特的优势，但因通信卫星、地球、月亮、太阳均有各自的运行轨道，彼此之间的相对位置动态变化，使得卫星通信易受到天象的影响，如"地星食""日凌"等。

3. 无线局域网（WLAN）

发展GPRS（General Packet Radio Service，通用无线分组业务）与3G等移动通信网络的目标，就是要将电信网络与互联网互相结合，计算机网络与无线通信技术相结合的产物WLAN技术应运而生。

无线局域网（WLAN）是利用无线技术实现快速接入互联网的技术。它采用射频（Radio Frequency，RF）技术，使用无线电波取代常规 LAN 中使用的双绞线、同轴线路或光纤作为媒介，传送和接收数据，实现文件传输、外设共享、Web 浏览、电子邮件收发和数据库访问等传统网络通信功能。WLAN 是有线联网方式的重要补充和延伸，并逐渐成为计算机网络中一个至关重要的组成部分，广泛适用于需要可移动数据处理或无法进行物理传输介质布线的领域。

4. 蓝牙技术

蓝牙技术起源于 1993 年 5 月，是一种短距离的无线通信技术，一般支持 10 米之内的设备间的通信。利用蓝牙技术，能够有效地实现各种移动、便携式移动终端设备之间的通信，如简化掌上电脑、笔记本电脑、移动电话、手机等移动通信终端设备之间，不必借助电缆就能联网通信，并且能够以无线方式访问互联网上的信息，从而使这些现代通信设备与互联网之间的数据传输变得更加迅速高效，为无线通信拓宽道路。

（二）移动通信协议

1. 无线应用协议（WAP）

无线应用协议（Wireless Application Protocol，WAP）是在数字移动电话、互联网、PDA 乃至未来的信息家电之间进行通信的全球性开放标准，是开展移动电子商务的核心技术之一。通过 WAP，手机等移动设备在移动中可以随时随地、方便快捷地接入互联网，真正实现不受时间和地域约束的移动电子商务。

2. 移动 IP

移动 IP 是移动通信和 IP 技术的深层融合，它通过在网络层改 IP 协议，实现移动计算机在互联网中的无缝漫游。移动 IP 技术使得移动主机结点（也称移动主机）在从一条链路切换到另一条链路上时无须改变自身 IP 地址，也不必中断正进行的通信。移动 IP 技术中涉及了移动代理（Mobility Agent）、移动 IP 地址（Mobility IP Address）、位置登记（Registration）、代理发现（Agent Discovery）、隧道技术（Tunneling）等基本概念。

3. IEEE 802.11

IEEE 802.11 是由 IEEE（Institute of Electrical and Electronics Engineers，电气与电子工程师协会）定义的无线局域网通信标准。作为全球公认的局域网权威，802.11 协议主要工作在 ISO 协议的最低两层上。即物理层和数字链路层。任何局域网的应用程序、网络操作系统或者 TCP/IP、Novell NetWare 都能够在 802.11 协议上兼容运行。

4. WiFi 协议

WiFi 是一种可以将个人计算机、手持设备（如 PDA、手机）等终端以无线方式互相连接的技术。WiFi 是一个无线网络通信技术的品牌，由 WiFi 联盟（Wi-Fi Alliance）持有，目的是改善基于 IEEE 802.11 标准的无线网络产品之间的互通性，帮助用户访问电子邮件、Web 和流式媒体。

5. 蓝牙协议

蓝牙协议负责蓝牙设备间相互确认对方的位置，以及建立和管理蓝牙设备间的物理和逻辑链路，分为低层传输协议和高层传输协议两个部分。协议栈是蓝牙协议的核心组成部分，规定了数据经过无线传输时，所有协议之间的相互关系。

6. WiMAX 协议

WiMAX 是对 IEEE 802.16 协议的通俗称呼，其全名为 Worldwide Interoperability for Microwave Access（微波接入全球互通），是针对微波和毫米波频段提出的一种新的空中接口标准，通常被认为是最后一英里（1 英里＝1 609.344 米）的无线宽带接入技术。WiMAX 是一项新兴的无线通信技术，能提供面向互联网的高速连接。

（三）有线/无线通信环境

移动通信的无线传输环境与互联网的有线传输环境存在相当大的差异。无线电波容易因为周边地形与环境的影响，受到许多的多重路径、路径衰减和屏蔽效应等干扰，造成无线电波的信号质量降低。

有线的互联网与无线的移动通信网络有截然不同的传输环境。目前，互联网上普遍流行的各种应用，如 WWW 浏览器、FTP 文件传输等，都是在有线的传输环境发展形成的，这些应用进程并不完全适用于无线网络。

二、移动电子商务平台的软硬件支撑环境

（一）硬件环境

1. 移动终端设备

移动设备，顾名思义，是以移动性为主要特点的设备。移动设备也是与传统的固定设备相对的概念。广义的移动设备覆盖的范围比较广，从笔记本电脑到 PDA，从移动电话到寻呼机，从数码相机到 MP3 随身听，甚至游戏机和遥控器，都可以称为移动设备。

本教材讨论的移动设备是指以应用为中心，以计算机技术为基础，具有完整的软、硬件体系结构，可扩展多种应用的移动计算设备。移动计算设备也是一种嵌入式手持设备，是嵌入式系统的典型应用之一。移动设备具有嵌入式系统的相关特点。

2. 无线路由器

无线路由器提供无线工作站对有线局域网和从有线局域网对无线工作站的访问，在访问接入点覆盖范围内的无线工作站可以通过它进行相互通信。它主要应用于用户上网和无线覆盖，支持 DHCP（Dynamic Host Configuration Protocol，分配路由地址）客户端、VPN、防火墙、WEP（Wired Equivalent Privacy，有线等效保密）加密技术等，具有网络地址转换（Network Address Translation，NAT）功能，可支持局域网用户的网络连接共享。它还具有其他一些网络管理的功能，如 DHCP 服务、NAT 防火墙、MAC（Media Access Control，媒体访问控制）地址过滤等。此外，无线路由器一般还具备相对更完善的安全防护功能。

无线路由器以前支持的标准是 IEEE 802.11，并向下兼容 IEEE 802.11a；IEEE 于 1999 年正式批准了最新的 WiFi 无线标准 IEEE 802.11n。理论上讲，IEEE 802.11n 可以达到 300Mbps 的传输速率，是 IEEE 802.11g 标准的 6 倍、IEEE 802.11b 标准的 30 倍。

（二）软件环境

1. 移动嵌入式操作系统

嵌入式操作系统是一种支持嵌入式系统应用的操作系统软件，它是嵌入式系统（包括

软、硬件系统）极为重要的组成部分，通常包括与硬件相关的底层驱动软件、系统内核、设备驱动接口、通信协议、图形界面、标准化浏览器等。嵌入式操作系统具有通用操作系统的基本特点，如能够有效管理越来越复杂的系统资源；能够把硬件虚拟化，使开发人员从繁忙的驱动程序移植和维护中解脱出来；能够提供库函数、驱动程序、工具集及应用程序。与通用操作系统相比，嵌入式操作系统在系统实时高效性、硬件的相关依赖性、软件固态化及应用的专用性等方面具有较为突出的特点。

对一个嵌入式实时操作系统可以从任务调度、任务切换时间、中断响应时间、内存管理、任务间通信、内存开销等方面来评价。

2. 移动计算中的中间件

移动中间件提供了许多超出传统中间件之外的功能，可以解决大部分问题。移动中间件可以让开发者简单方便地把已有的应用扩展到移动设备上，将各种无线网络和电子商务服务联系在一起，屏蔽了底层网络的复杂性，为移动应用的开发提供了一个良好的支撑环境，使应用程序获得良好的响应时间和性能。

三、移动电子商务平台的架构技术

（一）Web 服务器及开发技术

1. Apache HTTP 服务器

Apache HTTP 服务器（简称 Apache）是最流行的 HTTP 服务器软件之一，意思是"充满补丁的服务器"。Apache 是一个公开源代码的服务器程序，正是由于这一点，很多人可以不断为它开发新的功能、新的特性、修改原来的缺陷，使其成为最受欢迎的服务器软件之一。它的突出优点是完全免费、源代码完全开放、配置简单、占用机器资源少、性能稳定、安全性高等。

2. Tomcat 服务器

Tomcat 是一个免费、开源的 Servlet 容器和 Web 服务器，是 Apache 基金会的 Jakarta 项目中的一个核心项目，由 Apache、Sun 和其他一些公司及个人共同开发而成。由于有了 Sun 的参与和支持，新的 Servlet 和 JSP 规范能在 Tomcat 中得到体现。

Tomcat 服务器不但支持运行 Servlet 和 JSP，还具备作为商业 Java Web 应用容器的特性，如 Tomeat 管理和控制平台、安全域管理等。

3. JSP

JSP（Java Server Pages）是由 Sun Microsystems 公司倡导、许多公司参与建立的一种动态网页技术标准。JSP 技术使用 Java 编程语言编写类 XML 的 tags 和 scriptlets 来封装产生动态网页的处理逻辑，网页还能通过 tags 和 scriptlets 访问存在服务端资源的应用逻辑。JSP 将网页逻辑与网页设计和显示分离，支持可重用的基于组件的设计，使基于 Web 的应用程序的开发变得迅速和容易。

4. XML 语言

在 XML（Extensible Markup Language，可扩展标记语言）出现之前，一般都是通过 HTML 语言来显示数据。但是随着 Web 的发展，静态的 HTML 已经不能满足需要，这样就出现了 DHTML（Dynamic HTML）。但是 HTML、CSS 和 DHTML 都是着重于对内容表现的处理，而缺少对内容本身的管理，这样就出现了 XML。

XML 是一种基于文本的标记语言。通过为结构化数据添加标记，XML 为开发人员提供了构造下一代丰富、灵活的 Web 应用程序的技术。

（二）Java ME 技术

随着 Java 技术的不断发展，Java 自身根据市场进行了版本的细分。Java 2 分为针对企业级应用的 Java EE（Java 2 Enterprise Edition）、针对普通 PC 应用的 Java SE（Java 2 Standard Edition）和针对嵌入式设备及消费类电子产品的 Java ME（Java 2 Micro Edition）三个版本。Java ME 推出之后，全球各大计算机和消费类电子产品生产商积极响应，如摩托罗拉、爱立信、朗讯等公司都推出了自己的支持 Javn ME 技术的手机和其他电子产品。

（三）移动应用开发工具

1. 高级开发工具

（1）WTK。

Sun Java Wireless Toolkit（WTK）是 Sun 的无线开发工具包，其设计目的是帮助开发人员简化 Java ME 的开发过程。该工具包含了完整的生成工具、实用程序及设备仿真器，使用这些工具可以开发与 Java Technology for the Wireless Industry（JTWI，JSR185）规范设备上运行的 Java ME 应用程序。

（2）Java ME SDK。

Java ME Platform SDK 是开发移动应用程序最新型的工具包。它整合了 Java Wireless Toolkit 2.5.2 和 Sun Java Toolkit 1.0 高级工具，提供了设备仿真、独立开发环境和一套快速开发 Java ME 应用程序的工具，同时扩展了 over-the-air（OTA，无线电）仿真和支持 push registry（推注册）、GPS、传感器等新仿真能力。

2. 集成开发工具

（1）Eclipse。

Eclipse 是一个开放源代码的、基于 Java 的可扩展开发平台。Eclipse 本身只是一个框架和一组响应的服务，并不能够开发程序，在 Eclipse 中几乎每样东西都是插件，正是运行在 Eclipse 平台上的种种插件提供了开发程序的各种功能。同时，各个领域的开发人员通过开发插件，可以构建 Eclipse 环境无缝集成的工具。Eclipse ME 作为 Eclipse 的一个插件，致力于帮助开发者开发 Java ME 应用程序。Eclipse ME 并不为开发者提供无线设备模拟器，而将各手机厂商的实用模拟器紧密连接到 Eclipse 开发环境中，为开发者提供一种无缝统一的集成开发环境。

（2）JBuilder。

JBuilder 是 Borland 公司开发的针对 Java 的开发工具，使用 JBuilder 可以快速、有效地开发各类 Java 应用。JBuilder 使用的 JDK（Java Development Kit）与 Sun 公司标准的 JDK 不同，它经过了较多的修改，以便开发人员能够像开发 Delphi 应用那样开发 Java 应用。JBuilder 的核心有一部分采用了 VCL（Visual Component Library）技术，使程序的条理非常清晰，初学者也能完整地看完整个代码。JBuilder 另一个特点是简化了团队合作，它采用的互联网工作室技术使不同地区甚至不同国家的人联合开发一个项目成为可能。

（3）NetBeans。

NetBeans 是一个全功能的开放源码 Java IDE（Integrated Development，集成开发环境），可以帮助开发人员编写、编译、调试和部署 Java 应用，并将版本控制和 XML 编辑融入其众多功能之中。此外，新版 NetBeans 还预装了两个 Web 服务器，即 Tomcat 和 GlassFish，从而免除了烦琐的配置和安装过程。所有这些都为 Java 开发人员创造了一个可扩展的开放源多平台的 Java IDE，以支持他们在各种不同的环境中从事开发工作，建立桌面应用、企业级应用，进行 Web 开发和 Java 移动应用程序开发，另外加入的特定插件还支持 C/C++，甚至 Ruby 开发。

（四）移动数据库开发工具

1. Oracle Database Lite 10g

Oracle 公司推出的嵌入式移动数据库系统 Oracle DataBase Lite 10g 是一个集成的可扩展的移动解决方案，适用于对移动和嵌入式环境应用的开发、部署和管理影响较大的应用程序。Oracle Database Lite 是 Oracle Database 10g 中的新增特性，提供了占用空间小、支持 SQL 的客户端数据库，以便通过移动设备上的应用程序对企业数据进行本地访问。同时，它将网格环境扩充至移动设备，为本地数据库与中心数据库的数据交换提供可靠和安全的运行环境。

2. SQLite

SQLite 是一款轻型的数据库，是遵守 ACID 的关联式数据库管理系统，它的设计目标是嵌入式，而且目前已经被很多嵌入式产品使用。它占用的资源非常低，在嵌入式设备中，可能只需要几百 KB 的内存就够了。它能够支持 Windows、Linux、UNIX 等主流的操作系统，同时能够跟很多程序语言结合，如 PHP、Java 等。

3. Berkeley DB

Berkeley DB 是一个开放源码的高性能、轻量级嵌入式数据库。Berkeley DB 为应用程序提供可伸缩的、高性能的、有事务保护功能的数据管理服务，为数据的存取和管理提供了一组简洁的函数调用 API 接口。它不仅适用于嵌入式系统，而且可以直接连接到应用程序内部，和应用程序运行在同一地址空间。Berkeley DB 是软件开发库，开发者将它嵌入应用程序中，避免了与应用服务器进程间通信的开销，因此，Berkeley DB 具有较高的运行效率，适用于资源受限的嵌入式系统。

4. Sybase Information Anywhere

Sybase Information Anywhere 套件是一套安全、可扩展的移动软件平台，满足了新一代移动解决方案对融合 IT 应用的要求。Information Anywhere 套件广泛支持各种设备、连通模式和信息资源，不论一线工作人员是否能现场接入公司网络。其独特的永远可用（Always Available）架构使其可以随时随地查询电子邮件、数据和企业系统及应用。与其他供应商的方案不同，该套件的组件共享一套通用技术设施，对通信网络的资源需求极少。Information Anywhere 技术套件基于市场领先的 Sybase iAnywhere 移动技术，全世界成千上万企业都在依赖这种技术。

5. DB2 Everyplace Enterprise Edition

DB2 数据库是 IBM 公司研制的一种关系型数据库系统，主要应用于大型应用系统，具有较好的可伸缩性，可支持的环境从大型机到单用户，应用于 Linux、Windows 等平台下。DB2 Everyplace 是 IBM On Demand Business 解决方案的组成部分，它用于在移动设备与企业数据库服务器之间同步数据。DB2 Everyplace 数据库常驻于用户的移动装置中。若要在移动装置上存取资料，用户可以使用快速的应用程序开发工具、支持的 DB2 呼叫层次接口函数集、Java Database Connectivity（JDBC）方法，或 ADO.NET 方法来撰写应用程序。

任务

1. 名词解释

移动通信　无线通信协议　移动设备

2. 简答

（1）简述现代移动通信技术的演进过程。

（2）移动电子商务的网络基础包括哪些技术？

（3）移动电子商务平台的架构技术包括哪些？

3. 实践训练

（1）了解 2020 年政府工作报告中关于"新基建"的提出和发展方向。

（2）在网经社网站上了解阿里巴巴、腾讯、苏宁等电商企业有关"新基建"下的企业规划与布局。

（3）阅读《阿里巴巴新基建洞察之 5G 智能经济应用场景研究报告》。

项目三　移动营销

项目案例

"90 后"女装商家逐浪拼多多：每天直播 3 小时，日销超 10 万元

一分钟卖出 3 000 件女裤，最高单场直播带货超过 100 万元；活跃粉丝 7 万多，熟客一个月回购超过 40 次……开店还不到一年时间，此前毫无电商经验的小冯，一下就做到了拼多多女装类目的头部。

逆向思维，是这个"90 后"姑娘最大的成功秘诀。

2020 年年初的新型冠状病毒肺炎疫情，一度让整个市场几乎停摆，但在小冯看来，疫情带来的波动性是难得的投资机会。疫情催化之下，小冯实现了一次自我职业转型，从投行精英变成了深耕直播带货的拼多多女装商家。

小冯认为，消费升级是人的本能，也是长期的大趋势。在拼多多做品质女装，做"回头客"的高复购率，采取差异化的竞争路线——小冯用实践证明了自己的判断。

高品质带来了超强的"粉丝"黏性，小冯的"粉丝"亲切地称呼她为"大表姐"。但由于团队人手不足，目前店铺每天只直播 3 个小时，日销售额稳定在 10 万元。"其实我们还可以做得更好。"目前，她正在紧密加强团队人手配备，力求在这个秋冬季把店铺再做上一个台阶。

（资料来源：网经社，2020-9-22）

案例分析

如今的直播，对于电商而言不再只是"打辅助"，而是逐渐成为品牌营销的"主力军"之一。尽管在当下的市场情势下，直播带货的确可以带来实实在在的销售，但是，如果只是一味地追求带货本身，忽略了商品与用户之间的对等关系，所谓的直播带货或许仅仅只是对流量的新一轮收割而已。思考以产品为核心、以用户体验为终极追求、以新功能为自身定位的更加长远的发展路径，成为关键。

相关知识

一、移动营销概述

（一）移动营销的概念

移动营销是网络营销在移动互联网技术支持下的延伸，可以实现个性化精准市场营销，其目的主要是通过移动互联网线上线下的营销手段，提高品牌知名度、收集客户资料、增大客户参加活动或拜访店面的机会、改进客户信任度和增加企业收入。

移动营销的概念

移动营销涉及移动互联网和无线通信技术，又与市场营销有关，是以市场营销为基础、借助移动互联网网络平台实现的，其接入终端包括手机、平板电脑、个人数字助理（PDA）、上网本、便携式计算机或其他专用接入设备等。

（二）移动营销的特点

与网络营销和传统营销相比，移动营销具有如下特点。

1. 个性化精准营销

由于每部手机对应着一个手机用户，因此，营销人员可以根据用户的兴趣、爱好、年龄层次、上网习惯和浏览记录等信息，向用户推荐相关商品，实现有针对性的个性化精准营销，提高营销的效率和准确性。

2. 实时交互

手机的互动性相较于传统媒体在效率、速度和灵活性上都更胜一筹，使双方能产生很好的互动。通过这种良好的沟通和互动，企业可以向客户提供更具个性化的产品和服务，有助于改善企业与客户的关系，提高客户的忠诚度。

3. 灵活方便

移动终端的个性化及定位特性，使人们在移动营销环境中不再受时间和地域的限制，可以随时随地通过无线设备进行移动支付和在线交易，并进行信息反馈。这种灵活性可以使企业随时随地掌握市场动态，了解消费者的需求，并为他们提供最优质的服务。

4. 经济环保性

移动营销通过数字信息向用户进行商品和服务的宣传和推销，所花费的营销成本相对较低，省去了印刷媒体所需要的实物成本、代言费，以及在电子媒体（如电视和广播）上做广告所支付的巨额广告费，并且不产生任何营销活动带来的废物和垃圾。

5. 信息整合性

移动营销充分发挥了多媒体技术的应用优势，使企业可以将产品的价格、外观、评测和用户使用效果等信息，通过文字、图片、视频等方式详细地展示出来，用户通过移动终端就可以直接浏览这些内容，了解商品各个方面的信息。

6. 可监测性

在移动营销过程中，通过相关监测软件，企业还可准确地监控信息的回复率和回复时间，为企业提供了监测营销活动的便捷手段。这种监测能力，对于民意调查、信息反馈、客户服务及市场分析等具有极为重要的意义。

（三）移动营销的思维

1. 碎片化思维

碎片化是移动互联网的重要特征之一。所谓碎片化思维，是指将各种整体信息分割成信息碎片，利用用户碎片化时间为其提供各种有价值的信息，满足用户需求。

碎片化思维的核心是时间的碎片化（或称碎片化时间）。碎片化时间不仅影响人们的日常生活，还在更深层次上影响消费行为和习惯。在移动互联网时代，碎片化时间已经成了消费的黄金窗口，人们的很多消费都是在碎片化时间内进行的，不经意的一瞬间就可达成某笔交易。因为商品并不像传统的那样，必须在特定的地点（商场、专卖店）、特定的时间（营业时间），以特定的方式（促销）出现，而是无处不在、无时不在——或许在下载的微店里，或许在微信朋友圈、新闻客户端里，或许在玩的游戏里等。

与以往集中式的消费行为不同，这种碎片化的消费虽然行为碎片化了，但暗藏的消费力却丝毫没有弱化，反而呈现出多样化、个性化的趋势。这会间接反哺企业更好地做好营销工作。

对此，企业应抓住用户的碎片化时间进行有效的营销，特别应注重以下两点。

（1）找到适合的营销节点。

利用碎片化思维进行移动营销，关键是在碎片化的时间里找到适合的营销节点，即找到最适当的方式与用户接触，并以此来触发服务，提升用户的体验度，留住用户。

以一个购物APP为例，如何延长用户在页面上的停留时间？可以分别从信息节点、体验节点、服务节点入手：在信息节点提升信息价值，在体验节点优化页面布局，在服务节点提供良好的物流服务，如图10-3所示。

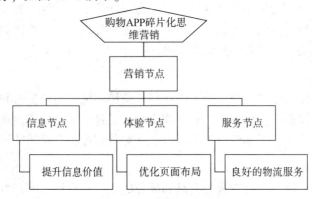

图10-3 购物APP碎片化营销示意

（资料来源：刘海燕，陆亚文. 移动营销 [M]. 北京：人民邮电出版社，2018.）

碎片化思维加快了企业的营销节奏，使商品推陈出新的速度不断加快，使产品更新换代的周期日益缩短，同时也增加了企业找寻目标消费者的难度。碎片化时代，需要对目标消费者接触媒体而产生的碎片化数据进行收集、整理、分析，提炼出有价值的信息，这样才能有效锁定目标消费者。

（2）打造会员社交圈。

时间碎片化使消费者的购买时间变得支离破碎，消费者在一个移动应用上停留的时间可能很短暂。如果能将频率提升起来照样可以收到持续营销的效果，这就需要为这些零散的消费者打造一个社群，对消费者进行管理，强化他们的黏性，并使黏性最终转化为购买行为，变碎片化营销为持续营销。

2. 用户思维

用户思维的核心是"用户"，用户的多少、忠诚度如何对企业来讲十分重要。一家企业，无论实力强与弱、规模大与小，最终都靠利润来生存。那么谁来创造利润呢？那就是用户。因此，营销工作的核心就是围绕用户分析、研究如何让用户购买，且要重复购买、持续不断地购买。用户思维是互联网时代的产物，在移动互联网时代则发展到了一个新阶段。用户思维的价值导向是"需求满足"，追求用户体验至上，终极目的是让用户最后转变成"粉丝"，实现"粉丝经济"。

例如，精油是一个小类目，在淘宝上的销售量并不高，而阿芙精油则在这个细分市场中做出了大成绩。阿芙精油首先进入了淘宝，在淘宝开店后迅速占领了大半精油类市场，连续多年在精油类目中保持销量第一。阿芙精油充分发挥了用户思维，不仅客服人员24小时无休轮流上班，还把客服分为多种风格，以适应不同类型的用户。同时，还会在包裹中放一些让人非常惊喜的赠品；推出的一些服务会让用户眼前一亮，如至尊卡（一个卡状的4GB优盘）；用户还可以购买终生免邮服务。阿芙精油还设有"首席惊喜官"，他们会不断研究、分析用户需求，有针对性地设计用户喜欢的环节和礼品。

可见在移动互联网时代，光有品牌还不行，还要有忠诚的"粉丝"。品牌多了，面临的竞争更加激烈，只有那些拥有忠诚"粉丝"的品牌才能活得长久。因此，企业运营者必须有用户思维。

3. 免费思维

免费是互联网营销的"撒手锏"，如网易有免费邮箱、新浪有免费博客、百度为用户提供免费搜索业务、腾讯为网友提供QQ和微信平台，淘宝甚至将免费模式应用到商家的营销和推广中。而在移动互联网时代，免费则是一把威力更大的"重武器"，几乎所有的移动互联网营销都在使用"免费"这一招。

移动互联网时代的企业都在借助免费模式开疆拓土。对企业、商家而言，免费可以扩大宣传；对用户来说，也是有百利而无一害的，收获的不仅有商品或服务，还有其带来的美好心理感受和精神体验。

企业、商家实行免费活动的目的不是单纯地提供产品和服务，而是要通过这些免费的产品或服务来引流，吸引用户，培养用户。互联网思维的一个核心就是"先培养用户后销售"。没有用户，盈利也就无从谈起。当用户足够多时，即可通过商业化手段催生其产生更多价值。

通常，免费思维有提供免费产品或服务、提供免费体验、以时间和空间换取盈利以及提供增值服务四种做法。

4. 社群思维

自从有了网络，每个人都时刻处在不同的社群中，看朋友圈、聊 QQ、看直播等。

社群是网络社交群体的简称，通常是指在特定网络平台上形成的虚拟群体。

目前的社群主要分为两种，一种是产品型社群，另一种是兴趣型社群。产品型社群以小米社群、哈雷摩托社群等为代表，源于用户对产品的喜爱，组织形式包括线上和线下两种，商业变现能力比较强；而兴趣型社群更为常见，如旅游吧等，这种跨地域、以兴趣爱好为纽带的社群黏度比较弱，商业变现的能力也比较弱。

企业构建社群要做好社群定位、吸引精准用户、主动发起和制造话题、有效引导话题四个方面的工作。

5. 产品思维

移动互联网时代的产品必须具有高体验度、能引发强烈需求、能迅速抢占消费者市场的优势。这主要是因为消费者的购物场景发生了重大变化，更多转向了移动智能设备（如手机），其屏幕比计算机小很多，更比不上线下的大卖场，购物体验肯定也不一样。屏幕越小，注意力越稀缺，仅靠产品的数量、价格等优势已经无法再吸引消费者的注意力。此时就需要企业在产品思维上下一番功夫，注重个性、注重体验，抓痛点需求。这就要求企业在设计、研发、生产与销售产品时，必须以消费者需求为导向，点燃消费者的兴奋点，解决消费者的核心问题。如在打车问题上，"滴滴出行"真正触到了消费者的痛点——打车难。共享单车也是因为解决了"最后一公里"的难题而受到青睐。

6. 大数据思维

大数据是客观存在的，我们正处于被海量数据包围的大数据时代。1 分钟内，微博、微信上新发的数据量超过 10 万次；社交网络 Facebook 的浏览量超过 600 万次……

大数据产生于 PC 互联网和移动互联网。利用互联网技术，企业可以收集、积累各种数据，从而服务于用户、服务于市场。信息时代，数据为王。对于企业而言，谁掌握了海量数据，谁就拥有了竞争主动权。企业在进行移动营销时必须重视大数据，运用大数据思维。通过大数据精准锁定目标，继而用大数据对相应市场进行细分，挑选出最有价值和潜力的企业，并根据大数据的反馈结果对企业运营进行修正。

二、移动营销策略

（一）打造忠诚的"粉丝"

移动营销的策略

"粉丝"营销是传统互联网时代的主要做法，在移动互联网时代同样重要。不同的是，移动互联网时代的"粉丝"营销有了很多变化，其中最大的一个变化就是移动性和碎片化。企业在做移动端"粉丝"营销时要善于结合这两个特征，从营销内容的有趣性和提升活动体验两方面入手，利用社群思维、精细化管理等手段管理"粉丝"资源。

（二）展开病毒式传播

病毒营销是一种利用公众的积极性和人际网络，让营销信息像病毒一样传播和扩散的营销方法。它能够像病毒一样快速复制，迅速传播，将信息在短时间内传向更多的受众。

病毒营销的核心是制造"病毒"，创建有感染力的"病原体"，使其成为爆炸性的传播话题；随后创建"病毒"感染途径，打造畅通无阻的传递渠道；最后要更新"病毒"，避免用户产生免疫、弱化传播效果。

（三）营造良好的口碑

口碑传播与病毒式传播本质上是一样的，但侧重点不同。病毒式传播注重的是"病毒"本身的制造、发布和更新，侧重点在营销载体的打造上；口碑传播注重的是大众的口耳相传，侧重点在营销信息传播过程的优化上。两者互为一体，相互影响，缺一不可。

与其他传播渠道相比，口碑传播有着无法比拟的优点，其中最大的优点就是低门槛、开放性。也正是因为如此，企业与企业之间在享受用户资源上才更加平等。进行口碑营销最核心的工作就是提供高质量的产品或服务，引导大众主动去扩散、传播。

（四）主动扩大社交

社交本是人与人之间的一项社会活动，但在互联网、移动互联网的推动下逐渐与企业营销融合，形成了一种独特的营销模式——社交营销，或社交媒体营销。

这种带有社交思维的营销，有助于品牌、产品在一个轻松、愉快的氛围中传播，潜移默化地影响消费者的心理。社交平台是"社交+营销"的主要载体，要想做好移动社交营销，首先必须了解和精通多种社交平台。移动互联网时代常用的社交平台有微博、手机QQ、微信、移动APP、直播平台等。企业应充分利用每一种社交平台的用户特征，打造不同的社交营销策略。

（五）充分利用自媒体

自媒体是移动互联网时代企业营销的主流媒体，这是移动营销区别于线下营销、PC互联网营销的最显著的标志。线下营销、PC互联网营销所依赖的主要是大众媒体，如广播、电视、电话、传统网络等；而移动营销的主战场则是自媒体。这类新媒体是由私人化、平民化、普泛化、自主化的传播者，以现代化、电子化的手段，向不特定的多数人或者特定的单个人传递规范性或非规范性的信息的媒体。进行自媒体营销的核心是做好内容，内容好才能引发用户的共鸣，促使用户点赞、转载、分享。这就要求企业自媒体的运营者具备一定的内容策划和运营能力，同时能充分调动用户的积极性、主动性，引导他们参与，进而扩大内容的"生产线"。

（六）充分利用事件营销

借助名人或社会热点来营销可以理解为是一种事件营销。所谓事件营销，是指通过策划、组织和利用具有新闻价值、社会影响的人物或事来吸引消费者关注，提高企业的知名度、美誉度，树立良好的品牌形象，并最终促成产品或服务的销售。

值得注意的是，借事件营销应注意事件与产品属性要相同或关联，事件内在与产品向用户传递的价值观要一致，并且最好附带一定的活动，这样才能最大限度地激励用户进行分享和转发。

三、移动营销渠道

美国市场营销学家菲利普·科特勒（Philip Kotler）认为："营销渠道是指某种货物或劳务从生产者向消费者移动时，取得这种货物或劳务所有权或帮助转移其所有权的所有企业或个人。简单说，营销渠道就是商品和服务从生产者向消费者转移过程的具体通道或路径。"移动营销基于移动互联网而生，与传统的营销渠道相比有其独特的发展领域。移动营销渠道包括微信、微店/微商城、手机淘宝、APP、移动广告等。

（一）微信

在微信营销渠道中，主要包含三种具体的渠道方式，即个人微信、微信公众平台和微信小程序。这些内容在专题八中已经有了详细介绍，这里不再重复。

（二）微店/微商城

1. 微店

微店又称为移动店铺，是一种具有划时代意义的网店模式。它将电商的准入门槛拉到了历史最低，人人可以参与；运营也非常简单，商品的上架、管理、推广及与客户的互动都不是难事。

基于不同的平台，微店有很多类型，按照性质可大致分为两种。

第一种是企业内部平台。这类平台大多拥有产品研发、生产、销售、售后等能力，开设微店的目的就是为自己服务。有的平台也对外开放，但经营范围有明确限制，店主必须经营平台所提供的配套产品或服务。

第二种是第三方平台。这类平台以提供店铺经营、推广服务为主。由于没有产品的前后端能力，店主经营范围较广，只要不经营国家政策、平台明令禁止的产品，完全可以根据自己的资源、特长而定，如微信小店、京东微店、口袋购物微店等。

因此，在开通微店前需要先选择一个平台，然后根据平台要求注册账号，申请开通。微店营销主要有分享商品、分享促销信息和分享软文三种做法。

2. 微商城

微商城又叫微信商城，是微店的进化版，是一个更完善的系统，虽然其最终目的也是促成交易，但功能更完善。它就像一个在线移动3D商场，可为商户提供售前、售中、售后一站式服务，包括在线消费、广告展示、自动定位和搜索、二级（三级）分销、与客户在线互动、在线娱乐等；同时也可以为消费者提供360度、全方位的购物体验，给人以身临其境之感。

微商城的核心功能包括广告管理系统、购物管理系统和会员管理系统三个方面，基本囊括了整个营销流程，包括售前、售中、售后。微商城可以自主设置优惠券、满减、包邮、促销活动，这也成为微商城促销的重要手段。

（三）手机淘宝

1. 手机淘宝平台

手机淘宝是淘宝网官方出品的一款手机应用软件。对商家而言，手机淘宝在淘宝网的基础上为消费者提供了更加便捷的购物渠道，两种渠道营销思路融合，不断提升用户的使用体验；对于消费者而言，移动端的手机淘宝提供了更好的购物自由度，实时互动性也较淘宝网有所提升。

通过手机淘宝进行移动营销，主要可从积极参与平台举办的促销活动、创建自己的促销活动、利用平台营销工具扩大宣传、利用"码上淘"推广和使用无线开放平台五点入手。

2. 微淘营销

微淘是淘宝微店的简称，也是阿里巴巴继淘宝网、手机淘宝之后推出的又一个电子商务平台。它是移动互联网时代的产物，商家可以通过它进行客户关系管理、品牌传递、精准互动、基于位置的导购及成交转化；而对消费者来说，则可拥有一个私人化、智能化的手机购物帮手，满足消费者省钱、时尚、便捷、放心的购物需求。

（四）移动 APP

移动 APP 营销指的是应用程序营销，这里的 APP 就是应用程序 Application 的意思。APP 营销是通过特制手机、社区、SNS 等平台上运行的应用程序来开展营销活动。应用 APP 营销具有成本低、高应用、强精准、促销售、持续性等特点，因此，在互联网时代下，APP 已经成了很多企业标配清单中的一员。

但值得注意的是，这种模式也有自身的局限性，即 APP 是个局域性的微网站，一般只针对下载过 APP 的人，自动传播能力比较弱，推广起来难度较大。移动 APP 营销应遵循以下四项原则，如图 10-4 所示。

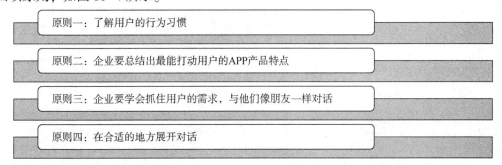

图 10-4 移动 APP 营销原则

（五）移动广告

较之传统互联网广告，移动广告有了很多新的特征，如移动性等。另外，移动广告在精准性、互动性、扩散性、整合性及预测性上也有更好的优势。移动广告有着巨大的潜在市场，但实际效果要受市场投放问题的影响。有些看起来很好的广告创意，投入很大，也提供了很有吸引力的服务，但最终却无法获得预期的效果，原因就在于市场投放时存在诸多的障碍，如数据、流量、技术等。异常点击、欺诈流量等现象都是移动广告投放当中存在的问题，而且由于市场监管不够完善，这些问题在短期内难以消除。

除了市场环境因素之外，还有一个重要的人为原因影响着广告的投放效果，即广告的策划（或前期策划调研不足，供需不对称，或没有严格按照流程操作，致使设计出来的广告不符合实际需求，不受用户欢迎）。市场环境无法改变，但广告策划方面存在的问题完全可以避免。

任 务

1. 名词解释

移动营销　社群　病毒营销

2. 简答

(1) 移动营销的特点是什么?

(2) 移动营销的思维有哪些?

(3) 移动营销的策略有哪些?

3. 实践训练

选择一款你下载的移动 APP,对其营销策略进行分析,完成分析报告。

推荐资源

1. 网经社网站
2. 艾瑞网
3. 阿里研究院网站
4. 中商情报网

专题十一

跨境电子商务

学习目标

1. 掌握跨境电子商务的概念及特征。
2. 掌握跨境电子商务的运作流程。
3. 了解跨境电子商务的发展历程。
4. 掌握跨境电子商务的分类。
5. 熟悉跨境物流和跨境支付方式。

专题描述

跨境电子商务作为推动经济一体化、贸易全球化的技术基础，正引起世界经济贸易的巨大变革。当前，我国跨境电商处于发展高潮阶段，对平台、物流、支付、通关等环节也提出了新的需求。对此，本专题在对跨境电子商务总体概述的基础上，通过与国内电子商务、传统国际贸易的比较，深入分析跨境电子商务的运作流程及发展，并依托电子商务要素，详细阐述跨境电子商务的不同分类，以及其发展所需要的物流、电子支付等。

项目一 跨境电子商务概述

项目案例

跨境电商悄然改变国人的生活

场景1：绥芬河的跨境电商

边境山城绥芬河东与俄罗斯滨海边疆区接壤，地理位置上的优势使这座城市注定成为对俄贸易的重要集散地，占据黑龙江对俄贸易额的1/4。

2014年，海关总署批复绥芬河市为跨境电子商务服务试点，并基于其零售出口业务不断完善跨境电子商务的通关、监管、检验、支付、结算等一系列服务体系。伴随着绥芬河的跨境电商进入发展期，巨狐科技等传统外贸企业也开始探索面向俄罗斯网购的跨境电商转型之路。

场景2：跨境电商体验店的兴起

2017年，广州市民张姨在南沙区风信子跨境商品直购体验中心买了一大袋食品和日化用品，坐上地铁4号线返回广州市区。来南沙逛一逛跨境电商体验店，从来自全世界的商品中挑选自己心仪的商品，已逐渐成为越来越多的珠三角居民周末休闲度假的新方式。

与此同时，重庆市市民也感受到了跨境电商体验店为生活带来的便利。"我以前给孩子买奶粉一般都找亲戚朋友从国外代购，现在从市区的体验店购买，不仅价格比代购便宜，而且是中国人民财产保险直接投保的正品。网上下单，3天直接送到家，太方便了！"

以上这些场景都有一个共同的主题，就是"跨境电子商务"。场景1所描述的是传统外贸企业转型出口跨境电商及跨境电商综合试验区的建设，场景2所描述的则是基于国内顾客消费升级、对跨境商品诉求增加带来的进口跨境电商的应用。

跨境电商的业务模式从出口跨境电商到海淘再到进口跨境电商，从B2C到B2B再到B2B2C，业务模式层出不穷。如果说上一个十年，阿里巴巴成功地把中国商品卖到了全世界，如今，海淘正大规模地向普通大众消费群体迈进，跨境电商正在悄然改变国人的生活方式。

一、跨境电子商务的定义

跨境电子商务是基于网络发展起来的一种商务形式，近年来在政策利好及贸易全球化的推动下飞速发展。跨境电子商务指分属于不同国家的交易主体，通过电子商务手段将传统进出口贸易中的展示、洽谈和成交环节电子化，通过跨境物流及异地仓储送达商品完成交易，实现产品进出口的新型贸易方式。对于跨境电商的概念，可以从狭义和广义两个方面来理解。

跨境电子商务概述

（一）狭义的跨境电商

从狭义上来看，跨境电子商务相当于跨境零售，即分属于不同关境的交易主体，通过计算机网络完成交易，并利用小包、快件等跨境物流方式将商品送到消费者手中的商业活动。

（二）广义的跨境电商

从更加广泛的意义上来看，跨境电子商务等同于外贸电商，即电子商务在国际进出口贸易中的应用，进一步涵盖了与上述跨境贸易行为相关的对应跨境进出口安排、跨境贸易模式、跨境结算等全过程。因此，跨境电子商务是传统国际贸易流程的网络化、数字化和电子化。

跨境电子商务概念所涵盖的体系框架如图11-1所示。从涵盖范围来看，跨境电子商务在政府政策的支持及法律法规的约束下，借助互联网、现代物流与支付等信息技术基础设施，以跨境电子商务平台为核心，实现跨境营销、跨境支付、电子通关、跨境物流的有效集成，实现国际贸易走向无国界的电子化贸易。

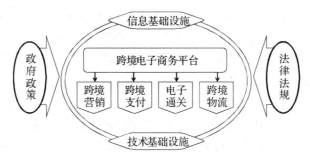

图 11-1 跨境电子商务体系框架

二、跨境电子商务的特点

（一）全球性

从交易的覆盖范围来说，跨境电子商务针对不同关境的交易主体，借助互联网实现传统商务活动的电子化。由于网络具有全球性及非中心化的特征，因而依附于互联网发生的跨境电子商务也具有全球性的特性。

（二）多边性

从跨境电商交易过程涉及的主体范围来看，实现贸易的全过程不仅包括交易双方，还有税务、海关、检验检疫、外汇管理等多个部门的参与，贸易过程相关的信息流、商流、物流、资金流由传统的双边逐步向多边的方向演进，因此体现出多边协调、通力协作的特点。

（三）高效性

在跨境电子商务中，贸易双方可以即时进行信息交流，下单、付款都在瞬间完成。此外，跨境电商直接跨过中间的储存环节，采取境外仓备货模式，节省了储存成本，实现了跨境贸易 B2B 和 B2C 的无缝对接。这些都体现出跨境电子商务的高效性。

（四）无纸化

跨境电子商务也延续电子商务形式无纸化交易的优势，采用计算机通信记录取代一系列的纸面交易文件。电商企业在进出口申报前，通过跨境电子商务通关服务平台向海关提交订单、支付、物流等电子信息及相关电子数据，无须递交纸质单证即可完成海关进出口申报。

（五）快速演进

随着互联网的高速发展，国民消费的升级，网络购物市场保持较快发展，进而推动了出口跨境电商市场的蓬勃发展。与此同时，国内电商纷纷跨境出海并布局跨境业务，带动了大批的国内品牌和国内电商卖家进入全球化市场，并促使跨境电商模式不断丰富、创新。

三、跨境电子商务与国内电子商务的差异

国内电子商务是国内贸易，而跨境电子商务实际上是国际贸易，它实现了跨境域的商务活动。因此，跨境电子商务与国内电子商务在诸多方面存在差异，具体来说体现在以下几方面。

（一）交易主体差异

国内电子商务的交易主体一般在国内，涉及国内企业对企业、国内企业对个人，以及国内个人对个人的商务活动；而跨境电子商务的交易主体可能会涉及国内企业对境外企业、国

内企业对境外个人、国内个人对境外个人、国外企业对境内个人等。由于跨境电子商务的交易主体遍及全球，不同地区的消费者有不同的消费习惯、文化心理等，这就要求跨境电商对国际贸易、互联网、分销体系、消费者行为等有深入的了解。

（二）业务环节差异

和国内电子商务相比，跨境电子商务的业务环节更加复杂，涉及检验检疫、海关通关、外汇结算、进口征税、出口退税等环节。此外，在货物运输上，国内电子商务发生在国内，路途近，以快递方式将货物直接送达消费者，到货速度快，货物损坏率较低。而跨境电子商务通过邮政小包等方式出境，货物从售出到送达消费者手中的时间更长，路途遥远导致货物容易损坏，且各国邮件派送能力悬殊较大，急剧增长的邮包量容易引起贸易摩擦。

（三）适用规则差异

跨境电子商务比一般国内电子商务所需要适应的规则更多、更细、更复杂。首先，跨境电商经营需要熟悉不同平台的操作规则，需具有针对不同需求和业务模式进行多平台运营的能力。其次，跨境电商要以国际通用的系列贸易协定为基础，要及时了解国际贸易体系、规则、进出口管制、关税细则、政策的变化，对出口形势也要有更深入的了解和分析。

四、跨境电子商务与传统国际贸易模式

近年来，中国传统外贸形势日趋严峻，陷入议价能力差、毛利增长有限的困境。在世界经济下行压力加大的不利形势下，多数传统外贸企业都面临"夺命三枪"（外贸市场订单不足，传统对外贸易价值链低端，利润空间小的现象越发明显）的威胁。传统外贸形式持续严峻，日渐兴起的跨境电子商务正在成为推动国际贸易发展的新引擎。

传统外贸与跨境电商模式下的交易环节对比如图11-2所示。传统外贸模式存在过度依赖传统销售方式、买家需求封闭、订单周期长、利润空间低等问题，制约着中小企业进出口贸易的发展。与传统国际贸易模式相比，跨境电商拥有更高的效率。跨境电商打破了传统外贸模式下国外渠道（如进口商、批发商、分销商甚至是零售商）的垄断，其交易环节涉及的中间商少，使企业可以直接面对个体批发商、零售商，甚至是直接的消费者，有效减少了贸易的中间环节和商品流转成本，节省的中间环节成本为企业获利能力提升及消费者获得实惠提供了可能。

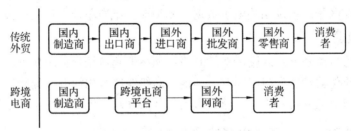

图11-2 传统外贸与跨境电商模式下的交易环节对比

在跨境电商打破传统国际贸易弊端的同时，跨境电商的发展也给传统国际贸易带来了机遇。外贸企业原有业务员掌握客户资源的低效客户关系管理模式，在跨境电商电子化交易模式下得到改善。此外，跨境电商加速了全球市场一体化和生产国际化的进程，促进供应商和用户建立更紧密的联系，有利于打破国际和地区之间的贸易壁垒，进而扩大贸易机会。

1. 名词解释

跨境电子商务

2. 简答

（1）简述跨境电子商务与国内电子商务的区别。

（2）跨境电商给传统国际贸易带来了哪些机遇？

3. 实践训练

请登录速卖通官网，比较其跨境电子商务与国内电子商务淘宝的主要区别。

项目二 跨境电子商务的运作流程

项目案例

"绿道"平台打造绿色通关通道，实现"无门槛外贸"

江苏跨境电商物流新通道——"绿道"平台建立于2012年，它的发展建立在对传统外贸企业需求的了解及对时代的把握上，一站式地解决所有的跨境电商供应链问题，将平台开放给更多有需要的外贸参与者，实现"一站走上通关绿色通道"和"无门槛外贸"。

在跨境电商供应链体系中，物流与仓储是两个极为重要的环节，它们是让产品从工厂走向消费者的关键。但由于自身体量的局限，中小型外贸企业往往在跨境物流等方面缺乏议价权。而"绿道"平台提供低成本、高效率的通关和物流服务，帮助他们走出国门，通过平台整合各种物流方式达到共同配送的效果，在提升效率的同时降低通关、物流等跨境供应链成本。

此外，"绿道"平台将传统进出口企业的关务管理程序纳入其智慧平台中，搭建起合规的智能化管控体系，从源头实现对海关事务风险的预先评估和防控，进而为进出口企业降低关务风险、提高通过效率、降低通关成本提供了便利。

（案例来源：马述忠，潘钢健，濮方清，等．跨境电商案例分析之十二——一站走上通关绿色通道［J］．浙商，2017（11）：96-97．）

案例分析

"绿道"平台将跨境电商中的海关通关、检验检疫、外汇结算、出口退税、进口征税等多个环节进行整合，形成跨境电商供应链。基于"绿道"平台提供的供应链服务，企业能够在降低跨境供应链成本的同时，顺利实现贸易合规管理、风险控制、对接海关无纸化通关，从而极大地提高企业商品通关效率，最终提升中国外贸企业的全球竞争力。

相关知识

一、跨境电子商务的参与主体

跨境电子商务是推动经济转型发展的重要战略，无论是与国内普通电子商务相比，还是与传统的贸易活动相比，跨境电子商务涉及的参与主体更加多样化。从跨境电商的价值链角度来看，除消费者之外，参与跨境电子商务

跨境电子商务的运作流程

的主体主要包含以下几种。

(一) 跨境电商企业

跨境电商企业包含跨境电商经营企业、跨境电商平台企业两种类型，跨境电商企业的类型及典型代表如图11-3所示。

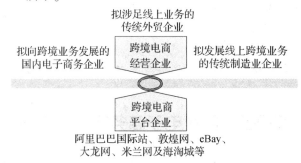

图11-3　跨境电商企业的类型及典型代表

由于电子商务的快速发展，许多企业开始利用互联网发布信息，多以出口为主，这就是跨境电子商务经营企业的雏形。如今，越来越多的外贸企业开始规模化、专业化运作网上业务，成为跨境电商行业中数目最为庞大的参与主体。因此，拟涉足线上业务的传统外贸企业、拟向跨境业务发展的国内电子商务企业，以及拟发展线上跨境业务的传统制造业企业都属于跨境电商经营企业的范畴，典型代表如全球科技消费类产品的知名品牌商傲基科技。该企业主要通过其自营跨境电商平台和亚马逊、eBay等第三方平台将产品销往全球。

跨境电商平台企业指专业从事跨境电商贸易的企业，通过其建立的平台帮助分属于不同关境的贸易主体实现互联网贸易行为，并提供跨境物流等服务实现整个跨境业务，典型代表如阿里巴巴国际站、敦煌网、eBay、大龙网、米兰网及海淘城等。

(二) 跨境电商第三方服务企业

跨境电商第三方服务企业主要包含提供信息服务、物流服务及金融支持的企业，如图11-4所示。其中，提供信息服务的企业主要根据客户的不同需求提供IT、营销、代运营等服务及综合服务；提供物流服务的企业主要包含传统物流货代企业及整合物流服务的企业两种；提供金融支持的企业包含传统的支付企业、融资企业及保险企业。

图11-4　跨境电商第三方服务企业的类型

(三) 政府部门

除了上述各类参与主体外，跨境电子商务还会涉及税务、海关、商检、工商、外汇等各类政府部门。具体来说，跨境电商涉及的政府部门如图11-5所示。

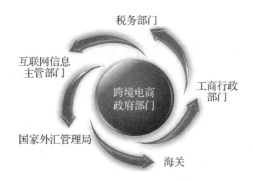

图 11-5　跨境电商涉及的政府部门

其中，海关在整个跨境电子商务流程中处于监察的地位，负责跨境商品的跨境资质审查及检查工作。具体来说，对于进出境货物属于卫生检疫或动植物检疫范围的，海关依法实施检疫；对于网购出口商品，海关实施基于风险分析的质量安全监督抽查机制；对于网购保税进口商品，海关实施以风险分析为基础的质量安全监控及商品抽批货证核查。国家外汇管理局根据电子口岸报关单信息为企业办理结汇手续，而税务部门则根据电子口岸报关单信息为企业办理税款缴纳及退税手续。

二、跨境电子商务的业务流程

通过参与跨境电子商务的主体类别可以看出，整个跨境电子商务的业务环节复杂，商品从卖家传递到买家需要经过海关通关、检验检疫、国际物流运输、外汇结算、出口退税、进口征税等多个环节，所涉及的业务流程贯穿贸易层、支付层、物流层和信息层四大层次，如图 11-6 所示。

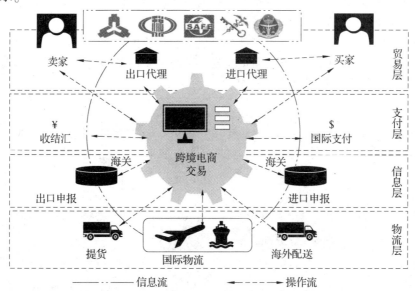

图 11-6　跨境电子商务交易的业务流程

以跨境电子商务的出口流程为例，跨境出口电子商务的业务流程主要包含商品备案、消费者下单、清单审核及国际物流运输、报关、结汇和退税六个主要的环节。

(一)商品备案

首先,企业需要将出口商品的备案申请向所属地海关申报后提交到海关管理平台,由海关管理平台对企业各方面资质进行审核,通过审核后的企业才可以开展相应的跨境出口业务。

(二)消费者下单

进口国零售商或个人消费者在跨境电子商务平台上发起购买订单后进行订单支付,支付完成后跨境电商企业将货物通过国内物流送至海关检验检疫部门实施检查监管,同时将订单信息、支付信息及物流信息("三单合一",即订单、支付单、运单)等发送至海关管理平台。

(三)清单审核及国际物流运输

海关管理平台将收到的"三单"与备案信息进行对比审核之后,在海关监管下通过国际物流转运至进口国海关,并通过进口国的国内物流将商品送达进口国零售商或个人消费者手中。因此,跨境电商的业务流程需要经过出口国与进口国两次海关通关商检。

(四)报关

当货物出境后,跨境电商企业需要将出境货物的信息按照"清单核放、汇总申报"的归并方式汇总成报关单数据向海关部门进行报关。

(五)结汇

在整个出口跨境业务的运作过程中,跨境电商企业还需要依据跨境业务中的支付信息向外汇管理局申请结汇。目前,外汇管理局已为支付宝、财付通、银联电子支付等第三方支付机构颁布跨境支付牌照,批准其为跨境电商的交易双方提供外汇资金收付及结售汇业务。

(六)退税

跨境电商企业可以依据报关退税单向国税局申请退税,根据电子口岸报关单信息为企业办理退税手续,由此完成整个跨境出口交易的流程。

在上述跨境电商出口流程中,也有部分跨境电商企业由第三方综合服务平台代为办理物流、通关商检等业务,从而完成整个跨境交易。跨境电子商务的进口流程除了与出口流程的方向相反之外,其他内容基本相同,如图11-7所示。

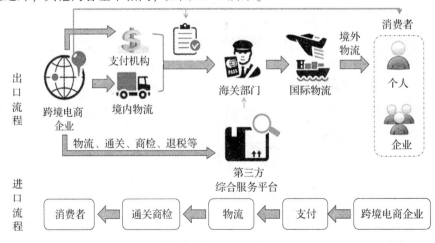

图11-7 跨境电商进出口业务的交易流程

任务

1. 名词解释

跨境电商经营企业　跨境电商平台企业

2. 简答题

(1) 从跨境电商的价值链角度来看，参与跨境电商的主体有哪些？

(2) 跨境进出口电子商务中所说的"三单合一"指的是什么？

(3) 简述跨境进口电子商务的业务流程。

3. 实践训练

登录阿里巴巴国际站，了解国际站跨境电子商务的业务流程。

项目三　跨境电子商务的产生与发展

项目案例

速卖通"一带一路"开启外贸新时代，助力中国品牌出海

阿里巴巴全球速卖通于2010年4月正式上线，被称为"国际版淘宝"，它是中国唯一一个能够覆盖"一带一路"全部国家和地区的跨境出口B2C新外贸交易平台。它一方面受惠于国家"一带一路"倡议，另一方面也已经成为推动"一带一路"发展的一股不可忽视的创新力量。2018年，速卖通平台上56%的买家来自"一带一路"沿线国家和地区，这些地区的消费者贡献了速卖通平台57%的订单量和49%的交易金额。

OUCUI是潮州地区大大小小2 000多家婚纱晚礼服企业中的一家，和其他企业一样，OUCUI原来也是以做OEM（代工）订单为主。但是随着竞争的日趋激烈，代工的利润越来越低，OUCUI意识到OEM模式终非长久之计，于是成为最早一批入驻全球速卖通的商家，并开始尝试从传统单向加工模式变为消费者需求定制模式，借助速卖通平台扬帆出海。

和OUCUI一样，很多中国企业在入驻全球速卖通之前，都一直默默无闻地扮演着廉价代工者的小角色。未来，速卖通会全面推进品牌化与本地化，为中国更多的中小企业赋能，帮助他们通过大数据实现跨境销售，并培养一大批能被海外消费者认可的中国品牌。

案例分析

阿里巴巴集团旗下跨境B2C平台全球速卖通，自"一带一路"倡议提出以来，牢牢把握这一重大机遇，将自身优势精准契合于倡议践行当中。当前，速卖通成为中国唯一一家覆盖"一带一路"沿线所有国家和地区的跨境出口B2C零售平台。速卖通的发展根植于中国国内强大的全产业链体系，以平台优势赋能中小企业跨境贸易。

从贸易畅通来看，凭借商品的跨境线上交易，速卖通为"一带一路"沿线各国的贸易畅通建设助力。从设施联通来看，速卖通凭借物流体系推动了我国与"一带一路"沿线各国的设施连通建设。从民心相通来看，速卖通的发展将越来越多的中国产品、中国品牌推向世界，这一过程中传递的不仅仅是商品，更是概念、文化与习俗。

相关知识

一、跨境电子商务产生的背景

随着网络经济时代的到来，电子商务得到了高速迅猛的发展。电子商务出口在交易方式、货物运输、支付结算等方面与传统贸易方式差异较大，且在海关、检验检疫、税务和收付汇等方面存在诸多问题。对此，国务院办公厅出台了有针对性的具体措施，实现了相关政府部门与电商企业、物流企业的标准化信息流通。随着市场需求的变化和资源、劳动力等中国出口综合成

跨境电子商务的产生与发展

本的上升，外贸摩擦日益增加，伴随着电商行业的快速发展和制造行业的加速变革，跨境电商应需而生。

跨境电子商务是基于经济全球化和互联网应用的深化发展而出现的一种多方共赢的国际贸易新模式，是未来国际贸易发展的重要形态。随着全球经济一体化和电子商务的深化发展，跨境电子商务成为我国对外贸易的新增长点和重要驱动力量，为陷于困境的众多中小外贸企业提供了扩展国际市场、创新发展模式的新思路，并积极推动了国内传统外贸整体发展格局的变革与重塑。跨境电商的迅速崛起开创了新型的外贸时代，不仅帮助中国出口企业快速转型和升级，也扩大了海外的营销渠道，提升了我国本土品牌的国际竞争力，实现出口模式的转型，对保持外贸稳定持续增长起了重要作用。

与此同时，近年来海淘受到欢迎，带动了跨境电商行业的发展。随着海淘消费群体不断壮大，国民消费的升级和与之带来的用户对于产品质量和产品种类的要求提高，不断推动跨境电商市场的发展。此外，与之相关联的物流配送、电子支付、电子认证、网络营销等现代服务业水平的提升，都大大促进了跨境电商的高速发展。近年来，各大电商平台，特别是天猫国际、网易考拉海购、京东全球购等都抓紧与国际品牌商合作，上游供应链升级对跨境电商平台的重要性日渐凸显，消费者海淘个性化需求增强，对商品品牌和品类的选择正在拓宽，跨境电商与国际品牌的合作已成为战略必需。

二、中国跨境电子商务的发展

（一）中国跨境电子商务发展历程

随着经济全球化的发展，世界各国之间的贸易往来越来越频繁，跨境电商已然成为时代的主题。虽然我国跨境电子商务在最近几年才开始迅猛发展并走入公众视线，但1999年阿里巴巴实现用互联网连接中国供应商与海外买家后，中国对外出口贸易就实现了互联网化，由此也迈出了探索跨境电商的第一步。我国跨境电子商务共经历了三个阶段，实现了从信息服务到在线交易、全产业链在线化服务的跨境电商产业转型，如图11-8所示。

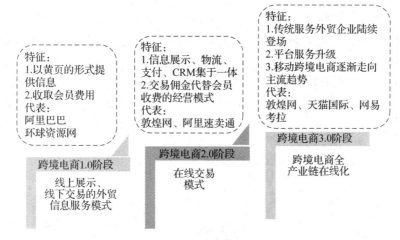

图 11-8　我国跨境电商的发展历程

（资料来源：艾媒咨询，《2019 中国跨境电商发展趋势专题研究报告》）

1. 跨境电商 1.0 阶段（1999—2003 年）

自 1999 年阿里巴巴成立开始，一直持续到 2004 年敦煌网上线，我国跨境电子商务都处于 1.0 阶段，即初步探索阶段。这一阶段的主要商业模式是线上展示、线下交易的外贸信息服务模式，即让更多的海外买家了解国内供应商的信息，进而促进交易量的增长，而网络上并不涉及任何交易环节，因此只是完成了跨境电商产业链的信息整合。在该阶段中，跨境电商平台主要以黄页形式提供信息，并通过向企业收取会员费、服务费等方式获取盈利。

在跨境电商 1.0 阶段中，最典型的代表就是阿里巴巴国际站平台。除此之外，环球资源网、中国制造网也是较早涉足跨境电商信息服务的互联网平台。

2. 跨境电商 2.0 阶段（2004—2012 年）

以 2004 年敦煌网的上线为标志，我国跨境电商进入 2.0 阶段，各个跨境电商平台不再只是单纯提供信息展示服务，还逐步将线下交易、支付、物流等流程实现电子化，真正实现跨境贸易的在线交易，并通过服务、资源整合有效打通上下游供应链。此时，该模式将会员费改为交易佣金的形式，并通过平台推广、支付服务、物流服务等获取收益。

跨境电商 2.0 阶段主要形成了 B2B 平台模式与 B2C 平台模式两种跨境电商模式。其中，主流形态为 B2B 平台模式，其本质在于帮助中小企业更好地开展小额外贸批发业务，让国内中小厂商跳过外国批发商直接与海外零售商对接，以减少中间环节、缩短产业链，使国内供应商拥有更强的议价能力，提升商品销售利润空间。

这一阶段的典型代表除 B2B 模式的敦煌网之外，随着面向海外个人消费者的中国跨境电商零售出口业务的蓬勃发展，兰亭集势、阿里速卖通等 B2C 跨境电商平台先后涌现，使大量中国中小企业开始直接深入参与国际贸易。

3. 跨境电商 3.0 阶段（2013 年至今）

自 2013 年开始，跨境电商全产业链都出现了商业模式的变化，迈入 3.0 时代。在这一阶段中，随着中国规范对跨境电商零售进口的监管，大量中小企业开始进行深度创新，促进了我国跨境电商零售进口业的迅猛发展，诞生了一大批跨境电商零售进口平台和企业，如天猫国际、网易考拉、聚美优品、洋码头、小红书等。

(二）我国跨境电商政策扶持

当前，我国正加大对外开放力度，加强与海外国家的交流，国家大力鼓励对外贸易的发展。跨境电商作为移动互联网时代兴起的跨境贸易的新兴形式，其发展受到国家政策鼓励。在"一带一路"倡议大背景下，中国国际进口博览会的展开、外商投资法的颁布都为跨境电商带来新的发展机遇，再加上电商法的保驾护航与跨境电商系列新政的出台，将进一步规范中国跨境电商市场，并促进跨境电商行业健康发展。我国跨境电商发展过程中利好政策的规范化进程如图11-9所示。

图11-9 我国跨境电商发展利好政策规范化进程

为进一步鼓励和促进跨境电子商务的发展，我国政府从2012年起陆续设批建立跨境电子商务贸易试验区，截至2020年7月，国务院在全国范围内分5批设立了105个跨境电子商务综合试验区，覆盖了30个省区市。除此之外，2013年以来，政府密集出台支持发展跨境电商政策，主要涉及跨境电商出口退税、保税进口、清关检疫、跨境支付等多项环节，积极促进跨境电商行业规范化。

任务

1. 简答

（1）我国跨境电子商务的发展分别经历了哪些阶段？各阶段的典型特征是什么？请举例说明每一个阶段的典型代表。

（2）跨境电商发展过程中第二阶段形成了哪些跨境电商模式？

2. 实践训练

登录敦煌网所依托的DHport平台，分析DHport平台属于跨境电商哪个发展阶段的产物，并了解该平台所提供的服务。

项目四　跨境电子商务分类

项目案例

洋码头：打造直销、直购和直邮的"三直"模式

2009年年底成立、2011年上线的洋码头是一家面向中国消费者的跨境电商第三方交易

平台。作为一家独立跨境电商平台，洋码头汇集全球各地知名品牌供应商，认证商家一站式购物，全球物流护航直邮，满足了中国消费者不出国门就能购买到全球商品的需求。

该平台上的卖家可以分为两类：一类是个人买手，即 C2C 模式；另一类是商户，即 M2C 模式。它帮助国外的零售产业跟中国消费者对接，让海外零售商将商品直销给中国消费者，让中国的消费者能够直购，而中间的物流是直邮，因此是三个直："直销、直购、直邮"。

目前，在洋码头网站上，80% 的信息是体现商家的，买手信息只占了 20%。这些入驻的商家本身在线下就是有零售资质的商户，相比个人买手，他们更有采购资质，有着很强的议价能力和货源能力，价格和商品质量都更有保证。同时，因为有库存，售后方面的处理也更容易。

作为独立跨境电商的代表，洋码头轻备货，轻库存，重运营和效率，上游拥有 8 万买手商家，覆盖全球 83 国，每日可供购买的商品达百万件。其积累的碎片化供应链组织能力让众多非标类目与海淘个性化的需求匹配效率更高。而灵活轻便的模式使得洋码头可以轻装上阵，把更多资源聚集于赋能买手商家，不断推进买手商家在选品、营销、服务方面朝专业化方向发展。此外，通过小视频、直播、内容营销等方式打造买手，帮助买手匹配精准客户，提高转化率。

（案例来源：网经社，2020-1-2）

案例分析

在短短数年间，跨境电商市场形成红海搏杀的新格局。与电商巨头旗下的综合型平台相比，不少独立型平台选择了依靠独特的模式，从夹缝中探索生路。洋码头采用 B2C 和 C2C 两种差异化的运营模式，轻备货、轻库存，重运营和效率。洋码头的首要竞争优势就在于具有强大的海外买手团队，创立海外场景式购物模式，基于这种海外购物 C2C 模式，吸引众多消费者加入现场体验。此外，洋码头借助线上线下的渠道整合，基于跨境进口 B2C 的供应链体系，采用 M2C 平台招商模式，大幅度降低了海外众多零售商、品牌商的进入门槛，让国内消费者可以收获海外精品。

相关知识

一、按交易主体类型分类

按照交易主体的类型，可将跨境电子商务分为 B2B、B2C 和 C2C 三种模式。当前，我国跨境电商主要以 B2B 为主，但随着智能手机、网购消费的兴起，以及物流、支付系统的完善，跨境电商零售（B2C、C2C）增长势头强劲。

跨境电子商务分类

（一）B2B 跨境电子商务

B2B 跨境电子商务，是指分属不同关境的企业对企业，通过电商平台达成交易、进行支付结算，并通过跨境物流送达商品、完成交易的一种国际商业活动。

B2B 跨境业务一般只在线上进行贸易信息的发布与搜索，通过向卖家收取会员费和营销推广费的方式获取盈利，最终交易在线下完成，并收取一定的交易佣金。B2B 跨境电子商务平台的典型代表有阿里巴巴国际站、敦煌网、环球资源网、中国制造网、Importers（美国）、Ecplaza（韩国）等。

在跨境电子商务市场中，B2B 跨境电商模式扮演着支柱性产业的角色，其交易规模始终占据整体跨境电商市场交易规模的 80% 以上。由于 B2B 交易量大、订单较稳定，从国家及各地方跨境电商政策来看，B2B 跨境电商模式依旧是我国未来跨境电商发展的重要模式。

（二）B2C 跨境电子商务

B2C 跨境电子商务是指分属不同关境的企业直接面向终端零售商或个人消费者开展在线销售产品和服务，通过电商平台达成交易、进行支付结算，并通过跨境物流送达商品、完成交易的一种国际商业活动。

B2C 跨境电商属于小额跨境贸易，目前在跨境电商市场中所占份额有限，产品销售不受地域限制。B2C 跨境电子商务平台的典型代表有亚马逊、阿里巴巴速卖通、Wish、eBay、海囤全球、兰亭集势、考拉海购、米兰网、洋码头等。

作为新兴的跨境消费方式，B2C 跨境电商的增长动力强劲，未来，随着市场的不断扩大，将迎来大规模增长，并将成为跨境消费品贸易增长的新引擎。

（三）C2C 跨境电子商务

C2C 跨境电子商务是个人与个人之间的电子商务，即由个人卖家发布售卖产品和服务的信息，个人买方筛选，通过电商平台进行跨境支付完成交易，并通过跨境物流送达商品、完成交易的一种国际商业活动。

C2C 跨境电子商务具有社交属性强的特征，其实质为海外买手制，依靠传统的广告和返点模式获取盈利。对于丰富的非标准化商品，C2C 跨境平台可以满足碎片化的用户正在向细致化、多样化、个性化发展的需求。常见的 C2C 跨境电子商务平台有美丽说、淘宝全球购、淘世界、美国购物网等。

当前，C2C 跨境电子商务中商品的质量难以保证，并且同质化竞争过于激烈，消费者维权比较困难。但是，随着运作管理的要求越来越严格，未来 C2C 跨境电子商务也会逐步规范化发展。

二、按平台服务类型分类

（一）信息服务平台

信息服务平台主要是为境内外会员商户提供网络营销的平台，用于传递供应商或采购商等商家的商品或服务信息，促成双方完成交易。典型的信息服务平台有阿里巴巴国际站、中国制造网、环球资源网等。

（二）在线交易平台

相比于信息服务平台，在线交易平台不仅提供企业、产品、服务等多方面的信息展示，并且可以通过平台线上完成搜索、咨询、对比、下单、支付、物流、评价等全购物链环节。当前，在线交易平台模式已逐渐成为跨境电商中的主流模式。该模式的典型代表有敦煌网、速卖通、亚马逊、大龙网等。

三、按平台运营模式分类

（一）B2C 自营模式

B2C 自营模式指企业直接对消费者的购物模式。在该模式中，由企业自主采购，由保税区内专业服务商提供支持，因此可以称为"B2C 保税自营+直采"模式。

B2C 自营模式中，跨境电商平台直接参与交易支付、货源供给、物流仓储等环节，加速交易流程的同时有效提升用户的购物体验，比如品质保证、物流速度等，且有平台作为担保，在服务、售后等方面更便捷、放心；但商品品类受到限制，目前多以畅销产品为主。往往采取这种模式的企业，都背靠互联网巨头，有着雄厚的渠道和资金支持，典型代表如海囤全球、顺丰海淘、亚马逊海外购、考拉海淘、中粮我买网等。

（二）M2C 模式

M2C 模式指的是媒介对消费者的购物模式，本质上是平台招商，即基于跨境电商平台，生产厂家直接对消费者提供自己生产的产品或服务的一种商业模式。

M2C 模式专注于平台的搭建和服务，借助线上线下的渠道整合，减少商品的流通环节，因此有效地降低了投入成本。然而，M2C 模式无法保障商品品质和售后服务的质量，因此，平台的信誉度和严格的准入制度非常重要。

M2C 模式的典型代表为天猫国际，其利用自身强大的资金优势直接引入国际品牌，打通供货渠道。该模式中，入驻商家拥有海外零售资质，并通过为消费者提供本地化的退换货服务提高售后体验。此外，海囤全球、网易考拉海购在采用 B2C 自营模式的同时也采用 M2C 模式引入海外品牌商品。

（三）C2C 海外买手制

C2C 海外买手制即通过海外买手入驻电商平台，是典型的个人对个人的 C2C 跨境电商模式。这种模式的特点在于结合消费场景和社交属性达成交易。

海外买手制的典型代表有淘宝全球购、淘世界、洋码头等。由于该模式下的产品大都为非标准化商品，且消费者主导交易，因此，该模式优化了供应链，并且提升了产品的 SKU 丰富度。然而，采用该模式的跨境电商平台无法保证商品的真伪，因此很难获取消费者的信任，并且无法控制物流的时效性。

（四）BBC 保税区模式

BBC 保税区模式主要指跨境供应链服务商与跨境电商平台进行合作，由跨境电商平台获取用户订单，跨境供应链服务商收到订单后以保税方式发货，将产品送至消费者手中。除此之外，有些供应链服务商还会提供一些供应链融资的服务。该模式的优势在于便捷且无库存压力，然而有些这种模式的跨境电商却借跨境电商的名义行一般贸易之实。

（五）海外电商直邮

海外电商直邮模式就是海外商家接到订单后，先将包裹放在距离最近的一个海外集货仓，集合成一个大包裹，运送到商家合作物流商的集货口岸，然后走国内物流流程。其优点在于有全球优质供应链物流体系和丰富的 SKU，可以帮助消费者简化海淘的流程，尽可能地以本地化的购买和支付方式直接选购海外商品；缺点在于跨境电商最终还是要比拼境内转化销售能力。该模式的典型代表为亚马逊。

(六) 导购返利

导购返利为一种代运营模式,即分为引流和交易两部分来实现跨境交易。引流部分主要指通过导购资讯、商品比价、海购社区论坛及用户返利来吸引用户流量;交易部分则指消费者通过站内链接向海外 B2C 电商或者海外代购者提交订单实现跨境购物。导购返利模式的典型代表有 55 海淘等。

导购返利模式定位于对信息流的整合,引流部分可以在较短时期内为平台吸引不少海购用户,可以比较好地理解消费者的前端需求。然而,该模式对供应链把控较弱,由于进入门槛低、玩家多、相对缺乏竞争优势,若无法尽快达到一定的可持续流量规模,其后续发展较难维持下去。

(七) 内容分享/社区资讯

内容分享型跨境电商模式主要以优质内容的分享与社区资讯形成"粉丝"效应强化品牌,因此,该模式通过内容优势引导消费转化,即通过平台内的内容营销将社区用户转化为消费者。该模式的典型代表为小红书。

该模式的优点在于拥有强大的海外品牌培养能力,用户的忠诚度高、黏性大,便于塑造畅销款推荐,最终易于实现用户流量的转化。但是,该模式极度依赖外部供应商,其供应链能力薄弱,不容易形成贸易壁垒,且存在商品质量难以保证、真伪难辨等问题。

四、按进出口方向分类

(一) 跨境出口电子商务

在跨境出口电子商务业务流程中,境外买家通过访问跨境电子商务平台与境内生产商/供应商磋商,在线下单购买并完成支付,由国内商家发跨境物流至国外卖家。

由于我国在制造业方面成本较低且数量规模庞大,同时受到"一带一路"倡议的影响,目前我国的跨境电商以出口为主,跨境出口电商交易额大约占据了整个跨境电商的八成左右。

按照交易流通环节中我国跨境电子商务企业的地位、作用及商业模式的区别,跨境出口电子商务主要分为以下三类。

1. 跨境大宗 B2B 模式

这种模式的主要特点是订单较集中,批量较大,商品的促销信息在线上展示,而交易洽谈及实现都在线下完成,其盈利模式主要依靠会员费及广告推广费,典型代表如阿里巴巴、环球资源网、中国制造网等。

2. 综合类跨境小额交易模式

该模式下,买卖双方往往通过第三方平台提供的商品信息下单成交,其主要特点是订单分散、批量较小、频率高,由快递公司或邮局负责货物的报关程序,而网站并不参与物流及货款的支付环节,因此主要依靠会员费、广告推广费及增值服务费获取盈利。综合类跨境小额交易相当于小宗的 B2B 或 C2C 模式,典型代表有阿里速卖通、敦煌网等。

3. 垂直类跨境小额交易模式

垂直类跨境小额交易主要指独立的 B2C 跨境交易。该模式往往利用自己广大的资源优势联系境外企业,通过自建的交易平台进行商品销售。该模式的主要特点是平台拥有自己的支付、物流、客户服务体系,通过平台将采购到的商品销往国外,主要靠商品的销售差价获取盈利。垂直类跨境小额交易平台的典型代表有兰亭集势、环球易购、米兰网等。

(二)跨境进口电子商务

我国跨境进口电子商务兴起于2005年,其传统原生形态就是零散海淘、代购。随着跨境网购消费群体的不断扩大,2014年,海关总署正式确认跨境进口电商合法身份,随后不断出现各种跨境进口电商平台,逐步开启了我国跨境进口电商的B2C模式。

随着资本不断在进口跨境电商领域投资,跨境进口电子商务平台的运营发展得越来越好。跨境进口电商平台常见的运营模式及典型代表如表11-1所示。

表11-1 跨境进口电商平台的常见运营模式及典型代表

运营模式	特点	优势	劣势	典型代表
自营B2C	平台自行采购,自拥货源及物流渠道	采购成本低、商品质量、售后服务有保障	开拓市场阶段需要大量资金支持、商品品类受限	亚马逊、海囤全球、网易考拉海购、顺丰海淘等
M2C	平台招商,无须关注货源、物流环节	商品海外直邮,提供本地退换货服务	收入仅靠佣金、商品零售价与批发价之间的差额,第三方商家品质难以保障	天猫国际、洋码头、跨境通、苏宁全球购等
海外代购	C2C的海外买手制	优化供应链,不需要大量库存,提升产品SKU丰富度	商品源不可控,管理成本高,收入仅为佣金和服务费	洋码头、美国购物网、淘宝全球购等
导购返利	通过编辑海外电商消息引流,将订单汇总给海外电商	引流速度快,技术门槛低,快速了解消费者需求	竞争激烈、对供应链把控较弱	55海淘、一淘网等

任务

1. 名词解释

跨境进口电子商务 跨境出口电子商务 M2C模式 导购返利 内容分享跨境电商模式

2. 简答

(1) 跨境电子商务平台常见的运营模式有哪些?请举例其典型代表。

(2) 举例说明跨境进口电子商务的典型代表,并简要阐述其运营模式。

3. 实践训练

登录1号店海淘官网及亚马逊跨境电商官网,了解二者的运营模式,比较二者的异同。

项目五　跨境电子商务物流

项目案例

令人心力交瘁的跨境电商物流，谁来拯救？

中国跨境电商发展迅猛，有目共睹的成绩吸引了无数人的关注，然而，作为跨境电商必不可少的跨境物流的关注趋势与跨境电商却相差甚远。

"造成跨境电商和跨境物流趋势相差巨大是诸多因素综合作用的结果，但重要的一点还是业界对跨境物流的重视度不够、了解匮乏。"货兜科技有限公司相关负责人表示。例如，业内存在不少这样的案例：一位卖家向某跨境物流公司的经理反映，寄到欧洲的小包半个多月都没有显示妥投信息，该经理表示货物已到达目的地，派送后产生问题不在该公司责任范围之内，但是出于客户关系帮忙排查，结果发现客户填的收件信息只到某栋大楼而没有具体到门牌号。

据了解，当前跨境电商的卖家队伍中大致分为两部分：大部分是之前做淘宝、京东等国内电商的卖家，他们惯用国内的"四通一达"的物流标准要求跨境物流；小部分是从传统B2B外贸转型的卖家，这部分人群对国际物流有一定的了解。跨境电商卖家对跨境物流认知的扭曲，给跨境物流服务带来了严重的影响，从而拉低了跨境物流服务的质量。

（案例来源：雨果网，2017-4-13）

案例分析

当前，跨境电商为制造企业提供产品直销全球的机会的同时，也对其物流和供应链管理带来了挑战。运营成本高、配送时间长、包裹无法全程追踪、不支持退换货，以及出现清关障碍和破损甚至丢包的情况，这些都是中国制造企业在做跨境电商起步时经常遇到的难题。

除此之外，在上述案例还暴露了跨境电商行业内普遍存在的问题：国际物流各个环节中出现问题该由谁来处理？产品不合格找物流供应商，收件地址不详找物流供应商，为什么要收税也要问物流供应商。很多时候，许多电商卖家过于依赖物流供应商，不能分清服务的界限往往只会多走弯路，导致诸如此类看似简单的错误往往是造成低妥投率、高丢包率的重要因素。因此，搭建好高效完整的物流供应链系统，将决定着制造企业的服务水平和市场竞争力。

一、跨境物流概述

跨境电子商务物流是指企业或其他主体在跨越不同国境或地区进行电子商务交易后，依托信息化技术，借助国际物流体系将产品从产地高效率、低成本地运送到消费地而进行的规划、实施和控制过程，最终目的是最大限度地满足消费者的需求。

跨境电子商务物流

近年来，我国跨境电商发展迅猛，市场交易规模逐年攀升，推动了跨境物流需求的不断增加。同时，电子商务的全球化和跨境购物模式的流行也促使物流产业呈现全球集约化的发展趋势，为跨境电子商务带来了更加复杂的物流运输和配送问题。与发达国家相比，我国的跨境电子商务物流还存在以下问题。

（一）跨境电子商务物流政策有待完善

跨境电子商务物流涉及运输、仓储、通关等流程。与发达国家相比，我国的政策支持还较少，在出入境检验检疫、税务、外汇管理等业务上的标准化信息流通还存在一定问题。因此，政府要尽可能出台新政策，通过简化程序、资金扶持等措施促进我国跨境电子商务物流的发展。

（二）缺乏第三方物流提供专业化服务

我国第三方物流企业数量较多，但大都为国内电子商务的物流提供服务。对于国际快递服务，主要为普通快递的形式，缺乏专门为跨境电子商务企业提供全方位专业物流服务的第三方物流企业。因此，有必要建立专业化的第三方物流为跨境电商服务，这有利于推动我国跨境电子商务更好地发展，并在国际市场竞争中处于有利地位。

二、主要跨境物流方式

（一）邮政小包

邮政小包是万国邮政联盟（简称"万国邮联"）邮政产品体系中的一项基本业务，即通过万国邮联体系采用个人邮包方式收发、运送货物。

邮政小包具有限制单包重量、速度较慢、丢包率高、非挂号形式无法跟踪商品、无法享受出口退税等问题。当前，我国跨境电子商务中70%左右的业务使用邮政小包配送。由于中国邮政为国有企业，享受国家税收补贴，与其他跨境物流方式相比，其运价都相对低廉。

总体来说，邮政小包属于性价比较高的物流方式，适合单个包裹重量较轻、价格要求实惠，且对时限、跟踪查询要求较低的产品。由于邮政小包属于民用包裹，且海关对个人邮递物品的验放遵循"自用合理数量"原则，因此，数量较大的产品不宜选择这种方式。

（二）国际物流

国际物流通常也称为国际快递，主要是指由四大跨国快递公司（UPS、DHL、FedEx、TNT）包揽所提供的全球快递物流服务。国际快递对信息的提供、收集与管理有很高的要求，因为国际快递公司拥有自己的运送机队、车辆，在全球主要城市自建投递网络，配以现代化的信息管理系统支撑，具有信息传递失误率较低、失包率低、实时进行邮件跟踪、配送速度快、服务较为完善等优势。但是国际快递收费较高，特别是到偏远地区的费用更是昂贵，一般常见于跨境电商B2B卖家在给客户寄发样品时使用。

（三）海外仓储

海外仓储是指跨境电商平台运营商、第三方物流公司独自或共同在本国以外的地区建立海外仓库，卖家将货物通过传统外贸方式采用海运、空运等形式运输并存储到国外仓库，当海外买家网上下单购买商品时，卖家通知国外仓库对商品进行分拣、包装、派送。

如今，大多数跨境电商平台为了提升客户的购物体验，也推出了海外仓服务，如亚马逊通过自建仓储为客户提供 FBA（Fulfillment By Amazon，亚马逊物流）业务，大龙网与 XUR（俄速递）联合在俄罗斯共建海外仓。

建立海外仓，中国卖家将在单件商品利润率、销量、销售品类等方面得到显著提升。利用海外仓可以实现本地退换货，进而规避二次跨境通关和检查，有利于缩短运输及配送周期，降低物流管理成本。此外，通过建设海外仓，中国跨境电商可以实现本地化运作，有利于打破本地保护壁垒，最终促进跨境电商产业由价格战逐渐转为良性的服务竞争。

任务

1. 名词解释

邮政小包　海外仓

2. 简答

(1) 我国跨境物流当前主要存在哪些问题？

(2) 简述建立海外仓的作用。

3. 实践训练

登录速卖通官网，了解第三方海外仓的申请流程。

项目六　跨境电子商务支付

项目案例

通联支付联动海关助力跨境业务发展

随着"一带一路"进程的深入及全球互联网渗透率的攀升，近几年跨境电商市场规模持续上升，成为我国外贸转型升级的重要方向。作为跨境电商业务必不可少的"资金连接器"，跨境支付机构自 2013 年以来步入"百花齐放"时代。据统计，2019 年国内跨境电商进出口总额达 1 862.1 亿元，国内用户使用第三方支付渠道完成跨境交易的比例高达 68.3%。在巨大的市场推动下，众多支付机构纷纷布局跨境业务。

作为第一批获得跨境支付资质的第三方支付机构，通联支付早在 2013 年年底就开始在跨境支付业务领域发力，目前已经有成熟的行业综合解决方案，能够依托海关为跨境电商提供支付报关、跨境付汇等成熟产品。通联支付将国内支付渠道、跨境支付渠道与海关报关系统进行联动整合，为跨境电商提供综合的支付解决方案，攻克了线下支付与海关数据传输不能并行的难题。

案例分析

支付是商业活动的最后环节，中小跨境电商企业支付渠道不够便捷、通畅等一些客观因素往往制约着跨境电商的发展。通联支付作为国内综合实力强劲的高新技术企业，洞悉跨境电商加速发展的痛点，依据当下跨境电商变革趋势，为跨境电商提供综合的支付解决方案，提高对于国内外支付环节的一体化对接与打通能力。未来，在跨境电商这一片"蓝海"中，跨境支付也会保持较大的增量空间，并不断促进跨境电商产业链和生态圈的发展。

一、跨境电子商务支付概述

（一）跨境电子商务支付的定义

跨境电子商务作为一种传统国际贸易网络化、电子化的新型贸易方式，依托于电子商务平台，跨境支付是其不可或缺的环节。跨境电子商务支付指分属于不同关境的交易主体，在进行跨境电子商务交易过程中通过跨境电商平台提供的与银行之间的支付接口或第三方支付工具进行的即时跨境支付的行为。

跨境电子商务支付

（二）跨境电子商务支付与传统国际贸易支付

传统的国际贸易跨境支付主要采用电汇、信用证等线下支付模式，需要买卖双方到当地银行实地操作，也可以通过互联网进行线上支付。这种先付款后发货的方式，对于买家来说风险较高，容易产生不信任。

而跨境电子商务支付主要是基于互联网的线上支付，包括各种电子账户支付方式和国际信用卡，操作便捷、安全性强，但通常有交易额的限制，因此比较适合小额的跨境零售交易。

跨境电子商务不断改写国际贸易支付的传统方式，线上支付方式将代替传统的线下支付方式，使国内外商户不必到银行办理结算业务，有效地降低买卖双方的交易成本。

二、跨境电子支付的方式

跨境电商交易中支付的方式不仅会影响买家的购物体验，还会影响卖家提现收款的成本。目前，国际信用卡、银行转账和第三方支付三种方式占据了大部分跨境电商支付市场。对于跨境电商来说，需要根据自身需要选择适合自己的支付方式。

（一）国际信用卡

VISA 和 MasterCard 信用卡是欧美最流行的支付方式，拥有庞大的用户群体。跨境电商平台通过与这两种国际信用卡组织合作，开通接收海外银行信用卡支付的端口。

1. VISA 信用卡

VISA 的前身是 1900 年成立的美洲银行信用卡公司，现在是全球支付技术公司，运营着全球最大的零售电子支付网络，连接全世界 200 多个国家、地区的消费者、企业、金融机构和政府，用数字货币代替现金或支票的使用。

2. MasterCard 信用卡

MasterCard 信用卡是由参加 MasterCard 国际组织的金融机构会员发行的，其组织机构 MasterCard 国际组织是全球第二大信用卡国际组织。

使用 VISA 及 MasterCard 等国际信用卡在线支付安全、快捷、方便，而且符合欧美国家人群的消费习惯，是广大厂商必选的一种外贸收款方式。国外买家在网站上面订购产品可直接在线下单，在线用信用卡支付款项，以银行做担保，能够保障买卖双方的利益。

（二）银行转账

在银行转账中，最常见的为电汇方式。电汇是汇款人将一定款项缴存汇款银行，汇款银行通过电报或电传给目的地的汇入行，指示汇入行向收款人支付一定金额的一种汇款方式。

使用电汇的优势体现在收款迅速，并且先付款后发货，能够保证商家利益不受损失。然而，先付款、后发货导致国外买家容易产生不信任，且客户群体小，易限制商家的交易量。因此，基于银行转账的方式往往适用于传统的B2B跨境交易，且更适合大额的交易。

（三）跨境第三方支付

跨境电商平台的兴起，对支付的便捷性和即时性都要求更高，监管部门在此时放开了第三方支付机构的准入。所谓跨境第三方支付，是指借助第三方网络支付平台，使跨境电子商务活动的买方直接通过电子信息网络向卖家付款。这里的第三方支付平台不同于银行等传统的金融服务机构，而是具备较强电子通信能力和信息安全技术，能够使资金在消费者、银行和商户三方之间快捷高效地结算流转的具有独立运营能力的第三方互联网支付平台。当前，在主流的跨境第三方支付中，典型代表有PayPal和国际支付宝。

1. PayPal

PayPal是一个方便、快捷的国际第三方在线支付方式，目前国外买家使用率占80%以上，只需用邮箱进行注册，开户免费。其账户分为个人账户、高级账户和商业账户三个类型，具体如表11-2所示，买家可以根据自身情况灵活选择。

表11-2 PayPal账户类型及用途和适用对象

账户类型	用途	适用对象
个人账户	用于个人购物付款	购物买家
高级账户	用个人的名义接收来自买方的付款	个人卖家
企业账户	以公司或企业名义进行买卖	企业卖家

PayPal具有以下特点。

（1）全球用户广。

PayPal在全球拥有2.2亿用户，覆盖全球85%的国家，可即时收付、即时到账全球25种主要流通货币，在中国本地银行可以提现。

（2）品牌效应强。

PayPal在欧美拥有极高的使用率，是全球在线支付的代名词。

（3）资金周转快。

PayPal具有即时收付、即时到账的特点，能够让卖家实时收到海外客户发送的款项。

（4）安全保障高。

PayPal拥有完善的安全保障体系、丰富的防欺诈经验，确保交易顺利进行。

2. 国际支付宝

国际支付宝是由阿里巴巴与支付宝联合开发的第三方支付担保服务，其服务模式与国内支付宝类似。在全球速卖通平台上的卖家只要有国内支付宝账号，无须再另外申请国际账号，只要将速卖通会员绑定至国内支付宝账号来收取货款即可。

国际支付宝与PayPal都是当前主流的跨境第三方支付工具，二者区别如表11-3所示。

表 11-3　PayPal 与国际支付宝的区别

对比项目	PayPal	国际支付宝
买卖双方保障	偏向于保护卖家，一旦买家付款，卖家立刻收到款项	偏向于保护买家
会员设置	会员根据等级享用不同利益保障	会员没有等级划分
账户保护	账户投诉率过高会被永久关闭	账户不易被关闭
提现费用	账户资金在中国可以电汇到银行，但需要支付手续费	不收取提现手续费

任 务

1. 名词解释

跨境电子商务支付　跨境第三方支付

2. 简答

（1）跨境电子商务支付与传统国际贸易支付有哪些区别？

（2）请对比 PayPal、国际支付宝这两种收款方式的优劣。

3. 实践训练

登录亚马逊官网，模拟操作并了解该平台下的跨境支付方式及流程。

推荐资源

1. 中国（沈阳市）跨境电子商务公共服务平台
2. 中文互联网数据资讯网
3. 网经社（跨境电商板块）

专题十二

社交电子商务

学习目标

1. 掌握社交电子商务的概念及范畴。
2. 理解社交电子商务的特点。
3. 掌握社交电子商务的本质及核心价值。
4. 理解社交电子商务与传统电子商务的区别及优势。
5. 了解社交电子商务的发展。
6. 掌握社交电子商务的模式的分类。
7. 掌握社交电子商务如何助力农村电子商务发展。

专题描述

社交电子商务是电子商务和社交媒体的深度融合,它是以信任为核心的社交型交易模式,是新型电子商务的重要表现之一。与传统电子商务模式相比,社交电商将社交媒介渗入消费生活中,通过社交的方式激发消费者的购物欲望来促进商业流的实现,从而达到裂变式传播及聚合流量的目的。因此,社交电商在流量、运营传播、渠道、用户等方面与传统电子商务模式存在诸多区别。

目前,社交电商以去中心化、社交性质鲜明、具备导购作用、精确用户细分及较高的转化率等特点迅速发展起来,且呈现出多元化、多模式的发展特征。对此,本专题将社交电子商务与传统电子商务进行比较,通过了解社交电子商务的发展,理解当前不同视角下划分的社交电子商务模式,并探索社交电子商务如何助力农村电商发展。

项目一 社交电子商务概述

项目案例

良品铺子——"五步走"开启社交电商

良品铺子是一家比较典型的传统连锁零售企业,在同质化竞争、门店租金和人力成本上涨等威胁下，2012年入驻各大电商平台试水电商业务，2014年成立自平台事业部主攻移动社交电商和O2O业务，通过大半年的努力，取得了"手机淘宝生活节O2O业务第一名""2014年口袋通微信'双十一'全品类销售冠军"等荣誉。那么，良品铺子到底是如何开展移动社交电商业务的？

第一步：组建"重甲兵团"，打造自有社交电商平台

良品铺子为打造自有社交电商平台，投入了大量的人才资源，组建了新媒体策划、内容创造、技术开发、运营策划、客户服务、社交商品开发等一系列配套组织部门。这些投入与付出，奠定了良品铺子电商公司能在移动社交电商业务上取得突破的基础。

第二步：以微信为核心，启动微信商城交易平台

良品铺子以手机商城嵌入微信的方式开始探索社交电商业务。除了利用微信商城来完成交易的功能定位外，微信商城同时还是连接门店会员的连接器。会员积分兑换、福利优惠券、新品预售、市场调研等之前在线下门店无法完成或者需要大量成本才能完成的功能，通过微信商城可以高效地完成。良品铺子社交电商团队通过寻找线下门店的痛点和不足，以连接服务的角色来与门店打通，做好服务，最终探索出一条独有的自有社交电商平台的发展道路。

第三步："兵团作战"扫码"吸粉"

在良品铺子2014年组建自平台商城事业部的时候，一开始也是没有找到发展自平台的方向。经过一段时间的探索，良品铺子开展了"兵团作战"式的扫码"吸粉"活动。2014年7—11月，自平台部门借助良品铺子八周年庆典的契机，通过微信公众号连接1 500多家门店，"吸粉"百万人，同时通过H5游戏和派发线上线下通用红包实现线上线下O2O的打通。通过此种形式的活动，良品铺子社交电商团队探寻到了在门店获取新用户和"粉丝"的方式。

第四步：基于微信社交媒体属性的营销策划

良品铺子针对微信社交电商的定位策略就是小活动维系活跃和大活动促进销售。2014年8月18日—9月21日，线上122万人次参与派发红包，315万人次抢红包，50万人次引流到线下门店购买，直接产生2 591万元销售额。门店创造了在淡季1.78亿元销售额的历史新高，实现了线上和线下的"双赢"。

第五步：基于社交属性的商品开发

移动社交电商最后一步也是很重要的一步就是开发社交属性的商品与"粉丝"产生交易，而一切商业交易都基于信任。良品铺子的成功在于基于社交属性开发了"粉丝"喜爱的商品及特色活动，如通过众筹的方式售卖松子，让"粉丝"参与定价与设计，最终由"粉丝"来推广传播的方式实现了让"粉丝"定价和参与供应链生产的模式；通过开发与"粉丝"互动的产品——会"说话"的星空棒棒糖，让"粉丝"参与再带来"粉丝"，实现了让"粉丝"帮品牌传播的目的。

良品铺子跨出了传统电商和传统门店的商业模式，站在"粉丝"的角度以互联网的用户思维为切入点，打造了一个从交流到交易的互动式闭环，并且创造了直接可数字量化的效益，形成了超过300万个微信"粉丝"的互动群体，实现了单次微信圈互动带来线上超过50万元到线下门店消费的顾客、线上单次消息推送带来超过6万个订单的良性O2O闭环模式。

（资料来源：新浪博客，账号名"天行风"，2018-4-7）

案例分析

在很多互联网从业者看来，良品铺子是一个典型的传统企业，目前线下门店的业务超过总营收的一半以上。不过，随着互联网流量红利消失，这反而成为良品铺子转型新零售的机会。针对年轻人的社交性和个性化需求，良品铺子定制了一系列社交产品，产品带有很强的话题性，自带社交功能。此外，其产品借助微信、微博同时发起投票，邀请"粉丝"投票选出一款自己想要的社交零食。从产品的内、外包装，到克重、周边赠品，再到购买情景的设置、产品的定价……产品的一切都由"粉丝"决定，创下行业先例。良品铺子基于新零售战略，引领了一系列的流量玩法，从"门店+小程序"到朋友圈、社群和"粉丝"经营，其成功经验，值得业界学习与借鉴。

相关知识

一、社交电子商务概述

（一）社交电子商务的定义

社交电子商务是电子商务在社交媒介的发展基础上的一种衍生模式。社交电子商务是基于人际关系网络，借助社交媒介（微博、微信等）传播途径，以社交互动、用户自生内容等手段来辅助商品的购买，同时将关注、分享、互动等社交化元素应用于交易过程的购物模式。对于社交电商的概念，可以从狭义和广义两个方面来理解。

社交电子商务概述

1. 狭义的社交电商

当前，以互联网为依托进行的社交活动日益普遍。在很多互联网用户日常生活中，微博、微信社交成为其不可或缺的组成部分。因此，从狭义上来看，借助微博、微信等网络社交平台对商品内容进行传播、分享，引导用户购买或消费商品的行为就是狭义的社交电商。

2. 广义的跨境电商

从广义上来看，社交电子商务是依托社交关系及相应网络平台开展的在线经营活动，即将关注、分享、沟通、讨论、互动等社交化的元素应用于电子商务交易过程的现象。

社交电子商务是电子商务和社交媒体的深度融合，如图12-1所示，它是以信任为核心的社交型交易模式，是新型电子商务的重要表现之一。在社交电子商务模式中，人们可以通过社交媒体渠道和传统电子商务渠道找到所需购买的商品的网页链接，然后进一步进行电子商务活动。因此，社交电子商务利用社交媒体技术影响用户做出购买决策，其中体现了人际关系、商业信息流的互动。

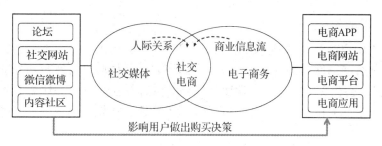

图 12-1 社交电子商务的模式融合框架

（二）社交电子商务的范畴

从不同参与者的视角来看，社交电子商务的范畴表现的倾向性有所差别。

1. 消费者视角下的社交电商

从消费者视角来看，社交电商与其购物行为息息相关，具体体现在消费者购买前对店铺和商品的比较与选择、购物过程中通过即时通信、论坛等实现与卖家的交流互动，以及购物后形成的消费评价与购物分享。

2. 电子商务企业视角下的社交电商

从电子商务企业视角来看，社交电商主要体现在通过对社交网络的运用，加强与用户的沟通交流，促进产品更加顺利地推广和销售。

3. 社交网络媒体视角下的社交电商

从社交网络媒体视角来看，其对电子商务开展营销，主要目的在于通过推广、销售电子商务企业产品获得相应的广告利润。

二、社交电子商务的特点

"互联网+"浪潮的到来及移动互联网的飞速发展，推动了社交与电子商务的结合，社交电商以其去中心化、具备导购作用、社交性质鲜明、用户细分精准及较高的转化率等特点迅速发展起来。

（一）去中心化

社交电子商务最显著的特征就是去中心化。在传统电商渠道中，主要以平台为中心，用户通过使用电子商务平台完成交易继而实现流量转化。而在社交电商中，主要基于用户关系网将朋友或社群作为核心，通过社交关系获取流量，继而完成商业变现的过程。

社交电商的去中心化传播方式如图 12-2 所示，社交电商不以平台作为获取流量的入口，而是通过依托社交平台及熟人网络进行裂变式传播来获取流量，继而完成商业变现过程。

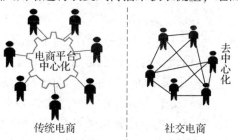

图 12-2 社交电商的去中心化传播

(二）具备导购作用

社交网站中用户都有或多或少的好友及"粉丝"，在互联网中，他们都是潜在的消费群体。这些用户除会参与网络购物全程，还可能对各自购物体验进行发布和分享，从而担当起网络"导购员"，在社交电商中不自觉地为其他潜在消费者解答"买什么""在哪买"等问题，对那些尚未形成明确消费需求的用户产生激发作用，激发其消费需求，进而提高社交电商的转化率。

（三）社交性质鲜明

相比单纯的电子商务，社交电商具有鲜明的社交性质。在基于电子商务的商业模式中，买卖双方处于商业行为中时本质上具有利益对立性，因此较难在消费过程中建立信任关系，而社交电商则可借助其社交性质，利用熟人网络中的信任背书提升买卖双方信任感。

社交电商所利用的是人们在社交生活中更偏向于信任的熟人购物评价惯性，因此可对用户群体进行精准定位，并通过社交群内的口碑，提高用户认可与忠诚度，从而使商品获得更高的转化率与复购率。

（四）用户细分精准

社交网站是面向用户而建的，用户通常都会拥有自身群组，可在不同讨论组中发布信息。通过社交网站群组划分，商家可轻易地接触到大量用户层，对用户兴趣、爱好和习惯等信息有所了解，进而制订更精确的营销计划。

（五）转化率高

社交电商基于关系网络、熟人关系及"粉丝"之间的关系，从传统电商的"全面撒网、重点捕鱼"的漏斗模式转变成现在的裂变模式。社交电商的运营维度从平台流量思维转化为社交关系流量思维，因此很容易形成以用户为核心的扩展逻辑，往往导致客户复购率、留存率都比较高。

三、社交电子商务的本质及核心价值

社交电子商务的崛起得益于信息技术和移动互联网的不断发展。随着智能手机的普及、各种社交应用的广泛使用，社群、社区、社交网络等平台以社交化的形态使任何人都可以成为中心，并通过社交工具拓宽自己的人脉关系，进而在该网状结构中与他人产生交集。

社交是人与人之间的往来，而社交电商就是基于人与人之间社交关系的商务模式。社交电商的本质就是利用社交关系和个人影响力，促使消费者产生购买行为，并通过社交拉动更多用户参与其中，从而裂变出更多细分流量入口，通过流量获取、产品推广、商品交易等环节实现商业变现。

社交电商可涵盖"电商+社交"及"社交+电商"两个层面。对于"电商+社交"，可以看作是电商为了增强客户黏性及引流，与其他社区合作或自建社区进而实现商业模式（典型代表如淘宝中的微淘），这类应用属于弱社交属性。而"社交+电商"则是在社区/社交平台的基础上加入电商功能，完成社交电商的闭环（典型代表如小红书），或者电商行业运用微信这一社交平台完成流量的裂变（典型代表如拼多多）。这两种应用都属于强社交属性。

无论是强社交属性还是弱社交属性，社交电商都是通过社交关系获取流量继而完成商业变现的过程。对商家或平台而言，社交电商的核心价值在于利用去中心化的方式获取低成本的用户流量，并依托社交关系及用户带来的裂变式增长提高用户转化效率，最终形成社交电商闭环进而实现商业变现。社交电商的本质及核心价值体现如图12-3所示。

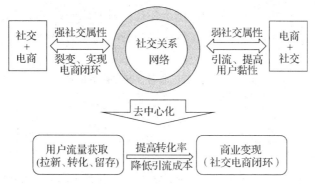

图12-3 社交电商的本质及核心价值

四、社交电子商务与传统电子商务

目前，国内电商市场发展成熟，用户红利消失，获客成本高，因此，各电商平台都在寻找突破点。社交电商作为电子商务一种新的衍生模式，依托于社交媒体及熟人网络进行裂变式传播促成交易，近年来发展迅猛。

（一）社交电商与传统电商的区别

虽然社交电子商务是电子商务一种新的衍生模式，但是社交电子商务和传统电子商务在本质上是不同的。

社交电商与传统电商，最大的区别就在于社交电商将社交媒介渗入消费生活中，通过社交的方式激发消费者的购物欲望来促进商业流的实现，从而达到裂变式传播及聚合流量的目的。因此，二者在购物路径上存在着较大的差异，如图12-4所示。

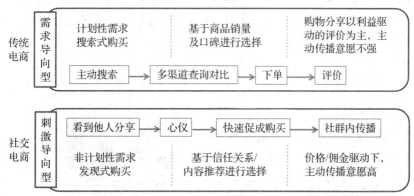

图12-4 传统电商与社交电商购物路径对比

在传统电商平台中，消费者属于基于计划性需求的搜索式购买行为（需求导向型消费），即消费者在购物前已有基本的购买目标，然后基于这个购物目标在电商平台上进行搜索，寻找商品。最后，消费者对购物的分享以基于利益的评价为主，其主动传播意愿不强。

在社交电商中，消费者的购买行为属于基于非计划性需求的发现式购买（刺激导向型消费），即消费者往往在社交分享和内容的驱动下产生非计划性购买需求，因此，社交电商更容易刺激消费者产生冲动型消费。此外，消费者的购物需求往往是基于熟人网络中的信任关系或内容推荐，在产生真正的购物需求时往往已心仪某特定商品，使社交电商中的购买效率提升。最后，消费者在价格或佣金的驱动下，往往具有较高的主动传播意愿。

除上述购物路径存在较大差异之外，传统电商与社交电商在流量、运营传播、渠道、用户等方面也存在诸多区别，具体如表12-1所示。

表12-1 传统电商与社交电商的区别

特点对比	传统电商	社交电商
购物路径	需求导向型消费	刺激导向型消费
流量中心	具有聚合流量中心，商家需争取平台流量	去中心化，通过模式创新获取流量
运营传播	以广告传播为主，商家需要积极引流	用户体验式消费传播为主，重平台口碑
渠道	平台具有强大的物流体系，稳定性强	进入门槛低、渠道稳定性弱
用户类型	用户分布较广，特征较为分散	依靠熟人或社群传播，用户细分更精确
用户黏性	用户黏性较弱，更关注商品价格及品质	用户信任度高，黏性更强
获客成本	用户红利消失，广告费用高、获客成本高	传播模式拓展更广，低成本获客
消费类型	用户产生需求后再到电商平台上进行消费	基于社交关系，先刺激需求再导致消费

资料来源：艾媒咨询官方网站。

（二）社交电商与传统电商相比的优势

从消费者购物的生命周期、购物路径层面及网络传播层面来看，相比于传统电商，社交电商在流量、获客成本、购物转化率等方面具有显著优势。

1. 消费者购物生命周期层面

在传统电商模式中，用户通常先有需求再产生购买行为。在用户进行搜索浏览、点击查看到下单购买的过程中，甚至到用户的复购，流量的逐层转化呈现出递减趋势。而社交电商依托于用户的社交关系进行裂变，流量呈现出逐层递增的趋势，同时实现了用户从拉新到留存整个生命周期的降本增效，如图12-5所示。

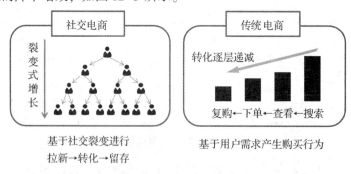

图12-5 社交电商与传统电商在流量转化上的比较

（1）拉新阶段。在用户的拉新阶段，社交电商依托社交裂变实现用户的增长，降低获客的成本。

（2）转化阶段。在实现用户转化的过程中，无论是基于强关系的熟人社交，还是基于弱关系的兴趣社交,产生的信任都能够提高用户的转化效率,并且可以根据社群标签对用户进行结构划分,进而实现精细化运营。

(3) 留存阶段。用户留存仍旧依靠社交关系来获取。用户实现转化后,既是购买者也是推荐者,在二次营销过程中以类似的模式实现更多用户的留存。

因此,社交电商优于传统电商首先表现在社交电商依托社交裂变降低引流成本,提高用户黏性。

2. 购物路径层面

传统电商属于需求导向型消费,消费者基于计划性需求进行搜索式购买;而社交电商属于刺激导向型消费,在用户购物的整个流程中,社交电商的作用及优势主要体现在需求的产生、购买决策及分享传播三个阶段,如图12-6所示。

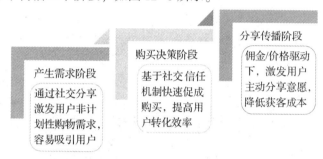

图12-6 社交电商在购物路径层面的显著优势

(1) 产生需求阶段:消费者在社交分享和内容的驱动下产生非计划性购买需求。
(2) 购买决策阶段:基于熟人网络的信任关系快速促成交易,提高用户转化效率。
(3) 分享传播阶段:在价格/佣金利益驱动下,激发用户主动分享,降低获客成本。

艾瑞咨询研究院整理的公开资料显示,传统电商的购买转化率约为0.37%,而社交电商的购买转化率往往达到6%~10%。此外,由于社交电商具有去中心化的特点,依托社交平台及熟人网络进行裂变式传播所降低的获客成本显著优于传统电商。

3. 网络传播层面

传统电商在用户的搜索模式下,使网络购物呈现中心化的特征。在商品供给极大丰富的情况下,用户在电商平台上显得束手无策,只能以排名作为购物决策的依据,使得中小长尾商品不易被发现并被购买。而社交电商具有显著的去中心化特征,商品通过用户个体进行传播,每个社交节点都可以成为流量入口并产生交易。因此,基于熟人网络的信任关系及推荐下,用户对商品的选择过程会减少对品牌的依赖,长尾商品则可以通过口碑传播具有更广阔的发展空间。

综合上述三个层面的分析,可以看出,社交电商优于传统电商主要表现在以下三个方面。

第一,社交电商依托社交裂变降低引流成本,提高用户黏性。

第二,社交电商依托社交平台及熟人网络的信任关系促成快速交易,在节省推广费用及库存成本的基础上可实现零库存分销、精准营销。

第三,社交电商采用去中心化的传播网络,为长尾商品提供发展机会,为中小供应商发展提供广阔的空间。

任务

1. 名词解释

社交电子商务　需求导向型消费　刺激导向型消费

2. 简答

(1) 社交电子商务的特点有哪些？

(2) 社交电子商务的本质是什么？

(3) 如何理解社交与电商的结合？

(4) 社交电子商务与传统电子商务相比，在购物路径上有何区别？

(5) 社交电商优于传统电商主要表现在哪些方面？

3. 实践训练

登录社交电子商务的典型代表"小红书"，对比传统电子商务平台淘宝网，分析小红书的社交关系及社交电子商务的本质。

项目二　社交电子商务的发展

项目案例

微信小程序，社交电商的引领者

中国移动购物市场规模正以较高增速逐年扩大，移动端已成为消费者网购主要渠道，2019年，中国移动电商用户规模已超过5亿人。然而，移动电商用户红利期已过，用户规模增长势头趋于平缓，社交电商需要在APP外寻找新突破口。这个新的突破口，就是微信小程序。

1. "京东购物"小程序

目前，95%的平台电商已经接入小程序。作为社交购物引领者，"京东购物"是小程序中的佼佼者，具备庞大的用户群体与流量优势。2017年，它在社交购物领域的许多突破和成果，都为社交电商注入了新鲜活力。

在充分融合微信平台流量优势的基础上，"京东购物"小程序继承了京东商品资源、物流资源、购买和支付体验等优质服务，并且打通数据壁垒，让品牌商精准对接消费需求，成为流量促增的新出路，更是商家开拓移动电商市场、打通线上线下、实现"无界营销"的重要平台。

2017年"双十一"期间，"京东购物"小程序中首次开展福袋SNS传播活动，通过用户传播分享优惠券，有效获取流量和吸收新用户，11月11日单日用户比10月日均增长了3倍。用户进入小程序后将自动获取1个福袋，分享成功后自动获得1张优惠券，点击"立即使用"进入"京东购物"小程序首页。活动10天累计参与人数808万人，参与次数1 856万次，分享人数308万人，分享次数553万次，分享率为40%。

由于微信去中心化的特征，"京东购物"小程序发起持续不断的运营活动，综合利用红包、拼购、众筹、新品首发、品牌特卖、游戏互动多种方式吸引用户。

2. 星巴克"用星说"小程序

星巴克"用星说"小程序模仿了微信红包,能够像发红包一样送礼物,给对方赠送礼品卡。赠礼者只需选择礼物,然后写上祝福语,付款后即可发送给收礼者个人微信。通过"电商+社交"模式,以礼物选品为内容重点,通过微信生态圈内的熟人网络进行送礼。

这种简单又时髦的玩法激发了人们的好奇与兴趣,每一次赠礼都是帮助平台在用户之间进行传播,实现社交裂变,为用户带来良好的体验。社交电商通过用户分享,利用微信帮助商品传播,通过新颖的玩法或低廉的价格,刺激消费者进行购买。

社交电商发展迅猛,从微信生态衍生,逐步渗透到微博、社区、直播等社交媒介,吸引大量资本涌入。唯品会、京东、阿里巴巴等各大电商巨头纷纷进军这一蓝海,以不同的姿势抢占市场份额。与此同时,一些新型电商平台也开始以社交网购为支撑,跻身社交电商领域。

一、社交电子商务的发展历程

虽然社交电子商务在最近几年才开始迅猛发展并走入公众视线,但社交电子商务并不是一个新鲜的事物,从朋友圈里的微商,到每年可带货数亿的"网红"、关键意见领袖(Key Opinion Leader,KOL),都属于社交电商的范畴。

社交电子商务的发展

社交电子商务的重点在于社交和电商,从本质上来看属于分享经济的范畴。随着分享经济的不断发展,最近两年社交电商的概念如火如荼,在互联网下半场,可算是一个真正万亿级市场的风口。纵观我国社交电子商务的发展,从萌芽开始到生长及探索,直至规范发展,一共经历了三个时代,如图12-7所示。

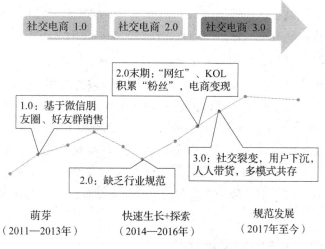

图12-7 社交电子商务的发展历程

（一）社交电商 1.0 时代（2011—2013 年）

1.0 时代的社交电商主要是基于微信朋友圈、好友的销售。2011 年开始，"粉丝"经营形式诞生，最早出现的社交电商就是那些依靠微博爆发的"网红"们，他们通过"'晒'日常穿搭""测评'心水'好物"等吸引"粉丝"，打造自有流量中心，通过偶像效应来卖货。随着微信陆续推出朋友圈、微信支付及公众号等功能，出现了微商这种以个人代购为主要形式的社交经营方式。他们没有成千上万的粉丝，只是在朋友圈里靠内容描述吸引亲朋好友，实现销售与获利。

早期个人微商模式下，个人店主需要自己完成从商品采购、定价到销售的一整套流程，门槛相对较高。然而这个时期的微商呈现出一些弊端，朋友圈"暴力刷屏""洗脑式"发展下线及假冒伪劣产品不断透支着公众的好感与信任，因此，传统微商的模式广受质疑。此外，随着微商模式的不断发展，微商在层级裂变下导致层级过长，加价过高，产品缺少了价格优势，底层动销力不足。

（二）社交电商 2.0 时代（2014—2016 年）

微商时代，"三无"产品被过度包装，不断侵扰朋友圈，社交电商在很长的一段时间内整体都不温不火。随着微信支付的普及、小程序的成熟，国内电商行业供应链、仓配和物流的完善，社交电商迅速崛起，此时我国社交电商进入快速生长期，各个企业都开始不断探索新型的社交电商模式。

在社交电商 2.0 阶段，无论是普通个人还是商家，都逐渐意识到社交电商能给自己带来利益，社交电商在这个阶段得到了飞速发展。这个时期，社交电商主要以微商城为主要代表。诸多企业出于自身需要及时代的发展都建立了微商城，如微盟、有赞及点点客等。然而由于缺乏行业规范及经验，出现层层分销的危机局面。且微商城模式需要靠用户自己去建立供应链并获取流量，因此，微商城模式很快经不起市场的检验。在 2.0 时代末期，伴随着"网红"经济的不断发展，社交电商围绕"网红"、KOL 将分散的用户聚集起来，通过 KOL 所积累的大量"粉丝"实现电商变现，由此开启了社交电商的新模式。2015 年国家修订并实施的新的《中华人民共和国广告法》将"网红"、明星微博、微信自媒体等一并纳入监管范围，要求按照其他标准遵循广告法的约束，使社交电商逐渐走向规范化。

（三）社交电商 3.0 时代（2017 年至今）

社交电商的规模化发展，其实是长尾效应在电商领域的展现。2017 年，受制于传统渠道流量的高成本压力，越来越多的实体经济开始转向社交电商。2018 年被称为"社交电商元年"，拼多多、云集、贝店、小红书迅速流行，社交电商开始进入大众的视野，伴随着《社交电商经营规范》的发布，社交电商全面爆发并走向规范化、企业化、专业化、多元化。如今，电商 3.0 时代体现的是社交的裂变，人人均为分享者，流量经历着更快速的裂变。社交裂变所带来的流量增长势必为平台的成长带来速度，未来的社交电商会继续朝着规范化、多元化的方向发展。

二、我国社交电子商务的发展现状

当前，"80 后""90 后"是我国移动社交网络发展的中坚力量，"00 后"是移动社交网络界的新生代，而主打年青一代的社交电商用户规模势必会随年轻人对社交网络、移动互联网使用率的增长而水涨船高。2019年，我国社交电商的用户规模达到7.13亿人，同比增长17.26%。

随着社交流量与电子商务交易的不断融合，社交电子商务行业规模不断扩大，社交电子商务占网络购物市场的比例也不断增加。在用户规模逐步扩大的趋势下，作为一种基于社会化移动社交而迅速发展的新兴电子商务模式，自2013年出现后，我国社交电商的交易规模也随之扩大，如图12-8所示。社交电子商务的高效获客和裂变能力吸引了众多企业加入，2018年，社交电商成为资本的"宠儿"，拼多多、云集、蘑菇街等社交电商的上市更是将社交电子商务推上风口。数据显示，近年来我国社交电子商务行业的市场规模保持高速增长态势，年均增速在70%以上。2019年，社交电商的市场规模达2万亿元，同比增长71.71%。未来，社交零售用户规模将维持较高增长速度，不断扩大，社交电商行业也将面临巨大的发展空间。

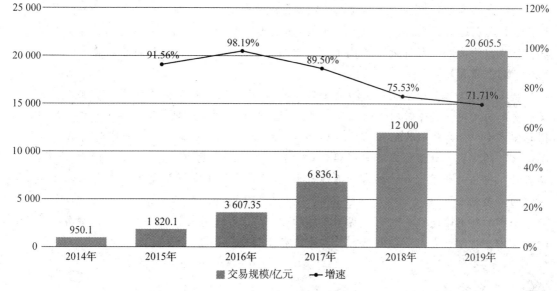

图12-8　2014—2019年中国社交电商交易规模变化趋势

（数据来源：网经社、前瞻产业研究院）

任务

1. 简答

(1) 我国社交电商在发展中经历了哪几个阶段？

(2) 举例说明我国社交电商3.0时代的典型代表，并阐述该阶段社交电商的特征。

2. 实践训练

登录网经社"社交电商"板块，查找有关云集的社交电商资讯，了解云集进入社交电商的发展历程。

项目三　社交电子商务模式

项目案例

全球时刻："社交版淘宝+跨界合作"为社交电商赋能

全球时刻是一个精品社群 APP，通过会员社群化营销搭建起"购物省钱、分享赚钱"的创新模式，打造会员制精选社群化电商平台，被业内人士称为"社交版淘宝"。这一模式对传统电商进行了重新架构，有望成为社交电商走向成熟化的突破口。

在此之前，社交电商主要可分成拼团、分销和社群这三种模式。其中，拼团最为常见，微信朋友圈的各种拼团链接就是拼团模式的体现；分销模式表现在店主和平台的协同合作，店主既是消费者又是分销商；社群模式则更倾向于为商家赋能，通过搭建小程序建立微商城，进行产品展示和销售。这些模式虽从各自优势出发，百家争鸣，但对社交网络属性的利用程度并没有达到最大化。因此，以社交营销为切口的全球时刻，社群化运营兼顾会员制分享，打造出的"社交版淘宝"实现了"自购省钱、分享赚钱"，不论对于消费者还是创业者来说，都十分利好。

全球时刻认为，分享改变生活。在全球时刻2018战略启动会暨两周年庆典上，关于社交电商走向问题，全球时刻创始人曾表示，在去中心化的商业趋势下，人与人之间的信任显得越发重要，分享将成为信任的基本形态，这和社交电商相辅相成。全球时刻希望以"分享赚钱"的方式，让消费者参与利润分配，赋予消费者消费商的身份，成为"自购省钱+分享赚钱"价值的获益者和传播者，迅速让社交价值、人脉价值最大化，走向以社交为基础轴心的"轻创业"。

全球时刻不论是社交电商与实体店相结合、"社交版淘宝"轻创业，还是和各个平台的跨界合作，对于社交电商领域而言，都是具有开创性的存在。

案例分析

全球时刻借助人际关系网络，以社交电商起底，将全球精品好货带给消费者的同时，设立会员制度和会员分享分润体系，打造"社交版淘宝"，将社交元素在电子商务领域中应用得淋漓尽致。

从社群电商到如今的精品电商、会员服务平台和渠道众包跨界合作"三位一体"，很显然，全球时刻已从社交电商1.0时代步入3.0时代。而全球时刻全新战略生态体系的构建，于战略合作的主体有重大意义，将带领他们细分社交电商红利，同时也将促进社交新零售行业进一步发展。在这期间，除了电商模式变革、用户消费升级之外，跨界合作赋能的拉动与创新也将带动整个电商行业消费升级，为社交电商再添马力。

相关知识

目前，我国社交电子商务呈现出多元化、多模式的发展特征。从不同的角度，可以将社交电子商务划分为多种类型。

一、按交易实现方式划分

按照交易实现的方式,可以将社交电子商务分为拼购类社交电商、会员制社交电商、社区团购三种。

(一)拼购类社交电商

拼购类社交电商主要通过聚集2人及以上的用户,以社交分享的方式组团,通过拼团减价来激发用户分享形成自传播的电子商务模式。拼购类社交电商中,拼团的发起人和参与者大都通过微信分享并完成交易,用户组团成功后可以以比单人购买时更低的价格购买商品。拼购类社交电商的运营模式如图12-9所示。

图12-9 拼购类社交电商的运营模式

拼购类社交电商平台只需花费一次引流成本吸引用户主动开团,用户为尽快达成订单会将其分享到自己的社交圈直至订单达成,而在拼团信息在用户社交圈传播的过程中,其他人也可重新开团,传播次数和订单数量可实现指数级增长。由于裂变特性带来的快速高效的传播效果,目前,拼购已经作为一种日常的营销方式被诸多电商企业广泛采用,使用拼购类社交电商模式的典型代表企业有拼多多、京东拼购、苏宁拼购等。

(二)会员制社交电商

会员制社交电商指在社交的基础上,以S2B2C的模式连接供应商与消费者进而实现商品流通的电子商务模式。其中,S为分销平台;B为渠道商/店主,即所谓的会员;C为顾客。

会员制社交电商的核心在于通过B端店主实现快速裂变。在该模式中,S上游连接商品供应方,为B端店主提供供应链、物流、IT系统、培训、售后等一系列服务,再由B端店主负责C端商品销售及用户维护。用户通过缴纳会员费、完成任务等方式成为会员,在不介入供应链的情况下,利用社交关系进行分销,实现"自用省钱、分享赚钱"。会员制社交电商的特点在于通过分销机制,让用户主动邀请熟人加入,进而形成关系链,再由平台统一提供货、仓、配及售后服务。

会员制社交电商平台自2015年兴起以来,大批微商从业人员的涌入为行业带来了爆发式增长。众多大品牌和传统电商企业看到了这种模式的增长潜力也开始进行模式探索,会员制社交电商模式的典型代表有云集、贝店、爱库存等。

(三)社区团购

社区团购是围绕社区团长进行人、货、场的重构,并基于社区O2O模式实现交易的社交电商模式。从参与主体的构成来看,社区团购也属于S2B2C电商的一种。在该模式中,由社区团购平台、团长及社区居民三方参与实现交易。社区团购平台主要提供产品、物流仓储和售后支持;团长负责社群运营、商品推广、订单搜集和最终的货品分发;社区居民加入社群后通过微信小程序等工具下订单，社区团购平台在第二天将商品统一配送至团长处，消费者上门自取或由团长进行"最后一公里"的配送。

社区团购的特点在于利用熟人经济降低引流成本，即以团长为基点来降低获客、运营及物流的成本，同时采用预售制及集采集销的模式，在提升供应链效率的同时打破了费用支付瓶颈。社区团购的流量主要来源于熟人社交的关系链，其目标用户为社区内的家庭用户，因此适用于复购率较高的日常家庭生活用品及果蔬等食品。

我国社区团购行业自 2016 年起步以来，在 3 年内飞速发展并呈现爆发式增长。由于行业本身门槛并不高，因此吸引了诸多企业步入社区团购模式的社交电商中，典型代表有松鼠拼拼、兴盛优选等。

二、按社交关系对电商的影响划分

按照社交关系对于电子商务的影响，可将社交电商划分为社交内容电商、社交分享电商及社交零售电商三种类型。

（一）社交内容电商

社交内容电商主要指通过形式多样的内容引导消费者进行购物，实现商品与内容的协同，从而提升电商营销的效果。简单来说，社交内容电商就是"网红"、KOL、社交达人通过微博、公众号、直播等社交工具创造产品内容吸引用户消费。产品试用、试穿等都属于社交内容电商的范畴。此外，有部分传统电商平台也会通过开设直播及内容导购频道来刺激用户消费，这也属于社交内容电商。

社交内容电商的特点在于通过内容运营激发用户的购买热情，能够形成"发现—购买—分享"的商业闭环。从本质上来看，社交内容电商其实是用户从消费产品到消费情怀的升级，因此，它能够通过内容影响用户的购买决策。

社交内容电商的典型代表有小红书、礼物说 APP 等。其中，小红书主要是通过境外购物体验的分享与电商商城相结合；而礼物说 APP 是以礼物攻略为核心进行内容导购。

（二）社交分享电商

社交分享电商即通过用户分享，在微信等社交平台利用社交关系进行传播，进而吸引用户购买。从本质上来说，社交分享电商主要影响推广传播，适用于基于熟人的精准推荐。

目前，社交分享电商主要存在两种形式：一种是通过分享促进用户社交互动，进而促进用户的消费刚需；另一种是通过利益激励机制鼓励个人分享商品链接推广商品。因此，社交分享电商的关键在于利益驱动，如低价、佣金等，只有利益驱动足够打动用户才会使用户主动参与互动及分享过程。

典型的社交分享电商有"礼物说"小程序、拼多多等。"礼物说"小程序通过用户分享礼物给好友加强其社交属性；拼多多的用户主要通过分享拼团信息促成交易，本质上仍为流量电商。

（三）社交零售电商

社交零售电商是基于社交场景搭建的线上零售平台，线上平台通过整合供应链，开发线上分销商城，招募个人店主进行推广，进而快速扩充零售渠道体量。从本质上看，社交零售电商能够影响供应销售。

社交零售电商属于典型的 S2B2C 模式，平台直接面向个人店主等小用户，通过他们来解除 C 端消费者，个人店主负责帮助 S 平台打开销售渠道，S 则主要负责供应链和售后服务。这种电商模式需要积累一定的熟人资源，以此降低商品在推广中的信任风险。信任是社交电商运营中最重要的因素，一切交易都建立在信任的基础上。

社交零售电商的典型代表有云集微店、洋葱 OMALL、预农山庄等。

三、按运营模式划分

根据社交电商的运营模式不同，可以将社交电子商务分为 KOL 分销、拼团模式、内容/导购模式、平台电商几种类型。

（一）KOL 分销

KOL 分销属于社群销售模式，采用碎片化分销方式促进店主的价值回归。在 KOL 分销模式中，用户群体的定位明确，且用户忠诚度高，因此用户转化率较高。

KOL 分销的典型代表有贝店、云集微店等。以云集微店为例，其运营模式如图 12-10 所示。在其运营过程中，小 B 店主通过社交邀请形成利益链，同时侧重用户的深度运营。因此，该模式能够快速扩充零售渠道体量，同时获取较高的用户使用黏性及忠诚度。

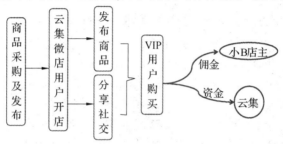

图 12-10 云集微店的运营模式

（二）拼团模式

拼团模式以低价吸引消费者，并以单个用户为传播节点进行主动分享，进而以低成本获取流量。其典型代表有拼多多、乐拼购等。

以拼多多为例，拼团模式的运营首要之处就在于采用低价吸引消费者，然后基于社交关系，采用拼团的模式进行病毒式传播，并通过诱导分享实现裂变，最终形成社交闭环。

（三）内容/导购模式

内容/导购模式主要依靠用户产生内容（User Generated Content，UGC）及专业生产内容（Professionally Generated Content，PGC）来引导用户消费，进而提高用户黏性。该模式属于场景化购物引导模式，内容的质量及真实性是该模式的关键。因此，内容/导购模式注重口碑营销，通过内容原创、内容真实及口碑来提高转化率。内容/导购模式的典型代表有小红书等。

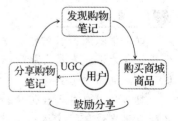

以小红书为例，其运营模式如图 12-11 所示。在小红书的内容/导购运营模式中，主要以 UGC 为依托，通过社区与口碑的沉淀，同时引入大量明星、KOL 入驻，进而通过提高"粉丝"流量来提高转化率。

图 12-11 小红书的运营模式

（四）平台电商

平台电商主要依靠平台自有知名度，依托于社交平台，适当加入社交化方式（如拼团、导购栏目等）来实现商业变现。平台电商的主流代表有京东拼购、淘宝特价版等。

任务

1. 名词解释

KOL 分销　社交内容电商　社交零售电商

2. 简答

（1）社交关系对电商的影响体现在哪几种社交电商类型中？其影响具体表现在何处？

（2）阐述拼购类、会员制及社区拼团三种类型的社交电商的本质区别。

3. 实践训练

登录相应网站，了解小红书和拼多多这两种社交电商的主要特点及运营过程。

项目四　社交电子商务布局农村助农发展

项目案例

借力社交电商，贝店探索农村互联网发展新模式

"这是属于社交电商的时代，也是属于我的时代。"这是 2018 年在杭州香格里举办的第一届贝店店主大会的宣传口号，会议的主题为"我·时代"。

大会上，贝店"一县一品"计划正式启动，持续助力精准助农，为各地农民增产增收，满足所有人对美好生活的期盼。同时，贝店总经理也在现场宣布，将在 2018 年帮助 10 万户农民增收。"一县一品"计划启动，一年为百个扶贫县打造百个农产品产业带。

贝店希望用自身优势和资源，真正帮助农民脱贫，帮助农产品上行，帮助农户实现收入的增长。接下来，贝店也将继续响应政府打赢脱贫攻坚战的新要求，在农业互联网化、电商助农等方面持续创造价值。这也为社交电商精准助农、定点扶贫探索了新模式与新道路。

自 2017 年上线以来，贝店一直致力于发挥自身网络资源和平台优势，支持"一县一品"优质企业和农产品在贝店平台展示销售。通过贝店的社交电商平台，畅销的农产品不再局限于少数地区，大部分优质农产品也不再"养在深闺无人知"。贝店利用自身的平台优势和网络资源，将农村电商进行线上线下融合，通过完善鲜活农产品直供直销体系等推动农产品上行，同时加强当地农村电商物流建设，提前为贝店消费者预留了最佳品质的产品，并实现从农田到餐桌的新鲜直达，确保消费者用更优惠的价格买到更好的产品，为全国更多优质农副产品提供了展示的平台。

案例分析

近几年以来，农村电商逐渐被大众熟知，借助社交电商拓宽扶贫策略，助力农村互联网发展，成为帮扶农村发展的新模式。前有淘宝、京东、苏宁易购、唯品会等综合电商平台，现有社交电商平台贝店。

贝店利用自身平台优势和网络资源，对农村电商进行线上线下融合，通过完善鲜活农产品的直供直销体系等推动农产品上行，助力当地农村电商物流基础设施建设。

在贝店开辟农村电商这条道路上，其实是基于 S-KOL-C 的社交电商创新模式。在 S 端，贝店坚持供应链创新，深入农产品原产地，打造源头供应链，在降低物流成本的同时，提升农产品物流效率。如今，社交零售兴起，人与人之间线上互动加深，KOL 正逐渐成为用户购物决策的引导者。在 KOL 端，贝店致力于培养和发现更多意见领袖，并通过自身平

台提供更丰富的创业生态,促使 KOL 更加专业化、规范化、权威化,进而将优质的农产品分享给更多的 C 端用户。

一、农村电子商务概述

(一)农村电子商务的定义

近年来,电商行业一直都是互联网经济的焦点之一。这种新兴网购方式的异军突起,让更多的乡镇和农村消费者不出门也能买到来自全国各地的产品。于是,越来越多的农民都借助电商脱贫致富,农村市场渐渐被"唤醒",农村电子商务应运而生。

农村电子商务指围绕农村的农产品生产、经营而开展的一系列的电子化交易和管理活动,包括农业生产的管理、农产品的网络营销、电子支付、物流管理及客户关系管理等。它是以信息技术和网络系统为支撑,对农产品从生产地到顾客手上进行全方位管理的全过程。

目前,农村电商已经形成了农产品电商、农资电商、综合平台电商、网络品牌电商、生鲜电商、信息服务类电商、农业众筹类电商及支撑链的产业布局,如图 12-12 所示,其支撑链涉及电子支付、物流配送、电子金融、跨境贸易等多种电商衍生物。通过数字化、信息化的手段,以及集约化管理、市场化运作、成体系的跨区域跨行业联合,农村电商产业的构筑有效地降低了农村商业的成本,扩大了农村商业领域,使农民成为农村电商发展的最大获利者。

图 12-12　农村电子商务产业链

(资料来源:艾瑞咨询,《2018—2019 中国农村电商行业分析及商业模式研究报告》)

(二)农村电子商务的发展

我国农村电子商务的发展历程可分为萌芽、探索、发展、成熟与高潮五个时期。在整个农村电子商务的发展过程中,电子商务的快速扩张带来了乡村产业的兴旺,从早期的生鲜农产品网上交易,到随后的生鲜农产品品牌运营,以及各种农产品电商模式的出现,农村电商网络零售额占全网零售额的比例不断扩大。

1. 萌芽期(1998—2005 年)

在萌芽期,棉花、粮食这两个品种先后实现了网上交易,即当时所谓的"粮棉在网上流动起来"。

2. 探索期（2005—2012 年）

这一时期，生鲜农产品开始在网上进行交易。2005 年，易果网成立；2008 年，和乐康、沱沱工社开始了生鲜农产品交易。

3. 发展期（2012—2013 年）

在这一时期，"荔枝大战"等重要事件在北京出现，使生鲜农产品电商品牌运营成为当下的热点。

4. 成熟期（2013—2014 年）

农村电子商务发展过程中的成熟期，B2C、C2C、C2B 及 O2O 等农产品电商模式竞相推出。

5. 高潮期（2014 年至今）

农产品电商进入融资高峰期，京东、云集、我买网、食行生鲜、淘实惠等先后获得投融资，为农村电商发展带来强劲的动力。

（三）农村电子商务发展模式

我国农村电子商务在其发展过程中主要存在以下几种模式。

1. B2C 模式

B2C 模式，即商家到消费者的模式，它是经纪人、批发商、零售商通过网上平台卖农产品给消费者，或者专业的垂直电商直接到农户采购，然后卖给消费者的模式。

B2C 模式是当前农村电商的主流模式，它可以细分为两种经营形式，一种是平台型 B2C 模式，如京东、苏宁易购；另一种是垂直型的 B2C 模式，即专注于售卖农产品的电商平台，如顺丰优选。

该模式中，平台处于中介角色，无须承担压货的风险，但对平台的流量、供应链要求较高，主要通过产品销售利润、平台入驻费、产品利润抽成等获取盈利。

2. 消费者定制模式

消费者定制模式主要根据会员订单需求生产农产品，然后通过家庭宅配的方式将自家农庄的产品配送给会员。

该模式属于提前定制化生产，经营风险小，但受场地和非标准化生产的影响，市场发展空间有限，主要通过收取会员费获取盈利，其典型代表有多利农庄。

3. O2O 模式

第三种常见的模式为 O2O 模式，即消费者线上买单、线下自提的模式。

农村电子商务涉足 O2O 模式的典型代表有云厨电商，该模式通过社区化方式促进转化率，但地推成本较高，主要通过产品售卖获取盈利。

4. F2C 模式

F2C 模式，也叫农场直供模式，即农产品直接由农户通过网上平台卖给消费者的模式。

F2C 模式可以快速建立消费者的信任感，但市场空间有限，主要通过产品售卖获利，典型代表为沱沱工社。

（四）农村电子商务的物品流通方式

当前，我国农村电商正实现工业品下行、农产品上行的流通方式。农产品交易由传统的农产品流通交易模式向现代物品流通交易模式转变，去掉了原来的层层经销商。农产品价格也更加透明，农民可以提供直接的销售渠道，农民收入提高的同时，消费者也更加放心、省钱。与此同时，更有助于农民把农产品推到各个地方，提升农产品的流转效率。

二、社交电商助力农村电商发展

（一）社交电商布局农村

近年来，农村电商呈现一片蓬勃发展的态势。乡村振兴战略为农村电商发展带来新机遇，未来农村电商模式将进一步演化，同时，电商扶贫的实践路径日益多元化，农村电商将进一步推动农业产业结构升级。然而，随着线上流量红利的消退、消费升级趋势的加速推进，传统电商流量入口开始收窄。移动互联网时代已经进入下半段时，传统电商红利逐渐消退，社交电商的兴起弥补了传统电商巨头的不足，在帮扶农村电商的过程中不断自我成长。两者相辅相成，都将迎来各自新的发展机遇。

在社交电商的支持下，传统农业生存将加入互联网元素，农业生产供应链将进一步完善，带动产业结构升级。社交电商拉近了生产者和消费者之间的距离，供求之间的信息传递更加迅速，农业生产者在社交电商的帮助下能够更加敏锐地捕捉到消费者的需求变化。社交电商作为在移动社交时代背景下产生出来的电商新形式，已成为农产品上行的重要推动力量。随着线上流量红利的消失、消费升级趋势的加速推进、共享经济的崛起，社交电商逐渐摸索出一条独特的农村电商之路。

社交电商布局农村电商，虽然在时间上落后于传统电商，但是随着越来越多的社交电商发力农村电商，在农村电商这块土地上获得自己的一席之地，而且获得了初步的效果，社交电商在农村电商的竞争实力不容小觑。

例如社交电商拼多多，利用社交玩法和拼团模式，发布了"爱心助农"项目，帮助河南中牟农民解决了大蒜滞销的问题，5天就帮助销售了50万千克的大蒜；用了一个月帮助华山核桃销售了70多万斤[①]核桃。与传统电商的慢销售模式相比，社交电商平台拼多多之所以能够将农产品快速售卖出去，是因为通过自身特殊的社交新模式解决了农村电商的痛点。总体看来，在互联网电商助农已经不是新鲜话题的今天，社交电商通过渠道下沉走近货源生产地，把好商品质量关，为当地农民增添农作物生产信心，社交电商在农村电商领域的潜力可见一斑。

如今，人们的消费水平在不断提高，对产品品质的要求也在不断提升，社交电商不仅要在价格上占据牢牢的优势，更需要根据消费者需求把好产品品类关和质量关，维持好优质的购物生态体系和成熟完备的供应体系，这样才能持续领跑市场，成为农村电商的优秀助力者。未来，社交电商有望成为农村电商的主要模式，在乡村振兴战略带来的新机遇下，中国农村电商产业将更加商业化、品牌化和本土化，完成农产品产业链重塑，进一步加快发展。

（二）社交电商精准扶贫

近年来，农产品销售问题日渐突出。面对滞销压力，进行社会化营销和传播创新，快速形成地域标志品牌的影响力，成了许多地方政府实施供给侧改革、推进精准扶贫工程的重要"抓手"。

2016年11月23日，国务院扶贫办等16个部门联合发布了《关于促进电商精准扶贫的

---

① 1斤=0.5千克。

指导意见》（国开办发〔2016〕40号），从政策层面肯定了农村电商在精准扶贫中发挥的积极作用。自此，农村电商助力精准扶贫进入快速发展期，在政府引导、电商助力、群众积极参与下，各大社交电商借助平台优势与贫困户、龙头企业、新农人等多元主体开展了形式多样、内涵丰富的合作模式，实现了精准帮扶、产销对路、脱贫致富等目标。

在传统农村电商中，最难以解决的一个问题就是产品滞销。如何解决好销售量和销售速度的问题，是传统电商帮扶助农模式中的一大痛点。当前，电商平台型扶贫行为存在诸多缺点：首先，平台流量只能解决个别问题，未能帮助大部分人；其次，农村电商下行大于上行；再次，电商平台门槛高、流量贵、运营难，让许多普通人望而止步；最后，平台不能培养自身团队。而社交电商恰好是解决这些问题的有效方式。社交电商因其特殊的社交新模式，可以充分解决农村电商目前面临的农产品囤积严重、产品宣传渠道不畅导致的消费者买不到产品的问题。传统的电商流量很贵，社交电商最大的优势就是流量，而且传播性很广，所以很多企业、品牌、农产品就依托于社交这种方式解决了这一难题。

当前，社交电商助力农村电商实施精准扶贫主要体现了以下三大核心价值。

1. 帮助农户直接增收

要想通过社交电商解决农民的实质性问题，首先要解决的问题就是如何将农民的产品卖出去。社交电商可以帮助农户通过互联网提高农产品的曝光度和销售率，降低农产品滞销的可能性，实现电商精准扶贫，让贫困户脱贫有了长效机制。

2. 带动农村就业发展

社交电商进入农村，从农业种植、包装、物流配送、营销、推广等环节均可创造就业机会，培养农村电商人才，带动农产品销售的同时，必然增加就业，进而提高农村经济发展水平。

3. 提升贫困户脱贫积极性

社交电商直接引导农民在社交电商平台开店，农民的身份从纯生产者变成了生产者加销售者，农村贫困户销售不再局限于当地的零售，而是线上多方面的营销，农户成了脱贫的主力人物，脱贫的积极性必然提高。

利用社交电商及小程序发展的优势，诸多社交电商平台联合各方力量投身精准扶贫事业，从农产品开店、农产品上行、小程序商城维护、产品营销销售、农户积极性激发，形成整个"上行—推广—销售—盈利—升级"的良性循环全链条。

任 务

1. 简答

（1）为何社交电商助力农村电商发展具有积极的效果？

（2）以社交电商拼多多为例，分析其拓展农村电商的优势。

2. 实践训练

登录"沱沱工社"小程序，了解其运作过程。

推荐资源

1. 全球时刻网
2. 互联网数据资讯网
3. 网经社"社交电商"板块

参考文献

[1] 劳东，特拉弗. 电子商务：商务、技术、社会 [M]. 7版. 劳帼龄，译. 北京：中国人民大学出版社，2014.

[2] 安葳鹏，汤永利. 网络与信息安全 [M]. 北京：清华大学出版社，2017.

[3] 白东蕊，岳云康. 电子商务概论 [M]. 3版. 北京：人民邮电出版社，2016.

[4] 白东蕊. 电子商务基础 [M]. 2版. 北京：人民邮电出版社. 2018.

[5] 北京中清研信息技术研究院. 电子商务数据分析 [M]. 北京：电子工业出版社，2016.

[6] 陈德人. 电子商务概论与案例分析（微课版）[M]. 北京：人民邮电出版社，2017.

[7] 陈德人. 网络营销与策划：理论、案例与实训（微课版）[M]. 北京：人民邮电出版社，2019.

[8] 程大为. 电子商务概论 [M]. 北京：中国财政经济出版社，2016.

[9] 董志良. 电子商务概论 [M]. 北京：清华大学出版社，2014.

[10] 付永钢，洪玉玲. 计算机信息安全技术 [M]. 2版. 北京：清华大学出版社，2017.

[11] 管棚，王军，雕爷. 再战移动电商：后互联网时代移动新势力 [M]. 北京：人民邮电出版社，2015.

[12] 黄海滨. 电子商务概论 [M]. 杭州：浙江大学出版社，2017.

[13] 黄健青，陈进，谢怀军. 电子金融 [M]. 2版. 北京：高等教育出版社，2017.

[14] 蒋润祥，魏长江. 区块链的应用进展与价值探讨 [J]. 甘肃金融，2016（2）：19-21.

[15] 李洪心，王婷婷. 电子商务安全 [M]. 北京：北京师范大学出版社，2011.

[16] 李建忠. 电子商务运营实务 [M]. 北京：机械工业出版社，2019.

[17] 刘海燕，陆亚文. 移动营销 [M]. 北京：人民邮电出版社，2018.

[18] 刘宇熹. 电子商务商业模式创新 [M]. 北京：清华大学出版社，2017.

[19] 吕廷杰. 移动电子商务 [M]. 北京：电子工业出版社，2016.

[20] 欧伟强，钟晓燕. 电子商务物流管理 [M]. 北京：电子工业出版社，2018.

[21] 屈燕，钮小萌. 电子商务理论与实务 [M]. 2版. 北京：人民邮电出版社. 2017.

[22] 邵兵家. 电子商务概论 [M]. 4版. 北京：高等教育出版社，2019.

[23] 邵贵平. 网店数据分析 [M]. 北京：北京理工大学出版社，2017.

[24] 沈立君. 电子商务支付与安全 [M]. 北京：人民邮电出版社，2013.

[25] 石淑华，池瑞南. 计算机网络安全技术 [M]. 4版. 北京：人民邮电出版社，2017.

[26] 宋文官. 电子商务概论 [M]. 4版. 北京：清华大学出版社，2017.

[27] 宋扬，潘峰，金敏力. 电子商务概论 [M]. 北京：中国铁道出版社，2013.

［28］孙若莹，王兴芬. 电子商务概论［M］. 2版. 北京：清华大学出版社，2017.

［29］孙瑜，于广天. 电子商务基础［M］. 2版. 北京：中国轻工业出版社，2019.

［30］覃征，曹玉辉，王卫红，等. 移动电子商务［M］. 北京：清华大学出版社，2012.

［31］王红蕾，安刚. 移动电子商务［M］. 2版. 北京：机械工业出版社，2018.

［32］王汝林. 移动商务理论与实务［M］. 北京：清华大学出版社，2007.

［33］王忠元. 移动电子商务［M］. 北京：机械工业出版社，2016.

［34］徐莹. 电子商务实用教程［M］. 杭州：浙江大学出版社，2015.

［35］许应楠. 移动电商基础与实务［M］. 北京：人民邮电出版社，2018.

［36］杨坚争，杨立钒，赵雯. 电子商务安全与支付［M］. 北京：机械工业出版社，2011.

［37］杨路明. 网络营销［M］. 北京：机械工业出版社，2011.

［38］杨路明. 网络营销［M］. 2版. 北京：机械工业出版社，2017.

［39］杨兴凯. 电子商务概论［M］. 大连：东北财经大学出版社，2014.

［40］姚忠将，葛敬国. 关于区块链原理及应用的综述［J］. 科研信息化技术与应用，2017，8（2）：3-17.

［41］袁勇，王飞跃. 区块链技术发展现状与展望［J］. 自动化学报，2016，42（4）：481-494.

［42］周曙东. 电子商务概论［M］. 5版. 南京：东南大学出版社，2019.

［43］庄小将. 电子商务概论［M］. 北京：中国轻工业出版社，2019.